全国会展产业政策法规

白皮书

（2012年度）

商务部服务贸易和商贸服务业司
中 国 会 展 经 济 研 究 会 编

新 华 出 版 社

图书在版编目（CIP）数据

全国会展产业政策法规. 2012年度 / 《全国会展产业政策法规》编委会主编. ——北京：新华出版社，2013. 5

ISBN 978-7-5166-0462-5

Ⅰ. ①全… Ⅱ. ①全… Ⅲ. ①展览会—产业政策—汇编—中国—2012 ②展览会—产业—法规—汇编—中国—2012 Ⅳ. ①G245 ②D922. 169

中国版本图书馆CIP数据核字（2013）第094089号

全国会展产业政策法规白皮书. 2012

作　　者：商务部服务贸易和商贸服务业司，中国会展经济研究会
策　　划：北京新展国际文化传媒有限公司

出 版 人：张百新
责任编辑：尚惠敏
封面设计：常慧敏

出版发行：新华出版社
地　　址：北京石景山区京原路8号　　邮　编：100040
网　　址：http：//www.xinhuapub.com　　http：//press.xinhuanet.com
经　　销：新华书店
购书热线：010-63077122　　中国新闻书店购书热线：010-63072012

照　　排：北京新展国际文化传媒有限公司
印　　刷：廊坊市佳艺印务有限公司

成品尺寸：210mmx285mm
印　　张：20　　字　数：520 千字
版　　次：2013年5月第一版　　印　次：2013年5月第一次印刷
书　　号：ISBN 978-7-5166-0462-5
定　　价：300.00元

图书如有印装问题请与出版社联系调换：010-63077101

编委会成员

支持单位 （省区按拼音排序）

全国城市工业品贸易中学心联合会
中国工业设计协会
中国工艺美术学会展示设计专业委员会
中国国际贸易促进会展览管理办公室
中国国际贸易学会会议与展览业委员会
中国国际贸易学会会展专业委员会
中国会展经济研究会
中国机械汽车展览联合会
中国农业展览馆
中国展览馆协会

安徽省

安徽省会议展览协会
合肥市会展经济发展工作领导小组办公室
合肥市会展业行业协会
淮北市会展业发展办公室
淮南市大型节庆活动办公室
芜湖市发展会展经济领导小组办公室
芜湖市会议展览行业协会
马鞍山会展办

北京市

北京国际会议展览业协会
北京节庆文化发展中心
北京市顺义区商务局会展办公室
朝阳区会展业协会

重庆市

重庆市人民政府会展办公室
重庆市会展行业协会

福建省

福建省国际会议展览业协会
福州市会展行业协会
厦门市商务局
厦门市人民政府会展协调办公室
厦门市会议展览业协会
龙岩市会展工作领导小组办公室

甘肃省

甘肃省会展行业协会

广东省

广东省会议展览业协会
广州市经济贸易委员会
广州市会展业行业协会
深圳市科技工贸和信息化委员会会展业促进办公室
深圳市会议展览业协会
东莞市会议展览业协会
佛山市会议展览业协会
佛山市顺德区会议展览业协会

广西壮族自治区

广西国际博览事务局
广西会展行业协会
南宁会展行业协会
桂林市博览事务局
玉林市博览事务局

贵州省

贵阳市会展经济促进办公室

海南省

海南省会议展览协会
海口市会展业协调管理办公室
海口市会议展览业协会
三亚会展行业协会

河北省

河北省贸促会
河北省会展业发展办公室
河北省会展业协会
河北省会展经济学会
石家庄市会展业发展管理办公室
唐山市会展办公室
唐山会展行业协会
秦皇岛市会展行业协会
廊坊市会展行业协会
廊坊市会展行业管理办公室
邯郸市商务局会展办

河南省

河南省会展业商会
河南省会议展览协会
郑州市会展工作管理办公室
洛阳市政府会展办公室

黑龙江省

黑龙江会展行业协会
黑龙江省会展事务局
哈尔滨市会展业管理办公室
牡丹江市商务局会展办
绥芬河市会展事务局

湖北省

湖北省会展业商会
湖北省节庆会展研究会
武汉市会展业工作领导小组办公室
武汉市会展行业协会

支持单位 （省区按拼音排序）

湖南省
湖南省会议展览业协会
湖南省国际会展业协会
长沙市人民政府会展工作管理办公室
长沙市会展行业协会
张家界市会展行业协会

吉林省
吉林省博览事务局
吉林省会展管理办公室
吉林省会展业协会
长春市会展管理办公室

江苏省
江苏省会议展览业协会
南京市会展业管理办公室
南京市会展行业协会
南京市建邺区人民政府商务局
苏州市会展业发展管理办公室
苏州市会展业协会
无锡市会展业发展办公室
连云港市会展行业协会

江西省
江西省会展协会
南昌市会展工作管理办公室

辽宁省
辽宁省会展业管理办公室
辽宁省展览行业协会
沈阳市服务业委员会会展业发展办公室
沈阳展览业协会
大连市展览工作领导小组办公室
大连会展行业协会

内蒙古自治区
内蒙古自治区会展协会
内蒙古会展经济科学发展研究会
呼和浩特市会展业管理办公室
呼和浩特市会展业协会

宁夏回族自治区
宁夏回族自治区博览事务局
银川市会展业协会

青海省
西宁服务业发展促进局
西宁会展业协会

山东省
山东省国际展览业协会
济南市会展业发展工作领导小组办公室
济南市展览行业协会
青岛市会展业发展办公室
烟台市会展节庆领导小组办公室
威海市会展办公室
临沂市会展业服务办公室
东营市会展工作办公室
广饶县会展工作办公室
菏泽市会展经济发展领导小组办公室

山西省
山西省会展行业协会
太原市会展工作办公室
太原市会展行业协会

陕西省
西安市会展业发展办公室
西安市会展行业协会

上海市
国际会议联盟
上海市商务委员会
上海市会展促进中心
上海市会展行业协会
长三角城市会展联盟
上海浦东新区会展办公室

四川省
四川博览事务局
四川省会展经济促进会
成都市博览局
成都市会议展览业协会
成都旅游协会会展分会

天津市
天津市人民政府大型会展论坛活动办公室
天津市商务委节庆办公室
天津滨海新区商务委会展处
天津国际会议展览商会

新疆维吾尔自治区
新疆国际博览事务局
新疆会议和展览业协会
乌鲁木齐市商务局（粮食局）会展管理中心

云南省
昆明投资促进局
昆明会展行业协会

支持单位 （省区按拼音排序）

浙江省
浙江省国际会议展览业协会
浙江省会展行业协会
浙江省会展学会
杭州市发展会展业协调办公室
杭州市会议展览业协会
杭州市下城区会展管理办公室
宁波市人民政府会展工作办公室
宁波市会展业促进会
宁波市会展学会
温州市会展行业协会
义乌市人民政府会展管理办公室
义乌市会展业联合会
余姚市人民政府会展工作办公室
嘉兴市会议展览协会
绍兴县会展业发展办公室

香港特别行政区
香港展览会议业协会
香港贸发局

澳门特别行政区
澳门会议展览业协会
澳门展贸协会
澳门会展旅游文化业学会

台湾省
台湾亚太会展产业发展协会
台北市展览及会议商业同业工会

特别支持单位：
泰国会议展览局
韩国济州会展局
马来西亚会展局

《全国会展产业政策法规白皮书2012》序

2012年，我国会展业继续呈现良好的发展态势，产业规模持续扩大，市场结构不断优化，会展经济强劲增长。据统计，2012年全国共举办展会超过7000个，展览总面积约8400万平方米，比去年增长3.7%；会展业直接产值达3500亿元人民币，同比增长17%，占全国国内生产总值的0.68%，占第三产业产值的1.53%。会展业在促进经济增长、推动产业结构调整、加快转变经济发展方式中的重要作用日益凸显。

但是，由于起步较晚，我国会展业还处于粗放型发展状态，办展主体良莠不齐，展会专业化市场化水平偏低，低质量重复办展现象依然存在。解决上述问题，需要各级政府统筹会展资源，完善法律法规，健全管理制度，出台扶持政策，为会展业健康发展有序创造良好的市场环境。

《全国会展产业政策法规白皮书》是全国第一部会展业政策法规汇编，迄今已连续了出版4册，共收集全国各地的会展业相关政策措施和法律法规470余条，得到了广大会展业同仁的关注及肯定。

白皮书2012除收集各部门各地方最新出台的法律法规和扶持政策外，还补充收录了部分地区出台的会展业“十二五”规划。同时，本书还对所收录的法规和政策进行了分析和解读，通过对不同层次、不同级别、不同地区的政策措施和法律法规比较，展现会展政策的制定规律及发展趋势，从而对现行政策得以更深入的诠释。这不仅可以为政府主管部门完善法规出台政策作有益借鉴，还将为从业者更好地了解政策、掌握政策、从而用足用好政策提供现实的帮助。

此外，书中附录部分还收集了国外政策信息和国内相关行业统计，希望能够为业内人士提供参考。

吕继坚

二〇一三年五月

目录
CONTENTS

第一部分：2012年全国会展产业政策法规

一、国家部委会展政策法规

二、地方会展政策法规

安徽省

北京市

重庆市

福建省

广东省

广西省

海南省

河南省

湖北省

江苏省

江西省

辽宁省

青海省

山东省

陕西省

浙江省

三、港澳台会展政策法规

四、会展业发展规划

第二部分：2012年度全国会展产业政策法规解读

第三部分:附录

附1：国外会展政策介绍

附2：会展业务部分数据统计表

第一部分

2012年全国会展政策法规

国家部委会展政策法规

关于印发在华举办国际会议费用开支标准和财务管理办法的通知

财行[2012]1号

党中央有关部门，国务院各部委、各直属机构，全国人大常委会办公厅，全国政协办公厅，高法院，高检院，有关人民团体：

为了规范和加强在华举办国际会议的财务管理，提高资金使用效益，我们制定了《在华举办国际会议费用开支标准和财务管理办法》，现印发给你们，请认真遵照执行。

附件：在华举办国际会议费用开支标准和财务管理办法

财政部

二〇一二年一月十九日

在华举办国际会议费用开支标准和财务管理办法

第一章　总　则

第一条　为规范和加强在华举办国际会议的财务管理，提高资金使用效益，依据相关规章制度，制定本办法。

第二条　本办法适用于中央部门与外国有关组织、团体、机构共同在华举办或受其委托承办年会、例会及其他以国际问题为主要内容，且申请中央财政拨款的会议（以下称国际会议）。

第三条　按照会议正式代表（不含工作人员，下同）的人数，在华举办国际会议分为三类：会议正式代表在300人以上的，为大型国际会议；会议正式代表在100人以上、300人以下（含300人）的，为中型国际会议；会议正式代表在100人以下（含100人）的，为小型国际会议。

第四条　在华举办国际会议的财务管理应遵循以下原则：

（一）厉行节约，严格开支。会议承办单位应本着“勤俭办外事”的原则，科学、规范、合理地编制和申报国际会议预算，严格控制会议规格，努力压缩会议规模，认真执行各项费用开支标准，力求会风简朴，务实高效。

（二）参照惯例，规范管理。根据国际惯例，不为会议代表配备生活用品，不组织公款游览、参观等，不得借举办国际会议的名义向地方政府或企业强行摊派或变相摊派会议费用。

（三）单独核算，专款专用。国际会议经费应纳入单位财务统一管理，单独核算。举办大型国际会议应设有专门为会议服务的临时财务机构，举办中型、小型国际会议也应配备专职的财务人员。

第五条　凡需报请党中央、国务院批准在华举办的国际会议，会议报批文件须明确各项经费来源，如涉及申请中央财政拨款，应在商外交部同意后会签财政部，方可上报审批。

第六条　在华举办的国际会议，需申请中央财政拨款的，应按照部门预算管理程序，会议承办单位应在履行相关报批手续后编制详细的会议经费预算，报财政部审核。

第七条　在华举办国际会议经费由我方全额负担或由与会各方分担的，应按会议统一标准制定经费预算，我方负担的经费应纳入部门预算管理。各部门自行批准在华举办的国际会议所需经费，在部门预算中调剂解决，财政部不再另外安排经费预算。

第八条　除特殊情况报经批准外，国际会议工作人员人数控制在会议正式代表人数的10%以内，驻会工作人员不得超过会议工作人员的50%。

第二章　会议收入管理

第九条　在华举办国际会议的收入主要包括：

（一）会议注册费收入，指根据国际惯例，由会议承办单位向参会代表收取的用于会议支出的费用。

（二）国际组织专项资助，指国际组织拨付给会议承办单位的专项经费。会议承办单位应积极向国际组织申请专项资助。

（三）中央财政拨款，指在无会议注册费收入和国际组织专项资助，或者会议注册费收入和国际组织专项资助不足以弥补会议开支时，中央财政安排的对在华举办国际会议的补助经费。

（四）赞助收入，指境内外机构或部门、企业、个人出于自愿，无偿向国际会议提供资金或物资赞助形成的收入。

（五）其他收入，指召开国际会议时举办展览、展示、广告、旅游中介等收入。

第十条　在华举办国际会议取得的各项收入，必须统一纳入预算管理，单独核算。

第十一条　在华举办国际会议得到的赞助物资及会议期间购买的办公用品、消耗材料等应严格管理。财产物资的取得、保管、领用要有严格的报批程序，指派专人负责。

第十二条　在华举办国际会议购置或通过赞助取得的各项财产物资，应在会议结束后3个月内进行处理，具体处理方案报财政部审批，财产物资处置收入在扣除相关税费后上缴国库。以会养会的，财产物资处置收入可用于抵补会议相关支出。

第三章　会议支出管理

第十三条　在华举办国际会议应按国际惯例办事，不得承担额外的义务，要厉行节约、讲求实效，从严控制经费支出，努力做到以会养会。

第十四条　国际会议的支出项目和标准如下：

（一）场地租金。大型、中型、小型国际会议正式代表人均开支标准分别为每天100元（人民币，货币单位下同）、150元和200元。

（二）会议开幕式或闭幕式一次冷餐招待会(酒会)费用。会议正式代表人均开支标准为150元（含酒水及服务费用）。

（三）会议期间工作人员食宿费用开支标准为每人每天300元。

（四）会议期间志愿人员工作午餐费用及误餐补贴。志愿人员仅安排午餐或发放误餐补贴，开支标准为每人每天100元。志愿人员不安排住宿。

（五）同声传译人员劳务费及同声传译设备和办公设备租金。同声传译开支标准为口译每人每天5000元，笔译每千字200元；同声传译设备和办公设备租金，会议正式代表人均开支标准为每天50元。

（六）境外同声传译人员国际旅费。只承担同声传译人员乘坐经济舱的国际旅费，据实结算。

（七）交通费。租用车辆安排会议代表往返驻地与会场，租金开支标准为：大巴士（25座以上）每辆每天1500元，中巴士（25座及以下）每辆每天1000元，小轿车（5座及以下）每辆每天800元。

（八）其他会务费用。实行综合定额控制，会议正式代表人均开支标准为每天100元，开支范围包括：办公用品、消耗材料购置费用，会议文件印刷、会议代表及工作人员的制证费用等。上述各项费用之间可以调剂使用，在综合定额控制内据实报销。

（九）会议如有注册费收入，中方可承担国际组织官员及秘书处人员会议期间的食宿费用。

（十）其他经财政部批准的支出。

第十五条　会议代表往返国际国内旅费（包括往返机场的交通费）、食宿、医疗、参观游览、个人消费等费用，由个人承担。

第十六条　除劳务费及境外国际旅费外，同声传译人员的食宿、交通等各项费用，由个人承担。

第十七条　会议所有支出必须经会议承办单位财务主管签字同意方能报销。所有支出协议必须由会议承办单位财务主管签署。

第十八条　申请中央财政拨款的国际会议，未经财政部同意，一律不准购买设备。除会议场地、会议必要设备(不含消耗材料支出)外，承办单位不得擅自对外承诺提供任何免费服务。

第四章　会议经费的管理和监督

第十九条　国际会议承办单位要加强对国际会议经费的财务管理，严格执行会议预算开支项目、标准及金额，不得擅自改变会议资金用途，不得挪用、截留、侵占会议经费。要建立追踪问效机制，对于违反规定的开支项目和超过开支标准的费用，不予报销。

第二十条　大型国际会议结束后，承办单位应在3个月内编制会议经费决算报告，总结会议经费明细收支情况，经主管部门审核后报送财政部。编报决算要做到数字真实、计算准确、内容完整、说明清楚。

第二十一条　会议结束后，中央财政拨款经费如有结余，按照财政部结转和结余资金管理的有关规定执行。

第二十二条　对于编制虚假预算以及截留、挤占、挪用国际会议经费等行为，按照《财政违法行为处罚处分条例》

和其他有关规定，追究违规单位和人员责任。

第五章　附　则

第二十三条　举办大型国际会议，承办单位应根据本办法制定具体的财务及物资管理办法，报财政部备案。

第二十四条　地方部门举办的国际会议参照本办法执行。

第二十五条　本办法由财政部负责解释。

第二十六条　本办法自发布之日起执行。财政部《关于在华召开国际会议财务管理办法的规定》（财外字[1997]543号）同时废止。

关于印发国家质检总局关于支持广东会展业发展的意见的通知

各分支局，本局各业务管理处：

现将国家质检总局《关于印发〈国家质检总局关于支持广东国际会展业发展的意见〉的通知》（国质检通〔2012〕3号，下称《意见》）转发你们，请结合以下要求一并贯彻执行：

一、《意见》是贯彻《珠江三角洲地区改革发展规划纲要》“优先发展现代服务业”发展战略的具体行动，落实局省《共同建设全国加工贸易转型升级示范区加快推进外经贸发展方式转变合作备忘录》，加快广东国际会展业发展的重要举措，各单位要给予高度重视，认真组织人员对《意见》进行深入的学习研究，领会精神实质，切实组织贯彻落实。

二、会展业比较集中的分支局应及时将总局支持广东国际会展业发展的政策措施通报地方政府，并通过媒体、政务公开平台、政策宣讲等方式，及时告知当地相关企业，要指导企业用好用足政策。

三、各分支局应对照《意见》内容，结合本地区、本单位工作实际，制定实施的具体工作方案，确保各项措施贯彻落实到位，取得实效。

四、各分支局应按照《意见》要求做好展会CCC认证范围内产品的登记管理工作,填写CCC认证展品登记表（附件2，此表保存两年），展会结束后若展品退运，应核查出口报关单并记录单号；若展品在国内销售、使用，应督促申请人做好CCC认证工作并登记认证文件号。展品未获得认证前，各分支局应监督申请人不得对其销售、使用。

五、各单位要组织跟踪有关措施的贯彻落实情况，收集工作成效，统计相关数据，发现典型，及时上报，并向地方政府及其相关部门做好通报工作。

工作中遇到问题，请及时报告广东局。

附件：1、关于印发《国家质检总局关于支持广东国际会展业发展的意见》的通知

2、CCC认证展品登记表

二〇一二年一月二十日

国家质检总局关于支持广东国际会展业发展的意见

国家质检总局

二〇一二年二月十七日

促进会展业健康发展是国家“十二五”规划发展纲要中推动服务业大发展的重要举措之一，充分发挥广东区位和产业优势，大力发展广东会展业，具有重要战略意义。为深入落实国家质检总局和广东省人民政府签署的《实施珠三角地区改革发展规划纲要促进广东质检事业科学发展备忘录》和《共同建设全国加工贸易转型升级示范区加快推进外经贸发展方式转变合作备忘录》，支持广东国际会展业发展，推动广东产业转型升级，国家质检总局提出以下支持意见。

一、按照“科学发展，先行先试”的原则，将广东作为检验检疫促进国际会展业发展的试验区和先行地。广东省毗邻港澳、辐射东南亚，是我国会展业最发达的省份，发展国际会展业具有重大的战略意义和独特优势。中国制造业正处

于转型升级的关键阶段，广东会展业的跨越式发展与制造业转型升级的互动实践将为全国调整产业结构、增加现代服务业的产业比重起到良好示范作用。国家质检总局将广东作为检验检疫机构促进国际会展业发展的试验区和先行地，优先试行支持会展业发展的优惠措施，积极推动广东国际会展业实现跨越式发展和制造业的转型升级。

二、便利参展代表团成员及其携带物入境。国际会展期间，在各空港、海港及陆路口岸查验现场设立专门查验通道或绿色通道，为各国家和地区参展代表团成员、工作人员、政府官员以及相关国际组织官员及其携带允许进境的物品提供检验检疫便利，对于副部级别及以上的高级官员，凭国家质检总局通知，给予出入境检验检疫礼遇。凭会展组织机构的有效证明，对携带物品采取提前申报、集中申报、设立专用通道等措施；允许每人携带1只伴侣犬或猫入境，检验检疫机构凭入境时提供的输出国家和地区政府出具的有效动物卫生证书、疫苗接种证书（若为导盲犬，还需出具经专业训练的证明），经现场检疫合格后予以放行，同时做好后续监管，确保伴侣动物随同代表团成员一同离境。

三、提供高效便捷的进出境展品检验检疫通关查验服务。设置专门的国际会展展品办理窗口，受理咨询报检、办理出证放行等工作，做到随到随报、随检随放。入境展品及其木制包装凭会展组织机构的有效证明，在口岸受理报检后直接放行，货物运抵展馆现场临时监管仓或中转仓后实施集中查验。涉及微生物、人体组织、生物制品、血液及其制品等特殊物品的入境展品，凭审批证明受理报检，核实后放行。参展品离境时凭会展组织机构的有效证明予以放行。参展的动植物及其产品按照现有规定进行监管。

四、简化进出境展品检验检疫审批和登记备案手续。需办理《进境动植物检疫许可证》的展品，已获得准入资格的，经总局同意，其检疫审批权限下放直属局。对强制性认证产品，简化CCC认证产品免办手续，凭参展证明，对CCC认证范围内产品实行登记管理。对于展会结束后销售、使用的产品，按照强制性产品认证的有关规定办理。对参展需办理进口备案的商品如电池、涂料等，凭参展证明文件及退运出境保证书，免于办理备案手续。

五、创新参展进口食品和化妆品的检验检疫监管模式。涉及允许进口的预包装食品、化妆品的入境展品，仅供展览的，一般情况下经查验核实后免予加贴中文标签和抽样检验。如在展览期间供品尝或试用的，视审核和验证情况抽取样品检验，并可免予加贴中文标签；对样品已经检验合格并在展会现场少量试销的，经所在地直属局批准，免于加贴中文标签。对于免于加贴中文标签的进口食品、化妆品，须在展品旁以中文注明品名、禁忌、食用（使用）方法等事项。对由政府部门在广东主办的国际食品(肉类等需要办理进境动植物检疫许可证的食品和禁止进口的食品除外)专场展会，允许参展商先行提供参展食品的样品进行检验，检验合格的，同一生产批号参展的食品正式入境时不再进行检验，经查验核实后放行。展览结束后，展览主办方需监督参展企业妥善处理展品并向检验检疫机构提交展品处理明细单，展品不得流入国内市场。

六、完善国际会展业检验检疫现场服务。在国际会展现场提供“一站式”检验检疫服务，加强与展览举办方、海关、货运等部门的协调与合作，在会展中心现场与有关单位实行联合办公、共同查验的模式。充分利用检验检疫信息优势，通过检验检疫政务网站等信息平台，为参展厂商提供质量标准、技术法规、质量预警等技术信息资讯查询。设立国际会展专用服务咨询电话，用于国际会展有关事宜的沟通协调和业务咨询。

七、创新国际会展业检验检疫内销监管。展会结束后，展品应予以退运出境或销毁，对展后拟进入中国市场销售、使用的入境展品，凭参展证明，优先办理检验检疫申报手续，安排快速检验、出证。国内加工贸易企业展会内销的，对已获得出口质量许可证书、质量管理体系运作良好的参展企业的产品，办理CCC认证手续时提供便利措施，对出口质量许可证书中与CCC认证标准的无差异项目不再检测，对存在差异的项目补做差异试验。

八、建立健全国际会展业参展商诚信和展品质量安全监管机制。结合会展业特点，联合有关监管部门，建立国际会展业参展商诚信和展品质量监管体系，共同研究制订国际会展业参展商诚信和展品质量安全监管制度，建立健全参展商诚信和展品质量安全监管机制，共同打击制售假冒伪劣产品的行为，营造健康规范的会展环境，确保国际会展业展品质量安全。

九、推动物流业与国际会展业相互促进、共同发展。结合出入境展品的特点和检验检疫监管特点，积极探索物联网技术在国际会展业检验检疫监管中的应用，整合物流与检验检疫信息平台，创新国际会展业检验检疫监管模式，实现展品口岸申报、指定仓库抽样检验以及展会监管全过程无缝监管，进一步提升国际会展业检验检疫监管服务效能，积极推动物流业与国际会展业相互促进、共同发展。

文化部关于印发《文化部“十二五”时期文化产业倍增计划》的通知

各省、自治区、直辖市文化厅（局），新疆生产建设兵团文化广播电视局，各计划单列市文化局，本部各司局、国家文物局，各直属单位：

《文化部“十二五”时期文化产业倍增计划》已经文化部部务会审定，现印发给你们，请结合实际认真贯彻执行。

特此通知。

二〇一二年二月二十三日

文化部“十二五”时期文化产业倍增计划

（选摘）

三、重点行业

（八）文化会展业

科学布局、合理分工、提升内容、突出特色，发展综合性、专业化等不同类型的文化会展。转变文化会展业运作模式，切实提升文化会展的交易功能和作用，促进文化会展与旅游、城市建设、商贸合作的融合，提高办会效益。建立健全会展评估机制，完善会展评估和反馈体系。加强对文化节庆活动的规范引导，发掘传统节庆文化内涵，提升新兴节庆文化品质。

专栏 文化会展业发展目标和主要政策措施

发展目标	“十二五”期间，形成3-5个覆盖全国并具有国际影响力的文化会展，逐步建立结构合理、特色明显、功能互补的文化会展业体系。
主要举措	重点培育扶持中国国际文化产业博览交易会等重要会展，打造精品会展品牌。
	转变政府职能，完善会展运作模式，协调会展业及其相关产业链条的发展和提升。
	进一步发掘传统节庆文化内涵，提升新兴节庆文化品质，培育一批群众参与度高、社会影响力大、经济和社会效益好的节庆活动。
	加强品牌性文化节庆活动的社会推广和宣传，扩大品牌影响力和经济带动力。
政策支持	建立健全会展评估机制，完善会展评估和反馈体系，促进文化会展业可持续发展。
	加强对地方文化会展和节庆活动的规范和引导。

专栏 重点发展的文化产业展会节庆

展会名称	发展目标	举办地
中国国际文化产业博览交易会	打造享有较高国际知名度和较大国际影响力的综合性、国际化文化产业博览交易会。	深圳
中国北京国际文化创意产业博览会	发挥首都全国文化中心示范作用，打造集聚文化创意资源、反映产业动向和趋势、促进产业合作和产品交易的国际文化经贸交流盛会。	北京
中国演艺产业博览会	为国内外演艺界搭建集“展示、合作、交易、发展”于一体的综合性服务平台，繁荣发展演艺产业。	天津
中国国际动漫游戏博览会	支持成为国内一流、亚洲知名的动漫游戏会展活动。	上海
中国国际网络文化博览会	引导网络文化产业发展方向，引领数字内容产业创新趋势。	北京
中国（北京）艺术品产业博览会	打造全国性、专业化、品牌化的艺术品产业交易交流平台。	北京
中国西部文化产业博览会	搭建展示中西部地区优秀文化资源、助推东中西部文化交流、推动西部文化产业走向国际的重要平台。	西安
中国义乌文化产品交易博览会	成为国际化特色明显、市场化运作模式相对成熟的文化产业投资、贸易和技术合作的平台。	义乌
中国东北文化产业博览交易会	构建主题突出、内容丰富、形式新颖、特色鲜明、功能完善、参与广泛的国家级文化产业交流展示和交易合作平台。	沈阳
中国洛阳牡丹文化节	打造以花为媒，融文化交流、旅游观光、经贸合作为一体的具有广泛影响力的国家级知名文化品牌节会，成为推动区域经济发展方式转变的引擎。	洛阳
中国原创手机动漫游戏大赛	培育手机动漫游戏精品，发掘优秀创作人才，成为国内手机动漫领域的一流赛事活动。	长沙

地方会展政策法规

安徽省

关于印发合肥市承接产业转移促进服务业发展若干政策（试行）的通知

（选 摘）

各县（市）、区人民政府，市政府各部门、各直属机构：

合肥市承接产业转移促进服务业发展若干政策（试行）》已经市政府常务会议讨论通过，现印发给你们，请遵照执行。

二〇一二年三月三十一日

（六）会展业

28、新办经营会展场馆的会展企业，从开馆及开业年度起，前3年缴纳的营业税本市留成部分，3年内按其等额标准的50%给予奖励；从获利年度起，前3年缴纳的企业所得税本市留成部分，按其等额标准的100%给予奖励。

29、在本市举办超过400个标准展位或展览面积8000m^2以上的全国性、区域性展会，室外按每个标准展位150元给予补助，室内按每个标准展位200元给予补助。

全年在我市举办室内展会面积累计达到5万m^2的企业，一次性奖励10万元；超过5万m^2的，每增加1万m^2，再奖励1万元。

30、举办国际性、全国性展会，根据展会规模和影响力等情况，对主办单位或引进单位给予补贴。具体补贴标准由市商务部门会同财政等部门提出意见报市政府确定。

31、积极组织小微企业参加国内外大型产品销售、会展活动，小微企业参加省级以上政府举办的国家级大型会展或国外知名会展的，市财政给予参展的小微企业每个标准展位2000元补贴，单个企业最多补贴两个展位。小微企业开拓国际市场，申请国际认证、商标等所发生的费用，市财政给予20%补贴。

32、本市电子商务示范园区、服务外包园区和电子商务、服务外包企业参加国家部委、省市政府组织的国内外招商、展览、展会活动，经市商务部门认可，按不超过2个标准展位展位费和2位参展人员参展费、交通费的50%给予资助，单个园区和企业每年资助金额分别不超过50万元和10万元。

关于进一步促进外贸加快发展若干政策的资金项目申报通知

合商业[2012]272号

合肥市商务局

合肥市财政局

二〇一二年七月六日

各县（市）、区、开发区商务局、财政局、进出口企业：

为贯彻落实《关于促进经济平稳较快发展的实施意见》（合政〔2012〕92号）和《关于进一步促进外贸加快发展若干政策的通知》（合政办〔2012〕25号）文件精神，积极应对当前外贸工作面临的严峻形势，促进外向型经济平稳较快发展，现将申报2012年市级外贸促进政策项目的有关事项通知如下：

（二）境外展会补贴资金

1、支持内容：对企业参加境外展会的费用给予补贴。

2、支持标准：对企业参加境外展会的费用（包括展位费、公共布展费、大型展品海外运杂费）给予30%的补贴。

3、申报材料：

① 境外展会参展资金拨付申请表（附件三）；

② 参展单位与主办方（或组展方）签订的含展位价格的展位确认书或合同复印件；

③ 项目实际发生费用的合法凭证（发票）复印件；

④ 支付凭证（银行付款水单/现金支付凭证）复印件，如外汇付款则应提供银行付汇水单；

⑤ 机票/行程单（或者是船票、火车票）复印件；

⑥ 参展人员护照、签证、境内外的出入境记录页复印件。

上述资金按季度兑现，先行兑现2012年1-6月奖励资金。

芜湖市人民政府关于进一步加快服务业发展若干政策的意见

芜政[2012]120号

（选　摘）

10、会展经济。凡展会承办单位通过市场化运作，在芜湖举办、符合我市“十二五”规划的首位产业、四大支柱产业、四大战略性新型产业和五大现代服务业的展会，规模达200个以上标准展位的，按5万元/次给予补助；达300个以上标准展位的，按10万元/次给予补助；达500个以上标准展位的，按20万元/次给予补助。对从事会展业务的单位所收取的全部价款和价外费用，按照扣除支付给其他单位或个人的场租费、场地搭建费、广告费、食宿费、交通费等相关费用后的余额为营业额，计算征收营业税。对企业专门用于会展的房产，缴纳房产税有困难的，经地税部门审查，报市政府批准可以减免。

淮南市人民政府办公室关于加快发展会展业的实施意见

淮府办[2012]79号

淮南市人民政府办公室

二〇一二年八月三日

凤台县、各区人民政府，市政府各部门、各直属机构：

会展业是现代服务业的重要组成部分，是“十二五”期间国家支持的重点产业。加快发展会展业，对于促进内外贸易、优化经济结构、推动经济转型和产业升级、扩大城市影响力都具有十分重要的意义。依《国务院关于加快发展服务业的若干意见》（国发〔2007〕7 号）和《安徽省人民政府关于加快发展服务业的若干意见》（皖政〔2009〕118 号）精神，为加快我市会展业发展，结合实际，提出如下意见。

一、指导思想

以邓小平理论和“三个代表”重要思想为指导，深入贯彻落淮南市人民政府办公室文件实科学发展观，遵循“政府引导、市场运作”的原则，统筹利用“两个市场”　、“两种资源”，充分发挥淮南市的区位优势、资源优势、产业优势、环境优势，建立和完善会展业发展体系，规范会展业发展市场，培育会展品牌，做大做强会展产业，促进我市会展业向市场化、专业化、规范化、国际化方向发展，全面提升我市会展业的发展水平。

二、发展目标

建立和完善政府积极引导与服务、企业自主经营与规范、行业协会沟通与自律三位一体的会展业经营管理体制；加快和加强淮南市会展场馆等基础性设施的建设，争取在十二五末建成会展中心，并以之为龙头带动相关场馆的建设和发展。培植一批经营规模较大、经济效益较好、市场竞争力较强的展览企业；打造一批专业化和国际化水平较高、规模效益较好、知名度和影响力较大的品牌展会；争取举办具有重大影响力的国际专业展览。“十二五”期间，我市会展业发展速度（以场馆收入统计）年均增长20%以上，会展业发展的主要指标及相关产业的综合实力处于全省相对发达的水平，使会展业成为在我市具有重要地位的现代服务业快速发展的引擎和助推器。

三、工作重点

（一）加强会展业基本建设，努力开拓和繁荣会展市场

1、加强会馆基础建设。在“十二五”末建成场馆面积超过10万平米的淮南会展发展中心，并将其建设成为在华东地区设施一流、服务优良、运行高效的大型现代化展馆。

2、深度开展会展项目。按照依托产业、服务产业、提升产业的思路，紧紧围绕我市煤机装备产业、煤化工产业、生物医药产业、高新技术产业、旅游业、房地产、特色农业以及商贸流通业等支柱产业和基础雄厚的行业，重点开发与此相关联的会展项目，同时把会议论坛、重大赛事、文化活动与展览展示有机结合起来，以会议论坛提升展览展示的档次和专业性，以展览展示增强会议论坛的内涵和效果，把会展、节庆和赛事作为一个整体资源，深层次、综合性地开发和利用。

3、大力实施品牌发展战略。根据我市产业优势和区位优势，努力打造具有淮南特色的品牌会展。一是精心培育现有展会。继续支持中国豆腐文化节系列展会、中国国际少儿体育用品博览会、煤炭及采矿业装备等展会，使其成为全国知名、国际性的品牌会展。二是积极引进国内外知名展会。市直各部门、各行业协会要加强与国家对口部门的联系与协调，争取更多的全国性、专业性会展活动在我市举办。大集团、大企业要发挥在全国行业内的地位优势和影响力，积极在我市承办本行业的各种大型和重点 展览活动。三是认真策划开发新的展会。注重会展题材的研究和优选，对好题材的会展进行超前策划和联合开发。要结合我市产业特点和文化民俗，积极开展形式多样的展会、赛事和节庆活动，办好具有本地产业和文化特色的展会。如在我市举办全国性的煤矿瓦斯综合治理研究论坛，淮南子文化专题论坛，全国性豆制品食品博览会，煤化工产品交易会等大型会展。

4、加快形成多元化会展业发展格局。既积极支持有特色、有效益的会展活动做大、做精，又积极鼓励会展新品牌、新项目开拓、引进；既积极支持全市会展业核心区做强、做优，又积极鼓励市、区、县会展业做特、做活；既精心组织政府主导型的会展活动，又大力开发和培育市场主导型会展项目；既促进展览业提升，又推动会议产业发展，实现展与会有机结合，相互促进。

5、积极鼓励企业参加展会。积极鼓励和支持本市企业赴境外参加国际性展览会和博览会，对参会企业人员赴境外的往返机票，按照国家相关规定给予50%—70%的支持（每企业不超过2人），对企业参加展会的展位费给予50%—70%的补贴。积极鼓励企业参加在本市的重点展会以及本市企业参加广交会、华交会、中博会等国内重点展会，对参会企业给予每个标准摊位5000元的资金支持。

（二）加快培育会展行业的核心竞争力

1、扶持会展企业加速成长。大力扶持现有会展企业，通过改革引导、资产整合、品牌联合、扩大宣传、人才培训等方式，使其尽快上规模、上档次，提高组展、招展、办展能力。鼓励各区县及开发区、企业集团和自然人等，投资组建具有发展前景的会展业经营公司和会展业服务公司。对参与我市重点展会的会展企业给予部分资金支持。

2、引进培育新的会展主体。积极采取有效措施，吸引国内外知名会展公司和配套服务企业落户淮南；对落户我市注册资本额100万元以上且在我市正常经营两年以上的外地会展企业给予一次性3万元的资金支持。开展会展业区域合作、国际合作；鼓励其他行业有实力的企业集团投资会展业，参与主（承）办会展活动；加大对成长性会展主体的政策扶持力度。

3、推进会展业管理规范化。加快制定《淮南会展业管理办法》，积极推进会展业服务标准化建设。建立会展业市场监管制度，抓紧制定会展市场监管办法。严格展览会的规划、注册和备案程序，确保会展资源的有效整合和会展市场的健康发展。鼓励各类会展项目申请注册商标，保护会展业知识产权。节庆会展活动要逐步向市场化运作转变，营造公平竞争、规范有序的会展市场秩序，使会展业逐步形成“政府引导、社会参与、企业为主、行业自律”的良性机制。

4、实行展会评估制度。对拟由政府主办的重点展会提供事前咨询和事后评估服务。承办单位备案展会时，市会展办公室组织专家评估小组对展会的选择定位、工作方案、展会规模、经费资金、安全防范、发展前景等进行评估，为参展商提供咨询。展会结束后，评估小组依据展会运行过程中采集的数据，对其经济效益和社会效益进行评估，以改进展会组织环节，打造展会品牌，提高展会质量。

（三）营造会展业发展的良好环境

1、完善会展业的市场配套服务体系。充分发挥现有展览场馆作用和加快完善在建的淮南市会展中心的各项配套服务设施。加快发展商务办公、餐饮、宾馆、购物、娱乐等会展商务活动配套服务机构。通过规划和政策引

导，壮大会展服务企业队伍。培育和发展现代金融、信息技术等专业性中介服务机构，建设会展行业信息化公共服务和行业合作平台，积极提供有效的信息服务，让参展各方在得到实惠的同时享受优质服务。

2、建立会展人才引进培育体系。加快项目策划、营销和运营等核心会展管理人才及设计布展、搭建、运输等配套服务环节所需专业人才培养，尤其注重引进和培养一批既有创新和策划能力，又有现代经营理念的会展中、高级管理人才，提升会展管理水平。加强与境内外会展企业、机构、团体、行业协会和院校间的交流、学习和合作，有计划地选派专门人员到国外会展业发达城市和地区学习先进经验。以行业协会为主导，高等院校为依托，开办各类培训班，使会展职业培训时效化、制度化，形成职业培训、中等职业教育、高等职业教育等构成的多元化会展人才培养体系，并对培训实施单位给予培训经费70%总额不超过3万元的资金支持。

3、设立促进会展业发展专项资金。市财政每年在服务业发展专项资金中安排会展业发展专项资金，主要用于策划、培育、引进、举办大型品牌展会；引导扶持会展企业，培育非政府主导型会展活动；支持企业“走出去”参加国际性展会；引导社会资本投入会展业；会展人才的培育以及会展宣传等。

4、加强对会展知识产权保护。商务、工商、技术监督、专利、版权等有关部门，要加强对参展商知识产权方面的审核，发现无标、无证、不合格产品，冒充他人专利、伪造他人注册商标和侵犯他人版权产品，依法进行查处，以保护经销企业的合法权益不受侵犯。会展管理部门要加强统筹，加强市场准入的把关。

5、建立会展业统计指标体系。加快建立由经济指标和状况指标构成的会展业统计指标体系。建立对一般会展的分地分类统计和重点展会一展（会）一统计的统计工作制度。会展管理部门应结合实际，研究制定具体统计内容、方法，统计部门给予支持。

6、加大会展宣传推介力度。充分发挥新闻媒体和网络的传播优势，大力宣传推介全市会展业和会展活动，提高招商招展工作实效。通过在市内外媒体、网站开设会展专栏和专题节目、规范会展广告收费行为、促进会展广告收费合理规范、奖励会展好新闻等有效措施，不断提高会展宣传推介水平，为会展业发展营造良好的舆论氛围。

四、保障措施

（一）建立我市会展工作领导机构。成立市会展工作领导小组，由市政府分管市长任组长，市政府分管副秘书长、市商务局等相关部门分管领导为成员，负责研究会展业发展战略规划和产业政策，研究解决规范会展业市场秩序和会展业发展重大问题，整合全市各类会展资源，形成会展业发展合力。市会展工作领导小组办公室设在市商务局，具体负责全市会展业发展的管理、指导、服务工作。

（二）加快形成会展业促进保障机制。会展活动是综合性的经济社会活动。全市各有关部门要通力配合，各司其职，主动服务，努力形成加快会展业发展的机制，为会展活动的顺利开展提供扎实可靠的保障。公安、消防等部门，要为展会顺利进行提供安全保障；税务、工商、技术监督、专利、版权等部门，要努力创造健康、有序的会展市场秩序，并及时贯彻落实相关优惠政策；新闻媒体要开辟专栏，制作专题，广泛传播会展信息，大力推介会展资源，扩大我市会展业的影响；城管、交管等部门要依据客流量，适时调控公交路线、车次和车辆，城管部门要为会展期间在街道和建筑物上发布会展信息提供支持；食品药品监督部门要加强对与会人员及参展商接待单位饮食卫生安全的监督检查；卫生部门负责会展期间医疗保障工作。

（三）支持和组织并发挥会展行业协会的作用。鼓励会展业协会积极发挥中介组织作用，以“服务、维权、协调、自律”为基本职能，通过制定和建立会展行业管理办法、会展活动申报备案制度、会展企业资质评价制度、会展等级认证制度和会展服务评估制度、会展业统计体系等规章制度，加强对各类会展活动的监督管理，培育市场主体，组织行业交流合作，加强行业协调自律，提高行业整体素质，搞好统筹协调，克服多头办展、重复办展、资源分散等不合理的现象，创造公平、公开、公正的会展市 场环境和竞争秩序。

关于印发促进产业转移若干政策的通知

中共马鞍山市委
马鞍山市人民政府
二〇一二年十二月三十日

各县、区委和人民政府，市直各部门，各企事业单位：

经市委、市政府同意，现将《关于承接产业转移促进工业转型升级发展的若干政策（暂行）》、《马鞍山市促进现代农业发展若干政策（暂行）》、《马鞍山市促进现代服务业发展若干政策（暂行）》、《马鞍山市促进实施自主创新战略若干政策（暂行）》印发给你们，请结合实际，认真贯彻执行。

马鞍山市促进现代服务业发展若干政策

为贯彻落实科学发展观，加快承接产业转移，促进现代服务业发展，进一步提升城市服务功能，增强城市核心竞争力，根据国家和省有关文件精神，结合我市实际，制定本政策。

一、设立“加快服务业发展专项资金”。专项资金实行总量控制，预算管理。

二、凡在马鞍山市注册并纳税的服务业企业或组织，不分所有制及隶属关系，均属专项资金支持范围。

三、分行业政策

（六）会展业

32、新设立注册资金300 万元以上的会展企业，三年内按其会展服务业务缴纳的营业税、企业所得税本市留成部分等额资金的50%给予奖励。

33、在本市举办的超过200 个标准展位或展览面积6000㎡以上的全国性、区域性展会的单位，室外按每个标准展位100 元给予补助，室内按每个标准展位150 元给予补助。

34、软件、动漫及服务外包企业参加全市组织的国内外招商推介会、专业展会、宣传推荐等活动，给予一定的补助，每家企业每次最高补助5 万元。积极支持企业在我市举办全国性或国家级相关活动，依据其规模、影响力给予一定的专项补助，每项活动最高补助30 万元。

（八）旅游业

38、当年度新评为五星级、四星级、三星级酒店的，分别一次性奖励30万元、20万元、10万元人民币。当年度获全省优秀星级饭店的，一次性奖励3000 元人民币。

39、当年度新评为国家AAAAA级、AAAA级、AAA级旅游区（点）的旅游景区，分别一次性奖励100 万元、50万元和10万元人民币。

40、当年度新获得全国工业、农业旅游示范点的旅游景区；新获得全省工业旅游示范点、全省农业旅游示范点的旅游景区，分别一次性奖励3万元、1万元人民币。

41、当年度新获得国家旅游度假区的旅游景区；新获得省级旅游度假区的旅游景区，分别一次性奖励10万元、5万元人民币。

42、当年度进入全国国际旅行社、国内旅行社“百强”的国际和国内旅行社；进入省“十强”的国际、国内旅行社，分别一次性奖励10万元、3万元人民币。

（十三）外经贸

62、对经审核的中小企业参加国家、省、市组织的境外展览会，给予其展览费、展品运输费30%的补贴，单个企业最高补贴10万元。

四、附则

77、上述奖励政策涉及税收本市留成部分，市与县、区按现行财政体制承担，由同级财政负责落实。

78、加快服务业发展的税收优惠政策，参照省政府皖政〔2011〕109 号文件执行。

79、本政策申报指南由市财政局会同有关部门另行制定。

80、本政策自2012 年1 月1 日起执行，之前市政府及有关部门出台的支持服务业发展相关政策不再执行。本政策由市财政会同市相关部门负责解释。在此政策框架内，如需要，可根据产业特点出台各具体产业政策。

北京市

关于促进我市商业会展业发展的通知

北京市商务委员会
北京市财政局
二〇一二年四月九日

各有关单位：

为进一步促进我市商业会展业发展，根据市委市政府的指示精神，结合北京地区实际情况，北京市商务委员会、北京市财政局将加大工作力度，不断提升北京展会业专业化、国际化程度，培育具有核心竞争力的首都品牌展会，将北京打造为国际会展聚集之都。现将有关事宜通知如下：

一、引进国际大型展会

鼓励引进具有国际影响力的展会，对新引进的国际展会，并满足下列条件，在京办展的前三届，每届给予主办方不超过50%的场租费用支持、最高不超过500万元。具体条件如下：

（一）每届展览面积不低于3万平方米。

（二）每届展览参展商不低于500家，其中国际参展商（含台、港、澳地区）租用展览面积占总展览面积的比例不低于30%。

二、培育品牌展会

（一）依托北京市优越的政治、经济、科技及文化等条件，培育一批规模较大、国际影响力较强、符合北京产业发展政策的首都品牌展会。商务部门结合北京产业发展现状，定期发布《北京引导支持品牌展会名录》（以下简称名录。支持、引导的展会项目的征集、评审等有关事宜另行通知），对名录中的品牌展会，并满足下列条件，每届给予主办方不超过100万元奖励资金。具体条件如下：

1、已在北京市连续举办两届。

2、展览面积不低于2万平方米。

3、展览参展商不低于300家，其中国际参展商（含台、港、澳地区）租用展览面积占总展览面积的比例不低于30%。

（二）引导具有发展潜力的同类同质展会进行整合，合理配置展会资源，扩大展会的规模和提升品牌效应。凡在京分别连续举办过两届以上、展览面积在5000平方米以上的同类同质展会，整合后展出面积超过整合前最大面积50%的，给予整合主办单位不超过100万元奖励资金。

三、公共服务平台建设及宣传推介

支持建设北京市会展公共信息服务平台，为会展企业、参展商与采购商搭建真实、优质、畅通、高校的信息渠道，给予北京市会展公共信息服务平台建设单位不超过50%的费用支持、总额最高不超过300万元；每年在国际知名展会上以政府推介等形式对北京会展环境进行整体宣传推介，投入费用总额不超过500万元。

四、优化会展环境

（一）改造提升大型展馆配套设施，提高承接国际大型会展的能力。对于室内面积20000平方米以上（含20000平方米）的专业展馆设施改造发生的贷款给予不高于50%的贴息，每年贴息额度不超过500万元，贴息年限不超过两年。

（二）加强会展业人才队伍建设，市商务部门遴选具备会展专业培训资质的培训机构，对会展企业在这些培训机构中进行的员工业务培训给予必要的资金支持；引进国内外高素质会展专业人才，为北京市会展业发展提供人才保证。关于会展专业培训机构的遴选以及培训方案由市商务委和市财政局另行颁布。

五、申请要求

（一）每年十二月份，北京市商务委员会会同北京市财政局向社会发布本年度项目征集通知，符合条件的单位，按要求将会展项目或企业相关材料提交至北京市商务委员会。

（二）鼓励资金申报单位应保证申报资料完整、真实、有效，申报项目有明确的绩效目标。如出现伪造资料虚报冒领则取消鼓励资金申报资格。

（三）同一单位同时符合本通知多条资助、奖励标准的，不重复资助或奖励，按资助或者奖励的最高者执行。

（四）获得资金支持的申报单位，须严格按照国家有关规定管理和使用资金。

（五）市商务委、市财政局将专项资金使用情况和绩效情况进行监督检查。

（六）本通知于发布之日起30日内开始实施，执行期至2014年12月31日。

（七）本通知由市商务委和市财政局共同负责解释。

关于促进会议与奖励旅游发展的若干意见
（试行）

北京市旅游发展委员会
二○一二年二月二十一日

为了促进我市会议与奖励旅游（以下简称“会奖旅游”）产业的发展，进一步增强我市作为国际国内会奖旅游目的地城市的市场竞争力，依据《国务院关于加快发展旅游业的意见》（国发【2009】41号）、《北京市人民政府关于贯彻落实国务院加快发展旅游业文件的意见》（京政发【2010】28号）、《北京市十二五时期旅游业发展规划》、《北京市十二五时期会展业发展规划》以及《关于严格控制在京举办国际会议的通知》（京财行[2011]1058号）等文件的相关精神，特制定本《意见》。

一、指导思想

充分发挥我市作为我国政治中心、文化中心与国际交往中心的优势，凭借成功举办奥运会所带来的机遇，加快我市会奖旅游产业发展，推动传统旅游业向高端化转型，打造具有全球影响力的国际会奖之都和高端旅游目的地，积极推动建设中国特色世界城市。

二、基本原则

（一）坚持“服务发展、确保重点、规范管理、精简务实”的原则。积极推动各类运作规范、社会和经济效益显著的商业性会奖旅游项目。重点鼓励符合我市总体发展目标和定位、产业带动作用强、有利于我市会奖旅游产业可持续发展的会奖旅游项目。

（二）坚持“奖励为主，补贴为辅”的原则。对执行成功且产生社会经济效益的会奖旅游项目给予奖励。同时，考虑到国际大会申办周期长且存在一定风险的情况，对国际会议主办方在申办期间的费用可以进行一定补贴。

（三）坚持“完善公共服务、支持市场运行”的原则。在充分发挥政府在提供公共服务中的主导作用的同时，采取多种形式支持市场主体健康运行。

（四）坚持“鼓励创新、争创一流”的原则。鼓励企业通过多种形式融入国际主流会奖市场体系，运用新技术，加强专业教育、培训和科研活动。

（五）坚持“公开申报、第三方评审、择优支持”的原则。严格制定申报、受理、评审、实施、资金拨付和绩效考核程序，重点支持会奖旅游活动的组织方，确保资金的实效性。

（六）坚持“量体裁衣、个性服务”的原则。针对不同会奖项目的特点和难点，在申办、筹办、举办等不同阶段给予多种形式的支持，提高资金使用效率。

三、完善公共服务

北京市旅游发展委员会将积极改善我市会奖旅游产业的发展环境，努力完善公共服务：

（一）充分发挥政府在整合开发会奖旅游资源方面的主导作用，以整合带动旅游，以创新促进整合；

（二）加大力度宣传推广全市会奖旅游资源，建立和传播本市会奖旅游目的地城市形象和优势资源；

（三）积极构建高端旅游资源信息、交易及专业服务平台，实现国际国内买家与本市会奖旅游资源的无缝链接；

（四）设立专门机构面向会奖旅游产业的投资者、服务商、买家等市场参与者提供专业化服务。

四、支持市场运行

北京市旅游发展委员会将积极培育市场主体，努力提高会奖旅游企业的市场竞争力：

（一）支持国际会奖旅游主办机构、批发商、媒体、买家、参展商等来京交流、采访与开展合作洽谈，充分展示本市会奖资源和良好形象。

（二）支持会奖旅游机构开展海外会奖市场促销和宣传活动，参加国家旅游局及其海外办事处或市旅游委组织的国际会奖旅游展等活动。

（三）支持会奖旅游机构申办重要国际会议，在重要性和可持续性评估的基础上可以通过提供政府支持函、共同参与申办、一次性资金奖励等方式予以资助。

（四）支持会奖旅游机构在京举办的重要国际会奖旅游活动，通过协调政府资源在报批、通关、交通、安保、卫生等方面给予便利或支持，并支持部分场地经费。

（五）鼓励会奖旅游机构加入国际知名会奖旅游组织或开展合作，积极融入国际会议与奖励旅游市场体系，提升本市在国际会奖旅游市场的影响力。

（六）鼓励国际知名的会奖旅游专业公司、协会组织在京设立分支机构。

（七）鼓励本市会奖企业加强与航空、国际邮轮等上下游企业的战略合作。

（八）积极培育市场运营主体，构建高层次的会奖旅游目的地接待服务体系，支持会奖旅游企业创建有影响力的世界品牌，支持具有重大影响的品牌活动落户北京。

（九）鼓励会奖专业协会、中介组织整合全市会奖旅游资源，完善产业链，丰富会奖产品，提升本市作为会奖旅游目的地的整体性和协调一致性。

（十）鼓励相关院校开展会奖专业教育、职业培训，培养与市场需求相适应的会奖专业人才体系。鼓励科研机构开展会奖旅游科研活动，提升产业核心竞争力。

五、本《意见》的具体实施细则另行制定。

北京市会奖旅游奖励资金管理办法
（试行）

第一章　总　则

第一条　为了促进我市会议与奖励旅游产业的发展，加强和规范北京市会议与奖励旅游奖励资金（以下简称“会奖资金”）的管理，提高资金使用效益，依据根据《北京市旅游发展专项资金管理办法（试行）》特制定本办法。

第二条　会奖资金的管理和使用遵循“公开、公平、公正”的原则，公开征集、据实申请、择优评选。同一项目不得重复申报。

第三条　项目申报单位为会议、会奖活动的组织机构、承办机构、场地提供方等举办会议或活动的各相关方。

项目申报单位须在北京依法注册，在京持续经营不少于3年，具有独立法人资格和健全的财务制度、良好的会计信用和纳税信用。组织形式为企业法人的单位注册资金不低于50万元。申报项目符合国家法律、法规，符合国家及北京市会奖产业发展政策。

申报项目如涉及旅行社业务，应具备相应旅行社资质。

如联合申请，需确定一个主申请人，并符合上述条件。

第四条　存在下列行为之一的三年内不得申报会奖资金：

（一）编报虚假预算，套取财政资金。

（二）提供虚假财务会计资料。

（三）虚假承诺。

（四）存在知识产权方面的重大法律纠纷。

（五）其他违反财经法律法规的行为。

第二章　奖励资金范围条件及标准

第五条　专业买家、媒体来京交流、采访与开展合作的奖励条件及标准

根据活动的规模、重要性、实际效果以及对北京会奖旅游业发展的作用，通过第三方评审择优奖励。申报单位需提供护照与出入境签证、电子机票确认单、住宿发票等材料的复印件与活动报告书等。

奖励项目的数量不超过申报项目的50%。奖励资金人均不超过4000元。

第六条　海外促销、参展的奖励条件及标准

根据活动的规模、重要性、实际效果以及对北京会奖旅游业发展的作用等，通过第三方评审择优奖励。申报单位需提供护照与出入境签证、电子机票确认单、住宿发票、参展或参会通知、场地费与交通费单据等材料的复印件与活动报告书、活动现场照片等材料。

奖励项目的数量不超过申报项目的50%。奖励资金比例不超过项目申报金额总额（包括场地费、制作费、交通费等直接费用）的30%。

第七条　申办和举办国际会议的奖励条件及标准

1、申办国际会议

每年选择不超过20个重要国际会议，对申办成功的项目根据第三方评审结果择优奖励。申报单位需提供护照与出入境签证、电子机票确认单、境外会议及活动花费与交通费单据等材料的复印件与活动报告书、活动现场照片等材料。

奖励资金比例不超过项目申报金额总额（包括设计制作申办文件、推介材料、开展境外宣传推介、竞标活动相关的交通、设计、印刷、制作等直接费用）的30%。

2、举办国际会议

根据会议及活动的规模、重要性、消费金额、实际效果以及对北京会奖旅游业发展的作用等通过第三方评审择优奖励。其中，单项会议及活动与会外宾总人数不低于50人，参会人员来自3个国家以上，会期不少于2天。申报单位需提供活动承办协议，签约酒店协议、酒店入住证明和发票、护照复印件、活动报告书、活动现场照片等材料。

奖励项目的数量不超过申报项目的50%。奖励资金的比例不超过项目申报资金总额（包括场地费、制作费、交通费、人员劳务费等直接费用）的30%.

第八条　加入国际知名会奖旅游组织的奖励条件及标准

通过第三方评审择优对加入国际知名会奖旅游组织的企业予以奖励。

奖励资金不超过每年度会费的30%。

第九条　国际会奖旅游公司、协会机构等落户北京的奖励条件及标准

对国际知名会奖旅游专业公司、协会机构等在京新设分支机构通过第三方评审择优给予一次性奖励。

奖励资金不超过每年度场地租金的30%。

第十条　会奖市场运营主体的奖励条件及标准

根据企业申报，对于年营业收入总额、纳税总额、雇佣（长期）员工数、年增长幅度等指标综合排名前10的企业进行奖励。

其中1-3名奖励20万元；4-6名奖励15万元；7-10名奖励10万元。

第十一条　会奖项目创新机构的奖励条件及标准

对整合本市会奖旅游资源，提升本市会奖旅游目的地竞争力与影响力的项目，依据创新性、影响力、规模、对财政的贡献率、消费额、可持续性等因素，通过第三方评审择优给予一次性奖励。

奖励项目的比例不超过申报项目数量的50%，其中1-3名奖励20万元；4-6名奖励15万元；7-10名奖励10万元。

第十二条　会奖专业教育、培训、科研机构的奖励条件及标准

对开展会奖旅游专业教育、培训、科研的机构，根据创新性、影响力、社会贡献度及可持续性等通过第三方评审择优奖励。

奖励项目的比例不超过申报项目数量的50%。奖励资金比例不超过项目申报总额的30%。

第三章　奖励资金管理程序

第十三条　项目征集与申报

通过市旅游委网站发布项目申报通知，按照集中征集与常态化征集相结合公开征集项目。集中征集的时间为每年九月份。

项目申报单位需提交以下材料：

（一）项目申报书

（二）项目申报表

（三）其他相关材料：

1、企业法人营业执照副本及复印件，并加盖单位公章。

2、近两年的财务报表（包括资产负债表、损益表、现金流量表等）及审计报告复印件，并加盖单位财务印章。

3、项目是否取得其他政府奖励资金支持情况说明。

4、项目申报单位对报送材料真实性负责的声明。

5、依据有关规定应提交的其他相关文件及需要补充说明的材料。

以上材料以年度申报通知为准。

第十四条　奖励资金的审核和拨付

经第三方评审机构评审后，市旅游委按照相关财政资金管理程序及《北京市旅游发展专项资金管理办法》申请资金，市财政根据财政资金管理办法进行资金审核批复，资金批复后，由市旅游委拨付奖励资金，并负责监督管理。

第四章　监督检查

第十五条　为保证本办法的顺利实施，北京市旅游发展委员会委托第三方机构对相关材料进行严格审核，发现有以下情形的，取消申报资格；已拨付的资金由市旅游委予以收回；涉嫌犯罪的，移送司法机关依法追究法律责任。

（一）编报虚假预算，套取财政资金。

（二）提供虚假财务会计资料。

（三）虚假承诺。

（四）其他违反财经法律法规的行为。

第十六条　市旅游委负责旅游发展专项资金的监督管理，并自觉接受相关部门的监督。

第十七条　对监督检查及绩效评价发现的问题，由市旅游委根据要求限期整改。

第五章　附　则

第十八条　本奖励办法（试行）由北京市旅游发展委员会负责解释，自发布之日起施行。

二〇一二年六月五日

北京旅游商品扶持资金管理办法（试行）

第一章　总　则

第一条　为进一步促进北京旅游商品又好又快发展，引导、扶持社会资本投入北京旅游商品的研发、生产和销售，推进旅游商品产业化、专业化、国际化方向发展，提升"北京礼物"的品牌效应，根据《北京市旅游发展专项资金管理办法(试行)》，结合我市部门预算管理的有关规定制定本办法。

第二条　本办法所称旅游商品主要指针对旅游者设计、开发的，可在旅游过程中购买，具有纪念性、实用性、艺术性、便携性、收藏性、馈赠性的物质形态的商品。

"北京礼物"是北京市旅游发展委员会牵头，会同市有关部门按照"政府引导、市场主导、企业主体"的原则，以促进北京旅游消费为宗旨，以首都深厚的历史文化内涵为依托，按照"品牌化提升、特许式经营"的市场化运作模式打造的北京旅游商品专属品牌，是能体现北京地域特点、民族文化内涵、首都风貌特征、城市知名品牌的旅游商品中的精品。

第三条　奖励年度以自然年度划分，实行事后奖励。

第二章　奖励范围及方式

第四条　支持旅游商品研发设计生产

鼓励旅游商品研发设计生产企业，根据北京特色与元素，深入挖掘北京丰富的文化资源、自然资源和传统工艺，重点开发"北京礼物"四大特色旅游商品系列。包括：

1、北京特色的书画制品；2、结合民族文化与首都景区景点等地域特点的旅游纪念品；3、北京特色的工艺美术品；4、北京特色的、适合旅游者购买的都市工业品。

对于旅游商品研发、设计、生产企业推出适合市场需要的旅游商品，通过公开征集、专家评审，给予不超过研发投入总额30%的政府奖励资金，每项最高不超过200万元。

对符合"北京礼物"标准的商品，授予"北京礼物"品牌称号。对在"北京礼物"研发和生产中取得好评的商品，同时加强传媒推荐。

第五条　推动"北京礼物"旅游商品营销体系建设

鼓励商业企业在北京主要旅游景区、高星级饭店、特色商业街、各大商场、中心城区主要干道、北京旅游咨询中心、交通枢纽等设立"北京礼物"旅游商品店；支持在全国主要城市设立"北京礼物"旅游商品店；推动"北京礼物"物流体系的专业化建设。

1、由北京市旅游发展委员会面向社会公开征集"北京礼物"旅游商品特许运营商，委托其进行推广运营工作。

2、对按标准申报设立"北京礼物"旅游商品店的企业，经专家评审，将授予其"北京礼物"旅游商品店称号和统一标牌。

3、根据"北京礼物"旅游商品店经营面积的大小，通过专家评审，对于符合"北京礼物"旅游商品店标准的，给予每个"北京礼物"旅游商品店10万元—30万元不等的政府奖励资金。其中商品店经营面积在60平方米-100平方米的奖励10万元；商品店经营面积在100平方米-200平方米的，奖励20万元；商品店经营面积在200平方米以上的，奖励30万元。

第六条　鼓励各类相应产品向旅游商品转化

1、每年在北京市旅游发展委员会旅游商品大赛中获奖的商品将被直接认证为“北京礼物”，可免费参加当年的“北京礼物”旅游商品展，并获重点宣传。

2、鼓励现有相应的居民生活用品（包括科技产品、工业品、农产品）、食品、艺术品、文物复制品、医疗保健品等都市工业产品向适宜旅游购物的方向转化；其转化成功并获得良好社会、经济效益的，组织专家评审后，授予“北京礼物”品牌称号，并根据该产品的具体销售额（不得低于100万），给予销售总额的20%的政府奖励资金，奖励资金最高不超过100万元。

3、对开发生产“北京礼物”旅游商品加大信贷投入的企业，给予一次性贴息扶持，贴息时间为1年，贴息资金最高不超过50万元。

第七条　扶持旅游商品孵化基地发展

1、积极引导北京旅游商品孵化机构向专业化、市场化发展，对聚集一定数量的旅游商品在孵企业、具备较强专业服务能力并取得较好孵化效果的机构，组织专家评审，评定“北京礼物”旅游商品孵化基地。

2、对认定的北京市“北京礼物”旅游商品孵化基地，根据基地规模、在孵企业数量等指标给予一次性100万元—300万元的奖励资金，用于在孵企业房租补贴。

第八条　构建旅游商品宣传平台

政府出资运用公共宣传媒体资源有计划的对优秀“北京礼物”旅游商品的信息进行推广宣传，全方位、多角度、长时间的推广“北京礼物”等相关旅游商品。

第三章　奖励资金管理程序

第九条　项目的征集和申报

（一）北京市旅游发展委员会每年分上、下半年定期向社会分批公布征集公告。

（二）申请旅游商品研发、生产、经营奖励资金的企业，应按照《北京市旅游发展专项资金管理办法》（试行）项目申报的有关要求，填写《北京市旅游商品发展扶持资金申报表》，并提交项目申报书、项目支出预算明细表、项目绩效目标、项目风险控制等材料。

第十条　项目的评审

北京市旅游发展委员会组织专家对申报企业进行评审，根据评审结果提出扶持的意见。

第十一条　资金的审核及拨付

按照财政资金管理程序及《北京市旅游发展专项资金管理办法》由市旅游委根据评审结果提出资金申报，市财政根据财政资金管理办法进行资金审核批复。资金批复后，由市旅游委拨付奖励资金，并负责监督管理。

第四章　监督检查

第十二条　北京市旅游发展委员会每年组织对获得扶持资金的企业进行检查和监督。发现有以下情形的，取消申报资格；已拨付的资金由市旅游委予以收回；涉嫌犯罪的，移送司法机关依法追究法律责任。

（一）有知识产权争议的企业或单位。

（二）在年度内若发生重特大安全事故，或有重大投诉并经查实负有责任的企业或单位。

（三）凡弄虚作假套取扶持资金的单位除收回已拨付的专项资金外，同时取消该企业今后申请资金的资格。

（四）违反特许运营协议的企业或单位。

（五）有其他违法违规行为的。

第十三条　市旅游委负责旅游发展专项资金的监督管理，并自觉接受相关部门的监督。

第十四条　对监督检查及绩效评价发现的问题，由市旅游委根据要求限期整改。

第五章　附　则

第十五条　本奖励办法（试行）由北京市旅游发展委员会负责解释，自发布之日起施行。

二〇一二年六月五日

重庆市

重庆市万州区人民政府办公室关于加快会展业发展的通知

重庆市万州区人民政府办公室
二〇一二年十一月七日

江南新区管委会，各镇乡（民族乡）人民政府，各街道办事处，区政府各部门，有关单位：

根据《重庆市人民政府关于加快会展业发展的意见》（渝府发〔2010〕40号）精神，为进一步加快我区会展业发展，切实发挥会展在拉动消费、扩大就业、促进交流合作和提升城市服务功能中的重要作用，加快建设渝东北地区商贸物流中心，经区政府同意，现就有关事项通知如下：

一、总体原则

（一）坚持政府推动和市场主导相结合。切实加强政府对会展业的规划、监管、服务、扶持和调节作用，充分发挥市场对会展业产业集聚发展、行业优胜劣汰的资源配置作用。

（二）坚持自主培育和申办引进相结合。加快培育自办会展品牌，增强本地会展企业竞争能力，积极申办引进国内外知名企业和会展品牌落户万州。

（三）坚持会展产业和重点产业相结合。立足我区产业发展实际，通过专业会展搭建贸易洽谈和招商引资平台，促进我区产业特别是重点产业和战略性新兴产业加快发展。

（四）坚持会议、展览与节庆共同发展。加快提升会展业各业态发展水平，充分发挥会议、展览、节庆各自优势，统筹兼顾，综合发展，构建大会展发展格局。

二、发展目标

到2017年，全区年举办各类展会50个左右，展出总面积达到20万平方米，会展业直接收入5亿元，全区会展场馆面积力争达到5万平方米，力争培育国家部委主办的品牌会展2～3个，培育年营业收入5000万元以上的会展企业1～3家。

三、主要任务

（一）积极引办各种展会。区级各部门、行业协会和相关企业要充分发挥各自优势，加强与上级有关部门、行业协会和全国性、国际性组织的联系，积极争取全国性、国际性展会，特别是全国著名品牌展会来万举办。区政府各驻外机构和涉外部门要广泛收集传递国内外会展信息，协助争办各类展会。

（二）努力打造品牌展会。要根据市场需求，培育一批内容明确、特色鲜明、主题突出、专业性强、招展招商定位准确、具有较强行业号召力和生命力的品牌展会。对我区目前举办的已形成一定规模、具有较大影响的药博会、名优特新商品展、汽车展销会等展会要加强扶持，提升规模和档次。积极保护和培育近几年发展起来的响水红心猕猴桃展、太安茶博会等中小型展会，鼓励其拓展市场，优化升级，发展壮大，使之成为区域性名牌展会。

（三）增强会展企业竞争力。在会展企业和相关服务机构中推行ISO9000认证，提升我区会展业专业化、标准化、规范化水平。要加强市场主体建设，通过合资、合作和改革、改制、改组等多种形式，鼓励创办新的会展企业和会展业服务机构。鼓励国内外会展企业在万设立分支机构、代理机构或合作机构。鼓励现有会展企业创新体制机制，加强内部管理，提高自身素质，努力做大做强。特别是注重培育一批集展览、策划、咨询、工程、服务、广告、宣传、旅游等于一体的会展龙头企业。

（四）加快会展业市场化进程。要加强相关行业合作，鼓励与会展业相关的物流、餐饮、旅游、运输、广告、报刊、礼品、保险、通讯等行业发挥各自优势，与会展企业建立战略联盟，延长会展产业链，形成互动共赢的发展格局。要加强展馆相关设施建设，优化周边环境，提高餐饮、住宿、交通等配套服务水平，为加快会展业发展提供良好的载体和条件，逐步形成以配套齐全的展馆为载体，以大型会展企业为龙头、中小型会展企业为辅助，服务企业相配套的会展市场体系。

四、规范管理

（一）实行会展活动年度统筹协调制度。为维护会展市场秩序，营造公平、公开、公正的会展市场环境，每年11月底前，各办展机构要向区商务局提交下一年度拟举办的展会计划。区商务局按照支持“新、特、优”展会，保护重要品牌展会的原则，提出次年展览计划名录意见送区政府审定后予以发布，办展部门和企业依据相关法律、法规办理会展登记等手续。

（二）规范对展会的收费和检查。各有关部门要认真贯彻落实国家、重庆市关于加快现代服务业发展的政策和涉企收费的减免政策，不得强制会展企业参加各类协会，或将行政职能范围内的工作转移至下属事业或企业单位，在会展活动中搞有偿服务。对会展活动的检查，要本着有利于维护展会秩序、保障展会安全和顺利进行原则实施，避免不必要的多头检查、重复检查，尽量减轻会展企业负担。

（三）加大对会展业发展的政策扶持力度。区商务局每年从区级商贸流通发展资金中安排部分资金，用于奖励承办、引办、创办符合我区市产业发展方向并取得明显经济社会效益的大型展会(财政另行拨款的除外)企业和主办机构，以及宣传会展业发展、传播会展信息、培养会展人才的先进单位。

（四）建立科学的会展业评价体系。建立科学的会展业统计制度和指标体系，加强对各类会展数据的采集和分析，对展会活动和展会效益及时作出评价，引导会展业持续健康发展。

五、工作措施

（一）加强组织领导。建立由区政府分管副区长为召集人，区政府办公室、区发展改革委、区城乡建委、区交委、区商务局、区公安局、区市政园林管理局、区卫生局、区旅游局、区工商分局、区质监局等部门参加的会展业发展工作联席会议制度，负责全区会展经济发展的组织领导，统筹协调解决全区会展业发展的重大问题。联席会议下设联络办公室在区商务局，具体负责拟定全区会展业发展规划、编制全区会展业年度展览计划、研究拟定推进会展业发展的相关政策以及对会展活动的评价等。

（二）建立联动工作机制。定期召开区政府会展业发展工作联席会议，研究制定大、中型会展活动的管理规程，对接待、展场、安全保卫、交通等实行程序化、科学化管理，并根据工作需要针对大型展会建立部门联席会议制度。区商务局要积极发挥会展行业主管部门职责，及时协调全区会展工作中的重大问题，做好全区年度会展项目协调及考核工作。发展改革、公安、城乡建委、市政、交通、卫生、工商、质监、食品药品监管、旅游等部门要根据各自职责，制定相应措施，加强工作配合，切实做好展会期间的行业指导、登记管理、社会治安、展馆保卫、消防安全、广告发布、交通疏导、卫生防疫、食品安全、市场价格监管等工作，不断优化我区会展业发展环境，提升会展业服务水平。海关、检验检疫、民航、铁路等部门要为参展人员、客商和展品、展具迅速进入和退离提供“绿色通道”。

（三）规范会展市场秩序。建立会展准入制度，凡申请区政府主办的会议展览节庆活动，应提前到区政府会展办公室备案。建立会展品牌保护机制，禁止三个月内在同一区域举办内容、名称相同或相近的会展活动，杜绝会展市场恶性竞争。建立组展商、服务商、参展商、专业观众、消费者的纠纷调解和仲裁体系，维护会展主体和消费者合法权益。

（四）充分发挥会展行业协会作用。建立区会展行业协会，按照效能和服务兼顾的原则，建立健全协会内部管理制度，积极探索会展业发展的有效形式和途径。注重把会展业管理中服务性、技术性、协调性的事项依法委托行业协会管理，进一步完善听证、决策咨询等制度，畅通行业协会与政府部门的沟通渠道，切实保障行业协会依法履行各项职能。

（五）切实做好安全管理工作。会展活动涉及面广，参与群众多，要坚持“谁主管、谁负责”原则，严格按照《大型群众性活动安全管理条例》规定，遵循安全第一、预防为主方针，由承办者具体负责、政府主管部门强化监管，切实做好安全管理工作，为会展活动顺利举行提供可靠保障。

福建省

福建省科学技术厅关于申报2013年在华举办国际科技会展计划的通知

各有关单位：

根据科技部、外交部、海关总署、国家工商局《国际科学技术会议与展览管理暂行办法》（国科发外字〔2001〕311号）的有关规定，为规范在华举办国际科技会展的审批工作，管理和统筹安排下一年度在华举办的国际科技会展，请各单位于11月28日前将2013年度在我省举办国际科技会展计划（详见附表），加盖本单位公章，报送我厅对外合作处，届时由我厅统一报送科技部。

联 系 人：福建省科学技术厅对外合作处　王飞

电　　话：0591--87882587　传真：0591--87882589

电子邮箱：wangf@fjkjt.gov.cn

地　　址：福州市北环西路108号　350003

福建省科学技厅

二〇一二年十一月六日

附件：2013年在华举办国际科技会展计划表

填表单位：

申报单位	国际科技会展名称（中英文）	主办单位	会展日期	举办地点	会议总人数	会议外宾人数	展览面积	联系电话	备注

关于办实办好各类展会有关事项的通知

龙政办[2012]372号

龙岩市人民政府办公室
二〇一二年十二月八日

各县（市、区）人民政府，龙岩经济技术开发区、各新区、园区管委会，市直各单位：

为贯彻落实省政府主要领导对我省会展业发展的重要指示和《福建省人民政府办公厅关于办实办好各类展会有关事项的通知》（闽政办〔2012〕154号）精神，经市政府研究同意，现就办实办好各类展会（含节事活动）有关事项通知如下：

一、举办各类展会既要重视展会平台的推介作用，更要突出展会的经济功能，切实改进和创新办展方式，努力做到“目的明确、经贸为主、层次适当、规模适度、市场运作、注重实效”。

二、支持办好重要展会活动。海峡两岸机械产业博览会和千名企业家大会两个大型活动由市本级直接承办，应逐步提升市场化、专业化水平，突出实效；海峡旅游博览会子活动—海峡客家旅游欢乐节和海峡论坛期间由我市承办的子活动，分别由市旅游局、市台办与各县（市、区）人民政府轮流承办，市政府统一给予200万元的资金补助。

三、各县（市、区），龙岩经济技术开发区、各新区、园区和市直单位举办的具有较大影响力和较高经济社会效益的展会，如需冠名市政府主办的，由举办单位向市会展工作领导小组报送方案，经市政府同意后，可以冠名，具体工作由举办单位负责，市政府不参与具体筹办工作，不安排资金补助，市政府领导不再担任组委会或筹委会领导，市政府领导是否出席展会根据工作安排确定。办展有关事宜如涉及其他县（市、区）、龙岩经济技术开发区、各新区、园区和市直部门，由承办单位自行协商联系。

四、邀请部级以上领导出席展会，须严格按照省委办公厅、省政府办公厅《关于重申邀请中央领导同志来闽考察调研和出席其他公务活动及承办全国性会议有关规定的通知》（闽委办〔2010〕115号）精神办理相关手续。邀请台湾重要政界人士出席展会，须经市政府商省台办，报省政府领导同意后，再上报国台办批准。

五、规范办展秩序。需在龙岩中心城区举办商品展销会的，原则上应安排在龙岩展览中心，严格限制在其他公共场所举办，以免对城市交通、绿地、卫生、安全等造成负面影响。

广东省

广东省展会专利保护办法

粤府令[第173号]

二〇一二年十月十五日

《广东省展会专利保护办法》已经2012年9月10日广东省人民政府第十一届103次常务会议通过，现予发布，自2012年10月15日起施行。

广东省展会专利保护办法

第一章 总 则

第一条 为了加强展会专利保护，维护展会秩序，推动经济社会发展，根据《中华人民共和国专利法》、《广东省专利条例》和有关法律、法规，结合本省实际，制定本办法。

第二条 本省行政区域内举办的展会活动中有关专利的保护，适用本办法。

本办法所称的展会，是指展会主办方以招展的方式在固定场所和预定时期内举办的以展示、交易为目的的展览会、展销会、博览会、交易会、展示会等活动。

本办法所称的展会主办方（主办单位或者承办单位），是指与参展商签订参展合同或者其他形式的协议（以下简称参展合同），负责制定展会实施方案、计划和展会专利保护规则，对展会活动进行统筹、组织和安排，并对展会活动承担责任的单位。

本办法所称的展会专利投诉处理机构，是指由展会主办方设立的，负责调解处理展会期间专利侵权纠纷的工作机构。

第三条 展会专利保护应当遵循展会主办方负责、政府监管、社会公众监督的原则。

展会主办方应当与参展商签订参展合同，约定展会专利保护的相关条款，加强展会专利审查和保护工作。

参展商应当合法参展，不得有侵犯专利权和假冒专利行为。

第四条 县级以上人民政府专利行政部门负责指导、监督和管理本行政区域内的展会专利保护工作。

县级以上人民政府有关部门按照各自职责做好展会相关专利工作，维护展会正常秩序。

第五条 展会期间的专利侵权纠纷，专利权人或者利害关系人可以请求展会专利投诉处理机构或者专利行政部门调解，也可以请求展会所在地人民政府专利行政部门处理，或者直接向人民法院起诉。

第六条 行业协会应当通过制定行业自律规范，开展宣传培训等方式，增强会员的专利保护意识，协助专利行政部门和展会主办方开展展会专利保护工作。

第七条 参展商、专利权人或者利害关系人应当遵守展会主办方制定的展会专利保护规则。

第八条 展会主办方和参展商应当接受专利行政部门的指导、监督和管理，配合专利行政部门的执法活动。

第二章 展会专利保护规范

第九条 展会主办方应当制定展会专利保护规则，并通过电子邮件、传真等方式及时向展会所在地人民政府专利行政部门进行告知性备案。

展会专利保护规则的主要内容应当包括：

（一）展会主办方设立的展会专利投诉处理机构、人员组成、职责；

（二）参展展品涉及专利的，参展商应当准备相关权利证明材料，并对展品的专利状况进行自查；

（三）展会主办方应当依法维护专利权人的合法权益，对参展展品进行查验，参展商应当予以配合。

前款所称的参展展品，包括展品、展板、展台、产品及照片、目录册、视像资料，以及其他相关宣传资料。

第十条 展会主办方应当履行下列职责：

（一）在展会显著位置和参展商手册上公布展会专利投诉处理机构或者专利行政部门的地点、联系方式、投诉途径和专利保护规则等信息；

（二）设立展会专利投诉处理机构，接受专利权人或者利害关系人的投诉，对展会中发生的专利侵权纠纷进行调解处理；

（三）参展展品涉嫌假冒专利或者重复侵权的，及时移交专利行政部门依法处理；

（四）完整保存展会的专利保护信息与档案资料，自展会举办之日起保存不少于2年，并应当在展会结束之日起30日内按照专利行政部门的要求以电子邮件或者传真等方式报送信息。

第十一条　展会主办方应当建立专利公示制度，并将参展展品中涉及的专利以数据库、目录或者其他形式予以公布，涉及商业秘密的除外。

第十二条　展会主办方应当与参展商签订参展合同，参展合同应当包括以下主要专利保护条款：

（一）参展商应当遵守展会的专利保护规则；

（二）参展商应当接受展会专利投诉调解，拒绝配合调解的，展会主办方可以按照约定解除合同，取消参展；

（三）经展会专利投诉处理机构调解认为涉嫌专利侵权并禁止展出的参展展品，参展商拒绝采取遮盖、撤架、封存相关宣传资料、更换展板等撤展措施的，展会主办方可以按照约定解除合同，取消参展；

（四）参展商对专利权人或者利害关系人投诉其涉嫌专利侵权行为的，应当接受专利行政部门的简易程序处理；

（五）展品被专利行政部门或者人民法院认定为侵犯专利权的，参展商拒绝采取遮盖、撤架、封存相关宣传资料、更换展板等撤展措施时，展会主办方可以按照约定解除合同，取消参展；

（六）与展会专利保护有关的其他内容。

第十三条　涉及专利的参展合同范本，由省人民政府专利行政部门制定，在其门户网站上公布，并供免费下载使用。

第十四条　展会专利侵权纠纷当事人委托代理人的，应当提交委托人签名或者盖章的授权委托书，授权委托书必须记明委托事项和权限。对代为承认、放弃、变更投诉请求，进行和解的，必须有委托人的特别授权。

外国人、外国企业或者外国其他组织在展会期间对专利侵权纠纷提出调解或者处理请求的，应当委托依法设立的中国专利代理机构或者律师事务所办理。

第十五条　专利行政部门应当加强展会专利的保护，在展会举办期间，应当以巡查等管理方式督促展会主办方和参展商履行专利保护的义务，抽查有专利标识的展品，对涉嫌假冒专利的展品予以及时处理。

第十六条　专利行政部门应当指导、监督展会主办方按本办法要求设立展会专利投诉处理机构，并要求展会主办方在展馆显著位置或者参展手册上公布展会专利投诉处理机构的地点、联系方式和专利保护规则等信息。

第三章　展会专利侵权纠纷调解

第十七条　向展会专利投诉处理机构投诉的，应当提交以下材料：

（一）投诉申请书，包括投诉人与被投诉参展商（下称被投诉人）的基本情况、投诉请求和所依据的事实及理由；

（二）合法有效的权属证明，包括专利证书、专利公告文本、专利权人的身份证明、专利法律状态证明；

（三）其他相关证据材料。

第十八条　专利行政部门应当建立专利保护专家库，为展会提供服务。专家库由知识产权、法律及相关领域的专家组成。

展会主办方设立的展会专利投诉处理机构，依据参展合同的专利保护条款调解展会期间的专利侵权纠纷。其组成人员不得少于3人，可以从专利行政部门的专家库中选聘，也可以请求专利行政部门指派或者聘请相关领域的专家。

第十九条　展会专利投诉处理机构调解人员与专利侵权纠纷有利害关系的，应当回避。

第二十条　展会专利投诉处理机构根据本办法第九条和第十二条的规定，履行以下职责：

（一）接受展会专利侵权纠纷投诉；

（二）对投诉进行调查核实；

（三）组织投诉人与被投诉人进行调解；

（四）根据调查查明情况或者调解情况向展会主办方提出是否继续履行参展合同的意见。

第二十一条　展会专利投诉处理机构接受投诉后，应当到被投诉人的展位进行现场调查、送达相关文书，听取双方当事人意见，查明事实、分清是非责任，组织双方当事人进行调解。

调解达成协议的，应当当场制作调解协议书，并由双方当事人签收后发生效力；不接受调解或者调解不能达成协议的，展会主办方应当按照参展合同的约定进行处理。

第二十二条　展会主办方对涉嫌侵权的展品，应当要求被投诉人按照合同约定立即采取撤展措施。

展会专利投诉处理机构在调解过程中发现参展商违反本办法第十二条有关情形的，展会主办方可以按照约定解除合同。

参展合同解除后，被投诉人应当立即撤展。

第二十三条　被投诉人依调解协议执行后有异议的，应当在24小时内通过展会专利投诉处理机构向展会主办方提出书面意见，并提交相应的证据。

被投诉人的异议成立的，视为原双方达成的调解协议无效，展会专利投诉处理机构应当在24小时内通知被投诉人恢复展示，并书面告知投诉人。

被投诉人的异议不成立的，原双方达成的调解协议有效。

第二十四条　展会专利投诉处理机构在调解过程中，对涉及大型机械设备、精密仪器内部结构、产品制造方法以及其他难以判定的专利，可以终止调解，并书面告知投诉人。

展会专利投诉处理机构应当根据专利权人或者利害关系人的请求出具相关事实证明或者为其查阅、复印有关的材料提供便利。

第二十五条　专利行政部门调解展会专利侵权纠纷，依据相关法律法规规章的规定进行。

专利行政部门进行调解，达成协议的，应当当场制作调解协议书，经双方当事人签收后，即发生效力。

调解未达成协议或者调解协议书送达前反悔的，专利行政部门应当依法作出行政处理。

第四章　展会专利侵权纠纷行政处理

第二十六条　专利行政部门处理展会中的专利侵权纠纷可以适用简易程序或者普通程序。

第二十七条　展会举办时间在3日以上，所在地县级以上人民政府专利行政部门认为需要派员驻会的，可以派员驻会，并设立临时的专利侵权纠纷受理点，接受专利权人或者利害关系人提出的专利侵权纠纷处理请求，对符合受理条件的依法予以受理。

展会主办方应当配合，提供必要的场所和办公条件。

第二十八条　专利权人或者利害关系人向专利行政部门提出专利侵权纠纷处理请求的，应当符合下列条件：

（一）提交专利侵权纠纷处理请求书、证据，以及身份证明、营业执照等资料；

（二）请求人是专利权人或者利害关系人；

（三）有明确的被请求人；

（四）有明确的请求事项和事实、理由；

（五）当事人未向人民法院起诉；

（六）属于该专利行政部门管辖范围和受理事项范围；

（七）重复侵权的，请求人还应当提交已经生效的行政处理决定、民事裁判或者仲裁裁决文书。

专利权正处于无效宣告请求程序中且无效理由明显成立的展会专利侵权纠纷，专利行政部门可以不予受理。

第二十九条　当事人提交的证据材料，应当真实、合法。

当事人提交的证据材料是在中华人民共和国领域外形成的，应当经所在国公证机关予以证明，并经中华人民共和国驻该国使领馆予以认证，或者履行中华人民共和国与该所在国订立的有关条约中规定的证明手续。

当事人提交的证据材料是在香港、澳门、台湾地区形成的，应当履行相关的证明手续。

当事人是境外的，其主体资格的证明材料参照本条第二款和第三款的规定执行。

当事人提交外文书证或者外文说明资料，应当附有中文译本。

第三十条　专利行政部门处理展会专利侵权纠纷案件，可以到被请求人的展位进行现场检查，查阅、复制与案件有关的文件，询问当事人，采取拍照、摄像、抽样等方式调查取证。

第三十一条　展会期间专利侵权纠纷案件的普通处理程序，依据《广东省专利条例》和相关法律法规的规定执行。

执行《广东省专利条例》第三十二条、第三十三条等相关规定措施，所产生的运输、仓储等费用由请求人承担，涉及实用新型专利或者外观设计专利的，请求人应当提交国务院专利行政部门出具的实用新型检索报告或者专利权评价报告。

第三十二条　专利行政部门对事实清楚、证据确凿充分、争议不大并且符合下列条件之一的专利侵权纠纷案件，可以适用简易程序处理：

（一）专利权人或者利害关系人仅要求被投诉人停止在本届展会中的侵权行为；

（二）已经生效法律文书认定专利侵权的；

（三）被投诉的参展展品的技术方案或者外观设计与发明、实用新型或者外观设计专利权相同的；

（四）其他可以适用简易程序的情形。

第三十三条　适用简易程序处理的，除了应当符合本办法第二十八条规定外，请求人还应当提供担保，并提供落入专利权的保护范围的对比分析材料和国务院专利行政部门出具的实用新型检索报告或者专利权评价报告以及相关证明材料。

专利权人或者利害关系人提出专利侵权纠纷处理请求的时间距离展会结束不足48小时，不适用简易程序处理。

第三十四条　适用简易程序受理的案件，专利行政部门应当及时将案件受理通知书等相关文书材料送达双方当事人。

被请求人应当在收到案件受理通知书等相关文书材料24小时内进行答辩和举证，逾期未答辩和举证的，不影响专利行政部门的处理。

第三十五条　按照简易程序处理的专利侵权纠纷案件，专利行政部门应当在被请求人申辩期满后24小时内进行审理，调解不成的作出处理决定。

第三十六条　按照简易程序立案的案件，通过现场对比无法判断是否落入专利权的保护范围等案情复杂的，不再适用简易程序，按照本办法第三十一条的规定进行处理，专利行政部门应当及时告知当事人，并说明理由。

第三十七条　专利行政部门查处涉嫌假冒专利行为，依据《中华人民共和国专利法》等相关法律法规的规定执行。

专利行政部门查处假冒专利行为，展会主办方及参展商应当积极配合、协助。

第五章　展会专利诚信档案管理

第三十八条　专利行政部门应当建立展会专利诚信档案，将下列情形列入档案：

（一）违反本办法第十二条有关情形的；

（二）被认定为专利侵权、假冒专利或者重复侵权的；

（三）专利权人及利害关系人以现有技术或者现有设计申请专利并获得专利授权后，向展会主办方投诉或者专利行政部门提出处理请求的。

第三十九条　专利行政部门应当按照规定将展会诚信档案信息纳入行政部门企业信用信息系统，实现部门之间的企业信用信息资源共享，有效监控和防范专利侵权和假冒专利。

第四十条　专利行政部门应当对在展会期间的专利侵权和假冒专利行为向社会公布。

第四十一条　专利行政部门对纳入展会专利诚信档案的参展商，在展会期间巡查时应当对其进行重点检查，对其相关专利权利证明材料进行审查。

第六章　法律责任

第四十二条　展会主办方违反本办法第十条、第十一条、第十二条、第二十一条规定的，由专利行政部门责令限期改正；逾期不改正的，予以警告，并通报批评。

第四十三条　展会主办方违反本办法有关规定，有下列情形之一的，由专利行政部门责令改正；拒不改正的，可以处1000元以上10000元以下的罚款：

（一）不设立展会专利投诉处理机构的；

（二）拒绝接受专利权人或者利害关系人投诉，未按照规定或者合同约定对禁止展出的参展项目采取措施的；

（三）经专利权人或者利害关系人投诉，拒绝出具相关事实证明，或者拒绝配合公证机关进行取证的；

（四）拒绝行政和司法机关调取投诉案卷，拒绝当事人查阅、复印涉案投诉案卷的。

第四十四条　违反本办法第八条规定，阻碍专利行政部门依法执行职务的，由公安机关依法给予治安管理处罚。

第四十五　条专利行政部门及其工作人员违反本办法有关规定，有下列情形之一的，由上级专利行政部门或者监察部门依法给予处分：

（一）没有在其门户网站上公布参展合同范本的；

（二）没有对展会主办方给予指导、监督的；

（三）没有对展会专利保护工作尽到管理职责的；

（四）玩忽职守、滥用职权、徇私舞弊的。

第七章 附 则

第四十六条 中央和国家机关在粤主办的展会，参照本办法执行；其主管部门对展会专利保护另有规定的，可以从其规定。

第四十七条 本办法自2012年10月15日起施行。

关于修改《广州市展会知识产权保护办法》的决定

《关于修改〈广州市展会知识产权保护办法〉的决定》已经2012年5月7日市政府第14届14次常务会议讨论通过，现予以公布，自公布之日起生效。

二〇一二年六月十六日

市政府第14届14次常务会议决定对《广州市展会知识产权保护办法》作如下修改：

一、第二条中的“由本市展会登记部门登记”删除，修改为“举办”。

二、第八条第(六)项删除“、展会登记部门”及“未设立知识产权工作机构的，展会登记部门不予登记”。

三、第九条第(四)项删除“、展会登记部门”。

四、第十二条第二款“属于本办法第十一条第三款规定情形，被投诉人拒不采取措施的”修改为“被投诉人拒不按照本办法第十一条第三款的规定采取遮盖、撤展等处理措施的”。

五、第十三条第(一)项修改为“拒不按照本办法第十一条第三款的规定采取遮盖、撤展等处理措施的”；第(三)、(四)项中的“上一届”修改为“往届”；第(三)、(四)项增加“所涉及的知识产权仍处于有效保护期内”，修改为“……所涉及的知识产权仍处于有效保护期内，本届展会中又继续展出同一参展项目的”。

六、第二十二条第二款中的“《广州市处理专利纠纷办法》”修改为“有关法律、法规、规章”。

本决定自公布之日起施行。

《广州市展会知识产权保护办法》根据本决定修改后重新公布。

关于印发《深圳市品牌展会认定办法》的通知

深经贸信息秘书字[2012]661号

各展会主（承）办单位：

为培育品牌展会，引导深圳会展业品牌化、专业化、国际化发展，建设“质量深圳”，深圳市经济贸易和信息化委员会、市财政委制定了《深圳市品牌展会认定办法》。现予印发，自2012年起实行。

特此通知。

深圳市经济贸易和信息化委员会

深圳市财政委员会

二〇一二年四月一日

深圳市品牌展会认定办法

第一章 总 则

第一条 为规范品牌展会认定工作，培育品牌展会，引导深圳会展业品牌化、专业化、国际化发展，根据《深圳市会展业财政资助专项资金管理办法》（深府办[2010]52号）制定本办法。

第二条 本办法所称的展览会，是指定期举办，在固定场所以及一定期限内，通过产品、技术或服务的展示，实现产品、服务贸易和信息、技术交流的展览会，包括综合展览会、经济贸易展览会、专业性展览会、博览会（不包括展销会）。

第三条 深圳品牌展会的认定，按照公开、公平、公正、的原则，采取企业自愿申请、第三方审计、社会公示、政府认定的方式进行。

第四条 深圳市经济贸易和信息化委员会负责深圳市品牌展会的认定工作。

第二章 认定范围和条件

第五条 在深圳举办的展览会可申请认定为深圳市品牌展会。

第六条 申报深圳品牌展会应具备以下条件：

1、展期不超过两周，定期举办过两届（第三届起可申请）。

2、展览会应在展馆举办。

3、申报单位应为展览会主、承办单位。

4、国际展境外参展商数量占总参展商比例达10%，或境外观众数量占总观众比例达5%。

国内展参展商广东以外地区比例达40%，或国内观众数量广东以外地区比例达20%。

第三章 认定程序

第七条 深圳品牌展会原则上每两年（双年）认定一次。

第八条 申请单位应于认定年度次年的4月底前向深圳市经济贸易和信息化委员会提出申请，并提交以下材料：

（一）深圳市品牌展会认定申请表（附件1）。

（二）经深圳市经济贸易和信息化委员会认可的第三方机构对上年度该展览会的审计报告（原件）。

（三）深圳会展中心场地租赁协议（复印件），相关媒体报道、配套专业会议及活动资料（复印件）。

第九条 深圳市经济贸易和信息化委员会按照深圳品牌展会评估分值表(附件2）对参加认定的展会进行评估，确定深圳品牌展会名单。

第十条 深圳市品牌展会名单在深圳市经济贸易和信息化委员会网站进行公示，公示期为10个工作日。

第十一条 公示期满无异议或异议不成立的，由深圳市经济贸易和信息化委员会认定为深圳市品牌展会，于6月底前发布，并颁发证书。

第四章 权利和义务

第十二条 对经认定为深圳市品牌展会的展会项目，在深圳市会展业各有关宣传推介中予以重点宣传，并按照《深圳市会展业财政资助专项资金管理办法》(深府办[2010]52号)的规定给予资助。

第十三条 企业在对外宣传时可冠名使用深圳市品牌展会称号，并享受国家、省、市其他各有关扶持和优惠政策。

第十四条 经认定的深圳市品牌展会应接受有关部门的指导、监督和检查，提供展会情况的有关资料。

第五章 管理与监督

第十五条 对已认定为深圳市品牌展会的展会项目，因涉税或其他违法行为收到行政或刑事处罚，取消其品牌展会资格并收回证书，停止享受相关优惠扶持政策。

第十六条 受委托的展会数据审计机构在审计过程中，存在弄虚作假、与申报单位串通作弊等行为，一经核实，取消其审计资格，并依法追究法律责任。

第六章 附 则

第十七条 深圳市品牌展会的数量根据深圳会展业的发展情况确定，于认定年度的4月底前发布。

第十八条 本办法由深圳市经济贸易和信息化委员会负责解释，自发布之日起实施。

附件：1、深圳市品牌展会申请表

2、深圳市品牌展会认定指标体系

3、名词定义和统计说明

附件1 深圳市品牌展会申请表

填报企业：（盖章） 填报日期 年 月 日

<table>
<tr><td>展会名称</td><td colspan="3"></td></tr>
<tr><td>展会类型</td><td colspan="3">专业展览 ☐ 消费展览 ☐ 贸易展览 ☐ 博览会☐</td></tr>
<tr><td>公司地址</td><td colspan="3"></td></tr>
<tr><td>联系人方式</td><td colspan="3">办公电话： 手机：</td></tr>
<tr><td>展会举办地点</td><td colspan="3"></td></tr>
<tr><td>展会举办届数</td><td colspan="3"></td></tr>
<tr><td>批准/备案文号</td><td></td><td>批准/备案单位</td><td></td></tr>
<tr><td rowspan="3">展览规模</td><td>展览净面积</td><td colspan="2"></td></tr>
<tr><td>参展商数量</td><td colspan="2"></td></tr>
<tr><td>专业观众数量</td><td colspan="2"></td></tr>
<tr><td rowspan="4">观众</td><td>境外专业观众比例</td><td colspan="2"></td></tr>
<tr><td>境外观众代表的国家及港澳台数</td><td colspan="2"></td></tr>
<tr><td>境内专业代表的地区数</td><td colspan="2"></td></tr>
<tr><td>广东之外专业观众比例</td><td colspan="2"></td></tr>
</table>

参展商	境外参展商的比例	
	广东之外参展商的比例	
	境外参展商代表的国家及港澳台数	
	境内参展商代表的地区数	
深圳市经济贸易和信息化委员会审核意见		

附件2　深圳市品牌展会认定指标体系

项目	权重	评价指标	权重	分值计算
展览规模	0．30	展览净面积	0．40	2500平方米开始记分，每增加2500平方米增加2分
		参展商数量	0．30	100个展商开始记分，每增加100个增加2分
		专业观众数量	0．30	3000个专业观众开始记分，每增加3000个增加2分
观众	0.35	境外专业观众比例	0.30	境外观众比例占总数0.5%开始记分，每增加0.5%增2分
		境外观众代表的国家及港澳台数	0.20	境外专业观众所代表的国家及港澳台数1开始记分，每增加5个增1分
		境内专业代表的地区数	0.20	境内专业观众所代表的地区数1开始记分，每增加2个增1分
		广东之外专业观众比例	0.30	广东之外专业观众比例2.5%开始记分，每增加2.5%增2分
参展商	0.35	境外参展商的比例	0.30	境外参展商的数量占总数1%开始记分，每增加1%增2分
		境外参展商代表的国家及港澳台数	0.20	参展商所代表的国家及港澳台数1个开始记分，每增加1个增1分
		境内参展商代表的地区数	0.20	境内参展商所代表的地区数1个开始记分，每增加1个增1分
		广东之外参展商比例	0.30	广东之外参展商占总参展商比例5%开始记分，每增加5%增2分

附件3　名词定义和统计说明

一、名词定义

参照GB/T26165-2010和UFI等相关定义，结合业内实际加以界定。

1、展览会：指在特定的地点和期限内，以产品、技术、服务的展示、参观、洽谈和信息交流为主要目标的社会活动。

2、综合性展览会：展出多个专业展品的展览会。

3、经济贸易展览会：以贸易、投资和经济合作等商务活动为主要功能的展览会。

4、专业性展览会：在固定或规定的地点、规定的日期和期限内，由主办者组织、若干参展商参与的，展品范围在国民经济统计类别中第一类别各单项之内或在第二类别各单项之内的，通过展示促进产品、服务的推广和信息、技术交流的社会活动。

5、博览会：规模庞大、内容广泛、展出者和参观者众多的展览会。

6、国际展览会：境外（含港、澳、台）参展商不低于全部参展商10%，境外观众不低于全部观众的5%的，或者境外参展净面积不少于整个展览会净面积20%的展览会。

7、主办单位：以自己名义策划运营展览会，拥有并对展览活动承担主要责任的组织。

8、承办单位：受主办单位委托，按照主办单位制定的方案和计划，承担、协助、参与展览会策划或运营的组织。

9、展馆：以举办展览活动为主要功能的永久性建筑物。

10、展览总面积：展览会实际用于展览活动的所有场地面积。

11、展台：展览会用于展示活动的结构单元。

12、标准展台：展览场所内主办（或承办）单位按统一样式和尺寸、采用统一材料搭建的展台。注：标准展台具备相同的基本配置，尺寸一般为9、12、15 m^2。

13、展台净面积：参展商根据参展合同有偿使用的展台面积。

14、展览净面积：展览会用于展出的展位面积总和，即展台净面积之和，以平方米(m^2)表示。

15、特装：展览场所内标准展台以外的展台。

16、特装展位：由参展商在展览空地上自行设计并搭建的展览区域。

17、特殊装修展位面积比：特殊装修展位面积总和与展出净面积的比值，以百分比(%)表示

18、光地：用于搭建特装展台的展览场地。

19、参展商：签定参展合同，履行合同义务，拥有展台使用权，展示产品、技术和服务的组织。

20、境外参展商：境外注册企业的参展商。

21、境内参展商：合法注册地在中华人民共和国境内的参展商。

22、观众：展览会展出期间，参观展览会的人员，不包括主办单位、场馆方、参展商和服务商工作人员。

23、专业观众：展览会展出期间，出于收集信息、采购洽谈、联络参展商等专业或商业目的参加展览会的观众。

24、境外观众：登记且有效的通讯地址或身份证明为境外的观众。

25、境内观众：登记且有效的通讯地址或身份证明为境内的观众。

26、合同金额：指参展单位(商)之间通过展览平台达成的成交项目的合同金额。

27、展台销售额：为展览会主（承）办单位或其认可的机构在一次展览会中销售展台的全部收入。

28、展台销售均价：为每平方米展览净面积的平均销售价。计量单位为“元/每平方米”。

29、展览营业收入：展览会的展台销售额与展览会其他资源（如广告、赞助、门券等）销售额之和，计量单位为“元”

30、境外：是指中华人民共和国领域以外或者领域以内中华人民共和国政府尚未实施行政管辖的地域如台湾、香港、澳门。

二、统计指标处理和说明

1、展览净面积

因任意原因导致展览主（承）办单位或其认可的机构与参展商签订的某个参展合同不能履行的，该参展合同中的展台实际面积不计入展览净面积。餐饮区、仓储区、办公区、会议区、公共区域的面积不计入展览净面积。为参展商和（或）观众提供公共服务的行政管理机构、协会和组织所占用的面积也不记为净展览面积。

展览净面积的计量单位为“平方米”其计算公式

$$S_J = \sum_{i=1}^{n} S_i$$

式中：

S_j—— 展览净面积；

S_i—— 第 i 个展台的展台实际面积；

n—— 符合要求的展台数量

2、参展商数据

支付展位费但未能参加展览的企业不被计为参展商；

如果一个展商占用一个以上展位，应当被当作一个展商来记录。

如果一个展览被清晰地划分为几个部分，一个公司在不同的部分都有展位并且在每个展位上都能真正地展览就根据这个参展商独立的展位个数来计量；

母公司出现在展览上，只要子公司能提供自己的产品并满足其他的参展商的条件，子公司也是独立的参展商；

在展会上为参展商或观众提供服务的服务提供商、行政管理机构、协会和各种组织不能被计为参展商。但当他们提供的服务与展览的主题相关，而且他们还支付了展位费，就应该作为参展商来计量。

参展商注册证明（如营业执照等）在境外（含境内保税区内）并符合参展商数据统计原则的参展商计入境外参展商数量。

3、观众数据

观众数据主要包括观众人数、境外观众人数、观众来源地等指标。在作分类观众百分比统计中，采用人数作为统计基数。

其计算公式为：

式中：

—— 某一群体观众比例；

—— 该群体观众人数；

—— 观众总人数。

4、地区数

广东之外地区以省、自治区、直辖市计算，广东（除深圳）以一个地区计算。

关于征求《深圳市会展业财政资助专项资金管理办法》补充规定的通知

各展会主（承）办单位：

为完善对深圳市会展业专项资金的管理，充分发挥财政资金对会展业的扶持作用，现就《深圳市会展业财政资助专项资金管理办法》补充规定通知如下：

一、第二章第五条修改为：“市经贸信息委是专项资金资助项目的业务主管部门”。

二、取消第四章第十条第一款、第二款关于“办展方申请资助时必须提供第三方机构对展会数据的认证报告”的规定，申请重要展会资助不在必须提供第三方对展会数据的认证报告。

三、第四章第十条第三款修改为“对经会展主管部门认可的第三方机构对展会数据的认证费用，最高给予实际费用50%的资助，每个会展的资助金额不超过10万元，每个展会最多可获得5次资助。”

四、第四章第十条第五款第2点修改为“对经主管部门认定的品牌展会境内外专业媒体发布广告实际费用，每届予以最高30%的宣传推广特别资助，每个展会的资助金额不超过50万元。办展方申请认定品牌展会时必须提供第三方机构对展会数据的认证报告。”

五、增加第四章第十二条：“对本办法未明确的其他经市政府批准的扶持和鼓励我市会展业发展的项目，根据市政府批准意见执行。”

六、申请单位应由主办单位负责，有多个主办单位的，应协商一致，并出具委托协议。

特此通知。

二○一二年四月一日

关于征求《深圳展装展示企业资质等级管理办法(征求意见稿)》意见

为规范深圳市展装展示行业秩序，提升展览工程的技术和施工水平，保障展装展示施工工程质量和安全，引导展装展示行业绿色、低碳、环保发展，深圳市经贸信息委牵头起草了《深圳展装展示企业资质等级管理办法(征求意见稿)》，现公开征求意见。

深圳展装展示企业资质等级管理办法(征求意见稿)

一、总则

第一条　目的和依据：为加强展装展示行业管理，规范市场秩序，提升展览工程的技术和施工水平，保障展装展示施工工程质量和安全，引导展装展示行业绿色、低碳、环保发展，依据《中华人民共和国建筑法》、《装饰装修管理办法》及国家有关法规,结合深圳市展装展示行业实际，制定本办法。

第二条 定义：本标准的展装展示，是指在展览会、展销会、展览馆、博物馆、商业陈列空间等利用实物、模型、网架、型材、装饰材料、文字、图片和声、光、电技术与艺术手段进行艺术设计、施工、特殊装饰、装修、包装等布展活动。

第三条 适用对象：在深圳区域内从事展装展示企业，包括：设计、结构制作与安装、?器材与展具的制作安装、搭建与拆除、装饰与装潢、展览设备维护、展览设备器材和道具租赁企业。未经资质等级评定，不得在深圳市展览场馆从事展装展示业务。

第四条 原则：展装展示企业资质等级的管理，遵循公开、公平、公正的原则，按照市场准入、分等定级、宽进严出、行业自律、联合监管的办法，促进有序竞争，依法维护展装活动各方合法权益。

二、职责与分工

第五条 会展办职责：深圳市会展业管理办公室负责展装展示企业资质等级工作的检查与监督；核准会展行业协会资质等级有关的收费事项和标准；检查企业资质等级评定及执行情况，受理投诉并对违规单位予以处罚。

第六条 会展行业协会职责：深圳市会展行业协会负责组织实施展装展示企业的资质评定、颁发证书、换发新证、年度复核等资质等级管理工作；建立展装资质企业档案，更新展装企业诚信纪录；负责组织展装展示企业培训；对违规展装展示企业予以警告、限期整顿、禁止入场施工等处罚。

第七条 展览场馆职责：展览场馆负责落实展装企业的准入制度。负责查验展装展示企业等级资质，监督企业按照资质施工，没有证书的不得入场；定期向会展行业协会通报有关展装展示企业违规信息；落实对企业予以警告、限期整顿、禁止进入场馆施工的处罚。

第八条 展装展示企业职责：依据资质等级进行工程项目招标、设计、施工，展装展示设计、施工中严格执行国家有关规定和要求，使用符合环保和消防安全规定的材料，确保施工质量和安全。建立展装安全联络员制度，指定不少于两名安全联络员参加培训，展会现场必须确保有一名联络员在场。

第九条 展会主办单位职责：展会主办单位应按照资质等级委托展装展示企业进行主场搭建，并于开展6个月前向参展企业告之本办法有关规定，并提供具备资质的展装展示企业名单，以便参展企业按资质等级委托展装展示企业进行展位搭建。未按资质等级规定执行造成不能进馆搭建责任自负。

第十条 信息公开：会展行业协会应在协会网站公开以下信息：

（一） 资质等级申请事项、程序、收费标准、时限，需要提交的全部材料目录和申请书示范文本；

（二） 资质等级受理、检查、监督、举报环节人员名单和相关信息；

（三） 资质等级企业名单、诚信记录等信息。

展览场馆、展会主办单位应在企业网站转发资质等级企业名单、诚信记录等信息。

三、资质等级标准与适用

第十一条 等级标准：展装展示企业资质等级分为一级、二级、三级三个等级。

符合第三条要求并达到此款规定的企业可申报资质等级。

1、深圳市会议展览业协会的会员单位；

2、经工商行政管理部门正式批准登记注册，具有法人资格的企业单位；

3、遵守职业道德规范，依法经营，照章纳税的企业单位。

一级资质标准

1、工商注册资本不少于500万元；

2、从事本办法第二条所规定服务范围的经营活动5年以上(含5年，以企业登记注册时间为准)或企业负责人具有10年以上从业资历；

3、自正式申请资质等级评审之日起前24个自然月内，独立承担过不少于1项500万元以上、面积5000平方米以上的展览工程项目，并已建成(须提供相应的合同书原件等证明文件)；或不少于5项100万元以上、面积100平方米以上的展览工程项目,并已建成(须提供相应的合同书原件等证明文件)；或不少于2项30000平方米以上、或5项6000平方米以上的展览会主场项目(须提供相应的合同书原件等证明文件)；或不少于60家60万元以上参展商搭建项目，并已建成(须提供相应的合同书原件等证明文件)；

4、自正式申请参加资质等级评审的日期起计算的前12个自然月内，营业额达到1500万元以上(含1500万元)，需提供审计报告或财务统计报告；

5、有固定的办公场所，面积不少于150平方米，有固定综合加工场所与仓储用房，总建筑面积不少于3000平方米；

6、自正式申请参加资质等级评审的日期起计算的前24个自然月内，在所从事的展览工程经营活动中没有严重安全、质量事故和涉及企业诚信的不良记录；

7、有规范的质量保证体系、工作流程，积累了完整的施工资料，技术、经营、人事、财务、档案等管理制度健全。

8、企业内专职技术骨干人员不少于12人。其中：具有大学本科以上学历、从事展示设计、室内设计、环境艺术、工艺美术、艺术设计等专业的设计人员不少于6人，其中具有会展设计师的设计人员不少于4人或具有中级以上职称的设计人员不少于4人；具有大学本科以上学历、从事结构、电气、机械等工程类专业工作的技术人员不少于3人，其中具有中级以上技术职称的技术人员不少于2人；具有大学本科以上学历的管理人员不少于2人；企业内的部门经理、主管和从事项目管理、工程管理的高、中级管理人员中，具有大学本科以上学历和中高级职称(或相当于中、高级技术职称)的不少于6人；

9、每年员工岗位培训2次，6人以上取得行业或相关机构颁发的培训证书。

二级资质标准

1、工商注册资本不少于200万元；

2、从事本办法第二条所规定服务范围的经营活动3年以上(含3年，以企业登记注册时间为准)或企业负责人具有6年以上从业资历；

3、自正式申请资质等级评审之日起前24个自然月内，独立承担过不少于2项300万元以上、面积3000平方米以上的展览工程项目，并已建成(须提供相应的合同书原件等证明文件)；或不少于5项60万元以上、面积600平方米以上的展览工程项目,并已建成(须提供相应的合同书原件等证明文件)；或不少于2项10000平方米以上、或5项3000平方米以上的展览会主场项目(须提供相应的合同书原件等证明文件)；或不少于40家30万元以上参展商搭建项目，并已建成(须提供相应的合同书原件等证明文件)；

4、自正式申请参加资质等级评审的日期起计算的前12个自然月内，营业额达到800万元以上(含800万元)，需提供审计报告或财务统计报告；

5、有固定的办公场所，面积不少于100平方米，有固定综合加工场所与仓储用房，总建筑面积不少于1500平方米；

6、自正式申请参加资质等级评审的日期起计算的前24个自然月内，在所从事的展览工程经营活动中没有严重安全、质量事故和涉及企业诚信的不良记录；

7、有规范的质量保证体系、工作流程，积累了完整的施工资料，技术、经营、人事、财务、档案等管理制度健全。

8、企业内专职技术骨干人员不少于8人。其中：具有大学本科以上学历、从事展示设计、室内设计、环境艺术、工艺美术、艺术设计等专业的设计人员不少于4人，其中具有会展设计师的设计人员不少于2人或具有中级以上职称的设计人员不少于2人；具有大学本科以上学历、从事结构、电气、机械等工程类专业工作的技术人员不少于2人，其中具有中级以上技术职称的技术人员不少于1人；具有大学本科以上学历的管理人员不少于1人；企业内的部门经理、主管和从事项目管理、工程管理的高、中级管理人员中，具有大学本科以上学历和中高级职称(或相当于中、高级技术职称)的不少于4人；

9、每年员工岗位培训2次，4人以上取得行业或相关机构颁发的培训证书。

三级资质标准

1、工商注册资本不少于50万元；

2、从事本办法第二条所规定服务范围的经营活动2年以上(含3年，以企业登记注册时间为准)或企业负责人具有4年以上从业资历；

3、自正式申请资质等级评审之日起前24个自然月内，独立承担过不少于2项100万元以上、面积1000平方米以上的展览工程项目，并已建成(须提供相应的合同书原件等证明文件)；或不少于5项40万元以上、面积400平方米以上的展览工程项目,并已建成(须提供相应的合同书原件等证明文件)；或不少于2项8000平方米以上、或5项2000平方米以上的展览会主场项目(须提供相应的合同书原件等证明文件)；或不少于20家10万元以上参展商搭建项目，并已建成(须提供相应的合同书原件等证明文件)；

4、自正式申请参加资质等级评审的日期起计算的前12个自然月内，营业额达到200万元以上(含200万元)，需提供审计报告或财务统计报告；

5、有固定的办公场所，面积不少于50平方米，有固定综合加工场所与仓储用房，总建筑面积不少于750平方米；

6、自正式申请参加资质等级评审的日期起计算的前24个自然月内，在所从事的展览工程经营活动中没有严重安全、质量事故和涉及企业诚信的不良记录；

7、有规范的质量保证体系、工作流程，积累了完整的施工资料，技术、经营、人事、财务、档案等管理制度健全。

8、企业内专职技术骨干人员不少于6人。其中：具有大学本科以上学历、从事展示设计、室内设计、环境艺术、工艺美术、艺术设计等专业的设计人员不少于2人，其中具有会展设计师的设计人员不少于1人或具有中级以上职称的设计人员不少于1人；具有大学本科以上学历、从事结构、电气、机械等工程类专业工作的技术人员不少于1人；企业内的部门经理、主管和从事项目管理、工程管理的高、中级管理人员中，具有大学本科以上学历和中高级职称(或相当于中、高级技术职称)的不少于2人；

9、每年员工岗位培训1次，2人以上取得行业或相关机构颁发的培训证书。

10、新建展装展示企业符合以下条件可申请第三等级资质。满足第三等级的1、2、5、7、8点要求，企业负责人或专职设计师曾有的业绩达到第3点要求(需提供要关证明)，企业负责人和专职设计师满足第6点要求，同时有一次员工岗位培训纪录，2人以上取得行业或相关机构颁发的培训证书。

第十二条　环保要求　提倡绿色施工。在展示布展工程的设计、施工、搭建、装饰器材方面有绿色环保意识，展览器材要求符合“减量化(Reduce)、再使用(Reuse)、再循环利用(Recycle)”的绿色器材如折叠展架；施工时，严格执行绿色环保标准，选用无毒、无污染的绿色材料及施工工艺，并且加强施工现场的管理，降低粉尘、废气、废水对室内与周围环境的污染和破坏；室内音响应以满足人体生理和心理要求为前提，减少听觉污染。

一级资质

1、布饰结构、构件式展览器材、铝合金桁架达全部器材设备30%以上。

2、选用节能灯具达70%。室内灯光应以满足人体生理和心理要求为前提。提倡简约、自然的风格，减少视觉污染。

二级资质

1、布饰结构、构件式展览器材、铝合金桁架达全部器材设备20%以上。

2、选用节能灯具达60%。室内灯光应以满足人体生理和心理要求为前提。提倡简约、自然的风格，减少视觉污染。

三级资质

1、布饰结构、构件式展览器材、铝合金桁架达全部器材设备10%以上。

2、选用节能灯具达50%。室内灯光应以满足人体生理和心理要求为前提。提倡简约、自然的风格，减少视觉污染。

第十三条　等级适用：

一级资质可承接主场、特装搭建和其它展装工程业务，展览工程业务面积、金额不限。深圳市50000平方米以上(含50000平方米)的展览主场和二层以上特装搭建只能由具备一级资质企业承接；

二级资质可承接50000平方米以下主场和单项工程在300平方米以下主场的单层特装搭建业务；

三级资质可承接地毯铺设、54平方米以下小型特装、协助主场承建商搭建标准展位。

四、资质申报与评审

第十四条　评审时间　展装资质评审每年两次，从受理之日起，二个月完成评定工作。

第十五条　受理单位　展装展示企业资质等级评定采取自愿申报的方法，向深圳会议展览业协会提出书面申请。

第十六条　申报材料　提出书面申请的企业需提交以下材料：

（一）　企业法人营业执照、代码证、税务登记证复印件。

（二）　施工管理、技术人员资质证。

（三）　与申请资质等级相对应的案例。

（四）　固定资产清单、经中介机构审核的企业上一年度财务审计报告

（五）　近二年项目建议书、方案，可行性研究，评估论证，项目合同书，设计施工方案等。

第十七条　评审　经初审、现场考察、专家评审，颁发相应的《展装展示企业资质证书》(以下简称《资质等级证书》)。

第十八条　初审　市会议展览业协会企业资质申请及相关材料进行初审，初审内容包括：申报材料的符合性、真实性审查。

第十九条　现场考察　实地抽样考察，佐证核实上报材料。

第二十条　评审　实行由行政管理部门、展览场馆、展览组织者和专业技术人员组成的评审专家委员会评审制度，评审专家或其亲属在被评审企业担任重要职务的，应当自行申请回避，评审按照第十一条、第十二条对申报企业进行审核与评定。

第二十一条　评审结果　资质评审结果在会展行业协会网站等媒体上进行公示十个工作日。公示无异议的，颁发《资质等级证书》，并报会展办备案。

五、资质管理

第二十二条　证书效力《资质等级证书》由深圳会展业行业协会统一印制，是展览展示企业设计、施工能力与水平的标志，是在深圳从事展览展示业务的凭证，任何单位和个人不得翻印复制。

第二十三条　有效期资质证书有效期为三年，每年年检一次，三年一次复评，到期更换资质证书，超期自行

失效。取得资质的展装展示企业，自颁证之日起，一年内不能提出升级和变更资质的申请。

第二十四条　警告，限期整顿、降级、撤销资质的管理规定

1、发生下列情况之一，给予警告，限期整顿。

(1)　不服从展览场馆授权工作人员管理；

(2)　严重违反展览场馆施工管理规定，接到整改通知后拒不整改；

(3)　野蛮施工。

2、发生下列情况之一，资质等级和所适用的展览工程范围予以降级。连续两年经营纪录良好，可申请恢复原等级。

(1)　发生展位坍塌事故；

(2)　发生重伤1人事故；

(3)　未经展览场馆授权，擅自进场施工；

(4)　一次展会施工中整改率低于70%；

(5)　一年内出现三次警告处罚的记录；

3、发生下列情况之一，资质等级予以撤销，禁止进入展览场馆施工。禁入期限为三年，期满后可重新提请资质等级认证。

(1)　发生火灾事故；

(2)　发生重伤1人以上重大伤亡事故；

(3)　一次展会施工中整改率低于50%；

(4)暴力对抗展览场馆授权工作人员；

4、出卖、出借、转让、涂改、复制、伪造《资质等级证书》，视情节轻重，予以降级、撤销资质的处分。

第二十五条　变更　企业变更名称、地址、法定代表人等，应及时办理变更展装展示资质证书相关内容。

第二十六条　重办　展装展示企业进行合并、分立的应在十五天内办理资质等级注销，并重新申请资质等级。

第二十七条　资质认可　对经深圳会展行业协会认可的国内外其他行业协会评定的资质等级的展装展示企业，在报深圳市会展协会备案后，可予以认定为相应等级资质。企业须经过深圳会展行业协会组织的培训后，方可在深圳开展业务。

第二十八条　保证金　实施保证金制度，进入展馆施工三级资质企业应向展馆缴纳50万元保证金，二级资质企业缴纳50%保证金，一级资质企业免缴保证金；保证金用以支付在工程设计、施工、安全等方面出现事故的赔偿；展会结束后，展馆应在扣除赔偿金额后10个工作日内，将保证金返还。

第二十九条　保险　进入展馆施工的企业，必须为施工人员购买强制保险。

第三十条　转让　严禁将工程分包给无资质等级的企业。可将承包工程分包给有相应资质等级的其他单位，但要按照合同约定或经业主同意，且分包工程不得超过总工程造价的二分之一。

六、责任与监督

第三十一条　企业责任　对弄虚作假，伪造材料申报的企业，取消其资质等级，在媒体公布，并将企业及责任人列入不诚信名单，企业三年内不受理资质等级申请。

第三十二条　展馆、协会、专家责任　展馆、协会以及参与评审的专家与申请单位串通作弊、以权谋私或弄虚作假的，按照有关规定严肃查处，直至追究法律责任。

七、附则

第三十五条　本办法2013年7月1日起试行。

第三十六条　本办法由深圳市会展业管理办公室负责解释。

二〇一二年十一月二十二日

广西省

桂林市人民政府关于加快发展桂林会展业的意见

桂林市人民政府

二〇一二年五月十七日

各县、自治县、区人民政府，市直各委、办、局，各有关单位：

会展业是现代服务业的重要组成部分，产业关联度高，经济带动性大，对于推动产业结构调整升级、提升城市影响力和竞争力具有重要作用。为贯彻落实《广西壮族自治区人民政府关于加快发展广西会展业的意见》（桂政发〔2010〕65号）精神，进一步促进桂林旅游产业转型，全面提升桂林市会展业发展水平，现提出如下意见。

一、指导思想、发展目标和发展原则

（一）指导思想深入贯彻落实科学发展观，以桂林国家旅游综合改革试验区和国家服务业综合改革试点区域建设为契机，以区位、资源和产业优势为依托，按照市场化、专业化、产业化、品牌化、国际化要求，坚持会议为主，展览为辅，展、会结合的发展方针，把会展业培育成为桂林现代服务业的主导产业和新的经济增长极之一。

（二）发展目标

1、总体发展目标。会展业与旅游文化、商贸物流、高新技术、特色农业等优势产业形成联系紧密、互相促进、共同发展的局面；会展业实现快速发展；会展业在加强对外经贸交流与合作、推动产业结构调整升级、提升城市影响力和竞争力、促进经济社会进步等方面的作用初步显现；构建完整的会展产业体系，努力建设区域性会展中心城市。力争用10-15年时间将桂林发展成为国际会展名城之一。

2、产业发展目标。形成有利于会展业快速发展的政策体系、管理体制、市场机制；会展场馆功能设施和配套水平得到较大提升；培育一批市场开拓能力、管理水平、服务水平与国际接轨的会展龙头企业和优质配套服务企业，会展产业链初步达到内外设施配套衔接、相关行业协作“一条龙”、“一体化”的要求。到2015年，桂林会展业直接收入、就业人数和品牌展会达到中西部地区会展业先进水平。

3、经济发展指标。到2015年，培育有桂林特色和影响力的品牌会展5到8个；全市力争每年引进3-5个国内外知名品牌展，每年承接0个以上的大中型会议，培育具有较大影响的会展企业10家，建立良好的会展经济运行体系。

（三）发展原则

1、政府引导与市场化相结合原则。发挥市场配置资源的基础性作用，形成政府引导、企业自主经营、全社会参与的有序竞争发展格局。

2、会议为主，展览为辅，展、会结合原则。积极引进各类优质国际国内会议，办好各类特色品牌展览，努力探索和推进展、会结合，充分利用桂林的旅游资源和会展场馆设施，加快桂林会展业和旅游业的协同发展。

3、会展业与优势产业相结合发展原则。积极引导会展业与旅游文化、商贸物流、高新技术、特色农业等优势产业联动发展，在加快会展业发展步伐的同时，推动旅游等相关产业的转型升级。

二、大力建设会展重点区域

（一）重点提升七星区会展业功能集聚区 充分利用七星区物流、人流、信息流和高新产业集聚的优势，提升桂林国际会展中心配套设施水平并以其为核心，依托甲天下广场、桂林体育中心及周边的酒店宾馆、文化娱乐、餐饮服务、旅游设施等资源，将七星区建设成为桂林举办中小型国际、国内会议、中小型展览、中小型节庆活动的会展业功能集聚区。

（二）重点培育临桂新区大型综合会展业功能核心区 依托桂林世界旅游城中规划建设的桂林国际会议中心、国际旅游论坛、广西东盟接待基地及周边高档酒店等会展场馆设施，将临桂新区建设成为桂林举办大中型国际、国内会议、大中型展览、大型节庆活动的会展业功能核心区。

（三）拓展秀峰区象山区会展功能秀峰区、象山区现有基础较好，酒店宾馆、文化娱乐、餐饮服务、旅游设施资源丰富，重点建设好秀峰区桃花江旅游度假区、象山区万福休闲旅游度假园区，拓展旅游、会展功能，做大秀峰区、象山区会展产业。

三、积极培育和引进各类会议、展览

（一）打造具有桂林特色的会展品牌大力培育“桂林国际”系列会展品牌，做精做好中国桂林国际旅游博览会、旅游趋势与展望国际论坛、桂林国际山水文化旅 游节、桂林国际动漫节等品牌会展。对桂林房车节、桂林名优产品展销会、桂林婚博会等已具有一定影响的专业会展，要不断挖掘新的内涵，扩大规模，提高质量，着力发展成为知名品牌会展。

（二）培育与特色经济活动相结合的节庆品牌深入挖掘各县（区）民俗文化资源、产业优势，打造一批具有浓郁地方特色，与特色经济活动紧密结合的县域节庆品牌，重点培育发展恭城桃花节、阳朔漓江渔火节暨金桔交易会、平乐桂江文化旅游节暨柚子节、兴安桂林米粉节和葡萄节、龙胜红瑶晒衣节、资源河灯歌节、荔浦芋美食文化节、灌阳农具文化节和雪梨黑李节、临桂名人文化节、灵川古东红枫节、全州湘山文化节、永福养生旅游福寿节等县域特色节事活动。

（三）引进成熟品牌展会

积极引进一些国内外高端会议、论坛，全国各系统年会、学术会议、大型企业奖励年会、研讨会等会议活动和知名展会。市博览局、商务局、旅游局、贸促会等主要办展会部门，要重点加强与国家部委、全国性行业协会、商会、国内外著名会展组织、大型会展企业等展会举办主体的联系；其他职能部门，要利用各自的优势和条件，积极与上级部门和相关行业协会加强联系，不断拓展引进成熟展会的渠道；努力提升各大宾馆、饭店、旅行社、会展企业办会办展服务能力，为繁荣我市会展市场提供保障。

四、推动完善会展产业链

（一）强化会展场馆功能鼓励现有会展场馆、宾馆、饭店进行升级改造，适应召开各类商务会议、专业会议的需求，促进向特色化、专业化方向发展。尽快启动桂林国际会议中心、国际旅游论坛、广西东盟接待基地等一批大型会展新项目建设，提高会展场馆的规模和现代化水平。

（二）大力培育专业会展企业推动旅行社转型或拓展会议业务，鼓励星级酒店积极承揽各类会议业务。加强培育专业性展览公司，推动会展业的市场化、专业化和规范化。大力引进会展专业公司、专业机构，打造具备较强竞争力的会展领军企业。积极推动中小型会展企业向特色化、专业化方向发展，与大型会展企业集团形成配套协作关系。

（三）积极发展会展关联产业大力发展为会展配套的相关企业，逐步实现会展策划、广告、印刷、场馆租赁、布展、礼仪、翻译、物业管理等配套企业专业化、规范化，餐饮、旅游、住宿、娱乐、交通等配套企业产业化、链条化，逐步形成配套完善、联系紧密、共同发展的会展产业体系。

（四）努力推进会展产业融合发展实施旅游与会展资源整合及产业协同发展项目，积极探索和推进“展览+会议”、“会议+旅游”、“展览+会议+旅游”、“节庆活动+会议+展销活动+旅游”等复合型会展模式，形成展览、会议、节庆活动有机结合，会展业与旅游、文化、休闲、高新技术、工业、农业等产业互为依托、互相促进、共同发展的格局，实现会展题材拓展和产业链条延伸。

（五）做大做强会展产业体系培育一批具备较强竞争力的会展龙头企业，逐步形成以大型会展企业为龙头，中小型会展企业为辅助，各类会展专业服务企业、宾馆酒店、旅游服务相配套的会展产业体系。

五、建立健全会展业领导体制机制

（一）强化市会展经济工作领导小组职能 调整充实市会展经济工作领导小组成员单位，建立由市政府分管领导任组长，有关部门领导和县（区）领导为成员的领导机构，全面负责我市会展业指导、规划、协调工作；领导小组下设办公室，设在市博览局，承担市会展经济工作领导小组的日常工作。各县(区)要成立相应的会展经济工作领导小组。

（二）完善工作机制

建立会展业发展联席会议制度，联席会议成员由博览、商务、旅游等部门组成，市博览局为牵头单位，定期召开联席会议，并协调各有关部门，努力实现会展管理规范化，部门协作程序化，全程服务标准化。

（三）成立桂林市会展业行业协会使会展协会成为政府主管部门与会展企业的桥梁，成为整合会展资源、协调经营主体的纽带，成为开展专业培训，强化行业管理，规范会展业发展的重要平台。

（四）规范管理，降低办会办展成本

1、建立全市展会活动的备案、审核、登记制度。

2、规范收费，降低办会、办展成本。对未经价格行政主管部门依法批准的会展收费项目予以取消。

3、加强对会展企业和相关服务企业的引导管理，大力推行国际化标准体系认证。

六、加大政策扶持力度

（一）安排财政专项发展资金。市财政每年安排1000万元（人民币）会展业发展奖励扶持资金，主要用于引进或申办国际和国内具有影响力的大型展会；扶持和培育政府确定的规模大、效益好、有发展潜力的品牌展会。

（二）加强对会展的宣传。市各有关部门应在城市对外经济合作和城市宣传资料中推介桂林重要会展活动；由市会展经济工作领导小组办公室牵头在本市重要路段设立政府管理的广告牌，对重要会展和品牌会展进行宣传。

七、营造会展业发展的良好环境

（一）提高认识，统一思想全市各级领导、各相关部门，要进一步提高对我市发展会展业重要性、必要性和紧迫性的认识，努力营造有利于会展业快速发展的大环境。媒体要加大对会展业宣传力度，为会展业发展提 供舆论支持，努力营造有利于会展业快速发展的大环境。

（二）加强会展业对外交流与合作

1、推动会展业国际交流。学习会展业先进国家和地区的经营理念、管理经验，加强与国际会展组织、会展跨国公司的合作。鼓励国际高端会展公司参与我市展馆经营，吸引国际知名会展品牌和配套服务企业落户桂林。

2、积极发展与周边地区的合作。主动对接广西区内、周边省市 的会展市场，建立会展业管理部门、中介服务机构良好的合作互动机制，形成多层次、多领域、相互补充的会展市场结构和区域会展业错位竞争、协调发展的良好态势。

（三）加强会展专业人才培训和引进开展多层次、多渠道的会展职业教育培训，积极吸引会展策划师、设计师、高级项目经理等高端人才落户桂林。完善会展人员的职称评审工作，健全完善相应的职称考评、技能人才评价以及考核鉴定办法。

（四）加强会展行业统计工作建立会展业统计制度。把会展业纳入全市现代服务业的统计范围，建立统计指标体系，定期上报统计数据；各有关部门、行业协会、会展场馆及会展活动举办相关单位要积极配合统计部门做好会展业统计工作，为会展业发展评估及产业政策制订提供科学依据。

桂林市人民政府办公室关于印发桂林市会展业发展资金使用管理暂行办法的通知

各县、自治县、区人民政府，市直各委、办、局：

《桂林市会展业发展资金使用管理暂行办法》已经市人民政 府同意，现印发你们，请结合实际，认真组织实施。

桂林市人民政府办公室

二〇一二年十月十一日

桂林市会展业发展资金使用管理暂行办法

第一章 总 则

第一条 为促进我市会展业发展，加强和规范会展业发展专项资金的管理，充分发挥财政资金的宏观导向和激励作用，提高资金使用效益。根据《桂林市人民政府关于加快发展桂林会展业的意见》（市政〔2012〕48号）文件精神和有关规定，制定本办法。

第二条 会展业发展资金是指市财政每年预算安排专项用于扶持我市会展业发展的资金（以下称会展资金）。

第三条 资金用途：扶持在我市举办的国际性、全国性、区域性会展活动，培育会展品牌，宣传桂林会展环境，培养会展人才。

第二章 管理职责及分工

第四条 桂林市财政局是资金管理的主管部门，负责会展资金的预决算审核、批复和监督管理，包括核拨资金、提出会展资金的监管要求，并与桂林市会展经济工作领导小组办公室（以下简称“会展办公室”）共同对会展资金的使用进行跟踪管理。

第五条 市会展办公室负责资金的业务管理，编制年度会展资金使用计划、预决算编报；负责展位补助资金申请的受理、初审，以及会展宣传、申办、会展基础保障等公共性支出资金的使用和 审查。

第三章 资金使用对象、方式、标准

第六条 资金使用对象（范围）：推动和促进会展业发展的部门、单位；各专业会展活动主办或承办机构。

资金使用方式：用于展会宣传、场馆补贴、重要嘉宾和客商接待等。

第七条 资金使用项目

（一）展位补助

1、补助条件：能推动桂林相关产业发展，带动我市第三产业增长并具有潜在发展前景的国际性、全国性、区域性的专业会展，每个展会会期不少于1个展期（三天）。

2、补助标准：展会面积在5000—10000平方米的最高给予6万元的补助，1万—2万平方米的最高给10万元补助，2万平方米以上最高给予15万元补助，对于长期落户桂林，具有发展潜力的大型展会给予重点扶持，另行审定。

（二）会议补助项目和标准。

1、补助项目用于在我市成功举办的国内大型会议和国际性会议的补助，

主要是商务类会议（对由财政支持的行政性会议或由党政群机关举办的会议不在补助范围内）。

2、补助标准

（1）国内大型会议。指由各类行业组织、企业主办的，实际会期达2天以上（含2天）的论坛、研讨会、洽谈会、订货会、年会等会议活动，其补助金额最高不超过5万元，具体标准为：会议安排住宿四星级以上宾馆，住宿人数超过500人起补，标准为每人50元（对于世界500强全国500强企业、全国一级协会学会主办的超过500人起补，标准为每人100元，其补助金额最高不超过8万元）。

（2）国际性会议。积极引进经批准的由各类行业组织或企业主办的国际性会议。对有来自5个及以上国家（地区）参会人员，实际会期达2天以上（含2天）的论坛、研讨会、洽谈会、年会等的商务类会议活动，给予一定资金支持，最高不超过8万元。具体标准为：会议安排住宿四星级以上宾馆，境外与会代表20%以上，住宿人数超过500人起补，标准为每人100元，其补助金 额最高不超过8万元。

（三）对地方特色节庆活动，根据规模和影响力给予2—5万元的补助。

（四）会展公共性支出

1、会展宣传：用于桂林市城市会展业总体形象宣传和相关会展活动的推广推介费用，含光盘、刊物和其他会展宣传用品的设计制作费用，以及会展户外公益宣传所需费用补助。

2、会展申办：用于我市争取全国性、规模大、社会效益好或能长期在桂林举办的专业展会的各种申办费用、招商招展费用、引进或招商境内外品牌展会的前期费用等。

3、会展基础保障：用于会展行业调查、统计和进行评估活动所

必需的聘请专家及工作经费、参加国内外会展教育培训人员经费、推动和促进桂林与国际国内展会联盟等所需费用。

第八条 有多个主办或承办单位的会展，只能由一个主办或承办单位申请；相同题材的会展，只对其中规模大的展会予以补助。同一项目包含会议和展览内容的，不得同时申请会议和展位的补助或奖励。

第九条 本办法规定的补助只适用于新办会展，同一会展连续补助最多不超过两届（含两届）。对连续在桂林举办五届以上的会展，为鼓励其继续做大做强，以上一年（届）展览规模为基数，每增加100个标准展位，奖励5000元，会议每增加100人，奖励5000元，最高不超过5万元。

第十条 有下列情形之一的，专项资金不予资助：

（一）知识产权有争议的项目；

（二）市政府已经安排专项经费或已经获得我市其他财政性 专项资金资助的项目；

（三）申请单位由于投诉、上访事件被相关部门查处的；

（四）其他有关部门认定不适宜资助的项目。已享受市政府其他资金扶持的会展，不再给予展位补助。

第四章　资金申请和审批

第十一条　资金补助办理程序

（一）申报：办展办会单位须在展会举办前三个月向市会展
办公室提出办展申报，内容包括名称、规模、时间、地点、相关 批准文件及效益分析报告；

（二）核实：办展办会单位应在会展前一个月填制《会展专项资金补助申请表》，并和相关材料（补助资金申请表、批准文件、资格证明、场地租赁合同、活动实施方案）一并上报市会展办公室。办展期间，市会展办公室负责牵头，组织市博览局、市财政局及主题展会涉及的市直相关部门对申报的展会进行实地核实；

（三）申请：展会结束15个工作日内，办展办会单位应向市会展办公室提出补助申请，内容包括申请报告书，展会总结（展会效益、分析报告、资金使用情况、展会效果），办展场所关于会展规模的证明，参展企业及人员名单等材料；逾期未提出项目申请的，视同自动放弃，不予补助或奖励。

（四）审核拨付：市会展办公室在15个工作日内对符合补助或奖励条件的申请单位进行审核，市财政局在15个工作日内对审 核结果进行核准并按规定报市人民政府批准后拨付资金。

第五章　监督和检查

第十二条　会展宣传、申办、资质评定审验及其它公共性支出由市会展办根据经批准的会展专项资金使用计划提出详细的用款项目及支出金额，经市财政局审核后执行。

第十三条　市财政局要加强对本资金使用的审核、检查和监督，同时应定期对本资金的使用情况及使用效益进行检查评估。市会展办公室要严格执行本资金使用计划，要对年度资金使用情况、效果进行总结、评估。

第十四条　市会展办公室、财政局要严格执行本资金管理的有关规定，严格开支范围，不得挪用、截留，同时做好本资金使用材料的建档和保存，市审计局对资金管理和使用情况进行审计监督。各受本资金补助的企业或机构，要按照要求规范资金的使 用范围，接受市会展办公室、财政局的检查。

第六章　附　则

第十五条　本办法由市会展办公室、市财政局负责解释。

第十六条　本办法自颁布之日起开始实施。

海南省

海南省商务厅关于申报2012年度省服务业发展专项资金扶持项目的通知

海南省商务厅
海南省旅游发展委员会
海南省财政厅
二〇一二年三月二十二日

各市县商务局、旅游局、财政局，洋浦经济发展局、财政局：

今年是我省“项目建设年”。为充分发挥省服务业发展专项资金的引导作用，推进我省服务业重点项目建设，根据《海南省服务业发展专项资金管理暂行办法》的有关规定，2012年度省服务业发展专项资金重点支持购物中心建设、旅游购物和餐饮、物流以及会展业。现就有关事项通知如下：

一、资金扶持方向

(一) 购物中心建设。支持列入全省发展规划，面向国际国内旅客，主要经销世界知名品牌、海南地方特色商品的大型旅游购物中心新建和改扩建项目。

(二) 旅游购物和餐饮。支持特色旅游景区(点)的旅游购物、餐饮等公共设施的新建和改造项目。

(三) 物流业。扶持列入全省发展规划的现代物流园区新建和改扩建项目。奖励2011年度税收排名前5位的物流龙头企业，组织集装箱箱源在洋浦港和海口港中转排名前3位的航运企业和航运公司新增的国际航线、班轮。

(四) 会展业。扶持2012年在我省成功举办的各类大型展览。

以上项目须2012年能够完成建设改造或活动内容，并通过验收。近三年或当年已列入其它专项资金扶持的项目，原则上不重复安排。

二、资金扶持方式

以贷款贴息为主，对少数具有公益性质、贡献突出、示范效应明显的项目单位给予奖励或无偿资助。

三、申报操作要求

(一) 申报条件

1、在海南省内办理工商注册登记，具有独立的法人资格；

2、财务管理制度健全；

3、符合海南生态、环保要求；

4、依法在海南省内纳税，遵守国家税收法律法规，没有税收违规行为，没有欠交税款行为；

5、诚信经营，积极承担社会责任；

6、企业正常发放职工工资，按国家规定给职工缴纳各项社会保险。

(二) 申报流程

符合扶持重点和资格条件的项目，由项目单位将申报材料一式三份分别报送市县商务局、旅游局、财政局，市县商务局会同旅游局、财政局初审并报当地市县政府同意后，出具推荐函并附企业申报材料一式三份，于2012年4月30日前分别报送省商务厅、省旅游委和省财政厅，逾期申报不予受理。

(三) 申报材料

1、申请文件(包括项目申报单位的基本情况和财务状况、项目背景、总投资和资金来源、申请扶持的政策依据和资金扶持方式、项目主要建设内容和建设标准、影响及带动示范作用)；

2、申请表(见附件)；

3、项目单位的企业法人营业执照、税务登记证、机构代码复印件；

4、可行性研究报告或工作方案(包括项目实施进展计划，预期达到的建设目标和效果，项目的社会经济效益分析)；

5、项目核准或备案文件、环境影响评价、规划用地的审批或备案文件；

6、申请银行贷款财政贴息的项目，需提供银行贷款合同(或贷款承诺书)和利息支付清单等相关凭证复印件；

7、项目自有资金和自筹资金的证明材料及相关支出财务凭证复印件；

8、项目相关证书、合同复印件；

9、项目单位出具的对资金申请材料真实性负责的声明；

10、近三年享受过财政性资金支持的情况(含项目名称、财政性资金名称、额度，分年度列示)；

11、与资金项目有关的其他材料。

联系方式：省商务厅服务业和服务贸易处孔德华、周敏

电话：65365086、65330249 传真：65239479

邮箱：Fwy65365086@163.com

省旅游委旅游开发处宋实 电话：65200079

省财政厅企业处谭昌友 电话：68531850。

附件： 2012年度省服务业发展专项资金扶持项目申请表.doc

2012年度省服务业发展专项资金扶持项目申请表

申报单位（加盖公章）： 填表人： 联系电话： 报送日期： 年 月 日

序号	项目名称	项目单位	项目基本情况	项目总投资	2012年总投资	2012年资金来源	申请资金扶持额度	申请资金扶持方式	申请资金扶持内容	申请资金扶持理由

关于修改海口市会展业发展专项资金使用管理暂行办法的决定

海口市人民政府

二〇一二年十一月六日

各区人民政府，市政府直属有关单位：

经2012年10月24日十五届市政府第10次常务会议审议通过，现决定对《海口市会展业发展专项资金使用管理暂行办法》（海府〔2011〕97号)作如下修改：

一、将标题修改为：《海口市鼓励会展业发展专项资金使用 管理办法》。

二、第一条修改为：为推动我市“招会引展”工作，加大引进和培育品牌会展项目力度，进一步规范本市会展业发展专项资金的使用和管理，提高资金使用效益，更好地发挥财政资金在促 进会展业发展中的导向和激励作用，根据《海口市人民政府关于加快海口会展业发展的若干意见》（海府〔2009〕73号）的有关规定，制定本办法。

三、第二条修改为：设立海口市会展业发展专项资金（以下简称专项资金)。市财政局是会展专项资金管理的主管部门，负责本市会展专项资金预决算的审核、批复，会同市会展局对项目资金的使用情况进行管理监督。

市会展局负责本市会展活动的奖励或资助申请的审核以及会展基础性工作经费的使用；负责本市年度专项资金使用计划和专项资金预决算的编报，每年11月底前，将下一年度计划及专项资金需求额度测算报市财政局；负责会同市财政局对奖励、资助项目进行核查。

四、第三条修改为：专项资金主要用于奖励或资助本市辖区内的下列活动或事项：

（一） 对规模大、社会效益好、有发展潜力需要重点支持的会议、展览活动的培育、补贴或奖励。

（二） 对符合本市产业特色、社会经济效益明显、影响力强的国内外大型会议、展览活动的引进、申办费用，以及对引进者的奖励。

（三） 对全市会展业的宣传推广、招商推介、统计备案以及行业合作交流的费用。

（四） 对会展业专业人才的培育或引进费用，推进会展业发展的其他基础性工作支出。

市政府另行确定支持的会议、展览活动的筹备经费不适用本办法。同期举办的同一个项目，同时包含会议、展览活动两项以上内容的，应当按照主要的活动申请补贴或奖励，不得同时申请双重补贴或奖励。已获得本市其他财政资金支持的项目不得申请该专项资金。

五、第四条修改为：用于培育本地展览项目的补贴。

（一） 补贴对象 在本市举办的国际性、全国性或区域性的展览项目。

（二） 补贴用途 办展补贴主要用于展览会的宣传推介、广告和专业客商邀请、接待的开支。

（三） 补贴标准

1、对新创办的展会，按照展会实际销售的标准展位数量进行补贴，最高不超过6届。每届补贴总额最高可达30万元。

2、现有展会6届以上的，为鼓励其继续做大做强，以上一年（届)展览实际销售的标准展位数为基数，对超出的增加展位进行补贴，最高可达20万元。

3、为引导专业相近的中小专业展会走联合办展、共创品牌的路子，对整合资源后的展览规模达到500个标准展位以上的，视作新办展会予以补贴。每届补贴总额最高可达20万元。

4、由政府直接申办或举办的大型展览项目的补贴，根据活动特点及主办方要求，由市会展局提出意见，报市政府审批，按市政府确定的标准执行。

（四）补贴条件和原则

1、有本市辖区内相关机构作为展览会主办或承办单位，该机构必须为合法的独立法人单位。

2、展览会采取市场化运作，具有潜在发展前景。

3、展览主题和内容符合本市及周边产业发展需求，能推动本市相关产业发展。

4、对主、承办单位基本相同，主题和内容相似的展览会视为同一展览会，不得重复申请补贴。

5、主题和内容相似的展览会，原则上应进行协商整合，如不能整合，按照“做大做强，扶优扶强”的原则对其中规模大的展览会予以补贴。

6、以本地小商品参展为主且以个体消费者为主要对象的专项商品展以及各类展销会、展示会、成就展、文化科普展、人才交流会等不列为补贴范围。

7、多个主题的单一展览会，只对符合条件的主题进行补贴，并按照符合条件的主题集中展示的展位数量进行核算。

8、本办法实施前，已举办但未达到6届以上的展览活动，可在本办法实施后的第2年开始对应实际举办届数予以补贴。本办法实施前的不予补贴。

9、特装展位按面积进行折合成标准展位，即每9平方米折合一个标准展位。

10、展览规模的核定标准均含下限不含上限，申请奖励或补贴的展览会举办天数应达3天以上(含3天)。

六、第五条修改为：用于国内外流动性大型展览项目申办经费或补贴。

（一） 支付对象：在本市举办国内外流动性展览的举办方，或承接上述展会的专业展馆。

（二） 申办费或补贴的标准 对符合我市产业发展的专业展览项目原则按1.5万平方米起予以补贴，补贴金额为100万元，每增加1.5万平方米补贴100万元，最高可达300万元。对知名度高有影响力的国际性展览活动，根据展会形式及主办方要求，根据展会惯例并参考其他城市申办标准，市会展局向市政府提出申请，由市政府确定申办费标准和补贴标准。

七、第六条修改为：用于鼓励大型流动性展会在本市连续举办的奖励。

（一） 奖励对象：规模达到1万平方米以上，市政府未支付申办费和申办补贴的流动性展会主办方。

（二） 奖励标准：最高奖励可达每万平方米10万元。

八、第七条修改为：用于展览项目引进的奖励。

（一） 奖励对象：引进国际性、全国性或区域性专业展览会在本市成功举办的单位或个人。

（二） 奖励标准：最高奖励可达每万平方米5 元。

九、第八条修改为：用于会议的补贴或奖励。

（一） 补贴或奖励对象在本市成功举办国内外大型会议的组织机构、会议引进者。

（二） 补贴标准

1、政府直接申办或举办的大型会议组织机构：由政府直接申办或举办的大型会议，根据活动特点及主办方要求，由市会展局提出意见，报市政府审批，按市政府确定的标 准执行。

2、其他商业性会议组织机构：

（一） 国内大型商业性会议，最高补贴可达15万元。

（二） 国际性会议，最高补贴可达20万元。

（三） 对大型会议引进者的奖励标准对国内外大型会议引进者的奖励，根据其引进活动的规模和影响，由市会展局提出意见，报市政府审批，按市政府确定的标准奖励。

十、增加一条为第十条：用于会展业人才引进、培养和使用经费。

（一） 用于引进会展策划、设计、翻译、公关等核心人才和其它人才的经费。

（二） 对在引进项目、策划活动、项目建设等方面有突出贡献的会展人才，参照其个人当年缴纳的个人所得税市级留成部分的 标准给予奖励。

（三） 用于会展业优秀人才外出学习、培训、进修等的补贴。

（四） 其他人才工作相关经费

十一、原第十条改为第十一条，并将“用于会展业人才培育以及其他基础性工作的经费”的内容修改为：用于其他基础性工作的经费。

十二、原第十一条改为第十二条，修改为：专项资金申请、审批程序和所需材料。

（一） 计划申报

各项目申请单位应于每年10月底前向市会展局提交下年度会展计划和会展专项资金申请项目。

（二） 项目申请

各项目申请单位应在项目举办前1个月向市会展局提出项目申请，提交相关材料。

（三） 评估申请各项目申请单位应在项目举办前半个月提出项目评估申请，递交评估申请材料。

十三、原第十二条改为第十三条，修改为：专项资金审核拨付程序市会展局联合市财政局等部门对会展项目进行现场评估、核查，由市会展局出具项目评估报告，评估结果未达到合格要求的项目不予奖励或补贴。符合奖励或补贴条件的项目，经市会展局和市财政局审核，报市政府批准后给予拨付。

十四、增加一条为第十八条：本办法涉及有关奖励和补助的 具体标准以及申请办理的具体程序规定，由市会展局、市财政局另行制定实施细则。

十五、原第十八条改为第二十条，并将“有限期”修改为“有效期”。

十六、第五条、第八条、第十一条（修改后为第十二条）、第十二条（修改后为第十三条）、第十三条（修改后为第十四条）、第十五条（修改后为第十六条）、第十六条（修改后为第十七条）、第十七条（修改后为第十九条）等条款中的“市会展办”统一修改为“市会展局”。

十七、其他条文顺序，依次调整修改。

本决定自发布之日起施行，有效期5年。

《海口市会展业发展专项资金使用管理暂行办法》根据本决 定作相应修正，重新公布。

海口市鼓励会展业发展专项资金使用管理办法

（2011年9月5日海口市人民政府海府〔2011〕97号发布自2011年9月14日起施行根据2012年11月6《海口市人民政府关于修改〈海口市会展业发展专项资金使用管理暂行办法的决定》修正）

第一章 总 则

第一条 为推动我市“招会引展”工作，加大引进和培育品牌会展项目力度，进一步规范本市会展业发展专项资金的使用和管理，提高资金使用效益，更好地发挥财政资金在促进会展业发展中的导向和激励作用，根据《海口市人民政府关于加快海口会展业发展的若干意见》（海府〔2009〕73 号）的有关规定，制定本办法。

第二条 设立海口市会展业发展专项资金(以下简称专项资金)。市财政局是会展专项资金管理的主管部门，负责本市会展专项资金预决算的审核、批复，会同市会展局对项目资金的使用情 况进行管理监督。

市会展局负责本市会展活动的奖励或资助申请的审核以及会展基础性工作经费的使用；负责本市年度专项资金使用计划和专项资金预决算的编报，每年11月底前，将下一年度计划及专项资金需求额度测算报市财政局；负责会同市财政局对奖励、资助项目进行核查。

第二章 专项资金使用条件与标准

第三条 专项资金主要用于奖励或资助本市辖区内的下列活动或事项：

（一） 对规模大、社会效益好、有发展潜力需要重点支持的会议、展览活动的培育、补贴或奖励。

（二） 对符合本市产业特色、社会经济效益明显、影响力强的国内外大型会议、展览活动的引进、申办费用，以及对引进者的奖励。

（三） 对全市会展业的宣传推广、招商推介、统计备案以及行业合作交流的费用。

（四） 对会展业专业人才的培育或引进费用，推进会展业发展的其他基础性工作支出。

市政府另行确定支持的会议、展览活动的筹备经费不适用本办法。

同期举办的同一个项目，同时包含会议、展览活动两项以上内容的，应当按照主要的活动申请补贴或奖励，不得同时申请双重补贴或奖励。

已获得本市其他财政资金支持的项目不得申请该专项资金。

第四条 用于培育本地展览项目的补贴。

（一） 补贴对象

在本市举办的国际性、全国性或区域性的展览项目。

（二） 补贴用途

办展补贴主要用于展览会的宣传推介、广告和专业客商邀请、接待的开支。

（三） 补贴标准

1、对新创办的展会，按照展会实际销售的标准展位数量进行补贴，最高不超过6届。每届补贴总额最高可达30万元。

2、现有展会6届以上的，为鼓励其继续做大做强，以上一年(届)展览实际销售的标准展位数为基数，对超出的增加展位进行补贴，最高可达0万元。

3、为引导专业相近的中小专业展会走联合办展、共创品牌的路子，对整合资源后的展览规模达到500个标准展位以上的，视作新办展会予以补贴。每届补贴总额最高可达20万元。

4、由政府直接申办或举办的大型展览项目的补贴，根据活动特点及主办方要求，由市会展局提出意见，报市政府审批，按市政府确定的标准执行。

（四） 补贴条件和原则

1、有本市辖区内相关机构作为展览会主办或承办单位，该机构必须为合法的独立法人单位。

2、展览会采取市场化运作，具有潜在发展前景。

3、展览主题和内容符合本市及周边产业发展需求，能推动本市相关产业发展。

4、对主、承办单位基本相同，主题和内容相似的展览会视为同一展览会，不得重复申请补贴。

5、主题和内容相似的展览会，原则上应进行协商整合，如不能整合，按照“做大做强，扶优扶强”的原则对其中规模大的展览会予以补贴。

6、以本地小商品参展为主且以个体消费者为主要对象的专项商品展以及各类展销会、展示会、成就展、文化科普展、人才交流会等不列为补贴范围。

7、多个主题的单一展览会，只对符合条件的主题进行补贴，并按照符合条件的主题集中展示的展位数量进行核算。

8、本办法实施前，已举办但未达到6届以上的展览活动，可在本办法实施后的第2年开始对应实际举办届数予以补贴。本办法实施前的不予补贴。

9、特装展位按面积进行折合成标准展位，即每9平方米折合一个标准展位。

10、展览规模的核定标准均含下限不含上限，申请奖励或补贴的展览会举办天数应达3天以上(含3天)。

第五条　用于国内外流动性大型展览项目申办经费或补贴。

（一） 支付对象：在本市举办国内外流动性展览的举办方，或承接上述展会的专业展馆。

（二） 申办费或补贴的标准：对符合我市产业发展的专业展览项目原则按1.5万平方米起予以补贴，补贴金额为100万元，每增加1.5万平方米补贴100万元，最高可达300万元。对知名度高有影响力的国际性展览活动，根据展会形式及主办方要求，根据展会惯例并参考其他城市申办标准，市会展局向市政府提出申请，由市政府确定申办费标准和补贴标准。

第六条　用于鼓励大型流动性展会在本市连续举办的奖励。

（一） 奖励对象：规模达到1万平方米以上，市政府未支付申办费和申办补贴的流动性展会主办方。

（二） 奖励标准：最高奖励可达每万平方米10万元。

第七条　用于展览项目引进的奖励。

（一） 奖励对象：引进国际性、全国性或区域性专业展览会在本市成功举办的单位或个人。

（二） 奖励标准：最高奖励可达每万平方米5万元。

第八条　用于会议的补贴或奖励。

（一） 补贴或奖励对象

在本市成功举办国内外大型会议的组织机构、会议引进者。

（二） 补贴标准

1、政府直接申办或举办的大型会议组织机构：由政府直接申办或举办的大型会议，根据活动特点及主办方要求，由市会展局提出意见，报市政府审批，按市政府确定的标准执行。

2、其他商业性会议组织机构：

（一） 国内大型商业性会议，最高补贴可达15万元。

（二） 国际性会议，最高补贴可达20万元。

（三） 对大型会议引进者的奖励标准对国内外大型会议引进者的奖励，根据其引进活动的规模和影响，由市会展局提出意见，报市政府审批，按市政府确定的标准奖励。

第九条　用于会展业宣传推广、项目推介及行业交流的经费。

（一） 宣传推介经费用于本市会展业的宣传推介及光盘、刊物和其他会展宣传用品的设计制作及其它宣传费用。

（二） 行业交流活动经费用于对本市会展业进行对外宣传推广、外出考察学习经费，开展会展业的招商引资，引进或移植境外品牌展会来本市举办的 前期必要费用等。

第十条　用于会展业人才引进、培养和使用经费。

（一） 用于引进会展策划、设计、翻译、公关等核心人才和其它人才的经费。

（二） 对在引进项目、策划活动、项目建设等方面有突出贡献的会展人才，参照其个人当年缴纳的个人所得税市级留成部分的标准给予奖励。

（三） 用于会展业优秀人才外出学习、培训、进修等的补贴。

（四） 其他人才工作相关经费

第十一条　用于其他基础性工作的经费。

（一） 规划经费 用于本市会展业发展规划的制定。

（二） 调研经费 用于本市会展业的课题研究及专项调研。

（三） 统计经费 用于本市会展业专项统计工作。

（四） 培训经费

用于本市会展业相关培训活动。

（五） 评估经费

用于本市重点会展项目的评估。

（六） 评比表彰经费

用于年度评选先进会展或会展举办单位的表彰。

（七） 法律咨询经费

用于会展纠纷处理，各项合同文本、法律规范性文件审定的法律咨询活动。

（八） 国际认证经费

支持本市相关机构或会展项目申请加入国际展览业协会（UFI）、国际会议协会(ICCA)等国际性组织，取得国际认证。对取得UFI、ICCA认证的机构或项目，给予认证后3年会员费50%的奖励。

（九） 其他工作经费

用于其他能够促进我市会展业发展的基础性、保障性工作。

第三章　申请程序与材料

第十二条　专项资金申请、审批程序和所需材料。

（一） 计划申报

各项目申请单位应于每年10月底前向市会展局提交下年度会展计划和会展专项资金申请项目。

（二） 项目申请

各项目申请单位应在项目举办前1个月向市会展局提出项目申请，提交相关材料。

（三） 评估申请

各项目申请单位应在项目举办前半个月提出项目评估申请，递交评估申请材料。

第十三条　专项资金审核拨付程序市会展局联合市财政局等部门对会展项目进行现场评估、核查，由市会展局出具项目评估报告，评估结果未达到合格要求的项目不予奖励或补贴。符合奖励或补贴条件的项目，经市会展局和市财政局审核，报市政府批准后给予拨付。

第四章　监督管理

第十四条　市财政局、市会展局应严格执行专项资金使用计划，加强对专项资金使用的审核、检查和监督，同时应定期对有关单位专项资金的使用情况及使用效益进行检查评估。市会展局应对年度资金使用情况、效果进行总结、评估，为制订下一年度资金预算提供依据。

第十五条　各用款单位应严格执行专项资金管理的有关规定，严格开支范围，不得挪用、截留，同时做好专项资金使用材料的建档和保存，接受相关部门的检查和审计。

第十六条　根据检查和审计结果，有下列情形之一的，由市会展局会同市财政局按情节严重程度分别采取停止奖励或补贴等措施；由市财政局会同市会展局追回已拨的专项资金。构成违法或犯罪的，由相关部门依法处理或追究刑事责任。

（一） 未按本办法规定将专项资金用于专项使用项目的；

（二） 展会组织秩序混乱，发生罢展、闹展、上访或重大事故的；

（三） 截留、挪用会展专项资金的；

（四） 提交虚假申请资料骗取专项资金的；

（五） 其他违反财政法律、法规和规章的。

第十七条　市会展局和市财政局进行展会评估的人员应严格 坚持公开、公平、公正的原则，对在评估过程中发生弄虚作假、营私舞弊等违规行为的，向其所在单位进行通报，并依法给予行政处分。同时，按照有关法律、法规和规章对相关责任人进行处罚；构成犯罪的，依法追究法律责任。

第五章　附　则

第十八条　本办法涉及有关奖励和补贴的具体标准以及申请办理的具体程序规定，由市会展局、市财政局另行制定实施细则。

第十九条　本办法具体应用问题由市财政局会同市会展局负责解释。

第二十条　本办法自2011年9月14日起施行，有效期5年，有效期届满自行失效。

海口市人民政府关于修改海口市展览业管理试行办法的决定

各区人民政府，市政府直属有关单位：

经2012年10月24日十五届市政府第10次常务会议审议通过，现决定对《海口市展览业管理试行办法》(海府〔2011〕97号)作如下修改：

一、将标题修改为：《海口市展览业管理办法》

二、第四条修改为：市会展局负责本市展览业的日常管理工作，积极促进展览业的发展。商务、工商、旅游、市政市容、贸促、卫生、食药监、文体、公安、园林、环卫、交通、质监、知识产权等有关行政主管部门海口市人民政府文件按照各自职责，密切配合，做好相关协调、监督和服务工作。

三、第十二条修改为：展览举办场馆应具备相应的场地、设施和消防安全等条件。专业性场馆应当根据需要，配置电子监控、防盗报警、紧急报警和出入口安全检查系统；展览举办场馆应配置足够的隔离栏（如铁质护栏）等设施。举办金银珠宝饰品、钻石、钟表、字画、文物等珍贵物品展览的展区，除应当符合前款规定的安全要求外，还应当设置单人出入通道和符合防护要求的展台展柜等。

四、第二十七条修改为：本办法具体应用问题由市会展局负责解释。

五、将第二十八条的“有限期”修改为“有效期”。

六、第五条、第八条、第十一条、第十三条、第十九条、第二十条、第二十一条、第二十二条、第二十四条、第二十七条等条款中的“市会展办”统一修改为“市会展局”。本决定自发布之日起施行，有效期5年。

《海口市展览业管理试行办法》根据本决定作相应修正，重新公布。

海口市人民政府

二〇一二年十一月六日

海口市展览业管理办法

2011年9月5日海口市人民政府海府〔2011〕97号发布自2011年9月14日起施行，根据2012年11月6日《海口市人民政府关于修改〈海口市展览业管理试行办法〉的决定》修正。

第一条　为规范展览经营行为，完善展览业发展环境，维护展览业市场的正常秩序，促进展览业健康持续发展，根据有关法律、法规，结合本市实际，制定本办法。

第二条　本市行政区域内举办的各类展览活动及其管理适用本办法。但由国务院直属机构及省市政府直接举办的展览活动不适用本办法。

第三条　本办法所称展览，是指举办单位（包括主办单位和承办单位）以招展方式在固定的场馆及预定时期内举办，通过物品、技术或者服务的展示，进行信息交流，促进科技和经贸发展的商业性活动以及与之相关的活动。本办法所称主办单位，是指负责制定展览的实施方案和计划，对招展办展活动进行统筹、组织和安排，并对招展办展活动承担主要责任的单位。本办法所称承办单位，是指根据与主办单位的协议，负责布展、展品运输、安全保卫以及其他具体展览事项的单位。

第四条　市会展局负责本市展览业的日常管理工作，积极促进展览业的发展。商务、工商、旅游、市政市容、贸促、卫生、食药监、文体、公安、园林、环卫、交通、质监、知识产权等有关行政主管部门按照各自职责，密切配合，做好相关协调、监督和服务工作。

第五条　建立展览报备制度。主办单位（或承办单位）应当在举办展览活动60日前到市会展局办理备案手续，并提供下列材料：

（一）证明主（承）办单位法人资格的有效证件；

（二）展览组织实施方案；

（三）依照国家有关规定需要经政府或者有关部门批准方可举办的展览会，应当提交相关批准文件；

（四）其他需要提交的文件。

第六条　在本市举办展览依法需办理审批的，举办单位应当按规定到市市政市容、公安、消防等有关部门办理相关审批手续。境外到本市举办有关经济贸易技术类展览的，按有关规定办理。

第七条　举办大型展览会有可能影响周边区域交通、公共安全、市容环境和园林绿化的，举办单位应当事先将举办时间、地点、规模等相关信息向公安、交通、市容环卫和园林绿化等部门报告，并接受其指导。

第八条　对于在本市举办的国际性、全国性大型外来展会，市会展局为举办单位提供申报市政市容、公安、消防等有关部门的 “一站式”服务，并帮助协调海关、卫生、食药监、税务、质监等部门。

第九条　未经国务院有关行政主管部门批准，展览名称不得使用 “中国”、“全国”等字词。未经市政府及有关部门同意，任何单位和个人不得以市政府及有关部门名义举办展览。

第十条　展览举办单位的招展广告、宣传材料应当真实可信，与所举办的展览内容、性质相符，不得虚构、夸大展览规模和性质。

第十一条　招展信息发布后，举办单位不得擅自变更展览名称、展览主题、展览范围和展览时间等展览事项。有正当理由确需变更的，应当立即向有关部门办理变更手续并报市会展局备案，同时告知参展商。

第十二条　展览举办场馆应具备相应的场地、设施和消防安全等条件。专业性场馆应当根据需要，配置电子监控、防盗报警、紧急报警和出入口安全检查系统；展览举办场馆应配置足够的隔离栏（如铁质护栏）等设施。举办金银珠宝饰品、钻石、钟表、字画、文物等珍贵物品展览的展区，除应当符合前款规定的安全要求外，还应当设置单人出入通道和符合防护要求的展台展柜等。

第十三条　展览的主办单位、承办单位、场馆经营单位等在各自职责范围内对展览安全承担责任。主办单位、场馆单位应当制定安全防范工作制度和应急措施，场馆单位应组建安全保卫机构，配备专职安保人员。承办单位对其承办活动的安全负责，承办单位的主要负责人为承办活动的安全责任人。承办单位应与场馆单位签订明确的安全责任书，制定安全工作方案和应急预案，明确安全工作负责人。市会展局应当与公安等部门及时衔接，协调做好治安、消防、道路交通等方面的安全工作方案和应急预案。

第十四条　发生刑事、治安案件或者自然灾害事故等突发事件时，场馆单位、举办单位和参展商等应当采取应急措施，配合公安等有关部门进行处理。

第十五条　举办单位应根据展会的实际情况制定展会现场知识产权管理制度和工作方案，并提交给市知识产权保护部门。知识产权保护部门应在展会现场指定或派驻知识产权工作联络员，设立知识产权侵权投诉接待机构，接受举报投诉，做好权利纠纷调解和案件处理工作。

第十六条　各行政管理部门不得违背企业意愿，采取或者变相采取行政干预手段要求企业参展；不得通过行政及其它手段强行要求企业、个人提供赞助。

第十七条　举办单位、场馆单位及参展经营者均应当在统计行政管理部门依法进行统计调查时，真实、准确及时填报展览统计调查表。

第十八条　举办单位应当与参展商签订书面合同，明确双方的权利和义务。参展经营者必须具有合法的经营资格，其经营活动应当符合国家法律、法规、规章的规定。

第十九条　举办单位负责对参展商的参展资格和经营活动合法性进行审查，并在办展结束15天内将展览活动的总结和有关数据统计表报送市会展局。

第二十条　政府和政府有关部门作为举办单位的展览，举办单位应于每年10月底前向市会展局报送下一年度办展计划，由市会展局汇总编制政府年度办展计划，并根据政府年度办展计划协调落实相关场馆安排。

第二十一条　市会展局应根据政府年度办展计划和展览备案情况，定期向社会发布本市的办展信息，引导有序办展。对拟举办的展览，发现举办时间相冲突的，市会展局应加强协调，合理引导分期办展或整合办展，避免重复办展引发无序竞争和恶性竞争。场馆单位应支持和配合市会展局引导展览市场良性健康发展，合理安排场馆办展活动。举办单位应增强经营风险防范意识，避免无序竞争和恶性竞争。

第二十二条　在本市举办展览遵循政策引导、市场化运作的规则，倡导有序竞争，鼓励行业自律。对同类展览，原则上相隔举办时间最低不应少于3个月；对内容相近的展览，市会展局优先安排已连续成功举办三届以上展览的展期；对申报时间相近的同类内容展览，市会展局应予以协调，争取联合举办或差时举办。

第二十三条　展览活动的检查采取多部门联合执法的方式进行，依法对展览进行检查和收费的，应依据有关规定出示相关证件和开具统一票据。

第二十四条　对展览期间发生的各类投诉事项，举办单位、有关部门应当积极做好受理、处理工作，投诉事项涉及多个部门职责的，市会展局应当协调有关部门做好处理工作，形成有效的联动、监管机制。

第二十五条　涉及展览活动的当事人违反本办法有关规定，依据法律、法规、规章相关规定予以处罚；构成犯罪的，依法追究刑事责任。

第二十六条 展览活动当事人对有关行政管理部门作出的具体行政行为不服的，可以依法申请行政复议或者提起行政诉讼。

第二十七条 本办法具体应用问题由市会展局负责解释。

第二十八条 本办法自2011年9月14日起施行，有效期5年，有效期届满自行失效。

河南省

关于河南省会展业商会规范对外作为会展文化节庆等主承办、协办支持单位有关问题的管理意见

河南省会展业商会
二〇一二年九月二十三日

各会员单位及有关单位：

随着政府逐步从会展会务中脱离出来，行业管理越来越显得重要，为加强规范我省会展文化节庆活动管理，改善、优化我省会展文化节庆市场环境，努力培育会展文化节庆品牌，积极扶持会员单位和兄弟单位把会展文化节庆活动做大做强，维护河南省会展行业的良好形象，确保参展商的基本利益得以实现。河南省会展业商会（以下简称商会）为进一步完善会展文化节庆主承办、协办、支持等各种手续，采取如下管理措施：

一、申请商会作为主办单位须提供以下材料：

1、承办单位举办展会的申请报告及实施方案；

2、承办单位的资质证明（社团组织必须提供民政部门批准的社团登记证、企业提供工商营业执照独立法人资格及相关手续原件，经审查后商会留复印件一份）；

3、主承办双方协议书；

4、举办展会的立项报告，市场调查、分析、策划等情况书面材料一份；

5、根据承办方展会规模大小，向商会交纳信誉保证金，100个以下展位的，商会原则上不作为主办方，如确需商会作为主办的，100以下展位应向商会交纳信誉保证金5万元，展位达到100个以上交信誉保证金2万元。展会结束15日内如无投诉，全额退还（含本息）。

6、商会作为会展文化节庆活动主办单位，不承担任何经济连带责任。

7、承办单位要与参展商填写商品展销会参展合同。

8、承办单位在展会结束15日内将展会全面总结向商会报送一份，同时向工商登记机关报送一份。

二、关于商会作为承办单位问题：

1、商会作为承办单位的，经认真研究后可共同承办。双方责权利以签定协议有效，否则无效。不准单方面取消协议，否则后果由违约方承担一切责任。

三、商会作为协办、支持单位的条件：

1、展会的主承办单位应向商会提出申请或函件；

2、提供主办单位批复文件原件（商会保留复印件一份）；

3、提供主承办单位与场馆签订合同复印件一份。

四、任何私自以商会名誉作为主承办、协办、支持单位的，有损商会名誉，或造成恶劣影响的，商会不承担任何经济连带责任，商会有权通过法律程序追究其责任。

以上意见，在执行中必须经会长签字盖章，商会复函主承办、协办支持单位，否则无效，商会复函生效后内部存档。

湖北省

武汉市商务局武汉市财政局关于2012年上半年度申请使用会展业发展专项资金的通知

市级各有关部门，各区（开发区）商务局、财政局，各相关商会、行业协会、展览公司及各有关单位：

按照《市财政局市商务局关于加强武汉市会展业发展专项资金管理有关事项的通知》（武财发[2011]764号，以下简称《通知》）精神，为规范有序的用好会展业发展专项资金，充分发挥财政资金的宏观导向和激励作用，促进我市会展业向支柱产业发展，现就申请使用市会展业发展专项资金的有关事项通知如下：

1、此次申报的项目为2012年元月1日-6月31日期间已经发生了的项目。7月份以后发生的项目的申请时间另行通知。

2、各项目申请单位应在7月13日（周五）前向市商务局会展促进处（市会展业工作领导小组办公室）报送正式书面申请报告和《武汉市会展业发展专项资金使用申请表》（申请表见附件），同时提供《通知》规定的有关材料。逾期未提出项目申请的，视同自动放弃，不予奖励或资助。

3、所有申报材料一式三份（统一用A4纸规格），报市商务局会展促进处（市会展业工作领导小组办公室）、市财政局商贸处各一份。

特此通知

联系人：市商务局会展促进处（市会展业工作领导小组办公室）胡宏威、吴秋

附件：《市财政局市商务局关于加强武汉市会展业发展专项资金管理有关事项的通知》

武汉市会展业发展专项资金使用申请表

单位：　万元

单位名称					
地　　址					
法定代表人		电　话		传　真	
经办人		电　话		手　机	
项目名称				项目时间	
项目地点		项目规模		申请金额	
申请单位银行账号				申请单位开户行	
项目内容					
申请单位诚信承诺书（对提供的申报资料属实性进行承诺）： 盖　章 年　月　日					
商务局审核意见： 盖　章 年　月　日					
财政局复核意见： 盖　章 年　月　日					

武汉市财政局 市商务局关于加强武汉市会展业发展专项资金管理有关事项的通知

各区财政局、商务局，各有关单位：

根据《武汉市人民政府办公厅关于促进武汉市会展业发展的若干意见》（武政〔2011〕107号）要求，市财政设立武汉市会展业发展专项资金，用于加快我市会展业发展步伐，促进我市会展业向支柱产业发展。为充分发挥财政资金的宏观导向和激励作用，现将有关事项通知如下：

一、支持重点和内容

会展专项资金主要用于：

（一）对在本市举办的规模大、效益好、有发展潜力、辐射带动作用强的展会的奖励；

（二）对符合我市产业发展方向的自主品牌展会的培育、扶持补助；

（三）申办和引进国际性、全国性会展活动的支出，以及展会落地所产生的相关费用。

（四）宣传推介我市会展环境及开展资质评审、会展调研等基础性、保障性公共支出。

（五）市会展业工作领导小组办公室协调服务开支。

（六）市政府另行确定支持的重点展会项目补助。

二、支持项目和标准

（一）展会举办奖励。对我市会展企业或相关机构按照市场化运作，自行举办且具有一定规模，能带动主导产业发展，具有发展前景的展会主办单位进行奖励。

1、奖励的条件和原则：

（1）展览会承办单位必须是在我市登记注册的独立法人单位，展览会所有财务收支都必须进入我市承办单位的帐户；每个展会只能由一个承办单位申请。

（2）展览会主承办单位基本相同、主题和内容基本相似的展览会视为同一展览会，不得重复申请奖励；相同题材的展览会，原则上应进行整合，如不能整合，将按照“做大做强，扶优扶强”的原则对其中规模大的展览会予以奖励；

（3）展会举办天数应达3天以上（含3天）。

（4）同一展会连续奖励原则上不超过三届（年），对有突出影响和发展潜力，且每届（年）规模逐年扩大的展会，可适当延长奖励时间。

（5）以个体消费者为主要对象的专项商品展以及各类展销会、展示会、成就展、文化科普展览不在奖励范围。

2、奖励标准

（1）标准展位数达到1000个以上（含1000个）至1500个以下的展会，最高可给予20万元的奖励（标准展位为9平方米/个，下同）；

（2）标准展位数达到1500个以上（含1500个）至2000个以下的展会，最高可给予30万元的奖励；

（3）标准展位数达到2000个以上（含2000个）至3000个以下的展会，最高可给予40万元的奖励。

（4）标准展位数达到3000个以上（含3000个）至5000个以下的展会，最高可给予50万元的奖励。

（5）标准展位数达到5000个以上（含5000个）的展会，最高可给予80万元的奖励。

（6）举办超大规模，有突出影响和发展潜力的展会，报市政府批准后，酌情提高奖励标准。

(二)展会引进奖励。凡引进有一定规模的全国性、国际性专业展览会在我市成功举办的，对展会引进单位进行奖励。

1、奖励标准：

（1）标准展位数达到2000个以上（含2000个）至2500个的展会，给予20万元的奖励；

（2）标准展位数达到2500个以上（含2500个）至3000个的展会，给予30万元的奖励；

（3）标准展位数达到3000个以上（含3000个）至4000个的展会，给予40万元的奖励；

（4）标准展位数达到4000个以上（含2000个）至5000个的展会，给予50万元的奖励；

（5）标准展位数达到5000个以上的展会，给予80万元的奖励；

（6）引进超大规模，有突出影响和发展潜力的展会，报市政府批准后，酌情提高奖励标准。

2、每个展会由主引进单位申请奖励资金。

（三）培育性展会的奖励补助。对具有产业基础和市场基础，发展前景好、发展潜力大的尚在品牌培育期的项目，以及由政府主导、难以完全市场化运作，同时又无其他专项资金支持的项目，根据项目情况，给予举办单位一定补助。享受补助的展会项目不再享受展会举办奖励。

（四）促进我市会展业发展的基础性、保障性的公共费用补助。主要用于为提升我市会展业总体形象而发生的宣传经费，包括利用国内外主流媒体进行宣传、组织开展推介会等形式进行我市会展环境和重点会展项目的推介费用；组织、申办国际性、全国性知名会展活动发生的必要支出以及促进我市会展业发展的基础性、保障性工作支出。

（五）市政府另行确定支持的重点会展项目的补助金额，采取一事一定的办法，报市政府批准确定。

（六）超过2000万元总体规模的会展项目，采取一事一报的办法，报市政府批准审定。

（七）市会展业工作领导小组办公室协调服务开支费用每年100万元。

三、管理职责及分工

会展专项资金的使用管理由市财政局、市商务局暨市会展业工作领导小组办公室（以下简称市会展办）共同负责。

市会展办负责会展专项资金的业务管理，包括收集、规划全年项目，建立项目库并进行科学管理，提出资金使用建议；会同市财政局组织项目申报和评审。

市财政局负责审核资金使用计划，提出资金的监管要求，确定资金拨付程序并拨付项目资金，会同市会展办对资金使用情况进行检查监督。

四、项目申报、审批和拨付

（一）申请会展专项资金的单位应提供以下资质证明、材料（有关证照可为复印件）：

1、企业工商登记营业执照及展会许可证。

2、上一年度的财务报表。

3、《会展业发展专项资金使用申请表》及相关材料。

（1）申请报告；

（2）展会批准文件；

（3）展会基本情况、工作方案、宣传广告材料、会刊；

（4）办展协议；

（5）会展场馆场地租赁合同、实际展位平面图；

（6）展会由多个单位共同主办、承办的，需提供各方协商一致共同推选申请单位的文件；

（7）展会总结报告 ；

（8）展位费售出发票；

（9）申请引进奖励的，应提供有关引进方证明的有关资料。

（二）市会展办对单位上报的申报材料进行初审后，会同市财政局对上报项目进行评审，并结合年度预算确定年度会展业发展专项资金支持项目，并将支持单位名单、支持内容及金额予以公示。市会展办、市财政局将联合对经公示无异议的支持项目进行批复。

（三）市财政局将及时会同市会展办对批复的会展业发展专项资金支持项目进行检查。检查内容为：项目是否实施；费用支出是否属实、合法；相关资料是否真实、齐备等。对通过检查的项目由市财政局通知申请单位办理拨款手续。

（四）会展宣传、申办、资质评定审验及基础性公共支出由市会展办根据经批准的会展专项资金使用计划提出详细的用款项目及支出金额，经市财政局审核后执行。

五、监督管理

（一）各用款单位应严格执行会展专项资金管理的有关规定，严格开支范围，不得挪用、截留，同时做好专项资金使用材料的建档和保存，接受相关部门的检查和审计。

（二）对弄虚作假，骗取会展业发展专项资金的单位，将追回已拨资金，并取消单位今后申报资格。

六、执行期限

本通知自2012年1月1日起实施，有效期3年。有效期过后，根据工作情况酌情延期。

七、执行范围

自本办法实行之日起，申报市财政扶持的所有会展项目均按本办法执行。

江苏省

关于印发《南京市会展发展专项资金使用管理办法》的通知

市直各有关单位、各行业协会（商会）、各会展企业：

为进一步推动我市会展业发展步伐，调动会展企业积极性，集聚各方面力量，引进国际、国内知名品牌，打造具有地方特色的展会，规范会展发展资金的使用和管理，提高会展发展资金的使用效益，根据市政府促进会展业发展的政策精神以及财政专项资金管理的有关规定，现将《南京市会展发展专项资金使用管理办法》印发给你们，请遵照执行。

附件：南京市会展发展专项资金使用管理办法

二〇一二年八月三十一日

南京市会展发展专项资金使用管理办法

第一章　总　则

第一条　为进一步推动我市会展业发展步伐，调动会展企业积极性，集聚各方面力量，引进国际、国内知名品牌，打造具有地方特色的专业展会，规范会展发展资金的使用、管理，提高会展发展资金的使用效益，根据市政府促进会展业发展的政策精神以及财政专项资金管理的有关规定，特制订本办法。

第二条　会展发展专项资金是指市财政年度预算安排的专项用于扶持我市会展业发展的资金。

第三条　市财政局、会展办共同负责我市会展发展专项资金的使用、管理和绩效评价。

第二章　资金使用范围

第四条　申请市会展发展专项资金补助的项目应具备下列基本条件：

（一）举办会展项目的企业或机构注册资本必须在100万元（含100万元）以上；

（二）会展项目经费收支由举办企业或机构按照市场化运作方式筹集使用；

（三）会展项目主（承）办企业近三年无违法违规记录或其他不良记录。

第五条　会展发展专项资金主要用于：

（一）展览招揽奖励；

（二）专业展览补助；

（三）大型商务会议补助；

（四）综合性保障费用；

（五）经市政府确定的其他支出。

市政府另行确定支持资助的会展项目以及在批发市场、商场举办的展览展销活动不在此列。

第三章　补助标准

第六条　展览招揽奖励：用于对在我市举办的有一定规模的国际化、专业化区域性展览给予一次性招揽奖励。以积极鼓励各部门、各商会、行业协会、会展公司争（申）办展会。

（一）奖励标准：

1、展览规模折合国际标准摊位500个（含500个）以上，1000个以下的，给予10万元人民币的奖励；

2、展览规模折合国际标准摊位1000个（含1000个）以上，1500个以下的，给予15万元人民币的奖励；

3、展览规模折合国际标准摊位1500个（含1500个）以上的，给予20万元人民币的奖励。

（二）举办超大规模，有突出影响和发展潜力的展览，报市政府同意后，酌情提高奖励标准；

（三）每个展览只能由一个招揽单位申请。获得招揽奖励的不再享受展览补助；

（四）招揽奖励资金由财政拨付至招揽单位。如系个人招揽，由招揽单位分配给引荐者或招揽人。

第七条　专业展览补助：用于资助会展企业按照市场化运作，自行举办且具有一定规模，能定期在宁连续举办三届以上，推动我市新兴产业发展，带动第三产业增长并具有发展前景的展览项目。

（一）奖励标准：

1、展览规模折合国际标准摊位300个（含300个）以上，500个以下的，每个摊位补助150元；

2、展览规模折合国际标准摊位500个（含500个）以上，1000个以下的，每个摊位补助180元；

3、展览规模折合国际标准摊位1000个（含1000个）以上2000个以下的，每个摊位补助200元；

4、展览规模折合国际标准摊位2000个以上的，每个摊位补助300元；

5、国际性展览，在以上补助标准基础上，增加30%奖励。

所谓国际性展览是指，国家商务部、中国贸促会（中国国际商会）批准的国际性展览或境外展商超过五个国家和地区的展览会，境外参展企业不低于20%。

（二）每个展览只能由一个主（承）办单位申请。获得展览补助的不再享受招揽奖励。

第八条　大型商务会议补助：用于奖励由各行业组织、企业按市场化运作在我市三星级以上酒店住宿、实际会期3天以上（含3天）的各类论坛、研讨会、洽谈会、年会等大型商务会议和国际性商务会议。

（一）奖励标准：

1、住宿人数达300人-500人（不含）的，给予6万元奖励；

2、住宿人数达500人-800人（不含）的，给予9万元奖励；

3、住宿人数达800人以上的，给予12万元奖励。

（二）对于参会人员有来自境外5个以上国家（地区）的国际会议，按照以下标准进行奖励：

1、境外参会人数达到50—100人（不含）的，给予5万元奖励；

2、境外参会人数达100—200人（不含）的，给予10万元奖励；

3、境外参会人数达200—300人（不含）的，给予15万元奖励；

4、境外参会人数超过300人以上的，给予20万元奖励；

5、本着就高不就低的原则，同一会议项目不能重复享受奖励补贴。

（三）项目申请单位（会议奖励的对象）：按市场化运作的大型商务会议的主办、承办或招揽单位（本市各行业组织、企业等）。

第九条　综合性保障经费包括：全市会展业宣传和推介、会展专业人才培训、大型展会的综合协调保障、基础性工作经费等，控制在会展专项资金总额的10%以内。

第四章　资金申请和拨付

第十条　展览招揽奖励、专业展览补助及大型商务会议补助经费的申请、拨付程序：

（一）奖励或补助申报。申请会展项目奖励或补助的单位，必须在会展项目举办前一个月向市会展办、财政局提出书面申报，填制《南京市会展发展专项资金申请表》（见附件），并提供：

1、证明申请单位具备法人资格的有效证件（营业执照、税务登记证、机构代码证、法人身份证等复印件）；

2、举办会展项目的批复；

3、展览项目提供场地租赁合同、公安机关出具的《大型群众性活动安全许可决定书》及消防机关出具的《同意举办展览消防审核意见》；

4、会议项目提供会议场所租赁合同、酒店住宿合同、酒店餐饮合同及参会境内外来宾名单；

5、会展项目组织实施方案；

6、出租方与承租方签订的消防安全工作责任书；

7、其他需要提供的材料。有多个主办或承办单位的，应提供申报委托书。凡逾期未进行申报的视为自动放弃。

（二）会展业宣传和策划、会展专业人才培训、大型会展项目的综合协调保障和基础性工作经费的申报。事前由各有关承办部门、单位就会展宣传、人才培训、综合保障和基础性支出等项目向市会展办提出书面申请，申请材料包括：申报项目说明、运作计划、预计费用金额等。

（三）情况核实。会展项目举办期间，市会展办、财政局共同对申报情况进行核实。

（四）材料补充。上述工作完成并确定可以进行奖励或补助的展览项目，其申请单位在项目结束后一个月内，应及时报送项目总结（包括项目效益分析等）、办展场所以及展览规模的证明等。

（五）市会展办、财政局研究论证后共同提出专项资金使用计划经分管市长签发后下达。

第五章　监督检查

第十一条　市财政局、会展办根据国家有关法律、法规和财务规章对会展发展专项资金的使用管理情况进行监督、检查。对弄虚作假、套取、截留、挤占专项资金的，应责令其限期改正，情节严重的，按国务院《财政违法行为处罚处分条例》有关规定进行处理。

第六章　附　则

第十二条　本办法自2012年9月30日起实施，执行期限三年。

第十三条　本办法由市财政局、会展办负责解释。

南京市会展发展专项资金申请表（展览）

申请单位(盖章)：　　　　　　　　　　　申请时间：

展览名称			
展览申请单位			
申请单位负责人		联系电话	
展览举办时间		展览举办地点	
展览规模	面积（平方米）	折合标准展位数（个）	
申请项目		申请金额（万元）	
企业概况			
备注			

南京市会展发展专项资金申请表
（会议）

申请单位(盖章)： 申请时间：

<table>
<tr><td>会议名称</td><td colspan="3"></td></tr>
<tr><td>会议申请单位</td><td colspan="3"></td></tr>
<tr><td>申请单位负责人</td><td></td><td>联系电话</td><td></td></tr>
<tr><td>会议举办时间</td><td></td><td>会议举办地点</td><td></td></tr>
<tr><td rowspan="2">会议规模</td><td colspan="2">面积（平方米）</td><td>参会人数（人）</td></tr>
<tr><td colspan="2"></td><td></td></tr>
<tr><td>申请项目</td><td></td><td>申请金额（万元）</td><td></td></tr>
<tr><td>企业概况</td><td colspan="3"></td></tr>
<tr><td>备注</td><td colspan="3"></td></tr>
</table>

无锡市服务业（会展业）资金管理办法

无锡市政府
二〇一二年一月一日

为推动我市产业转型升级，促进会展业加快发展，根据《无锡市加快产业转型升级促进经济又好又快发展的政策意见》（锡政发〔2012〕64号）和《市政府办公室转发市财政局关于进一步加大财政扶持力度促进产业转型升级的实施意见》（锡政办发〔2012〕55号）精神，市政府安排服务业（会展业）扶持资金（以下简称“扶持资金”），为规范资金管理，提高使用绩效，制订本办法。

一、支持范围

扶持资金主要支持在我市市区举办的、经认定为市重点展览会和重点国际会议的会展项目。

二、支持对象

（一）申请市重点展览会补助的项目应具备下列基本条件：

1、由会展企业或机构举办的展览会，举办会展的企业或机构注册资本必须在100万元（含100万元）以上；

2、符合我市产业发展方向，与我市产业发展特别是战略性新兴产业发展联系紧密，并经相关部门批准定期（每届正式展期在3天以上）举办的专业贸易性展览会；

3、展览面积在6000平方米以上，外地（含境外）参展企业数占比不低于50%；

4、展览会经费收支由举办企业或机构按照市场化运作方式筹集使用；

5、近三年来，承办企业无违法违规纪录或其他不良记录。

（二）申请市重点国际会议补助项目应具备下列基本条件：

1、举办国际会议的企业或机构注册资本必须在100万元（含100万元）以上；

2、符合我市产业发展方向，与我市产业发展特别是战略性新兴产业发展联系紧密，并经相关部门批准举办，有5个以上国家或地区（不含港、澳、台）或国际性组织参加，会期2天以上，与会人数50人以上，外国与会人士占20%以上；

3、国际会议经费收支由举办企业或机构按照市场化运作方式筹集使用；

4、近三年来，承办企业无违法违规纪录或其他不良记录。

三、支持内容

（一）对符合条件的市重点展览会，最高可按照企业实际支付场租费的40%给予宣传推广补助，最高补助额度100万元。

对市重点国际会议，最高可按照会议场租费和境内外专业媒体宣传费的50%给予一次性补助，最高补助额度50万元。

同一会展项目按就高不重复原则享受重点展览会和重点国际会议补助政策。

（二）对从2011年起已在我市连续举办三年、每期展览面积达到或超过30000平方米的市重点展览会的举办企业或机构，最高可给予50万元的一次性奖励。

（三）对获得国际展览业协会(UFI)等国际展览机构认证的品牌展会，最高可给予20万元的一次性补助。

（四）鼓励建立会展公共服务平台。对为促进全市会展业整体宣传推广、综合保障、人才培训等搭建的会展公共服务平台项目给予一定的资金支持。

（五）对入选我市年度优秀展览会的企业，最高可给予20万元的一次性奖励，具体办法另行制订。

（六）对具有一定规模和重大影响力的重点会展活动，经市政府同意可以采用“一事一议”办法予以支持。

四、申报程序

（一）每年年初由市会展办会同市财政部门组织认定市重点展览会和市重点国际会议，并报请市会展联席会议批准后，以文件形式公布。

（二）市会展办、市财政局共同加强扶持资金管理，联合发布扶持资金申报指南。举办市重点展览会和市重点国际会议的企业，在会展活动成功举办后，向市会展办提出申请，报送有效申报料。

（三）申报材料经市会展办会同财政局审核并报送市科技创新与产业升级联席会议审定后，对拟扶持的单位和项目进行公示。公示无异议后，及时拨付扶持资金。

五、监督管理

（ ）项目实施企业应严格按照扶持资金扶持的条件，及时组织实施相关项目，确保项目有序推进、按时完成；对收到的扶持资金，应按照国家有关规定进行账务处理，专款专用。

（二）对利用虚假材料和凭证骗取扶持资金的企业（单位），追回已经取得的扶持资金，记入企业诚信记录，三年内不得申报各类财政扶持项目，并按照《财政违法行为处罚处分条例》的有关规定予以处罚，情节严重的，依法移送司法机关。

（三）本办法自2012年1月1日起执行，有效期5年，由市会展办、市财政局负责解释。扶持资金在市服务业资金中统筹安排。江阴、宜兴可参照执行。

无锡市会展业发展三年行动计划

无锡市会展办
二○一二年四月十三日

会展业是现代服务业的重要内容，汇聚巨大的信息流、技术流、商品流和人才流，对于促进城市产业结构调整、增强城市辐射力和影响力具有重要意义。为加快培育我市会展业，力争用3年时间取得会展业发展的较大突破，努力为加快打造魅力无锡、创新无锡、创业无锡、幸福无锡，奋力开创率先基本实现现代化新局面作出贡献，现结合我市实际，特编制无锡市会展业发展三年行动计划。

一、指导思想、发展原则和发展目标

（一）指导思想

以科学发展观为指导，围绕无锡市“十二五”规划和市委市政府关于大力发展现代服务业的总体要求，发挥我市产业基础雄厚、区域环境良好、交通设施便利、旅游资源丰富、文化底蕴深厚等优势，整合会展资源，培育会展市场。以市场化、专业化、品牌化、国际化为导向，以举办与产业转型升级相呼应的专业会展为重点，整合会展资源，加强招商引展，培育市场主体，营造优良环境，努力实现我市会展业的跨越式发展，把无锡积极打造为国内外知名的会展之都。

（二）发展原则

1、政府引导与市场运作相结合。既积极发挥政府的引导和促进作用，更充分发挥会展企业的积极性，不断提高会展业的市场化水平。

2、会议与展览相结合。树立大会展发展理念，既依托产业和市场优势举办各种展览会，又发挥滨水旅游城市的魅力，吸引各类商务会议、节庆赛事等活动来无锡举办，力争将无锡打造成著名的会议和活动目的地。

3、专业会展与公众会展相结合。既发挥我市产业优势举办各类专业会展，又利用我市消费能力强的优势，举办面向消费、面向市场、面向百姓的公众会展和消费类会展。

4、自主培育和大力引进相结合。既鼓励本市会展企业做大做强会展项目，促进会展企业加快成长，又面向海内外积极引进具有创新活力和竞争力的会展企业、会展项目和会展人才。

（三）发展目标

通过3年时间，争取把无锡建设成为在海内外具有一定知名度的区域性会展中心城市，综合实力达到长三角地区先进水平。力争到2014年，会展活动数量和展览总面积年均增长15%以上。规模以上展览总数超过35个，展览总面积超过50万平方米，大型国际会议10个以上，形成1-2个在国内外具有较强影响力的会展品牌，10家以上具有较强实力的会展企业和会展配套服务企业。

二、工作举措

（一）加强招商，积极引进会展资源。

1、充分调动社会资源。市各职能部门、各市（县）、区、行业协会、专业园区、办展机构等要形成合力，充分发挥各自的职能和行业优势，加强与国家、省有关部门、国内外行业协会和项目主办方的联系，积极引进和创办各类展会，并力争办成长期固定的品牌展会。通过3年努力，各单位特别是市会展业联席会议成员单位争取引荐1个以上的会展活动。

2、多渠道进行招商引展。通过定期拜访国内外会展业资源多的会展业发达城市，积极引进与我市重点优势产业需求相配套的会展项目和资源，借力提高无锡会展业的能力和水平，实现“借梯发展”。鼓励我市会展企业到发达国家和地区参加国际性会展，学习和借鉴国外先进的经营理念和管理技术。加强与国际展览业组织、会展企业的交流与合作，引导国外资金、技术和管理人员进入无锡市场，积极邀请其到我市举办各类会展活动。

3、大力培育和引进会展主体。采取政府引导、多方投资的形式，组建、培育我市会展龙头企业，同时积极引进国内外知名会展企业落户无锡。每年争取培育或引进3家以上专业会展企业。引导一批有潜力的中小型会展企业向专业化、品牌化方向发展，提高会展策划、代理、广告、宣传、工程等会展服务水平。鼓励会展企业与国际知名会展企业合资、合作，引进国外先进的经营理念和管理技术，提升会展企业的整体运作水平。现行的由政府或部门为主组织承办的节庆会展活动，要逐步向市场化运作转变。初步形成以会展企业、行业协会为主体，以各类服务企业为配套的会展市场体系。

4、建设招商载体。建立无锡会展经济总部基地，对基地进行整体规划，并实施统一有序的开发、服务和管理。提供政策支持，配置基地建设各类资源，吸引和支持会展企业及配套服务企业集群发展，将基地建设成为机制顺畅、服务优质、集聚效应明显的会展企业总部集聚区。

（二）完善配套，改善会展基础设施

1、加快建设展馆周边的配套设施。展馆周边配套设施是否完备是能否吸引展会落户的决定因素。尽快完善展馆周边交通、绿化、卫生等设施。及时关注会展客流，适时加强公交机动运力配置。充分利用尚未开发建设的项目土地资源，建立停车场和出租车停车专区，并加强交通标识指示。展馆周边规划建设集商业、邮电、银行、住宿、餐饮、文娱于一体的综合体。展馆内部引进一批中、高档饮食企业，周边新建一批经济型酒店，满足不同类型会展活动的需求。争取在2012年内引进2至3家大型餐饮服务企业，启动建设1至2家经济型酒店。

2、大力发展会展业配套服务。培育和引进金融、法律、信息、技术标准检测等专业性中介服务机构，发展设计、广告、印刷、通讯、物流、保险、装修、翻译、购物、娱乐、工程等会展商务活动的配套服务机构。积极推动会展关联产业发展，打造会展产业链，促进配套服务机构为会展主体提供优质服务。

（三）优化服务，营造优良环境

1、加强会展业的协调服务。建立会展业快速服务通道。政府各有关部门要不断提高服务质量，对在我市举办的各类会展和核准和审核实行“一站式”服务。逐步建立会展物资商品的海关、商检、民航、铁路运输以及相关人员参会参展的“一证式”快速通道。进一步发挥公安、工商、城管、卫生、交通、知识产权等部门的职能，大型会展活动期间，相关部门要落实各项保障工作，有关执法部门要加强巡查监管，不断提高会展业的公共服务水平。

2、建立会展人才培训引进体系。通过组织各种形式的培训班、讲座等形式，加强会展职业培训，提高我市会展从业人员综合素质。与国际会展组织或机构合作开展会展业高级人才培训。积极引进会展策划师、会展设计师、展览业高级项目经理等会展紧缺人才。对于符合引进条件的高级会展专业人才，在入户和子女入学等方面提供便利和支持。定期选派会展业相关管理部门人员和组织会展专业人员到国内外会展业发达国家或地区进修学习。开展会展从业人员职称评定，职业资格认证工作，建立会展管理和会展技术人才评估机制和专业人员聘用体系，同时建立会展人才储备库。

（四）创新机制，提升服务水平

1、创新展馆经营管理机制。展馆是会展活动的载体，展馆管理水平和服务能力是吸引会展活动的重要因素。在充分调研基础上，太湖国际博览中心在2012年内加快引进专业展馆经营管理团队和人才，改变展馆国有管理体制，充分调动工作人员积极性，力争3年左右实现盈利，通过ISO9001质量管理体系认证，使我市展馆达到一流的国际化管理水平和服务能力，并培养一支专业管理团队。

2、完善会展业发展机制。加快组建无锡市会展行业协会，发挥企业和政府间的桥梁和纽带作用，及时反映行业发展现状，为政府科学决策提供可靠依据。强化行业自律，切实维护会员单位的合法权益，积极协调解决我市会展业发展中遇到的困难和问题，在市会展办的指导下，努力营造“公平、有序、规范”的市场环境，不断加强与国内外会展行业协会的合作与交流，促进我市会展业的持续、快速、健康发展。加快建立无锡市会展经济研究中心，对我市会展业发展情况进行详细调研，对全市会展业发展战略和整个会展业的产业链及各个环节进行深入研究。每年提供《无锡市会展业发展研究报告》，为政府和会展单位决策提供参考。

（五）加强领导，确保责任落实

1、探索“大会展”的工作机制。充分发挥市会展业联席会议的作用，每年至少召开两次联席会议，研究制定我市会展业发展战略。市会展办要发挥协调服务功能，牵头做好我市会展业发展的日常工作，完成联席会议下达的各项工作任务。各市（县）、区和市级各部门要高度重视会展业工作，确定一名负责人和相应机构，负责本地区、本部门的会展业工作，制定会展业工作目标及推进措施。逐步整合市会展办、市节庆办等相关部门，加强会展工作力量，健全机构建设，完善机构职能。加强会展办与展馆、酒店、商贸、旅游、传媒等行业间的联动发展机制，在互利共赢中优化会展服务，实现不同行业资源的优化配置。

2、加大政策扶持力度。会展办与财政局等有关部门研究完善会展业扶持政策，进一步加大支持力度，扩大扶持范围，充分调动会展主体的积极性。对达到会展业扶持资金标准要求的市重点展览会和国际会议，及时兑现扶持政策。对符合条件的市重点展览会，最高可按照企业实际支付场租费的40%给予宣传推广补助。对入选我市年度优秀展览会的企业，最高可给予20万元的一次性奖励，具体办法另行制订。对具有一定规模和重大影响力的重点会展活动，经市政府同意可以采用“一事一议”办法予以支持。

3、加强会展业对外宣传。会展业是展示城市形象和综合竞争力的窗口和名片，市会展办会同宣传部门大力做好会展业的宣传工作。一是加强无锡城市的整体宣传。会展业涉及到经济、文化、科技等众多领域，将宣传重点由对无锡会展业的单纯宣传扩大到对无锡城市整体形象的宣传上。二是重点宣传我市会展业政策和发展优势。加强与国内外重要媒体的合作，通过报纸、杂志、电视、网络等多种渠道对我市会展政策、会展项目、产业、区位、交通、消费能力等优势进行宣传。三是创新会展业宣传方式。增加形式多样的户外街道、主要交通枢纽的会展业广告宣传。精心制作会展业宣传资料，加强会展业网站建设，通过代表团赴外考察、出访或参加各类会展活动的机会，对我市会展业进行宣传推介。

4、建立会展业工作考核评价体系和相关制度。明确各有关部门、各市（县）区的职责，按职能职责将每年的会展业招商目标分解落实到各单位。把会展业工作纳入到各有关部门、各市（县）区目标责任考核体系。通过建立考核体系，整合我市各方面资源，形成会展业发展的强大合力。健全会展业市场监管制度，建立办展主体信用档案，对办展主体信用情况进行级别评定，根据不同级别信用实行分级管理。

江西省

南昌市会展业发展专项资金使用管理暂行办法

第一章　总　则

第一条　为促进我市会展经济快速发展，规范南昌市会展业发展专项资金的管理，充分发挥专项资金的引导和激励作用，根据南昌市人民政府印发《关于进一步加快发展会展经济的若干意见的通知》（洪府发【2011】26号）精神，特制定本办法。

第二条　南昌市会展业发展专项资金（以下简称：专项资金）是指市财政每年预算安排的专项用于扶持会展业发展的资金，专项资金视财力及会展业发展状况逐年增加。

第三条　专项资金的管理和使用坚持“公平公正、扶优扶强”原则，重点引进、申办全国流动性品牌展会和支持我市本地品牌会展活动。

第二章　专项资金用途和标准

第四条　专项资金主要用途

（一）全国流动性品牌展会的引进申办经费。

（二）本地品牌展会或重点支持展会的补助经费。

（三）全市会展业的宣传推广、招商推介、行业合作交流以及专业人才培养、引进和推进会展业发展的其他基础性工作经费。

第五条　全国流动性品牌展会引进申办经费及补助标准

（一）申办经费

由市政府申办、联办，举办方自办，需举办地政府予以补助的全国流动性品牌展会。由市会展办根据展会惯例并参考其他城市申办标准，向市政府提出申请，市政府确定额度，补助给展会的主（承）办方。

（二）展会补助

规模达到1万平方米（500个标准展位）以上，未享受申办经费补助的全国流动性品牌展会的补助标准：

（1）第一年（届）按每万平方米15万元的标准予以补助。

（2）自第二年（届）开始，以第一年（届）的标准为基数，在其连续举办年份（届数）内，补助标准每年递增10%（最高补助标准不超过每万平方米20万元）。

（3）每届补助不超过100万元。

第六条　本地品牌展会或重点支持展会的补助标准

由在我市注册的独立法人单位作为展览会主办（承）办单位，并在我市专业展馆举行，且采取市场化运作的专业性展会。

（一）第一次申请补助的展会，展会规模应不低于300个标准展位，按实际展位数（特装折合成标展），给予每个展位400元的补助。

（二）第二次申请补助的展会，在上一次申请补助的展位基础上，按照每增加一个展位，给予800元的补助。

（三）第三次及以后申请补助的展会，在上一次申请补助的展位基础上，按照每增加一个展位，给予1200元的补助。

（四）每个展会每次补助总额最高不超过50万元。

（五）以本地产品参展为主且以个体消费者为主要对象的各类展销会、展示会、成就展、人才交流会不在补助范围。

第七条　全市会展业的宣传推广、招商推介、行业合作交流以及专业人才的培养、引进和推进会展业发展的其他基础性工作经费，由市会展办根据年度工作安排，制定使用计划，经市财政局审核后，据实核拨。

第三章　补助资金申请与审核

第八条　补助资金申请材料

（一）申请报告（注明展会基本情况、申请补助金额）。

（二）《南昌市支持会展业发展专项资金申请表》。

（三）展会项目批准文件。

（四）工作方案、总结报告、场地租赁合同、展馆确认的实际展位平面图、宣传广告、会刊及相关发票复印件等材料。

（五）其他相关证明材料。

第九条　补助资金审核程序

（一）展会补助资金申报单位每年12月底向市会展办提交本年度展会补助资金的申请报告。

（二）市会展办会同市财政局对申报补助资金进行审核后，报市政府批准执行。

第四章　监督管理

第十条　市会展办、市财政局要加强对专项资金使用的审核、检查和监督，同时应定期对专项资金的使用情况及使用效益进行检查评估。

第十一条　有下列情形之一的，由市会展办会同市财政局按情节轻重采取停止奖励或补助等措施，并追回已拨的会展专项资金。构成违法或犯罪的，由相关部门依法处理或追究刑事责任。

（一）提交虚假申请资料骗取专项资金的。

（二）展会组织秩序混乱，发生罢展、闹展或重大事故的。

（三）其他违反财经法律法规的。

第十二条　专项资金使用情况接受市监察、审计部门的监督。

第五章　附　则

第十三条　本政策如与其他扶持政策相重复时，不重复补助，但可按照就高不就低的原则执行。

第十四条　本办法自发布之日起执行，由市会展办、市财政局负责解释。

二〇一二年二月十六日

南昌市会展业发展专项资金申请表

申报单位（盖章）

一、单位基本情况					
单位名称					
单位地址				邮　编	
法人类型	□ 企业法人　□ 事业法人　□ 社团法人　□ 民办非企业法人　□ 其它				
法人代表		联系电话		手　机	
开户银行		账　　号			
联系人		联系电话		手　机	
注册时间		注册地点			
二、展会基本情况					
三、申请资金理由					
四、郑重承诺					
我单位所有申报材料真实。根据《南昌市会展业发展专项资金管理暂行办法》，申请会展业发展专项资金万元，保证按照规定使用资金，接受监督。					
以下内容申报单位不填写					
市会展办、市财政局审核意见： 1、□ 同意　2、□ 不同意　3、建议安排资金 ________万元 （盖章）　20　年　月　日					

辽宁省

辽宁省地方税务局关于免征会展企业房产税和城镇土地使用税有关问题的公告

辽宁省地方税务局
二〇一二年十一月二十三日

会展业是新兴产业，将带动和促进相关服务业的发展，鉴于我省会展业刚刚起步和经营初期遇到的实际困难，经省政府同意，对纳税确有困难的会展企业，从2013年1月1日起，自场馆经营之日起免征三年房产税和城镇土地使用税。符合免税的会展企业需同时具备以下三个条件：

一、经省服务业委员会认定的会展企业；

二、会展企业自用的房产和土地；

三、专门用于会展业务的房产和土地。

对符合上述免税条件的会展企业，申请减免税实行“集中上报，一年一批”的办法，减免程序比照中小企业困难减免审批程序办理，报省地方税务局审批。

青海省

促进若干经营性服务业加快发展的政策意见

加快服务业发展是促增长、转方式、惠民生的重要路径。为全面贯彻落实省十二次党代会精神，提高服务业发展层次和水平，不断增强经济发展的协调性，根据青海省第三产业普查和调研情况，针对物流、房地产、会展、社区、中介等经营性服务业发展的薄弱环节和突出问题，特制订以下政策意见。

二、加大资金支持

（四）按照《国家服务业发展引导资金使用管理办法》要求，设立省级服务业发展引导资金，安排资金2亿元并逐年提高，主要支持物流、房地产、会展、社区、中介及商贸流通业等关键领域、薄弱环节和集聚区建设。对青海省服务业发展产业指导目录鼓励类建设项目，按固定资产总投资的10%给予补助，上限不超过200万元。对列入规划的服务业集聚区基础设施项目贷款按不高于当年银行贷款基准利率给予贴息扶持，贴息年限不超过2年。鼓励银行、保险、信托、基金投资参与服务业项目建设，扩大直投落地项目范围。

（八）加强对外宣传总体策划，将会展与旅游相结合，协同发展。引进扶持会展主体举办内展及外展，奖励为会展做出突出贡献的企业和个人。对于新创办或引进300个标准展位以上的展会，给予承办方6届资金支持，每个标准展位每届补助400元。对现有展会，每增加50个标准展位奖励2万元。在省级以上政府主办的大型展会期间，通往会展区车辆由公路管理机构发放免费通行证。

二〇一二年九月十三日

山东省

威海市人民政府关于促进工业企业开拓市场的若干意见

威海市人民政府
二〇一二年十二月三十日

各市、区人民政府，高技术产业开发区、经济技术开发区、工业新区管委会，市政府各部门、单位：

为认真贯彻落实党的十八大精神，深入实施产业强市、工业带动战略，引导工业企业积极应对当前复杂的国际国内经济形势，大力开拓市场，提高经济效益，推动全市工业经济持续健康发展，现提出以下意见：

一、鼓励企业实施品牌营销战略。全面落实品牌奖励政策，鼓励工业企业争创中国驰名商标、山东名牌产品、山东省著名商标等国家级和省级品牌，参加“品牌建设示范企业”、“最具竞争力品牌”等主题推选、宣传活动，进一步树立企业品牌形象。加强威海“中国钓具之都”、荣成“中国海洋食品名城”、文登“中国工艺家纺名城”等区域品牌建设，提升企业知名度，为企业开拓市场提供助力。

二、鼓励企业参加国内外展会。工业企业参加国际展会，按照《威海市国际市场开拓资金管理办法》（威财企〔2008〕3号）给予资金补贴；参加市政府及其有关部门统一组织的国内重点展会，按照展会性质、区域和市场影响力等给予展位费30—50%的补贴，对大型展品运输费用根据具体情况给予最高50%的补贴。

三、鼓励出口加工型企业开拓国内市场。对在威海市区（包括环翠区、高区、经区和工业新区）登记注册，具有独立法人资格，坚持依法纳税，拥有自主品牌，以出口为主的食品、纺织服装、渔具等消费类产品生产企业，在国内新设立区域销售中心或在地级以上城市设立直营专卖店的，根据营销网点开办地点和规模大小给予2—10万元的资金扶持。具体办法由市财政局会同市经济和信息化委制定。荣成、文登、乳山三市参照执行。

四、扶持优势产业集群发展。鼓励地毯、家纺、海洋食品、渔具及医疗器械等生产企业发挥集群优势，加强与国内外知名企业的战略合作，加大招商引资力度，打造核心聚散地。支持船舶、机电、工程机械、化工材料及建材、纺织服装等行业和产品，按照产业链关系进行对接，促进原材料、零部件生产企业与终端产品生产企业，终端产品生产企业与用户进行直供配套。对产业特色鲜明、比较优势突出、辐射带动作用强、财源建设效果好、具有良好成长前景的特色产业集群，优先推荐申报省级地方特色产业发展资金给予重点支持。

五、扶持电子商务发展。工业企业自建电子商务平台、网上年销售额达到500万元以上，或通过第三方电子商务平台开展网上营销、年销售额达到1000万元以上的，给予企业电子商务实际投资额（设备购置费、网站建设费用、服务器租用费等）50%的补贴，单个企业补贴总额最高不超过20万元。

各级各有关部门、单位要把支持工业企业开拓市场作为推动工业转型升级、促进工业经济持续健康发展的重要举措，进一步加强领导，落实责任，发挥各自优势，整合各种资源，优化服务环境，形成整体合力。要用足用好各项惠企政策，完善信息服务体系，及时帮助企业解决市场开拓中遇到的困难和问题。要采取多种方式，宣传威海工业品牌，及时总结推广典型企业的好经验、好做法，为工业企业开拓市场营造良好氛围。

威海市区工业企业享受的上述各类补贴、扶持资金，由市财政和所在区财政按1:1比例分担；荣成、文登、乳山三市的，由所在市财政自行负担。

本意见自2013年1月1日起执行，有效期至2014年12月31日。

潍坊市人民政府办公室印发《关于加快会展业发展的意见》的通知

各县市区人民政府，市属各开发区管委会，市政府各部门、单位，各重点企业，各高等院校，各人民团体：

《关于加快会展业发展的意见》已经市政府第8次常务会议审议通过，现印发给你们，请结合实际，认真贯彻落实。

二〇一二年八月八日

关于加快会展业发展的意见

为全面提升我市会展业发展水平，繁荣会展经济，打造山东半岛特色会展城市，根据省政府《关于加快商贸流通业发展的意见》（鲁政发〔2011〕19号）精神，现就加快会展业发展提出如下意见。

一、指导思想和总体目标

（一）指导思想。以邓小平理论和“三个代表”重要思想为指导，深入贯彻落实科学发展观，围绕加快建设“四个潍坊”、推进“三个转型”目标要求，依托我市产业优势和区位优势，坚持政府推动、企业运营、市场化运作，有效整合现有会展市场和资源，突出发展重点，加大创新力度，优化发展环境，努力实现会展业转型、升级、上水平，增强会展业对全市经济社会发展的拉动作用。

（二）总体目标。按照设施现代化、项目品牌化、市场规范化、管理科学化、服务专业化要求，通过完善基础设施建设、强化配套服务、培养专业人才、加大政策扶持，培强做大一批经营规模大、经济效益好、市场竞争力强的会展企业，打造一批以潍坊特色文化为内涵、知名度和影响力大的品牌展会。到2016年，力争培育引进大型展览企业集团3家以上，年度举办规模以上展会40个以上，会展总面积超过80万平方米，标准展位总数5万个以上。

二、突出工作重点，提升会展业的层次和水平

（一）加快会展设施建设。按照超前规划、合理布局、配套完善、注重实用的思路，加大投入力度，规划建设一批会议展览中心。在市区高起点、高标准建设鲁台会展中心等与国际水平接轨的大型会展设施，引导各县市区结合自身区位、产业、文化优势，规划建设各具特色的地方会展设施。

（二）打造知名品牌展会。整合现有同类同质展会，合理配置会展资源，提升一批展会、节庆活动的规格和影响力，力争打造成为地方品牌节会。鼓励县市区依托优势产业和特色民俗文化，举办会展、节庆活动。引导会展企业按照国际化、专业化要求策划实施会展项目，争取通过国际展览协会（UFI）、国际大会与会议协会（ICCA）认证。鼓励相关组织和企业对所属会展品牌进行商标注册，申报山东省著名商标和中国驰名商标。

（三）培育会展龙头企业。加快组建大型会展战略投资集团，引导现有会展企业组建股份制会展企业集团或会展联盟，鼓励各类经济实体成立会展公司。积极支持外商和跨国企业到潍坊投资会展业，大力引进国内外知名会展企业落户潍坊。

（四）推动与其他产业联动发展。充分发挥会展业的带动作用，促进市场要素的合理流动和有效配置，推动一、二、三产业联动发展。大力构建商贸服务、交通运输、科技信息、旅游购物、休闲娱乐、金融服务、文化教育、生命健康等与会展业发展相配套的产业集群，形成行业联动、企业协作、运行高效的会展业发展格局。

（五）多形式引进举办各种展会。积极争取国家部委支持，引进国际国内知名会议、展览。各职能部门、企事业单位、民间组织和社会团体要充分发挥各自职能和行业优势，积极与上级有关部门、行业协会和国际性组织加强联系，加大招展、引展、创展力度，把申办、创办展会作为招商引资的重要内容，真正形成社会各界共同参与的会展业发展局面。

（六）培养会展专业人才。制定会展人才培养规划，开展会展人才培训工作，引进国内外高素质会展专业人才，为会展业发展提供人才保证。依托国内外知名高等院校、科研院所，开展会展业专项课题研究。加强与高等院校的联系，努力推动校企合作，开设会展专业或技能培训班，逐步形成学历教育、继续教育、职业技能培训等多层次会展人才培养体系。

三、落实有效措施，促进会展业持续健康发展

（一）加强组织领导。成立由分管市长任组长，市直有关部门及县市区政府负责同志为成员的推进会展业发展领导小组，负责全市会展业的规划、管理、协调、服务。将会展工作纳入对县市区和市直部门的年度考核，对会展工作成绩显著的单位给予表彰奖励。

（二）强化政策扶持。对已创办的会展企业或会展中介，上缴税收地方留成比上年增长20%以上的部分，三年内每年给予80%补助。充分发挥各级服务业发展引导资金的作用，对会展设施建设、宣传推介、品牌培育、招商招展、展位补助等，给予财政资金支持。对各类展会的规模和经济效益进行综合评价，贡献突出的给予专项奖励。会展活动需占用市政设施进行宣传的，要加强对市政设施的管护，市政主管部门免费提供使用。

（三）优化公共服务环境。简化行政审批环节，提高审批效率和会展公共服务水平。海关、检验检疫、交通、民航、铁路、港口等部门负责提供参展参会客商、展品展具迅速进出的“绿色通道”；公安、卫生、食品药品监督等部门负责提供公共安全、医疗卫生安全、食品安全等监管服务保障；商务、工商、质监、知识产权等部门协调配合，负责维护健康有序的会展市场秩序；市政部门负责提供重要会展活动临时广告区域。各相关单位要为会展业的发展提供良好的配套服务。

（四）发挥行业协会作用。成立“潍坊市会展行业协会”，加强行业自律，建立行业服务规范，组织对外交流合作，开展从业人员培训，加强行业调研，提出推进行业发展的意见建议，发挥好政府和会员的桥梁纽带作用。

（五）规范会展市场秩序。研究制定潍坊市会展业管理办法，加强行业监管，建立规范有序的市场秩序。实行会展活动备案制度，凡在我市范围内举办的各类会展活动，应提前到会展主管部门登记备案。加强会展品牌保护，原则上不在同一区域举办内容、名称相同或相近的展会，避免恶性竞争。建立主办单位、服务企业、参展企业、专业观众、消费者相互之间的纠纷调解和仲裁机制，维护会展各方的合法权益。

（六）强化会展活动安全管理。坚持源头管理的原则，会展设施建设必须符合安全条件。坚持“谁主办、谁负责”，全面落实会展活动各个环节的安全责任，强化安全措施，制定应急预案，确保会展活动安全。

（七）建立会展业统计体系。商务、统计部门要研究制订会展业统计制度，建立会展业统计指标体系和报表制度，全面准确反映会展经济发展情况，为制定会展产业政策和领导决策提供依据。

（八）加强舆论宣传。充分发挥各类新闻媒体宣传推介作用，注重发现和推广先进典型，推介行业政策和会展信息，为会展业发展提供强有力的舆论支持。本意见自2012年9月8日起施行，有效期至2015年9月7日。

烟台市展会知识产权保护办法

第一章　总　则

第一条　为加强展会知识产权保护，促进展会业健康有序发展，根据《中华人民共和国专利法》、《中华人民共和国商标法》、《中华人民共和国著作权法》和《中华人民共和国植物新品种保护条例》等法律、法规，结合实际，制定本办法。

第二条　本办法适用于烟台市行政区域内举办的各类展览会、展销会、博览会、交易会、展示会等活动中有关专利权、商标权、版权、植物新品种权、地理标志产品专用标志等知识产权的保护。

对由本市组织赴本市行政区域外参加的展会，有关部门应加强知识产权宣传、指导和服务，引导参展商增强知识产权保护意识和诚信守法意识，对是否侵犯他人知识产权进行评估，降低知识产权纠纷风险，提高应对知识产权纠纷能力。

第三条　展会知识产权保护坚持政府指导和监管、展会主办方负责、参展方自律、社会公众监督的原则。

第二章　知识产权管理

第四条　市知识产权局负责对本市展会知识产权保护工作进行统筹协调。知识产权、工商、文化广电新闻出版、质监、林业、农业等知识产权行政管理部门应加强对展会知识产权保护并履行下列职责：

（一）开展知识产权保护宣传工作，组织展会主办方和参展方开展各种知识产权培训，并为其提供指导和咨询服务；

（二）监督展会主办方和参展方履行知识产权保护义务；

（三）对展会期间请求处理的知识产权侵权纠纷案件依法及时处理；

（四）依法查处展会期间涉及知识产权的违法行为；

（五）建立展会知识产权保护信息统计制度。

第五条　市展会管理部门应当加强对展会知识产权保护工作的协调、监督、检查，维护展会正常秩序。

第六条　展会时间在3日以上（含3日），且具有下列情形之一的，知识产权行政管理部门应当派员进驻现场办公，与展会主办方共同组成知识产权投诉服务机构（以下简称投诉服务机构）。

（一）政府及政府部门主办的重要展会；

（二）在国际或者国内具有重大影响的展会；

（三）可能发生知识产权侵权纠纷较多的展会。

未设立投诉服务机构的展会，发生知识产权纠纷时，知识产权权利人或者利害关系人可以直接向相关知识产权行政管理部门提出行政处理请求或者向人民法院起诉。

第七条　举办第六条规定的展会，市展会管理部门应当根据主办方提交的备案材料自批准或者登记之日起20日内，将展会的名称、时间、地点、展出面积、主办方基本情况告知市知识产权局。

第八条　展会主办方应当设立知识产权工作机构，并指派专人负责；建立知识产权备案和公示制度，将本届展会参展方备案的知识产权信息及其它展会中出现的知识产权典型案例按类别编印成册，在展会期间予以公示。

第九条　展会主办方应当履行下列义务：

（一）在展会场馆的显著位置或者参展手册上，公示知识产权行政管理部门受案范围、受理标准和联系方式，并公布主办方或者知识产权投诉机构的服务事项、办公地点和联系方式；

（二）督促参展方对可能引发知识产权纠纷的参展项目进行知识产权信息检索；

（三）接受知识产权权利人或者利害关系人的投诉；

（四）应知识产权权利人或者利害关系人的合理要求，出具相关事实证明；

（五）为知识产权行政管理部门进驻展会开展工作提供办公、投诉服务场所及其它必要的便利条件，并配合其开展工作。

第十条　参展方应当履行下列义务：

（一）参展项目涉及知识产权的，应当携带有效的相关权利证明材料参展；

（二）按照国家有关规定，在参展项目上规范标注知识产权标记、标识；

（三）配合知识产权行政管理部门和展会主办方开展知识产权保护工作。

第十一条　展会主办方与参展方应当在参展合同中约定知识产权保护内容。市知识产权局应当协调相关知识产权行政管理部门、市展会管理部门制定涉及展会知识产权保护的合同示范文本，并向社会公布。合同示范文本涉及知识产权的条款应包括以下内容：

（一）参展商应当承诺其所有的参展项目不侵犯他人的知识产权；

（二）参展项目如经展会主办单位认为涉嫌侵权，且参展商在约定时间内不能作出不侵权有效举证的，参展商应当立即采取遮盖、撤展等处理措施；

（三）参展项目已由人民法院作出侵权判决或者已由知识产权行政管理部门作出侵权处理决定，并已发生法律效力的，参展商拒绝采取遮盖、撤展等处理措施时，展会主办单位可以收回参展方的参展证件或者取消参展商当届参展资格；

（四）与展会知识产权保护有关的其它内容。

第三章　投诉处理

第十二条　知识产权权利人或者利害关系人可就展会中的涉嫌侵权行为向投诉服务机构投诉，也可直接向知识产权行政管理部门提出处理请求或者向人民法院起诉。

第十三条　知识产权权利人或者利害关系人向投诉服务机

构提出投诉时，应当填写《投诉请求书》并提交证明材料。有关部门受理投诉后，应当在合同约定的时间内及时将投诉材料副本或复印件送达被投诉人。

第十四条　知识产权权利人或者利害关系人提出投诉或侵权处理请求时，应当提交以下材料：

（一）由知识产权权利人或者利害关系人签署或者盖章的《投诉请求书》，委托代理人处理的，应当提交授权委托书，并注明授权权限；

（二）涉及专利权的，应当提交专利证书、专利授权公告说明书、专利权有效的法律状态证明、专利权人的身份证明；涉及商标权的，应当提交商标注册证明文件、商标权利人身份证明；涉及版权的，应当提交版权权利证明、版权人身份证明；涉及植物新品种权的，应当提交植物新品种权证明文件；涉及地理标志产品专用标志的，应当提交地理标志产品专用标志允许使用证明。是知识产权利害关系人的，还应当提交独占实施许可合同或者排他实施许可合同等证明材料；

（三）被投诉人的名称、所在展位等信息；

（四）被投诉人涉嫌侵权的参展项目名称、涉嫌侵权的理由及证据。

第十五条 被投诉人在被告知其参展项目涉嫌侵权后，应当在合同约定的时间内出示权利证明或者其它证据，并配合投诉服务机构对涉嫌侵权物品进行查验。

第十六条 被投诉人不能作出有效举证的，展会主办方应当要求被投诉人按照合同约定立即采取遮盖、撤展等处理措施。被投诉人拒不采取措施或者有其它情节严重的行为，展会主办方可以按照合同约定，收回参展方的参展证件或者取消参展方当届参展资格。

第十七条 具有下列情形之一的展会知识产权侵权纠纷，知识产权行政管理部门不予受理：

（一）知识产权权利人或者利害关系人已经向人民法院提起诉讼的；

（二）知识产权存在权属纠纷，正处于知识产权行政管理部门调解程序之中的；

（三）知识产权正处于无效宣告请求程序之中的；

（四）注册商标被撤销或者确认无效后处于复审或者人民法院审理程序之中的。

第十八条 知识产权行政管理部门在调查处理展会中发生的知识产权案件时，可以到涉嫌侵权的展位进行现场检查，查阅、复制与案件有关的文件，询问当事人，采取拍照、摄像、抽样等方式调查取证。

第十九条 对请求处理的知识产权侵权纠纷，知识产权行政管理部门认定侵权行为成立的，应责令被请求人立即停止侵权行为，从展会上撤出侵权展品，销毁介绍侵权展品的宣传材料，撤换介绍侵权项目的展板以及其涉及侵权内容的资料。

第二十条 对展会期间涉及的专利权、商标权、版权、植物新品种权、地理标志产品专用标志等知识产权违法行为，知识产权行政管理部门应依法主动查处，并依据有关法律法规采取相应措施。

第二十一条 展会结束时案件尚未处理完毕的，案件的有关事实和证据可经展会主办方确认，由展会举办地知识产权行政管理部门在15个工作日内移交有管辖权的知识产权行政管理部门依法处理。

第二十二条 展会主办方和参展方不履行展会知识产权保护义务的，依照相关法律法规的规定执行。

第四章 附 则

第二十三条 知识产权行政管理部门及其工作人员存在玩忽职守、滥用职权、徇私舞弊行为的，由有关部门依法给予行政处分；构成犯罪的，依法追究刑事责任。

第二十四条 本办法所称参展项目，包括展品、展位设计、展具设计、产品及照片、目录册、视听资料以及其它相关宣传资料。

第二十五条 本办法自2012年6月14日起施行，有效期至2017年6月13日

陕西省

西安市人民政府办公厅转发市发展会展业领导小组办公室关于会展业促进经济平稳较快增长的意见的通知

市政办发[2012]265号

各区、县人民政府，市人民政府各工作部门，各直属机构：

西安市发展会展业领导小组办公室《关于会展业促进经济平稳较快增长的意见》已经市政府同意，现转发给你们，请认真贯彻执行。

西安市发展会展业领导小组办公室关于会展业促进经济平稳较快增长的意见

为认真贯彻党的十八大精神，积极落实市政府《贯彻中省稳增长决策确保我市经济平稳较快增长具体措施的通知》(市政发2012)64号)精神，组织和动员会展业全行业力量，积极服务西安主导产业发展，促进全市经济平稳较快增长，现提出实施意见如下：

一、优化会展资源，服务主导产业

全市各级会展行业主管部门要进一步加大工作力度，营造会展业良好发展环境，夯实会展业发展基础，固本强基，多元融合，外引内联，汇聚资源，加快会展业发展步伐。各类会展企业要围绕我市主导产业、特色产业及其产业链，积极策划、举办专业性和消费类会展活动。各相关机构要密切配合，积极争取、吸引国际性、全国性大型会展活动，策划、组织赴外地参加知名展会活动，利用各种会展渠道宣传推介西安名优特产品，拓宽销路，吸引投资，扩大交流，共谋发展，充分发挥会展业对促进我市经济平稳较快增长的重要作用。

二、做强会展项目，发挥带动效应

依托我市产业优势，紧扣全市重点建设项目，着力抓好、办好产业关联度高、带动力强、辐射面广的品牌会展项目，强化会展业的催生、孵化、融合功能，提升会展项目的品质和规模，为相关产业搭建高效、便捷、普惠、实用的会展平台。

(一) 充分发挥重点会展项目的催生带动作用。

围绕先进制造、高新技术、文化、旅游、现代服务等主导产业，精心设计会展主题和配套活动，策划、组织、举办系列会展活动，做好招商招展、专业买家邀请和会展接待服务等环节工作，营造专业高效；舒适和谐的会展氛。抓好2013中国西安国际科学技术产业博览会暨第8届中国西安国际高新技术成果交易会、中国西部装备制造业博览会、2013中西安国际汽车工艺展览会等重点项目，打造具有专业化、规模化、国际化水准的自主品牌展会项目，带动展会主题产业及其产业链促销增长和提速发展。积极发挥已举办展会的后续效应，构建常态化、多元化、多空间、多维度的综合性展会平台，不断扩大和延伸展会项自服务企业、产业和市场的能力。

(二) 积极申办举办国际性及全国性展会。

密切关注国内外会展业前沿动态，及时收集、传递国际性、全国性会展信息，有针对性地组织考察、交流活动，把知名展会引进来，把名优新特产品推出去，参与国内国际竞争。积极申办、举办第十三届中国国际粮油产品及设备技术展、2013年中国国际通用航空大会等一批国际性全国性展会。积极组织我市企业参. 加兄弟城市举办的知名展会。

(三) 组织我市产品赴外地参展。

通过会展平台把我市名优特新产品、技术推向全国，有针对性地组织我市生产企业参加外地知名会展活动，扩大和占领市场份额。积极组织相关部门、区县、企业赴外地举动、我市名优特新产品巡展，扩大交流与合作。与会展业发达城市建立办展交流的常态机制，加速地方产品的流通销售和转型升级。

（四） 办好消费类展会和特色节庆活动。充分发挥相关市级部门、区县和开发区的行业、区域资源及特色产业优势，策划包装，宣传推介，不断增强我市特色节庆活动的辐射力和影响力，努力实现经济效益和社会效益的协调发展。办好西安城墙国际马拉松赛、临潼骊山女娲风俗文化节等一批消费类展会和特色节庆活动。

（五） 大力扶持培育会议产业和会展旅游。借助我市旅游资源优势，鼓励和支持相关部门、行业协会、会展企业、宾馆饭店积极吸引、争取国际性、全国性会议、演出活动，积极策划、举办各类专业会议活动引促进会展与旅游互动快速发展，全面展示西安新形象，展示西安会展新形象。以欧亚经济论坛为引领，努力申办、举办全球可持续货币峰会、中国会议产业大会夏季分会等一批国际性、全国性会议活动。

三、完善保障措施，创造发展条件

（一） 加强规划引导，做好协调服务。各相关部门、区县、开发区要结合西安产业基础和资源禀赋，分阶段、分层次组织实施，进一步整合、搞活全市会展场馆、会展企业；会展项目和社会资源，加快会展要素向有关开发区园区化聚集，加快项目运作，向集团化发展，加快筹建西安会展产业集团，统筹协调推进展产业结构调整和优化升级。各级会展行业主管部门要增强服务意质量，优化会展环境，指导企业策划项目，协助企业组织实施，帮助企业克服困难，全力做好会前、会中、会后的配套协调服务，确保各类展会顺利成功举办。

（二） 营造宣传氛围，强化考核奖励。通过报刊、广播、电视及西安会展网等媒体对会展项目进行宣传和推介，在城市入口和主要交通要道开辟10块会展户外广告宣传牌，增强会展活动的辐射力和渗透力。

对国内外知名品牌会展公司落户我市、注册设立分公司或合资公司，接从营业年度起的企业所得税市与区县留成部分，第一年给手予全额奖励，第二至五年按增量部分给予奖励扶持。

对在本市举办的规模大、效益好、有发展潜力、带动作用强的全国性、区域性展会或被市政府列入重点发展的会展项目，根据展位数量和招展情况分档次给予招徕方或举办方最高40万元奖励。对在我市举办国内外各类大、中型会议，根据举办时间和来宾规格分档次给予最高40万元奖励。对举办超产规模、有突出影响和发展潜力的展会；实行市政府“一事一议”的扶持政策。

（三） 促进资源共享，加强互动合作。建立会展项目信息数据库及会展人才储备库，为各类会展活动共享客商、个才及信息资源提供服务。各级会展主管部门、相关部门、会展企业要积极优化整合资源，促进各类展会错位发展、配套发展、融合发展，要与会展发达城市加强互动合作，建立互补共赢发展机制，借力打造西安会展业的金字招牌。

西安会展业发展办公室关于申报省级会展扶持项目的通知

各区县人民政府，开发区管委会，各会展企业：

根据《陕西省商务厅关于申报会展扶持项目的通知》（陕商发〔2012〕615号）精神，为贯彻落实《陕西省人民政府关于加快会展业发展的意见》（陕政发〔2011〕30号）精神，鼓励、扶持西安会展业发展，拟对会展龙头企业和2011年11月1日至2012年10月31日期间举办的会展活动进行分类扶持培育。扶持项目分为四类：品牌展会、特色专业展会、促消费类展会和会展龙头企业，各扶持项目的申请条件具体参见陕商发〔2012〕615号文件。

请各区县政府、开发区管委会和各会展企业按照相关要求，对符合条件的会展企业和会展活动抓紧申报，务于10月29日（星期一）18:00前将申报材料一式三份（含电子版）报送至市会展办会展管理处。相关表格电子版请在西安会展网-办事指南-表格下载。

附件：《陕西省商务厅关于申报会展扶持项目的通知》（陕商发〔2012〕615号

西安市会展业发展办公室

二〇一二年十月二十三日

陕西省商务厅关于申报会展扶持项目的通知

陕西省商务厅
二〇一二年十月十五日

各设区市商务局，西安市会展办，杨凌示范区展览局：

为贯彻落实《陕西省人民政府关于加快会展业发展的意见》（陕政发〔2011〕30号）精神，加强会展行业管理，培育和扶持品牌展会、特色专业展会、促消费类展会、会展龙头企业，引领和促进我省会展经济科学发展，现将有关事宜通知如下：

一、扶持项目安排原则

扶持项目分为四类：品牌展会、特色专业展会、促消费类展会、会展龙头企业。

申请扶持的项目，必须市场化程度高；是列入2012年度陕西省会展活动计划的；举办时间在2011年11月1日至2012年10月31日期间内的。

二、项目申请基本条件

企业申请品牌展会、特色专业展会、促消费类展会和会展龙头企业，应该具备以下基本条件：

（一）品牌展会条件

1、能够代表行业发展方向，项目拓展能力强，在国内国际有较强指导力和影响力，规模大、信誉好、服务优；

2、涉及全省加快发展的新兴产业或重点支持的优势支柱产业的；

3、坚持品牌发展战略，连续举办三届以上，有成熟的规范运作的服务体系；

4、规模在800个标准展位以上。

（二）特色专业展会条件

1、在所属专业内具有国内和省内影响力，规模较大、信誉良好，是本市（区）专业展会的培育重点；

2、符合本市（区）优势产业发展政策，具有地方特色；

3、坚持特色专业展会发展战略，提供专业的展览服务；

4、连续举办二届，规模在500个标准展位以上（包含研讨会、招商引资等内容的节庆活动，可放宽到400个标准展位以上）。

（三）促消费类展会条件

1、符合国家扩大消费政策，繁荣消费市场的；

2、以市场开拓为重点，增强本地企业产品竞争力的；

3、扩大消费需求、着力改善民生的。

（四）会展龙头企业条件

1、在陕西省境内依法登记设立，具备独立法人资格的各种所有制展览企业、会展场馆企业，以及具有一定规模，使用绿色环保、循环利用材料的展会搭建企业；

2、年成功举办展会在4个以上，并有1个市场化运作的展会，进入本市（区）培育和扶持的品牌展会或特色专业展会序列；具备主办或承办大型品牌展会的能力和成功经验；

3、具有与展会规模相适应的机构、人员、资金、办公场所和管理制度；

4、服务意识强，办展过程中能为参展各方面客商提供优质、安全、周到的服务；

5、严格遵守国家的法律法规，企业信誉良好；所办展会未发生安全事故。

三、具体工作程序

（一）由达到条件的会展项目承办单位和会展企业向所属市（区）商务（会展）主管部门申请，提交相关材料。

（二）促消费类展会，由市（区）商务（会展）主管部门统一申报。

（三）各市（区）商务（会展）主管部门严格根据具体条件初选和审定，推荐品牌展会、特色专业展会、促消费类展会、会展龙头企业。请于2012年10月31日前将推荐项目材料（含电子版）报省商务厅（会展业发展管理处）。

（四）省商务厅（会展业发展管理处）统筹、汇总、整理、筛选。

（五）专家组评审论证，提出全省培育和扶持的展会和企业方案。

（六）方案报省商务厅党组审定后实施。

四、申请需提供的材料

申请扶持资金的单位，必须提供以下资质证明、材料（有关证照可为复印件）：

（一）企业工商登记营业执照。

（二）企业上一年度的完税凭证或纳税证明。

（三）企业上一年度的财务报表。

（四）银行出具的企业信用等级证明。

（五）《省级展会项目扶持资金申请表》（附件1）及相关材料：

1、品牌展会、特色专业展会、促消费类展会申请报告；

2、展会批准文件；

3、展会基本情况、工作方案、宣传广告材料、会刊；

4、主承、办单位协议；

5、会展场馆场地租赁合同、付款凭证，实际展位平面图；

6、展会由多个单位共同主办、承办的，需提供各方协商一致共同推选申请单位的文件；

7、展会总结报告；

8、资金决算报告及展览会宣传广告、客商邀请接待费用开支的合同、发票、刊物、照片等相关证明材料。

（六）《省级会展龙头企业扶持资金申请表》（附件2）及会展龙头企业申请报告（详细介绍企业规模及办展能力）。

五、联系方式

联 系 人：马荔鹏

联系电话：029—87294534　　　传真：029—87294535

邮　　箱：huizhanguanlichu@163.com

附件：1、省级展会项目扶持资金申请表

　　　2、省级会展龙头企业扶持资金申请表

西乡县人民政府办公室关于印发西乡县会展活动管理办法（暂行）的通知

西政办发[2012]154号

各镇人民政府，县政府有关部门，县直及驻县有关单位：

《西乡县会展活动管理办法（暂行）》已经县政府2012年第十二次常务会议审定同意，现印发给你们，请认真贯彻执行。

西乡县人民政府办公室

二〇一二年十二月三十一日

第一章　总　则

第一条　为进一步加强西乡县会展活动的管理，整合会展资源，规范办展行为，提高展会质量，规范市场行为，保护生产者、经营者、消费者的合法权益，根据《陕西省商品交易市场管理条例》，制定本办法。

第二条　举办会展的单位(以下简称举办方)、参加商品展销的生产者或者经营者(以下简称参展经营者)，均应遵守本办法。

第二章 会展主题确定和发布

第三条 拟举办会展的主题、规模、时间、地点等内容，每年度2月底前，由县工商局报县政府审定后，以县政府公告对外发布举办会展的相关信息。

第四条 会展除举办常规商品展销外，应突出西乡地方特色，展销工矿产品、农副土特林特产品、农业科技产品、农业机械、高新技术新产品；支持鼓励举办文化旅游、经贸技术交流与合作专题活动以及茶叶、茶文化主题会展，唱响主题，打响品牌，扩大西乡会展的影响力。

第三章 会展权的确定

第五条 县政府发布举办会展公告后，有意向举办会展的企业、单位在县工商局报名，领取相关资料，提交申请办会材料。申请办会材料包括：企业工商营业执照、组织机构代码证、税务登记证、企业法人资格证明、办会方案、办会申请等。

第六条 成立由工商，政府办、经合、经贸、公安、住建、质监、卫生、食品药品、文广、安监、国税、地税、文旅、环保、电力、消防以及会展驻地镇为成员的西乡县会展协调领导小组，由县工商局牵头召集各成员单位，对办会申请、方案组织评审，综合办会方案、会展规模、办会实力等因素，择优确定举办方，同意其按行业管理规定申办各项手续，筹备举办会展。

第四章 会展举办条件

第七条 举办方应当具备以下条件：

（一）具有独立法人资格和工商部门批准登记的办会资格，并能够履行和承担相应的会展活动民事责任；

（二）有较好的信誉和经济实力，经营状况良好，能够保证会展前期资金投入，具有一定的抗风险能力；

（三）有组织招商招展能力，具有一定的办展经验，有固定办公场所和专门从事办展的部门或机构，有专业的展览策划、设计、组织、管理人员和完善的办展规章制度；

（四）有规范的会展专用场馆举办会展；如搭建临时性会展场地，其场地选定、展棚的搭建规范应按照县住建局审定的方案执行；必须严格执行公安消防部门有关建筑规范要求规定。

（五）参展经营者必须具有合法的经营资格，并提供相关证照。展销商品在经营者工商营业执照核准经营范围之内，其经营活动必须符合国家法律、法规、规章的规定。禁止不具备合法经营资格的经营者进场参展，严禁销售假冒伪劣商品。

（六）科学合理安排展会，必须确保参展经营者的利益。

（七）应向县工商局交纳一定数额的举办会展保证金。

第五章 会展前的审定

第八条 获得会展举办权的企业申请办理西乡县会展登记手续时，应当提交下列材料：

（一）举办企业、单位法人资格有效证件；

（二）举办会展的申请书，内容包括：会展名称、主题、规模、起止日期、地点；参展商品类别及其他经营活动项目表；举办单位工商营业执照、组织机构代码证、税务登记证，举办单位会务负责人员名单，商品展销会筹备办公室地址、联络人、联系电话等；

（三）《申请举办会展登记表》；

（四）会展场地使用证明（有房地产权证明文件或者场地租赁证明文件）；

（五）会展组织实施方案（需提供场地设置规划图）；

（六）依照国家规定需要经政府有关部门批准方可举办的会展，应提交相应的批准文件；两个以上单位联合举办会展的，应提交《共同承办商品展览展销会协议书》；

（七）《公共安全应急预案》、《安全责任承诺书》；

（八）其他需要提交的文件或材料。

第九条 申请审批

举办方携带以上材料到县工商局、经贸局、公安局、经合局、住建局、质监局、卫生局、食品药品监督局、文广局、安监局、国税局、地税局、文旅局、环保局、消防大队按照行业许可管理规定，办理审批手续，缴纳相关税费。

第十条　审定

举办方到涉及会展各主管部门办理登记审批手续时，应严格按照各行业主管部门规定，达到举办会展规定条件的前提下，获得各行业主管部门审核验收同意、批准。

工商局：根据《陕西省商品交易市场管理条例》负责年度会展活动公告的报审、发布和活动牵头组织工作；按照本部门职责，负责会展活动的市场监督管理和行政执法等工作；

公安局：负责会展举办方资格审查；审查举办方提交的《公共应急预案》、《消防预案》；对参加会展的暂住人口进行管理；负责会展活动期间的治安管理；

住建局：负责审查会展举办方场地选用方案、展馆（棚）搭建方案，会展举办方案；按城市管理相关规定监督管理举办方的办会行为；会展活动清洁区卫生及环卫工作监督管理；

质监局：负责会展方案审查；对会展方的参展产品、商品进行质量监督管理；会展方使用特种设备的监督管理；

卫生局：负责会展方案审查；按照行业许可管理规定，办理审批手续；负责会展期间公共卫生执法监管；食品药品监督管理局：负责会展方案审查；按照行业许可管理规定办理审批手续；负责会展期间化妆品、食品等方面的执法监督和安全管理；

文广局：负责会展方案审查；按照行业许可管理规定，办理审批手续；对会展期间的文化演艺、图书音像制品、广电设备展销等进行执法监督管理；

环保局：负责会展方案审查；对会展期间涉及环境保护事项进行执法监督管理；

安监局：负责会展方案审查；监督会展方执行《公共安全应急预案》；审核《安全责任承诺书》并监督执行；

地税局：负责对会展方纳税进行执法监督管理；

文旅局：负责会展方案审定；按照行业许可管理规定，对会展涉及文物、旅游事项进行执法监督管理；经贸局：负责会展方案审查；按照行业许可管理规定，对会展涉及经济贸易、商品流通等进行执法监督管理；经合局：负责会展方案审查；协助工商局组织好会展中经济贸易技术交流、项目推介等招商引资工作；

电力局：负责协调解决会展方的用电，并按相关规定做好安全用电监管；

消防大队：负责会展活动期间《消防法》和《陕西省消防条例》的监督实施。

涉及会展各行业具体要求，按照各行业主管部门、单位的规定执行。

第十一条　举办方获得会展举办权后不得转让。

第六章　会展期间的管理

第十二条　会展举办期间，由县工商局负责组织涉及会展行业的各主管部门、单位，依法依规进行监督、管理和服务。

第十三条　举办方、参展经营者的经营行为损害消费者合法权益的，依据国家有关法律、法规处理并承担相应刑事民事责任。

第七章　附　则

第十四条　本办法由县工商局负责解释。

第十五条　本办法自发布之日起执行。

浙江省

宁波市2012年境内外展会补贴政策

（一）对我市企业参加由我市有资质组展单位组织的政府重点支持类展会和政府指导类展会（见附件1），每个标准展位（9平方米，下同）分别最高补助3万元和2元。同一家企业在同个政府重点支持类、政府指导类展会上享受补助的展位数分别不超过4个和2个，超过部分按以上标准的20%执行。对参加由国家、省和市重点支持的境外常年展（见附件2），每个标准展位最高补助3000 。对参加境内部分重点涉外展会（见附件3）每个标准展位最高补助1万元。

（二）对我市中小外贸企业（上年度进出口额在4500万美元以下，下同）参加非重点支持类、非政府指导类展会，其中参加新兴市场展会，每个标准展位最高补助1万元；参加欧盟地区展会，每个标准展位最高补助0.8万元；参加其他传统市场展会，每个标准展位最高补助0.5万元。对我市小微企业（上年度出口额在500万美元以下，下同）参加今年六月份以后举办的所有境外展会，每个标准展位再增加补助最高1万元。所有展会每个标准展位补助额在实际展位价格之内。单个企业全年享受参展补助额累计不超过30万元。

（三）为宣传展示城市整体形象，确定30个境内外重点品牌展会（见附件4）进行公共形象展示装修，每个展会最高补助25万元，以上展位装修补助由我市有资质组展单位提出申请且单个展会展位数在30个以上。对宁波·新加坡进出口商品交易会的招商招展活动予以重点支持。

附件：1、政府重点支持类、政府指导类境外展会目录
2、重点支持的境外常年展目录
3、境内部分重点涉外展会目录
4、30个境内外重点品牌展会目录

附件1 政府重点支持类、政府指导类境外展会目录

一、重点支持类展会

序号	国家	城市	展览会名称	时间
1	墨西哥	墨西哥城	墨西哥中国贸易投资展	3月
2	新加坡	新加坡	宁波 新加坡进出口商品交易会	7月
3	贝宁	科托努	贝宁（西非）中国商品展览会	3月29日至4月1日
4	印度	孟买	印度孟买中国商品展	12月
5	法国	巴黎	华交会境外展	9月
6	德国	柏林	德国柏林亚洲服装及配饰博览会	2月21日至23日
7	日本	东京	日本东京国际动漫展览会	3月22日至25日
8	巴拿马	巴拿马城	巴拿马第三十届国际博览会	3月23日至25日
9	越南	河内	中国浙江（越南）出口商品交易会	5月
10	澳大利亚	悉尼	2012年澳大利亚机械制造周展览会	5月8日至11日
11	阿联酋	迪拜	迪拜中国产品采购交易会	5月29日至31日
12	印尼	雅加达	印尼技术设备和商品展	5月
13	中国	台湾	台湾照明科技展	6月
14	希腊	雅典	希腊船舶展	6月
15	英国	伯明翰	中国出口品牌商品欧洲展	6月
16	匈牙利	布达佩斯	中国轻工产品中东欧（匈牙利）展	6月
17	美国	拉斯维加斯	中国出口品牌商品美国展	8月
18	巴西	圣保罗	巴西圣保罗家庭用品及礼品展	8月25日至28日
19	日本	大阪	浙江出口商品（大阪）交易会	9月
20	约旦	安曼	第八届约旦中国商品展	9月

21	日本	名古屋	MESSE名古屋（节能、环保展）	11月
22	阿联酋	迪拜	中东（迪拜）中国家居产品博览会	11月
23	马来西亚	吉隆坡	中国出口商品马来西亚展	12月
24	阿联酋	迪拜	浙江出口商品（迪拜）交易会	12月
25	美国	纽约	纽约国际服装采购展及面料展	7月
26	德国	慕尼黑	慕尼黑太阳能展	6月
27	德国	杜塞尔多夫	杜塞尔多夫医疗器械展	11月
28	俄罗斯	莫斯科	俄罗斯灯饰展	11月
29	德国	法兰克福	法兰克福礼品办公用品展	1月
30	意大利	博洛尼亚	博洛尼亚美容美发展	3月
31	法国	巴黎	巴黎纺织服装定牌贸易展	6月
33	德国	科隆	科隆体育用品、露营设备及户外用品展	9月
34	德国	柏林	柏林电子展	9月
35	德国	柏林	中国纺织成衣展	7月
36	德国	纽伦堡	纽伦堡国际电气自动化系统及部件技术展览会	11月
37	德国	法兰克福	德国法兰克福秋季国际消费品展	8月
38	坦桑尼亚	达累斯萨拉姆	2012中国品牌商品非洲展	6月29日—7月3日
39	俄罗斯	莫斯科	俄罗斯汽配展	8月
40	俄罗斯	莫斯科	俄罗斯轻纺展	9月

二、政府指导类展会

1	中国	香港	香港医疗器械及用品展	5月
2	印度	新德里	印度国际灯饰展	10月
3	中国	香港	香港春夏时装节	7月
4	美国	芝加哥	芝加哥家庭用品展	3月
5	美国	拉斯维加斯	拉斯维加斯服装展	8月
6	美国	拉斯维加斯	拉斯维加斯亚洲博览会	8月
7	美国	拉斯维加斯	拉斯维加斯汽车零配件展	11月
8	中国	香港	香港美容美发展	11月
9	埃及	开罗	北非（埃及）中国家居产业博览会	6月
10	特多	西班牙港	特多贸易与投资展览会（南美洲）	5月
11	波兰	波兹南	波兰家居产业博览会	5月
12	埃及	开罗	第17届泛阿拉伯（北非）地区国际汽车、摩托车及配件展览会	9月24日—28日
13	泰国	曼谷	曼谷国际礼品展暨曼谷国际家居展	10月16日—21日
14	智利	圣地亚哥	中国商品及技术（智利）展览会	11月
15	伊朗	德黑兰	第七届伊朗国际汽配展览会	11月
16	南非	约翰内斯堡	2012年南非中国家用电器产品品牌展览会	7月
17	朝鲜	平壤	2012年平壤机械设备展览会	8月

附件2 重点支持的境外常年展目录

序号	国家	展会名称
1	贝宁	中国出口商品交易会（贝宁展）
2	印尼	浙江（印尼）出口商品展销中心
3	匈牙利	中国出口商品（匈牙利）展销中心

附件3 境内部分重点涉外展会目录

序号	举办地	展会名称	时间
1	杭州	中国（杭州）国际花园/户外家具及休闲用品展览会	3月21日至24日
2	广州	广交会场外展（中国广州厨卫设备/建筑及家用五金展览会）	4月
3	舟山	舟山渔博会	5月
4	昆明	昆交会	6月6日至10日
5	上海	首届中国上海国际尚品家居及室内装饰展览会	6月13日至15日
6	青岛	中国国际消费电子博览会	7月
7	上海	中国国际家用纺织品及辅料博览会（家饰品及墙纸展区）	7月
8	广州	中国（广州）国际建筑装饰博览会	7月8月-11日
9	无锡	无锡国际能源博览会	9月
10	新疆	中国新疆乌鲁木齐对外经济贸易洽谈会	9月
11	北京	中国国际汽车零配件博览会	9月
12	上海	法兰克福（上海）文具用品展	9月19日—21日
13	南宁	中国—东盟博览会	10月21日至25日
14	成都	中国西部国际博览会	10月
15	深圳	中国国际高新技术成果交易会	10月
16	广州	广交会场外展（中国广州厨卫设备/建筑及家用五金展览会）	10月
17	广州	中国国际绿色创新技术产品展	11月

附件4 30个境内外重点品牌展会目录

一、境外品牌展会

序号	国家	城市	展览会名称	时间
1	新加坡	新加坡	宁波·新加坡进出口商品交易会	8月
2	印度	孟买	印度孟买中国商品展	12月
3	德国	柏林	德国柏林亚洲服装及配饰博览会	2月
4	英国	伯明翰	中国出口品牌商品欧洲展	6月
5	美国	拉斯维加斯	中国出口品牌商品美国展	8月
6	阿联酋	迪拜	中东（迪拜）中国家居产品博览会	11月
7	马来西亚	吉隆坡	中国出口商品马来西亚展	12月
8	法国	巴黎	华交会境外展	9月
9	美国	纽约	纽约国际服装采购展	7月
10	德国	法兰克福	法兰克福礼品办公用品展	1月

二、境外新兴展会

序号	国家	城市	展览会名称	时间
1	贝宁	科托努	贝宁（西非）中国商品展览会	3月和8月
2	巴拿马	巴拿马城	巴拿马第三十届国际博览会	3月
3	俄罗斯	莫斯科	俄罗斯灯展	11月
4	匈牙利	布达佩斯	中国轻工产品中东欧（匈牙利）展	6月
5	巴西	圣保罗	巴西圣保罗家庭用品及礼品展	8月
6	印度	新德里	印度国际灯饰展	10月
7	日本	东京	日本东京国际动漫展览会	3月
8	俄罗斯	莫斯科	俄罗斯汽配展	8月
9	越南	河内	2012中国浙江（越南）出口商品交易会	5月
10	约旦	安曼	第八届约旦中国商品展	9月

三、境内涉外展会

序号	城市	展览会名称	时间
1	杭州	第5届中国(杭州)国际花园/户外家具及休闲用品展览会	3月
2	广州	广交会场外展（中国广州厨卫设备/建筑及家用五金展览会）	4月
3	舟山	中国（舟山）国际渔业博览会	5月
4	宁波	中国国际日用消费品博览会	6月
5	青岛	中国国际消费电子博览会(青岛)	7月
6	上海	中国（上海）国际尚品家居及室内装饰展览会	6月
7	新疆	中国新疆乌鲁木齐对外经济贸易洽谈会	9月
8	南宁	中国—东盟博览会	10月
9	广州	广交会场外展（中国广州厨卫设备/建筑及家用五金展览会）	10月
10	无锡	无锡国际能源博览会	11月

关于下达嘉兴市级会展项目管理实施办法的通知

市级有关单位，南湖区、秀洲区三产发展局，嘉兴经济开发区经济发展局：

根据《嘉兴市服务业发展“十二五”规划》和《嘉兴市人民政府关于印发嘉兴市促进服务业优先发展的若干政策意见的通知》（嘉政发【2011】41号)精神，为在“十二五”期间进一步促进会展健康，快速，有序发展，进一步加大对服务业发展资金对会展引导力度。现将《嘉兴市级会展项目管理实施办法》印发给你们，请遵照执行。

嘉兴市级会展项目管理实施办法

一、为积极鼓励引导会展业“做大、做强、做特”，培育若干品牌展会，扩大我市会展的知名度和影响力，规范会展的制度管理，推动市级会展产业规范、协调、良性发展，特制定本办法。

二、建立会展项目联合评估制度。成立由市发展改革委(市服务业发展局)、市财政局、市经信委、市商务局组成的会展项目联合管理评估小组，由会展项目管理联合评估小组对市级会展展前申报、展中现场、展后绩效进行评估，联合管理评估小组下设办公室，办公室设在市会议展览协会。

1、展前申报评估。市级展会项目申报单位，每年年初向会展项目联合管理评估小组提出年度会展项目申报，将市级有关部门的批文、项目《总体方案》、《2012年嘉兴市级展会项目申报表》一式三份(新办展会项自需提供《项目可行性分析报告》)，送市会议展览协会初审。市会议展览协会根据全市申报情况，进行项目、时间、规模的综合分析、协调(原则上同类型展会项目前后相隔2个月，年度内不重复举办6次以上；小型展会服从大型展会，对规模较小的展会要进行整合；对可行性不强的展会要进一步研究筛选)。经市会议展览协会初审汇总后，提交会展项目联合管理评估小组评估确定入围项目。

2、展中现场评估。凡是纳入全市会展计划的展会项目，在正式举办前5天，以书面形式通知会展项目联合管理评估小组，由管理评估小组对展会的参展单位、展会面积、标摊数量、组织质量等方面进行实况记录（参展单位按实际出席数量计算：展会面积按照实际承租面积计算，不低于摊位面积的2倍计算；摊位数量按每个9平方米计算，特装展位按实际展览面积折合为9平方米的标摊计算，不符合展会主题的参展单位不予计入，展会主题关联行业的摊位面积比例不能超过30%）。

3、展后绩效评估。会展结束15天内，由承办单位向市会展协会报送展会项目总结材料和《展会项目情况登记表》一式三份：作为全市会展业发展情况年度分析报告的依据，市会展协会及时对每个会展项目的参展企业回访，听取参展企业满意度。由市会展协会汇总后，由会展项目联合管理评估小组对年度会展项目绩效进行评价，并向市三产资金管理委员会报告；评价结果作为下一年度安排会展计划的重要依据。

三、制定下达年度市级会展计划。每年年初根据各区、各部门申报，经会展项目联合管理评估小组评估确定后列入年度计划的会展项目，由市发展改革委(服务业发展局)发文下达。

四、建立会展项目分类扶持补助办法。列入年度会展计划和特批的会展项目，符合有关政策规定的将由市级三产资金给予补助奖励。本着“做大、做强、做特”原则，进一步提高三产资金引导作用，建立对年度会展项目实行分类扶持补助办法。对年度会展计划进行分类，分重点会展、一般会展和创新会展三类，采用重点会展重点扶持，一般会展一般扶持，创新性、前瞻性会展特别扶持的分类扶持补助办法，分类扶持评估办法和补助细则另行制定。

五、建立会展项目台账制度。市会展协会建立市级会展项目台账资料制度，做到前期、中期、后期所必备的资料和记录齐全、完备，有据可查可审。

六、本办法自公布之日施行。

附：2012年嘉兴市级展会项目申报表

嵊州市商务局关于印发《2012年嵊州市境内外重点、一般及推荐类展会目录》的通知

有关乡镇（街道）、开发委，各行业协会，重点外贸企业：

为进一步开拓国际国内市场，鼓励和引导企业“走出去”，结合上年度企业境内外参展情况，我局制定了《2012年境内外重点、一般及推荐类展会目录》。对上述目录内重点类境内外展会和我局组织的省、绍兴市重点类境内外展会，以及一般及推荐类境内外展会（包括备案自行参展），将根据有关政策分别给予一定的财政扶持。

展会目录共涉及78只境内外展会，其中重点类境外展会12只，重点类境内展会6只，一般及推荐类境外展会50只，一般及推荐类境内展会10只。请各单位积极组织所属企业报名参加。

附件：2012年嵊州市境内外重点、一般及推荐类展会目录

二〇一二年一月十八日

2012年嵊州市境内外重点、一般及推荐类展会目录

一、重点类境内外展会（18个）				
境外展（12个）				
序号	展会名称	城市	时间	主要展出内容
1	美国拉斯维加斯国际五金展	拉斯维加斯	5月	五金工具、花园用品
2	米兰国际流体传动、机械传动及工业自动化展览会	米兰	5月	机械传动、齿轮、工业自动化等
3	香港（春夏）时装节	香港	7月	服装、服饰
4	南非国际贸易博览会	约翰内斯堡	7月	各类产品
5	美国拉斯维加斯（MAGIC)国际服装服饰面料展	拉斯维加斯	8月	服装、纺织品类
6	俄罗斯国际汽车及配件展	莫斯科	8月	各类汽车、摩托车零配件及附件等
7	法国巴黎国际服装采购展	巴黎	9月	各类服装、服饰、帽子等
8	德国科隆国际园艺及体育用品展	科隆	9月	园艺用品、体育用品等
9	东京国际礼品展	东京	9月	各类礼品、家庭用品等
10	环球资源电子产品及零件采购交易会	香港	10月	各类电子产品及零件
11	中东五大行业国际博览会	迪拜	11月	建筑材料、水处理与环保、空调制冷、清洁及维护设备等
12	俄罗斯照明展	莫斯科	12月	各类照明灯具、灯饰及配件
境内展（6个）				
1	中国国际医药原料药、中间体、包装、设备交易会	中国合肥	4月	医药原料药、中间体、化工原料等
2	中国国际日用消费品博览会	中国宁波	6月	综合类
3	中国广州建博会	中国广州	7月	各类建材、装修材料、卫浴、五金、玻璃、照明等
4	中国国际纺织面料及辅料（上海）展	中国上海	10月	纺织面料
5	中国南宁东盟博览会	中国南宁	10月	电力设备、电子电器、建筑材料、农业、轻工
6	中国食品博览会	中国宁波	11月	食品工业原料、食品机械、生物食品等

二、一般及推荐类展会（60个）				
境外展(50个)				
1	德国法兰克福家纺展	法兰克福	1月	家纺类产品
2	香港时装节	香港	1月	服装
3	法国TEXWORLD面料展	巴黎	2月	面料、辅料
4	美国国际服装博览会MAGIC	拉斯维加斯	2月	各类服装、服饰、面料、鞋类及箱包
5	法兰克福国际消费品展	法兰克福	2月	家庭用品、室内装饰品
6	东京国际礼品展	东京	2月	各类礼品、家庭用品等
7	科隆五金工具博览会	科隆	3月	各类五金工具、安全系统及锁具和家居改进及DIY产品
8	波兰波兹南国际专业纺织服装展	波兹南	3月	服装、面料、内衣、辅料、袜子等
9	波兰国际照明设备展览会	华沙	3月	各类灯具、建筑照明、办公室照明、家居照明、商业和工业用照明等
10	马来西亚国际家具展	吉隆坡	3月	各类家具
11	德国杜塞尔多夫国际鞋类及配件展	杜塞尔多夫	3月	各种鞋类、箱包、装饰品、配件
12	巴西圣保罗国际建材展览会	圣保罗	3月	卫生洁具、五金挂件、管道、阀门
13	香港INTERSTOFF	香港	3月	面料及辅料
14	巴拿马国际贸易展览会	巴拿马城	3月	综合类
15	南非国际汽车零部件及售后服务展览会	约翰内斯堡	3月	汽车及零配件
16	浙江（静冈）名品博览会	静冈	4月	综合类
17	法兰克福国际灯光照明及建筑技术与设备展览会	法兰克福	4月	各类灯具、灯饰及配件
18	美国芝加哥国际厨房浴室设备展览会	芝加哥	4月	卫生洁具、五金挂件、厨房电器、橱柜；阀门管件、五金工具等
19	汉诺威工业博览会	汉诺威	4月	工业零部件、工业机械、点击、发电机组、风能
20	越南国际贸易博览会	河内	4月	综合类产品
21	香港国际春季灯饰展	香港	4月	各类照明灯具、灯饰及配件
22	浙江出口商品（越南）交易会	河内	5月	综合商品
23	中东迪拜国际汽配展	迪拜	5月	汽车、摩托车配件、设备及服务等
24	中东（迪拜）国际五金、厨房、卫浴、园艺及休闲用品展览会	迪拜	5月	五金工具、粘贴剂、室内外装修品、清洁材料及设备、户外休闲用品等
25	科隆国际五金展	科隆	5月	五金工具
26	土耳其国际家用纺织品展EVTEKS	伊斯坦布尔	5月	家纺
27	越南汽车及零部件展	胡志明	6月	汽车原件和零配件、照明系统、娱乐设备、检测工具和设备等
28	阿尔及利亚国际博览会	阿尔及利亚	6月	综合

29	南非SAITEX综合展	约堡加拉格	7月	综合类
30	巴西纺织品及鞋类展	圣保罗	7月	服装、服饰、家纺、面料等
31	中国纺织品服装贸易展(纽约)	纽约	7月	各类纺织品
32	墨西哥国际汽配展	墨西哥城	7月	汽车原件和零配件、汽车维修、检测工具和设备等
33	澳大利亚国际家居用品及家用电器展	墨尔本	7月	家用电器、厨房用品、照明设备等
34	俄罗斯国际汽车及零部件展览会	莫斯科	8月	各类整车、汽车附件配件及相关车用设备
35	中国品牌出口商品美国展览会	拉斯维加斯	8月	礼品、消费品、小家电等
36	德国柏林电子消费品与电器展	柏林	9月	电子消费品及电器产品
37	墨西哥五金展	瓜达拉哈拉	9月	各类五金工具
38	俄罗斯国际轻工纺织及设备展览会	莫斯科	9月	纺织、服装、面料、家纺、皮革等
39	浙江出口商品（大阪）交易会	大阪	9月	日用消费品、纺织品
40	中东迪拜国际照明、厨卫及园艺户外用品展	迪拜	10月	照明灯具、厨卫产品、园艺及户外用品
41	印度孟买国际五金展	孟买	10月	五金工具等
42	伊朗工业展	德黑兰	10月	机械与车辅、工业零部件、建材与家电
43	国际医药原料药展	法兰克福	10月	医药、原料药
44	法国国际汽车配件及工艺装备展览会	巴黎	10月	各类汽车零配件及附件
45	印度国际贸易博览会	新德里	11月	机电、五金、轻工产品、各类消费品
46	南非国际服装纺织鞋类及机械贸易展览会	开普敦	11月	服装、皮革、纺织面料、箱包、鞋帽、文体用品、礼品、毛巾等
47	美国芝加哥OEM自由品牌及超市展	芝加哥	11月	家庭用品、服装、办公用品、食品等
48	浙江出口商品（迪拜）交易会	迪拜	12月	日用消费品、纺织品
49	中国商品（印度孟买）展	孟买	12月	综合类
50	马来西亚中国进出口商品展	吉隆坡	12月	机械电子、建筑材料、家居用品等
境内展（10个）				
1	中国国际家用纺织品及辅料博览会	上海	2月	家用纺织品
2	中国广州国际家用纺织品及辅料博览会	广州	3月	家用纺织品及辅料
3	中国国际纺织面料及辅料（北京）展	北京	3月	纺织面料
4	第五届中国（杭州）国际花园、户外家具及休闲用品展览会	杭州	3月	户外家具、园艺、户外休闲用品
5	昆交会	昆明	6月	综合商品
6	中国国际纺织面料及辅料（深圳）展	深圳	7月	纺织面料
7	中国——亚欧博览会	乌鲁木齐	9月	综合类
8	中国（大连）纺织服装博览会	大连	9月	各类服装、面料、服饰、家纺等
9	中国顺德国际家用电器博览会	顺德	10月	家电类
10	中国义乌国际小商品博览会	义乌	10月	综合类

杭州市萧山区人民政府关于印发《萧山区加快会展业发展的实施细则》的通知

萧政发[2012]70号

各镇人民政府、街道办事处，区政府各部门、各直属单位：

《萧山区加快会展业发展的实施细则》已经区长办公会议讨论通过，现印发给你们，请认真贯彻落实。

杭州市萧山区人民政府

二〇一二年七月八日

萧山区加快会展业发展的实施细则

为进一步优化会展业发展环境，充分调动社会力量参与会展业，促进我区会展业持续、快速、健康发展，根据《中共杭州市委办公厅、杭州市人民政府办公厅关于促进杭州会展业发展的若干意见》（市委办〔2006〕2号）、《中共萧山区委、萧山区人民政府关于全区经济发展的若干政策意见》（萧委〔2012〕16号）和《中共萧山区委、萧山区人民政府关于加快经济转型产业提升的若干意见（试行）》（萧委〔2012〕17号）精神，特制定本实施细则。

一、适用范围

1、工商登记、税务登记在本区并在本区缴纳流转税、收益税的单位。

2、区外协议专业会展企业。

二、会展业发展专项资金的设立

3、区财政安排会展业发展资金2000万元，其中专项用于会展产业规划、会展宣传推介、会展市场开发以及举办全区性重大节庆活动等方面资金500万元；用于扶持和奖励引进展览（节庆）项目和大型国际会议、国内会议、超大规模、有突出影响和发展潜力的展览活动或引进超大型国际性、全国性会议“一事一议”的补助和奖励，引进知名专业会展企业奖励等方面资金1500万元。

三、政策措施

4、对在我区举办、符合产业发展导向的室内展览活动，单次展览（三天以上，下同）规模达到5000平方米以上（或250个展位），给予5万元补助；单次展览规模达到1万平方米以上（或500个展位），给予10万元补助；单次展览规模达到2万平方米以上（或1000个展位），给予20万元补助；单次展览规模达到3万平方米以上（或1500个展位），给予30万元补助；单次展览规模达到4万平方米以上（或2000个展位），给予40万元补助；单次展览规模达到5万平方米以上（或2500个展位），给予50万元补助，用于场馆租赁等。

5、对在我区举办符合产业导向的室外展览活动，根据实际展览规模、档次，经区会展业领导小组办公室（区旅游局）审核后，参照室内展览补助标准的50%给予补助。

6、鼓励会展企业做大做强，对在本区注册的专业会展公司、节庆会展广告公司、会议服务公司、信息技术服务公司，从事节庆会议展览业务的年营业收入首次超过1000万元，一次性给予10万元奖励；首次超过2000万元，一次性给予20万元奖励；首次超过3000万元，一次性给予30万元奖励。

7、对区外知名专业会展公司（年组办会展营业收入超过3000万元），并与我区签订合作协议，引进国际性、全国性会议展览活动在我区举办，当年消费总额达到500万元（含）以上、1000万元（含）以上，分别一次性给予10万元、20万元奖励；落户我区，注册设立公司或合资公司（注册资本200万元以上），一次性给予10万元的奖励。

8、引进由国家部、委、办、局主办的国际性会议（单次会议酒店营业额5万元以上、安排境外住宿人数达到50人），按营业额（以会议发票为准，下同）的5%，对引进酒店进行奖励。

9、引进由国家部、委、办、局主办的全国性会议（单次会议酒店营业额5万元以上），按营业额的4%，对引进酒店进行奖励。

10、引进由省级部、委、办、局主办的全省性会议以及由全国性协会、学会、商会主办的跨区域行业性会议（单次会议酒店营业额5万元以上），按营业额的2%，对引进酒店进行奖励。

11、引进由大企业、大集团主办的行业性会议以及由全省性协会、学会、商会主办的跨区域行业性会议（单次会议酒店营业额10万元以上），按营业额的1%，对引进酒店进行奖励。

12、积极鼓励各部门、镇街举办各类有影响力、具有地方特色的节庆活动，根据活动举办的规模、档次和影响力，经评定后按照一、二、三等级分别给予20、15、10万元的奖励（不超过9个）。

13、加大会展宣传促销力度。每年从会展业发展资金中安排450万元，用于引进大型品牌展会、推介会展活动、塑造会展品牌、举办全区性重大节庆活动。

14、加大会展产业培育力度。每年从会展业发展资金中安排50万元，用于会展产业规划编制、会展活动保障、会展行业管理、会展人才培养、校地合作建设以及高级管理人才引进。

15、举办超大规模，有突出影响和发展潜力的展览活动或引进超大型国际性、全国性会议，可采取"一事一议"的办法，单独实施奖励政策。

四、附则

16、本细则从2012年1月1日起执行，由区发改局（服务业办公室）、区旅游局、区财政局负责解释。

关于组织2012年度会展业扶持项目申报的通知

杭州市萧山区发展改革局
杭州市萧山区旅游局
杭州市萧山区财政局
二○一二年十一月二十日

各镇政府、街道办事处，区级有关部门，有关旅游企业，会展企业：

根据《萧山区加快会展业发展的实施细则》（萧政发〔2012〕70号）和《关于印发〈杭州市萧山区会展业发展专项资金管理办法〉的通知》（萧财企〔2012〕300号）的有关规定，为认真做好2012年度会展业发展政策的兑现工作，经研究，对2012年度符合扶持政策范围的会展项目，进行一次专项申报，现将申报的有关事项通知如下：

一、申报的范围和内容

2012年1月1日至2012年12月31日期间完成和产生符合《萧山区加快会展业发展的实施细则》(网址http://www.hdhkt.com.cn/xstour/lyzw/news_show.asp?newsid=1748)规定的展览方面、会议方面及节庆方面的项目。

二、上报的材料和要求

1、《2012年度展览会议扶持项目申报表》或《2012年度节庆活动扶持项目申报表》一式三份；

2、《会议归类营业额清单》一式三份；

3、符合会展业政策必要的证明和说明材料；

4、申报项目的企业名称必须与工商和税务登记一致。

三、申报的时间和程序

1、申报的截止时间为：2012年12月31日前；

2、申报表须经项目所在地镇政府、街道办事处、管委会或企业主管部门审核盖章后，上报区旅游局（联系人：周瑾，电话：83897882）、区财政局（联系人：孙秀捷，电话：82752702）各一份。

申报结束后，区发改局（区服务业办公室）会同区旅游局、区财政局，组织对申报项目进行审核，并报经区会展业发展领导小组审定后兑现。

附件：1、《2012年度展览会议扶持项目申报表》

2、《2012年度节庆活动扶持项目申报表》

3、《会议归类营业额清单》

港澳台会展业政策法规

澳　门

会展活动激励计划

澳门特别行政区政府经济局会展业及产业发展厅机构简介：

澳门的会展数目、规模、层次和本地业界团队等也不断提升和成长，多个大型会展场地相继落成。2011年全年共举办1,045项会议及展览；与会及入场总数约128万人次。

会展业的发展也得到多方面的支持，澳门特区政府在经济局下设会展业及产业发展厅等。同时，通过多项鼓励会展业发展的措施，对在澳门举办的会展活动给予支持，努力培育和打造本澳品牌会展，支持不同地区来澳举办活动，支持会展业界开展对外交流和合作。

“会展活动激励计划”透过向在澳门筹办会议展览的主办单位及策划者提供协助及支持，以提升会展业的竞争力，打造澳门成为举办各类型会展活动的目的地。

服务编号：

DSE3003

服务名称：

《会展活动激励计划》

服务简介：

为促进澳门经济适度多元化，进一步推动本澳会展业发展，《会展活动激励计划》透过向在澳门筹办会议展览的主办单位及策划者提供协助及支持，以提升会展业的竞争力，打造澳门成为举办各类型会展活动的目的地。

《会展活动激励计划》由2013年1月1日起生效。

执行单位：

澳门特别行政区政府经济局会展业及产业发展厅

申请地点：

澳门罗保博士街1-3号国际银行大厦2楼

办公时间：

周一至周四：上午9时至下午1时，下午2时30分至5时45分

周五：上午9时至下午1时，下午2时30分至5时30分

查询方法：

电话：(853)85972601

传真：(853)28716675

电邮：ddceae@economia.gov.mo

网址：www.economia.gov.mo

手续编号：

DSE3003A

办理类型：

申请会展活动激励计划

对象：

于澳门举行之会议展览的主办单位及策划者（下称：“申请者”）。

申请资格：

申请者可属个人、企业或团体。

申请方式：

亲临递交、邮寄、电邮或传真申请至经济局（注：所有以邮寄或传真方式的申请，经济局将不负责任何邮递或电讯失误。）

申请期间所有申请连同一切所需证明文件，必须于活动或项目首日前至少15个工作天，提交及/或补交至经济局。如涉及合资格买家，须于活动首日前至少20个工作天向经济局提交相关文件。

对于申请资料的更改或拟取消申请之单位，必须于活动或项目首日前至少15个工作天以书面方式向经济局提出。

在此限期后提交或逾期补交所需文件之申请，将自动被视为不合资格。

必须递交文件：就已确定的活动，申请者必须按下列情况提交所需文件：

（1）申请/资格预审程序（于活动首日前最少 15 个工作天，完整提交）

●填妥之申请表并由法定代表人签署；

●申请者如属个人，须提交有效身份证明文件副本及澳门特别行政区政府财政局发出之开业申报文件(M/1副本)；

●申请者如属企业，可提交有关商业登记文件(如：当地政府机关签发之商业登记文件、本澳之商业登记证明/报告书、M/1及营业税-征税凭单M/8副本等)；

●申请者如属非牟利团体，可提交有关团体之设立文件(如：当地政府机关签发之登记文件、本澳之澳门特别行政区公报副本、身份证明局发出之登记证明书副本等)；

●须提交证明活动确定举行的文件副本(如：书面协议及订金支付收据等)；

●活动详细介绍，内容包括但不限于：

预计之与会者数量(外地及本地)

预计住宿之酒店数量及客房数量

预计在澳门　用之服务提供者

会议/展览之筹办单位及其聘用之本地专业会议组织者/目的地管理公司的简介

活动属性及背景

活动日期及计划大纲

预计之会议/展览场地面积

预计之每位海外与会者之平均消费额

场地提供者之报价及合同

场地/服务提供者之订金收据

（2）合资格买家

于展览会首日之最少20个工作天前全部提交：

●合资格买家的资格须由来源地之相关行业协会或当地政府机构发出之书面声明书证明。否则，该买家需提供以公司信头签具之自身声明书并须连同「澳门会议展览业协会」、「澳门展贸协会」或「澳门广告商会」其中两会以及主办单位作确认，以证明其行业从业者身份；

●上述之合资格买家的资格证明声明书、名单及相关资料可于递交申请表后再提交。

就具潜力的活动，申请者必须按下列情况提交所需文件：

（3）申请/资格预审程序

于竞投或场地考察项目举行前最少15个工作天，完整提交：

●填妥之申请表并由法定代表人签署；

●申请者如属个人，须提交有效身份证明文件副本及澳门特别行政区政府财政局发出之开业申报文件(M/1副本)；

●申请者如属企业，可提交有关商业登记文件(如：当地政府机关签发之商业登记文件、本澳之商业登记证明/报告书、M/1及营业税-征税凭单M/8副本等)；

●申请者如属非牟利团体，可提交有关团体之设立文件(如：当地政府机关签发之登记文件、本澳之澳门特别行政区公报副本、身份证明局发出之登记证明书副本等)；

●须提交竞投活动之资料(如：竞投条件细则等)；

●拟竞投活动详细介绍，内容包括但不限于：预计之与会者/参加者数量会议/展览之筹办单位及其聘用之本地专业会议组织者/目的地管理公司的简介

活动属性及背景

活动日期及计划大纲

预计之会议/展览场地面积

（4）批准后须递交文件

已确定的活动-活动后所需文件

于活动结束后60天内，完整提交：

●活动报告，内容包括但不限于：

确实之外地及本地与会者数量

确实住宿之酒店数量及客房数量

由酒店直接发出之每晚入住细明表和房价

于活动期间在澳门雇佣之服务提供者(会展场地、酒店及旅行社除外）发出之收据、服务提供者之营业税M/8副本、营运牌照副本以及可证明其股权或控股权至少50%由澳门居民所持有之文件(如：商业登记证明/报告书等)

活动涉及宣传及推广、同声传译及文件翻译、展品及货运物流之服务提供者发出之收据、服务提供者之营业税M/8副本、营运牌照副本以及可证明其在澳门依法登记、经营之文件(如：营业税M/1开业申报书等)

会议/展览之筹办单位及其聘用之本地专业会议组织者/

目的地管理公司的简介

确实之会议/展览场地租用面积，并附上场地平面图

●市场及营销工具及材料(部份可以照片作证明)；

●获支持项目之所有项目收据；

●获支持项目之相关照片及宣传资料；

●经济局通知审批结果之信函副本；

●有关合资格买家之支持，必须提交

(a)实际参展之合资格买家名单；以及

(b) 就其交通费用支持，

(i)付款收据及(ii)来程登机证、船票、车票作证明；

●有关团长之支持，必须提交代表团及标明团长的名单；

●有关演讲嘉宾项目之支持，须提交演讲嘉宾名单及所需文件。

具潜力的活动－项目结束后所需文件

于项目结束后60天内，完整提交：

●获支持项目之所有项目收据；

●由经济局发出之确认信函副本；

●活动照片及相关宣传资料；

●有关主要决策者之支持，必须提交

实际往竞投及来澳作场地考察之主要决策者名单；

(b) 就其交通费用支持，

(i)付款收据及(ii)来程登机证、船票、车票作证明；以及

(c) 由酒店直接发出之每晚入住细明表和房价。

申请费用：全免

备注事项

（5）受惠范围

●已确定在澳门筹办的会议或展览；

●拟在澳门筹办之具潜力的会议或展览。

受惠限制

●由同一申请者组织，而类型及题材相同的活动，于同一财政年度最多可获两次支持。

●所有申请者必须先通过资格预审程序，以确定其活动内容是合符鼓励筹办措施的活动性质。

●受支持项目，其使用之服务供应实体，必须为本澳合法经营之场所，或为澳门合法注册之企业，且此等服务供应实体之股权或控股权至少50%由澳门居民所持有(会展场地、酒店及旅行社除外)。

●上述所指之受支持项目中，如涉及宣传及推广、同声传译及文件翻译，或展品及货运物流之项目，其使用之服务供应实体，必须在澳门依法登记及经营。

●申请者必须申报就是次活动向澳门特别行政区政府其他部门或机构申请及获批给资助的相关资料。

（6）活动类别及支持内容

●会议－已确定的活动

基本协助

－免费提供旅游资料及欢迎礼物

－提供澳门宣传影片

－发放活动资料于澳门特别行政区政府相关网页内

－可于经济局接待处以及旅游局各咨询处发放活动信息

－可由旅游局海外代表协助发放活动信息

－豁免葡萄酒博物馆和赛车博物馆的入场费

－按需要协调与各政府部门的联系

－提供对活动在澳举办之支持证明以及在竞投过程中有关推广澳门为活动目的地的协助(须视乎个别情况而定)

财务支持

–住宿–可获本地酒店住宿租金费用之10%支持，最多5晚为限。

–餐饮–可获每位与会者最多澳门币400元的餐饮费用或会议套餐费用的支持。

–主题演讲嘉宾及团长–可获每位主题演讲嘉宾及团长最多2晚的本地酒店住宿费用支持，以及每位交通费用之50%支持（最多不超过澳门币3,000元）。

–宣传及推广–可获宣传及推广费用之50%支持，最多合共澳门币100,000元 。

–同声传译及文件翻译–可获同声传译及文件翻译费用之15%支持，最多合共澳门币20,000元 。

●会议–拟筹办之具潜力的活动

财务支持

–竞投辅助–可获往返澳门交通费用支持(每人上限澳门币40,000元)、参加费，以及竞投顾问协助，以最多4位主要决策者为限。

–场地考察–可获往返澳门交通费用支持(每人上限澳门币0,000元)、本地交通费用支持(每天上限澳门币3,000元)及每位最多3晚之本地酒店住宿，以最多4位主要决策者为限。

●展览–已确定的活动

基本协助

–与「会议–已确定的活动」之基本协助相同。

财务支持

–展览场地租金–可获实际支付展览场地租金之25%支持。

–住宿–可获本地酒店住宿租金费用之10%支持，以最多5晚为限。

–硬件设施–可获硬件设施(包括：影音设备、展位基本装设服务和街道广告横额制作等)费用之支持，最多合共澳门币300,000元。

–开幕典礼–可获开幕典礼(包括：聘请开幕典礼主持人、基本舞台装设、背景板、剪彩用彩球及彩带、相关公关或同性质服务等)费用之支持，最多合共澳门币100,000元。

– 合资格买家–可获往返澳门交通费用之50%支持（上限每位澳门币3,000元）以及每位最多3晚酒店住宿费用。

– 展品及货运物流–可获展品及货运物流费用之50%支持，最多合共澳门币100,000元 。

– 宣传及推广–可获宣传及推广费用之50%支持，最多合共澳门币200,000元 。

●展览–拟筹办之具潜力的活动财务支持–竞投辅助–可获往返澳门交通费用支持(每人上限澳门币40,000元)、参加费，以及竞投顾问协助，以最多4位主要决策者为限。

–场地考察–可获往返澳门交通费用支持(每人上限澳门币40,000元)、本地交通费用支持(每天上限澳门币3,000元)及每位最多3晚之本地酒店住宿，以最多4位主要决策者为限。

上述各项协助及支持均受其他条件限制及约束，详情请参阅经济局发布之有关「会展活动激励计划」的细则及条款。

（7）文件要求

经济局有权要求申请者提交其视为需要的其他文件、报告或资料。

核查权利：经济局有权在活动进行期间，派员实地核查活动之资料及情况，申请者有义务协调或促使经济局人员完成相关核查工作。

台　湾

会展领航计划

经济部国际贸易局从98年至101年起规划办理「台湾会展跃升计划」，推动具相当成效，整体会展环境也因而持续改善。为继续推动下一阶段会展产业之发展，爰规划自102年至105年推动会展产业发展之「台湾会展领航计划」，期望在政府政策的大力支持下，持续带领会展产业航向国际。

「台湾会展领航计划」将以「打造台湾会展成为优质会展服务的领航者」为愿景，同时以「提高会展服务质量效率，强化台湾会展品牌国际形象及国际竞争力，发展台湾成为全球会展重要目的地」为长期发展目标。

为达成发展台湾成为全球会展重要目的地之目标，本计划之执行策略分为下列四大主轴：

一、强化营销沟通

1、推动国际营销

2、加强国内宣传

3、建置云端会展入口网

4、推广绿色会展

二、扩大会展服务

1、促成国际会议在台举办

2、提供会展活动行政支持

3、协助加入国际组织

4、辅导民间业者取得国际会展认证

5、整合中央与地方资源，协助地方发展会展城市

6、建立会展活动碳足迹信息平台、提供会展设施节能诊断辅导

7、成立个案辅导小组

8、提供新展及会议云端科技服务

三、与学研合作进行产业研究

1、撰拟「台湾会展政策白皮书」

2、建立论文征选机制及设立论文发表论坛

3、进行会展产业调查

4、进行全球会展产业竞争分析

5、汇整国内会展信息至ICCA及UFI等国际组织

四、提供专业幕僚服务

1、协助争取国际会展组织年会来台举办

2、每年度第1季协助办理公、协会领袖会议

3、协助办理扩大会展服务业投资业务

4、针对目标市场办理商机媒合活动

5、配合新兴产业需求，开办或强化新展

6、协助办理会展补捐助幕僚作业及弹性入境机制

7、办理「台湾会展跃升奖」选拔及颁奖活动

8、协助办理行政院观光发展推动委员会MICE项目小组会议

9、于各个会展城市发行「台湾会展卡」

10、设立「会议大使」

会展业发展规划

广东省

广东省会展业“十二五”发展规划

粤经信生产[2012]412号

为加快广东会展强省建设，根据《广东省国民经济和社会发展第十二个五年规划纲要》及《珠江三角洲地区改革发展规划纲要（2008-2020年）》，编制本规划。

一、发展基础

“十一五”期间，我省会展业依托雄厚的经济实力、扎实的产业基础和独特的区位优势得到了快速发展，培育了一批国际化、专业化、市场化程度较高的品牌展会，初步形成了以珠三角地区为核心，粤东、粤西、粤北地区协调发展的会展业格局，成为亚太地区重要的会展中心区域，为我省社会经济发展作出了重要贡献。

（一）发展现状

1、会展规模不断扩大。据不完全统计，“十一五”期间，全省每年举办各类展会1000多场，年展览总面积超过1000万平方米，居全国第一位。其中，2010年，全省吸引参展商超过16万家，参会客商达1300多万人次；全省直接从事会展的企业有1500余家，从业人员超过5万人。

2、会展设施日趋完善。2010年，全省拥有较大规模的会展场馆30多个，可供展览面积140万平方米，广州、深圳、东莞等市均有单体面积超过10万平方米的展馆，其中广州市拥有会展场馆面积逾70万平方米，坐落于广州市的中国进出口商品交易会展馆仅室内展厅总面积就高达33.8万平方米，是亚洲面积最大的单体展馆。

3、品牌展会快速成长。除享誉全球的中国第一展“广交会”外，一批依托地方优势产业而生的展会迅速发展，涌现出中博会、深圳高交会等一批综合性的品牌展会，以及航空航天、陶瓷、家具、服装、家电、照明等领域的一批国际专业性展会。这些展会影响力越来越大，已逐渐发展成为我省乃至世界的知名品牌展会。

4、会展业助推工商业发展。“十一五”以来，我省会展业有力推动了“广货”市场的开拓和更大规模的产业集聚，促进了优势产业的发展，形成与工业、商贸业良性互动的局面。同时，我省会展业有效推动了金融、物流、旅游、餐饮、酒店、设计、广告、搭建等服务业的同步发展，促进了会展产业链中各环节服务能力的提升。

（二）存在问题

虽然我省会展业发展取得了一定的成绩，但仍然存在一些问题。

1、展会品牌建设有待提升。展会总体规模较大，但不少展会的品牌意识较为薄弱，专业化程度和国际化水平有待提升，缺少参与各类国际会展认证活动。

2、会展企业整体实力不强。会展企业数量多，但规模较小，缺乏规模大、竞争力强、社会认知度高的龙头企业。

3、会展产业链亟需整合和优化。会展相关产业缺乏灵活高效的协作机制，特别是服务会展的场馆、宾馆、饭店、航空公司、景区(点)和旅行社之间不能有效联动、形成合力，影响了会展整体效应的发挥。

4、会展行业管理有待完善。会展业发展不够规范，缺乏统筹规划和扶持政策，存在多头管理、重复办展、展馆重复建设、综合绩效低等问题。

二、发展环境

（一）发展条件

1、区位优势明显。我省地处东南沿海，毗邻港澳，位于中国—东盟自由贸易区的中心地带，已初步形成较完善的海陆空立体交通体系，具备举办各类国际或国内展会的优越条件。

2、关联产业支撑。我省是经济大省，也是世界制造业基地，众多产业和产品在国内外占据重要的位置，商贸活动活跃，社会支撑力强，为会展业发展提供了雄厚的基础条件。

3、办展条件良好。我省不仅拥有一批大型现代化的国际会展场馆，而且培育了一批竞争力较强的会展企业和一批办展经验丰富的专业人才，为会展业的发展提供了可靠的软硬条件。

（二）发展机遇

1、国际会展产业战略转移的机遇。随着我国全球制造业中心地位的逐步确立以及发达国家和地区会展市场的饱和，我国已成为跨国会展企业实行全球化战略转移的目的地。同时，随着CEPA的实施以及商务部《设立外商投资会议展览公司暂行规定》的颁布，外资进入我国会展业的步伐呈加速态势。这将为我省加强国际交流与合作、引进国际品牌会展企业和品牌展会提供契机

2、国家和省政府高度重视会展业发展。党的十七大报告提出“加快发展现代服务业，提高服务业的比重和水平”。《珠江三角洲地区改革发展规划纲要（2008-2020）》明确提出优先发展包括会展业在内的现代服务业。省委省政府出台的一系列重要文件都提出要重点发展会展业。国家和省的重视将为我省会展业发展营造良好

的政策环境。

3、大型国际活动的召开带来的发展机遇。亚运会、大运会等大型国际活动在我省的成功举办，进一步提高和改善了我省城市的软硬件设施水平，提升了城市的国际品牌形象和综合服务能力，积累了举办大型国际活动的丰富经验，为承办国际大型会展活动和品牌展会奠定了更好的基础。

（三）面临挑战

1、国际竞争的挑战。欧美会展业经过长期的发展，已牢固占据世界会展市场的较大份额，这对中国会展业走向国际市场带来极大的挑战。新加坡、东京、首尔、香港、迪拜等城市凭借综合服务功能较强，办展条件完备，展会服务市场化、专业化程度较高的优势，努力争取成为亚太地区会展中心，对我省会展业参与国际竞争构成了重要的挑战。

2、国内竞争的挑战。随着会展业重要性的逐步显现和国家对会展业扶持力度的不断加大，各地也将会展业发展摆到更加重要的位置，纷纷出台会展产业发展规划，制订相应的扶持政策，加快会展场馆的新建和扩建，大力引进和主办大型展会，掀起了新一轮会展业大发展的热潮，使我省会展业面临更激烈的国内竞争。

三、发展思路

（一）指导思想

以科学发展观为指导，以改革创新为动力，以"市场化、产业化、专业化、规范化、国际化"为导向，以优化会展业发展环境为保障，以打造一批品牌展会和知名企业为重点，着力构建现代会展业产业体系，推动会展产业链协调发展，使我省成为亚太地区具有重要影响力的会展中心区域。

（二）基本原则

1、坚持政府引导与市场化运作相结合。通过制定发展规划和产业政策，搭建公共服务平台，健全市场监督体系等方式，加强对会展业的引导和规范管理。坚持以市场需求为导向，充分发挥市场配置会展资源的基础性作用。

2、坚持会展业与相关产业融合发展。围绕优势产业和产品，大力发展专业展会。充分发挥会展业对调整产业结构、引导产业转型升级、优化资源配置的促进作用，利用会展业带来的人才、信息、资金和技术等资源，推动相关产业联动发展。

3、坚持突出重点与区域协调发展相结合。统筹规划我省会展业的发展格局，强化珠三角会展核心区建设。结合各地实际，明确发展定位，实现区域错位发展。加强与香港、澳门、台湾等地会展业的交流合作，形成优势互补、合作共赢的发展格局。

4、坚持本土培育与外部引进相结合。加大对本土重点品牌展会和专业展会的扶持力度，做大做强各类会展活动，推动会展业向专业化、品牌化发展。加大引进力度，吸引更多国际品牌展会落户我省，推动我省会展业跨越式发展。

（三）发展目标

1、总体目标

"十二五"时期，重点打造以广州和深圳为龙头的珠三角会展核心区，建设粤东、粤西、粤北地区的特色会展区域；一批综合性龙头展会和专业品牌展会影响力进一步增强；一批会展龙头企业快速发展壮大；商贸展览、国际会议、文化节庆、会展旅游等四大主体会展产业发展水平进一步提高；形成与国际水平接轨、服务体系完备、服务品质优良、市场竞争有序的会展业发展格局；实现我省会展业增加值年均增速高于全省第三产业，会展场次、面积、经营收入、从业人员等主要指标位居亚洲前列，把我省打造成为亚太地区具有重要影响力的会展中心区域。

2、具体目标

一是会展规模进一步扩大。年展览面积达到1500～2000万平方米；年举办5万平方米以上展会达到50～100个，举办大型活动达到50～100个。

二是会展龙头企业实力进一步提升。在国内有影响力的本土会展企业达到10～15家；组建3～5家大中型的会展集团公司。

三是形成一批知名会展品牌。进入世界前列的品牌展会达到10～20个，获得国际展览协会（UFI）等国际机构认证的品牌展会达到30～40个。

四是国际合作与交流进一步增强。力争承接世界品牌的国际会议达到5～8个，引进具有国际影响力的境外会展企业达到10～15家。

四、重点任务

（一）科学规划产业布局

全省会展业要结合经济发展水平、区位特点和产业特色，实行错位发展。珠三角会展核心区的发展重点是培育、扶持和引进国际有影响力的品牌展会，结合产业优势加快发展专业展会，开发国际高端会议，优化会展配套服务，构建特色鲜明、集聚发展、协调配套、竞争力强的现代会展产业体系；粤东、粤西和粤北地区，要结合当地的特色产业培育专业展会，举办一批规模适中、以促消费为主的展会活动，同时结合旅游特点和城市特色，开发会议和节庆等活动，与珠三角会展核心区形成良性互动的格局。

（二）推动企业做大做强

大力推动本土会展企业尽快上规模、提档次，增强竞争力。重点培育在国内有影响力的本地会展企业10～15家；支持通过收购、兼并、控股、参股、联合等形式组建3～5家大中型的会展集团公司，发挥示范和带头作用；有条件的地市要积极引导组建1～2家规模较大的会展企业。引进国际知名会展企业落户我省，鼓励有实力的会展企业参与国际交流，到国外举办各类展会，提升我省会展企业的国际知名度和影响力。鼓励其他行业有实力的企业集团投资会展业，支持有发展潜力的中小会展企业加快发展。

（三）加强品牌培育

支持第三方机构建立会展等级评定指标体系和评价机制，开展专业评级活动。通过重点扶持、等级评定等方式，推动有基础、有条件的展会向国际化、品牌化、高端化发展，打造一批规模大、效益好、信誉高、优势突出、覆盖面广、竞争力强的区域性重点展会、专业品牌展会，其中进入世界前列的品牌展会达到10～20个，获得国际展览协会（UFI）等国际机构认证的品牌展会达到30～40个。

（四）提高专业化水平和经济效益

大力发展专业性展会，引导和支持部分综合性、区域性展会向专业性展会转型，鼓励发展“一镇一特色展”、“一业一专业展”，提高展会的专业化程度，发挥专业展对产业的凝聚力和带动力。提升展会服务质量，打造客商满意、展商认可、服务品质优良的展会，以服务质量推动展会效益提升，稳步提高全省会展业经济效益。通过市场化的手段，逐步淘汰一批服务质量不高、效益不好、带动力不强的劣质展会。

（五）完善基础设施和服务体系

统筹协调全省会展场馆的规划建设，做到科学规划、合理布局、优势互补，防止重复建设、恶性竞争导致的展会资源浪费。不断提升会展场馆软硬件设施水平，完善会展场馆周边的交通配套。形成1～2个国际展览中心城市和5～10个世界一流的会展集聚区。提升会展支撑服务水平，推动会展活动与相关产业联动发展，重点打造交通运输、通讯、策划设计、广告、印刷、装修、酒店、餐饮、旅游、娱乐等配套服务，形成服务齐全、联动密切、优质高效的会展业服务体系。加强会展信用服务、知识产权服务，提高展品通关服务效率。

（六）推动创新发展

推动会展观念创新，树立“大会展”理念，实现会展活动与城市建设、产业融合发展的新跨越。推动会展经营管理创新、服务创新和商业模式创新，在组展组团方式、展位分配、招商宣传等方面，不断推出新举措。推动业态创新，以专业市场、商贸城、广东商品国际采购中心等载体为平台，探索“展会+基地+交易”的发展模式，拓展商品展示交易功能。充分利用现代信息技术发展“网上会展”，加强虚拟会展与实体会展的互动和融合，扩大会展网上交易规模，探索线上线下相结合的会展商业模式。

（七）加强对外交流合作

加强与国际展览业组织、会展企业的交流合作，学习国际特别是港澳地区的先进经营理念、管理经验。开展办会办展、场馆设施建设、人才培训等方面的合作。科学引导国内外资金、技术和管理人员进入我省会展市场，引进国际知名会展品牌到省内合作办展，提高境内办展的质量、水平和效益。加强与港澳会展的优势互补和协调互动，建立粤港澳会展业的合作互动机制，支持粤港澳联合开展宣传推广活动，鼓励粤港澳会展企业联合办展，扶持会展企业积极开拓国际市场，扩大我国会展业的国际影响力。“十二五”期间，全省力争承接世界品牌的国际会议5～8个，引进具有国际影响力的境外会展企业10～15家，与港澳联动把大珠三角地区打造成为亚太地区会展重点区域。

五、保障措施

（一）加强组织领导

加强整体协调和统筹管理。省会展业发展联席会议负责组织协调我省会展业发展工作，拟定我省会展业发展政策和发展规划并组织实施，统筹推进会展业标准化、信息化、统计指标体系建设、人才培养等基础性工作，研究制定会展业监管的有效措施，加强对会展业的监督管理，指导各地会展业发展工作，协调解决跨地区、跨部门的会展发展问题；各地要明确行业主管部门，加强会展管理，加大财政资金的支持力度，引导、规范和促进会展业的发展。

（二）加强行业自律

充分发挥各级会展行业协会的“服务、协调、自律”作用，加强行业协调与监督。行业中介组织要加强与政府、企业、社会之间的沟通与协调；积极参与政策法规以及行业标准制定，协助推进行业诚信建设，强化行业维权意识；配合政府开展会展行业自律、指导咨询、统计调查、行业培训、评估认证、信息发布等工作；指导企业运用行业标准，遵守经营规则，开展良性竞争；指导行业提升整体素质，维护行业合法权益，推动行业健康有序发展。

（三）推动“政府展”改革

提升会展市场化水平，规范政府办展行为和审批程序，着力减少政府办展的数量和规模。通过引入民间资本，推动成熟的政府主导型展会逐步向市场化方向转型。

（四）加强理论研究和人才培养

鼓励专业研究机构、大专院校开展会展业的科学理论研究和应用性技术创新研究。开展多层次、多渠道的会展职业教育和培训，鼓励行业协会与大专院校和培训机构合作培养会展专业人才。完善人才引进政策，加大会展业高端人才的引进力度；先行先试推行会展业专业人才职业资格认证。

（五）加快标准和评估体系建设

加强会展业服务标准与管理标准的配套与完善，建立与国际接轨的会展业标准体系和统计体系。制定出台有关会展经营服务、从业人员资质和岗位规范、信息技术等一系列行业标准；开展行业评估，制定会展活动和会展企业的星级评定标准；积极推动会展企业参与各类国际会展认证活动，提升影响力。健全会展业统计制度，完善指标体系、调查制度，及时掌握行业运行和发展的信息。

（六）加强整体宣传推介

鼓励通过各种方式和渠道推介我省会展业，将会展宣传与政府招商引资、经贸交流、城市推广活动结合起来，支持我省重点展会、品牌展会的国内外推介活动。

二〇一二年七月二十三日

河北省

承德市会展业发展规划

各县、自治县、区人民政府，开发区管委会，市直有关部门：

《承德市会展业发展规划（2012—2015）》已经市政府十二届六十五次常务会议研究通过，现印发给你们，请认真贯彻落实。

二〇一二年十月十五日

根据市委、市政府关于制定承德市国民经济和社会发展第十二个五年规划的要求，以《承德市国民经济和社会发展第十二个五年规划纲要》、《河北省会展业“十二五”发展规划》和《承德市服务业发展规划》为主要依据，制订《承德市会展业发展规划（2012-2015）》。从战略高度，统筹规划“十二五”期间全市会展业发展目标、重点任务和保障措施，培育新的经济增长点，引导承德市会展业快速、规范、可持续发展。本规划是承德市“十二五”时期的一项重要专项规划，是指导承德市会展业发展的重要导向性文件。

一、承德市会展业发展现状

（一）发展基础

发展环境不断优化。《承德市国民经济和社会发展第十二个五年规划纲要》明确提出“培育会展服务品牌”，“建设承德国际会展中心和全国少数民族传统文化展示馆”，“定期举办全国民族团结清史文物展”。制定会展业发展规划的同时，也提出了落实规划的实施意见，并拟确立会展业市场运行和政策扶持机制。

会展设施尤其是会议设施初具规模。首家五星级酒店行宫大酒店已开业运营。全市会议中心和附带会议设施酒店等大中型会议场所40余家，会场面积约3万平方米，配套设施完善，周边交通便利，接待能力达1.5万人次。规划展馆1.17万平方米、奥体中心5万平方米等可用展览场馆建筑面积共约6万平方米，承德市民族团结清史文化展示馆建筑面积1.2万平方米，已开工建设。

会展、节庆、赛事活动多态并举，品牌效应初显。中国（承德）国际经济贸易洽谈会、“避暑山庄•和合承德”大型图片展、承德国际摄影艺术展等会展活动影响力不断扩大。中国承德国际旅游文化节、菌文化节、跳伞赛、平泉国际文化美食节，规模、质量显著提升。会展业的服务国际国内贸易、促进招商引资平台作用和促进城市发展的带动效应初步显现。

会展与旅游、文化创意等产业融合日益紧密。依托丰富的旅游资源，承德会展业正逐步形成会议与旅游相互促进的良好格局，会展奖励旅游呈现良好发展前景。《康熙大典•鼎盛王朝》、《帝苑梦华》等大型文化演出，在丰富旅游产业内涵的同时，也为培育和进一步提升文化、旅游领域内专业品牌会展提供了重要的优势基础和资源条件。

会展意识日益增强。随着我国相继举办奥运会、世博会、亚运会和园博会，会展的概念进一步普及，民众对发展会展业的意识正日渐深入。

（二）发展优势区位优越。

毗邻首都北京和北方经济中心天津两个国际性大都市，近邻曹妃甸、秦皇岛、天津三大港口，是京津冀辽蒙交界地区一市连五省（市）区域中心城市。随着交通等基础设施的不断完善，密联京津、通达辽蒙、辟通港口的区位优势将成倍放大。特别是京沈客运专线和承德机场的陆续建设开通，将使承德进入北京1小时经济圈。承德海关的成立，极大推进了外向型经济和物流等重点产业的加速发展。为举办国际性会展活动创造了条件。

生态优良。承德是京津的重要水源地和生态屏障，境内有滦河、潮河、辽河、大凌河四大水系，年均产水37.6亿立方米，是“全国生态文明试点地区”；林地、草场面积分别占全省的50%和40%，森林覆盖率55.8%，草丰林茂、山清水秀、空气清新，享有“绿色宝库”、“生态绿肺”、“天然氧吧”之美誉。为会展业尤其是会议业和会奖旅游业发展提供了得天独厚的天然条件。

文化厚重。拥有世界现存最大的皇家园林——避暑山庄、最大的皇家寺庙群——外八庙、最大的皇家猎苑——木兰围场、最大的金漆木雕佛像——千手千眼观世音、万里长城精萃——金山岭。皇家文化、佛教文化、民族民俗文化、草原生态文化在这里集中展现、完美融合。资源富集。已发现的矿产有98种，探明矿藏55种。最突出的是钒、钛，分别居全国第6位和第2位，已被列入国家“十二五”钒钛资源综合利用及产业基地规划。承德还蕴藏着丰富的风能、水能、太阳能、地热能、生物质能等可再生能源，清洁能源开发前景广阔。发展会展业有着良好的自然和产业基础。

（三）发展机遇

城市快速发展带来机遇。承德市围绕建设“国际旅游城市”总体目标，提出了“一体两翼”的城市和产业发展布局。即按照100年不落后的原则，中心城市空间布局形成“两带多组团”城市发展格局。在市中心城区的东西两翼，各规划建设一个产业聚集区，总面积在200平方公里以上。“一环九射”交通格局将全面提升承德的区域中心和国际型城市的地位和功能。宾馆、餐饮、物流、交通等基础建设的快速发展，都为承德会展业的发展奠定了坚实的基础。

构建现代产业体系带来机遇。“十二五”期间，承德市优先发展文化旅游服务、先进装备制造、新能源、钒钛新材料和食品药品加工五大产业，积极培育现代物流和高新技术两大战略新兴产业。尤其将最具发展潜力的文化旅游服务业，作为第一主导产业强力推进。突出皇家、佛文化、生态、民族民俗文化特色，加快推进森林、温泉、冰雪、狩猎等资源开发，加快星级宾馆酒店、会议会展中心、游客集散中心等设施建设，整体提升接待服务水平。这些重大举措将为培育和提升上述各领域专业品牌会展提供极为重要的产业支撑和经济基础。

（四）存在不足

承德市会展业总体上仍处于产业快速发展的起步阶段，与国内外会展城市相比存在很大差距。主要表现如下。

行业管理体制不顺，行业法规和规章建设滞后。一方面会展业面临主管行政机构空缺、行业发展重大决策无从落实的状况，场馆基础建设、行业管理体制、产业政策体系以及会展市场开拓与营销等方面也存在政府缺位问题；另一方面政府主导型展会较多，影响会展市场及会展企业的成长。

办展机制缺失。展会审批部门、政府公共服务部门和办展机构之间缺乏有效的协调机制，会展业与通讯、航空、旅游、交通、保险、银行等相关部门的联动机制尚未建立。缺乏必要的主体资质标准和展会评估机制，缺乏有效的行业规范和自律规则，致使会展市场主体竞争力弱，展会规模普遍偏小，效益不高。

会展设施建设滞后。缺乏现代化、专业化展览场馆和适宜国际会议、大型会议的会议中心，承载力严重不足。现有场馆结构不合理，会议型酒店布局不尽合理，通讯、水电等设施陈旧落后，公共交通、停车位、住宿、餐饮服务不配套。会展场馆在布局上集中在城市中心区，给城市交通带来巨大压力。

会展特色品牌项目有待开发和提升。与资源优势相比，特色会展项目远没有开发出来。现有品牌项目也有待增强国际性和影响力。会议的总体服务水平尚难与国际接轨。大型活动的辐射与带动效应还显不足。

服务水平滞后，会展专业人才严重短缺。专业人才引进不足，自主培养能力较弱，留住人才、使用人才环境有待进一步优化。会展企业中高素质人才比例明显偏低，缺乏熟练掌握外语、精通展览设计、擅长会展组织策划、了解国际惯例、富有实际操作经验的专业人员。会展服务中信息网络等高新技术应用较少。

二、指导思想与规划目标

（一）指导思想

深入贯彻落实科学发展观，紧紧围绕建设国际旅游城市的总体要求，以打造“会议目的地城市”为目标，以国际化、市场化、专业化、品牌化为导向，以资源优势、区位特点和现代产业基础为依托，借力京津冀高端社会组织资源，以文化创意会展为主项，多种形式会议、展览、节事、会奖旅游、演艺和赛事活动为载体，坚持政府引导、社会参与、市场运作原则，营造良好的会展业发展环境，优化产业布局，培育市场主体，打造产业集群，提升会展业规模和综合竞争力，发挥整体带动能力，推动承德现代服务业健康发展。

（二）基本原则

——坚持政府引导与市场运作相结合。既要加大政府对会展业发展的有效监管和引导、扶持、服务力度，也要发挥市场配置资源的基础性作用，调动各行业协会和相关企业承办、联办会展活动的积极性，逐步提高会展业的市场化程度。

——坚持自身发展与区域协作相结合。着眼未来发展，进一步加大环首都经济圈区域合作力度，加强承德与京津城市间的合作与交流，特别是要把承德纳入北京整体会展旅游范畴，以会奖旅游为龙头，实现资源充分共享，促进双方互利共赢发展。同时要统筹好承德会展业与周边冀、辽、蒙等省市会展业之间的衔接和协作，通过会展业增强与周边省区市的互动、交流与合作。

——坚持会展与旅游联动相结合。以承德市建设国际旅游城市为契机，提高认识、转变观念、促进会议业、会奖业快速发展，确立会议、会奖产业发展战略。完成“三个转变”：从发展会议、会奖事业向拓展会议、会奖产业转变，从单一部门推动向多部门联动转变，从会议、会奖业在现代服务业中的配角地位向主角地位转变。

——坚持突出重点和特色，有所为有所不为。确立会展、旅游、文化联动发展战略。以文化为灵魂提升会展魅力，以旅游为载体彰显会展活力，打造形成会议与集观光游览、休闲娱乐、文化体验于一体的高端会展文化旅游服务业，使之成为承德跨越发展、后来居上的产业。

（三）发展定位

借助构建国际旅游城市契机，以独特的避暑山庄、外八庙、坝上草原、金山岭长城等旅游资源和生态资源，京、津、冀、辽、蒙交界的区位优势以及深厚的历史文化底蕴为依托，以文化旅游服务、先进装备制造、新能源、钒钛新材料、食品药品加工五大产业和现代物流、高新技术两大战略新兴产业为重点领域，大力承接国际国内重大会议，培育精品、特色、差异性专业性展览，加大会奖旅游市场开发，努力实现较高的国际化水平和良好的收益，将承德打造成在国内外具有影响力、独具特色的会议目的地城市。加快成为连接京津冀辽蒙的区域会展中心城市。

（四）发展目标

到2015年，会展业发展体制机制较为完善，场馆布局科学合理。力争做强会议业，做优做特节事、演艺和赛事活动，做专展览业，做大会奖业，初步形成会议为主，辅以展览、节事、会奖旅游、演艺和赛事活动等多形式、全方位发展的会展业新格局。

——会展经济快速发展。全市会展经济发展速度年均增长15%以上，超过同期全市生产总值年均增长12.5%的速度。

——结构调整和转型取得突破。会展经济产业结构调整步伐加快，展会与旅游、文化的融合性、联动性、互动性、渗透性加强，会展产业形态基本形成，会议业成为会展经济中主导性和最重要的产业形态，会展产业对城市经济尤其是旅游业的贡献率增强，带动性作用明显。

——会展业态体系基本成型，形成具有地域特色的品牌展会。形成会议、商务会奖、休闲会奖、文化会奖等会奖类型，培育中国承德国际旅游文化节、中国（承德）国际经济贸易洽谈会、中国承德国际摄影艺术大展、中国（承德）钒钛产业创新与发展论坛四大品牌展会。

——承德与北京的“偏正结构”发展格局基本形成。承德市的区位、文化、资源、生态等优势得到有效发挥，与首都北京形成“偏正结构”发展格局，承德会议、会奖产业纳入北京会议、会奖产业整体发展范畴，承德会展旅游业与北京会展旅游业形成有效对接。

——会展环境不断优化。会展场馆建设加快，特别是会议场所建设，基本满足会展业发展需求。多元、立体、快捷、高效的现代综合交通体系初步形成，实现至北京1小时交通圈和“密连京津、通达辽蒙、辟通港口”的区域性交通枢纽。城市软硬环境服务能力明显提升。

——“会议目的地城市”阶段性实现。特色化、个性化、差异化的会展名片和形象基本成型，特色魅力、个性风采的会展形象得以展现并得到外界的普遍认同，“会议目的地城市”阶段性实现。

分项指标。

——会展项目：到2015年，年会展节事活动数量达到40个。其中引进2至3个国际会议，每年召开10个国内大型会议，2个国内知名展览会，10个有区域影响力的专业展览会，15个较大规模基于当地特色产业的节事活动。

——场馆设施：“十二五”期间，规划建设1至2个基础设施完备，服务功能齐全的现代化会议中心和会展中心。

——会展效益：到2015年，会展业直接收入力争达到3亿元，拉动行业收入力争达到27亿元。

——会展企业：到2015年，注册会展公司达10家，培育1至2个具有较强市场运作能力和管理服务水平的会展龙头企业。

——会展人才培养：到2015年，构建多层次的会展人才培养体系，力争2所以上院校开设会展管理专业，借首都教育资源优势，采取请进来、走出去，全方位培养、培训会展专门人才。

三、产业布局和发展重点

（一）产业布局

根据承德市会展业总体定位和会展业发展基础，结合各区县产业特征和会展资源分布情况，着重对会议和重要展会、节事活动进行布局，构建以承德市区为主，平泉、隆化和围场县为辅助的“一主三辅”的会展产业发展格局。

“一主三辅”会展产业发展格局

1.一主（市区）。立足于把承德打造成首都北部会议目的地城市，聚焦“文化、生态、区位、资源”四大优势，突出“避暑、生态、皇家、民俗、佛教”文化特色，挖掘资源，着力把市区打造成最具活力的会展核心区。到2015年，力争每年举办不少于26个会展项目，其中引进2至3个国际会议或论坛，每年召开8个国内大型会议，打造或引进2个国内知名展览会，8个有区域影响力的专业展览会，5个较大规模基于当地特色产业的节事活动。

（1）南部新区（含高新区）。发挥历史、文化、商业、产业、区位优势，结合新城建设，规划建造集展览、会议为一体的基础设施完备，服务功能齐全的现代化会展中心。大力承接国际国内高端会议，继续丰富中国承德国际旅游文化节的活动内涵，把中国（承德）国际经济贸易洽谈会、中国承德国际摄影大展等打造成国际知名、全国性的品牌文化特色会展节事活动。针对健康、智能、新材料、新能源等高新技术产业，先进制造业和现代服务业，谋划举办高新技术产业类，文物精品类，美术摄影类，旅游纪念品礼品类，特色农副产品类，新型材料、节能环保类等中小型品牌专业展会。

（2）北部新区。围绕双峰寺空港城建设，建设功能完备的现代化会议中心。依托丰富的旅游资源和优美舒适的周边环境，积极引进国际性、全国性品牌展会和高端会议；围绕发展现代服务业、文化创意、体育休闲、生态环保、健康养生等产业，重点培育新的展会和节事活动。形成面向国内国际的商务论坛、高层政务会议和商贸洽谈、展览展示聚集区。

2.三辅（平泉县、隆化县、围场县）。这三个县有较好的产业基础和较强的会展意识，具备会展业发展环境，是“十二五”期间，我市会展业发展的重要增长极。

（1）平泉县。充分发挥与内蒙、辽宁交界的区位优势，以建设“辽、菌、酒、炭”四大文化产业园为契机，依托契丹文化、食用菌、山庄老酒、活性炭等重点产业的发展，深入挖掘以契丹文化为核心的历史文化资源，扩大契丹文化节和契丹文化研讨会影响力；拉长食用菌产业链条，将中华菌文化节打造成国际性品牌活动；以山庄老酒文化论坛为核心，创办酒器文化博览会；充分利用“神州炭都”“中国活性炭之乡”的炭产业发展地位，谋划举办活性炭产业论坛、活性炭产品展览会等活动。做大做强“平泉杯”全国跳伞锦标赛和国际文化美食节。到2015年，力争把平泉县打造成有区域影响力的县级会展城市。

（2）隆化县。充分发挥毗邻京津高端消费群的区位优势，以建设茅荆坝枫水湾森林温泉城和打造茅荆坝国家森林公园旅游精品板块为契机，依托其丰富的旅游资源，加大会议中心设施建设，积极承接一批国内行政会议、商业会议及企业年会。继续提升承德•隆化茅荆坝红叶节和中关泊头沟杏花节的品位和内涵，扩大影响力，把红叶节和杏花节做成知名度较高的特色节事活动。以争创“中国书法之乡”称号和全民学习创作书法热情为基础，培育河北隆化全民书法大赛作品展，举办书法艺术研讨会、论坛等活动。围绕发展矿产品加工、装备制造、农副产品加工、休闲旅游、现代物流等产业，重点培育新的展会和节事活动。积极引进国际性、全国性高端会议。“十二五”期间，将隆化县打造成承德市第二会议中心。

（3）围场县。充分发挥冀蒙交界地区重要的交通枢纽优势，以建设主题特色鲜明的休闲旅游度假区和打造燕格柏国际艺术村为契机，依托得天独厚的气候条件和旅游资源，加大对燕格柏国际艺术节的宣传力度，完善设施，丰富内涵，扩大规模，提升品位，将其打造成集展览、论坛、文化交流于一体的具有国际知名度和影响力的大型品牌活动。围绕旅游休闲、马铃薯、时差蔬菜、林业、畜牧业、矿产业、风电等产业资源，着力策划木兰四季风光摄影展、草原艺术节、冬季冰雪节等符合当地特点的会展项目。“十二五”期间，力争把围场县建设成特色节事活动中心和奖励旅游目的地。

3.其他县。结合各自实际，开展以节庆为重点的特色会展活动。

丰宁县。依托坝上森林草原等旅游资源优势和深厚文化底蕴，整合现有展馆，努力把京北第一草原狂欢节打造成国际知名品牌活动。围绕文化创意、休闲度假、健康养生、体育运动等项目，积极培育郭小川艺术节、洪汤寺温泉度假区航天体验展和其他特色会展节事活动。

承德县。深入挖掘文化资源和旅游资源，结合新型矿业、食品饮料、纺织服装、石材建材、现代农业和先进制造业等主导产业和特色产业，谋划举办酒文化研讨会、民间剪纸艺术精品展等会展节事活动。结合县城西区开发的有利时机，筹建会议场馆，承接会议，特色展览以及各类节事活动。宽城县。充分利用宽城县民族文化会展中心，重点围绕休闲旅游、钒钛制品、新型材料、规模养殖业和特色种植业等，着力策划小型专业展会和特色节事活动。

滦平县。依托毗邻京津的区位优势和精品长城旅游资源优势，以冶金矿产、休闲度假、体育运动、生态经济、农副产品加工为支撑，加强与京津会展业的交流与合作，积极承接京津会展项目的转移。

兴隆县。依托毗邻首都的区位特点，抓住实施环首都经济圈发展战略机会，围绕林果、蔬菜、养殖、旅游、天文科普展、全国摄影展等低碳、生态产业，培育特色农副产品展和山楂节、登山节等会展节事活动。

（二）发展重点。以打造会议目的地城市为目标，紧紧围绕“国际旅游城市”建设，突出城市特色和产业优势，以高端会议和节事活动为重点，兼顾专业性展览和会奖旅游，以会议项目带动展览业发展。坚持大力引进和自主培育并重，培育会展品牌，营造会展发展环境，使会展产业的效益和影响力得到提升，推动承德会展业实现“国际化、市场化、专业化、品牌化”发展。

1.做强会议业。充分利用环京津区位优势，加强与国际会议协会（ICCA）、国际协会联合会(UIA)等全球会议组织以及有国际影响力的行业协会、学术机构、非政府机构的联系和合作，密切与国家部委和北京、天津市的联络与沟通，着重建立与京津会议组织的有效合作机制。积极主动地分流首都高端会议，引进、承办、申办一系列专业性强、层次高、规模大的国际会议或高端论坛。围绕文化旅游服务、先进装备制造、新能源、钒钛新材料、食品药品加工五大产业和现代物流、高新技术两大战略新兴产业，举办有影响力的高端会议和专业论坛。大力发展与旅游业紧密结合的企业年会及奖励旅游。加大旅游和会议的宣传营销力度，以旅游引会议，以会议促旅游，提高承德作为会议目的地城市的知名度。

2．做专展览业。以培育精品、特色、差异等专业性展览为目的，以文化旅游服务、先进装备制造、新能源、钒钛新材料和食品药品加工五大产业和现代物流、高新技术两大战略新兴产业为重点领域，积极打造已具有一定基础的会展项目，大力培育有市场潜力的品牌专业展会。与国内外大型展会主办单位合作，充分利用国内外展会市场，积极引入符合承德经济社会发展的皇家文化类、国内外消费类、体育休闲用品类、旅游纪念品礼品类等品牌展会在承德定点举办。延伸展会产业链，注重展览与会议、旅游、文化创意相结合，促进会展业与旅游业、文化创意产业联动发展。

3.做大会奖业。依托丰富的旅游、休闲度假资源优势，推动所属各区（县）丰富特色旅游项目，加快配套设施建设，大力发展会奖旅游业，使其成为承德会展业的引擎和新的经济增长点。着力发展本市和本省大型企业的会奖旅游活动，进而向省外区域延伸扩展，与一批有影响力和大客户资源的北京、天津等地的公关、会议、旅游公司发展合作关系，接待高端会奖旅游团组，做大会奖业，带动旅游业的发展。有计划、有重点、有目的的开展承德市会奖旅游业的宣传营销力度，以中国承德国际旅游文化节、中国（承德）国际经济贸易洽谈会等搭建平台，突出会奖旅游活动项目的安排，使承德市会奖业水平得到迅速提升。

4.做优做特品牌文化节事活动。融合承德历史文化名城、山水园林城市、国际旅游城市的城市品牌，充分挖掘独特的文化资源，立足文化传承和文化积淀，打造在国际国内具有知名度和影响力的品牌节事活动。依托市区和各县的文化旅游资源和地方特色经济，以提升休闲旅游和文化创意节事活动品位为突破口，整合节事活动资源，在传承中创新主题和内容，统一包装，用打造精品的意识增强节事活动的鲜明性和持久性，开拓演出、会展、交易、比赛、评奖等不同形式，提高节事活动的市场化运作水平。大力宣传《鼎盛王朝•康熙大典》和《帝苑梦华》大型文化演出，与会展、旅游业相融合，突出特色，做长做优产业链，吸引各届关注承德，到承德来。

5. 做精四大品牌会展项目。

（1）中国承德国际旅游文化节。以文化艺术为平台，重点宣传承德旅游资源优势，展示丰富多彩的城市形象，打造具有国际影响力的旅游节庆品牌，以此进一步推进承德国际旅游城市建设，促进承德旅游经济又好又快发展。

（2）中国（承德）国际经济贸易洽谈会。已经连续举办11届。承德以此盛会为平台，吸引了大批国内外客商走进承德、了解承德、开展合作，对外开放脚步不断加快，高新技术、新能源、商贸流通、基础设施建设等多个领域实现了交流合作，有效助推全市经济的快速发展。要以扩大对外开放、加快开放型经济发展和助推国际旅游城市建设为目标，积极拓展规模、丰富内涵，通过举办文化旅游服务、钒钛产业、农产品深加工等多个专场项目对接会，搭建对外开放平台，拓宽合作渠道，抓好承德市主导产业招商，借助外力促进全市产业结构优化调整。

（3）中国承德国际摄影艺术大展。中国承德国际摄影大展是承德市依托丰富的历史文化资源、秀美的自然风光以及“中国摄影之乡”、“中国摄影家创作基地”的品牌优势，着力打造的一项国际性品牌文化活动。2006年、2008年已成功举办两届，在国内外具有较强影响力。继续加强与中国摄影家协会、中共河北省委宣传部、河北省文化厅的合作关系，共同把其办成更具国际性、更加多元化、更富文化内涵与时尚概念的“影像盛事”和品牌展会。

（4）打造中国（承德）钒钛产业创新与发展论坛。我国是钒钛资源大国，钒和钛的储量分居世界第三和世界第一，国内主要分布在四川攀枝花和河北承德。充分发挥承德拥有丰富的钒钛磁铁矿和超贫钒钛磁铁矿资源这一得天独厚优势，以承德正在谋划建设国家钒钛新材料高新技术产业化基地为契机，创办国家级和国际性的钒钛产业高峰论坛，发展会展业对全市战略性产业的配合、服务、支持性作用。

6.做多国际巡回论坛。积极探寻将国际重要巡回论坛引入承德。可从亚太旅游发展高峰论坛、博鳌国际旅游论坛—避暑山庄•承德分论坛、国际文化产业论坛（ICI FORUM）、会议和奖励旅游论坛（Meeting & Incentive Forums）、国际绿色能源论坛等国际重要巡回论坛中选择。

7.加强软环境建设。根据承德市会展产业空间布局及定位，结合各县区发展规划和实际需要，积极创造条件新建或改造一批与当地经济、社会发展相适应的会展场馆及配套设施。加强会展业配套服务体系等软环境的建设。

四、保障措施

（一）理顺管理机制，健全组织保障。以承德市贸促会为基础，成立承德市会展办。政府成立会展业发展工作领导小组，办公室放在会展办，统筹全市会展业发展，协调解决重大问题。负责制定会展业中长期发展规划，审定年度会展计划，对会展业发展提供政策支持，积极引进国内国际知名会议和品牌展览，打造和培育本地品牌会展，调查统计发布会展业成果和信息等。发挥政府对会展市场的宏观引导和培育作用，运用市场力量促进生产力要素合理流动，优化配置经济资源，不断提升展会专业化水平和质量。强化承德市会展办的行业主导和协调作用，将会展经济发展任务纳入市委、市政府目标管理和考核体系。

（二）完善鼓励政策，加大扶持力度。设立会展业发展专项资金，由承德市会展办负责制定条例，统筹安排、科学使用，财政部门负责加强监管。主要用于扶持和奖励全市举办的大型会展项目及发展潜力较大的新创会展项目，宣传推介，专业人员培训，奖励承办、引办、创办符合城市产业发展方向的会展主办机构和会展企业等。尽快研究出台《加快承德市会展业发展的实施意见》《承德市会展业发展管理办法》和《承德市会展业发展资金使用管理办法》等政策文件。建立激励机制，加大招会引展力度，鼓励开发会展资源，吸引京津会展组织到承德发展，鼓励更多的会展机构积极办会办展。

（三）营造会展业发展环境，构建联动平台。综合运用各种行政、法律手段，建立公开、公平、公正的市场环境。提升城市建设水平，优化城市交通，完善城市功能，打造“一站式”会展公共服务体系。努力提升会展公共服务水平，建立由会展办、商务、工商、质监、外事、交通运输、城乡建设、卫生、消防、宣传、海关、商检、公安、气象、城管、知识产权等相关部门参加的会展业联席会议制度，加强对大型会展活动的协调调度。加大对会展业发展的宣传力度，创新形式，拓展渠道，要加强报纸、电视、网络等各种新闻媒体的舆论引导，宣传会展知识，传播会展信息，推介品牌会展，提升社会各界对会展业的认知水平，培育并营造良好的会展业发展氛围。

（四）建立会展统计和评估体系，为政府决策提供依据。加大对会展行业的国家标准和行业标准的贯彻实施力度，将会展经济发展情况纳入全市国民经济行业统计体系，搞好全市会展经济运行动态分析和检测。加强对会展项目的后续评价和总结，对会展活动主题、招商组展、会展服务和社会经济效益等方面进行评估，将评估结果作为会展办重点扶持项目的参考依据，为政府决策提供信息和咨询服务。

（五）聘任会展大使，加大招会引展力度。为实现会议目的地城市的发展目标，建立会展业推广机制和“会展大使”聘请制度，以政府的名义，辅以奖励政策，在“十二五”期间聘请各领域50名“承德会展大使”，招徕会议、展览、奖励旅游和各类盛事活动在承德举办，促进承德会展业的发展。

（六）积极培育会展主体，增强内生动力。会展活动主体和重点会展项目逐步市场运作。对全市的大型会展活动，政府除加强宏观引导作用外，要通过招标、拍卖、合作、委托等形式，将政府各有关部门培育比较成熟的会展活动，逐渐交由专业化、有经验的大型会展公司进行商业化运作。发展信息咨询、法律服务、项目策划、公关营销、广告宣传、展示设计、展览工程、交通物流、电子商务、翻译服务、印刷包装、餐饮住宿、会奖旅游、旅游观光等会展产业链。引导培育一批专业性强、服务完善的会展龙头企业。

（七）注重教育与培训，积极引进专业人才。加大会展职业培训力度，培养急需的会展职业人才，强化职业教育区域统筹，优化职教资源配置，使会展职业教育办学规模、专业设置和办学水平与会展经济发展相适应。积极支持有条件的院校增设会展管理专业。引进高素质会展专业人才，选派人员到会展业发达城市学习与考察，建立会展人才信息资源库。建立会展产业发展专家咨询机制，聘请国内外资深会展专家担任会展业发展顾问。

吉林省

长春市会展业第十二个五年规划

“十二五”（2011–2015）期间，是长春市委、市政府科学发展，加快经济发展方式转变的重要时机。制定《长春“十二五”会展业发展规划》（以下简称《规划》），对于推动长春服务业发展具有十分重要的现实意义，是贯彻落实市委市政府“工业和服务业双拉动”战略的具体行动。

会展业是展览业与会议业的总称。本《规划》按照国际会展业统计惯例，对会展业情况阐述主要以展览业为主，具体内容尽量涵盖展览、会议、节庆等各个方面，既是指导长春2011–2015年会展业全面发展的战略性规划，也是今后5年长春市会展业发展的行动纲领。《规划》主要阐明全市会展业发展的指导思想、奋斗目标、战略意图和工作重点，旨在引导促进全市会展业加快发展、科学发展。

一、发展现状

主要成绩

1、展会总量、规模不断扩大。“十一五”期间，全市共举办各类展会近700项，实际收入约55.4亿元，带动相关产业收入约498.7亿元，会展数量由2005年的97项发展到2010年的167项，会展经济总量占全市服务业增加值比重由2005年的不足2%上升到目前的13.8%。这些数字有力说明了我市会展业取得的显著成就，彰显了会展业在推动长春经济社会发展中发挥不可替代的平台和拉动作用，也奠定了会展业在全市经济发展中的重点产业地位。

2、重点品牌展会成效显著。“十一五”期间，我市成功打造了东博会、汽博会、农博会、房交会、民博会、雕塑展、电影节、冰雪节、消夏节、汽车节、君子兰节、长春国际汽车论坛、长春雕塑大会等“六展五节两会”成为具有较大国际影响力的知名品牌展会；并成功创办了首届长春创业就业博览会、2010中国（长春）国际轨道交通与城市发展高峰论坛，填补了我市人才创业和轨道交通领域会展项目的空白，为我市会展业跨行业、跨领域全面发展提供了新的思路和经验；此外，通过面向全国招展引会，先后将中日韩商务论坛、第24届中国植保信息交流会暨农药械交易会、第七届中国农交会、第三届中国生物产业大会、中日韩友城大会、第二届中俄印企业合作会议等全国性和国际性展会活动成功引到长春举办，对提升长春会展业在全国以及国际上的影响产生了重要作用。

3、市场主体日益成熟。十一五期间，全市各重点品牌展会都有专门组委会组织办展，逐步形成了一批相对稳定、业务精练的专业办展机构和人员；全市会展企业已经发展到50余家，具备了承办中小展会乃至大型综合展会的能力。特别是2007年成立的长春百瑞国际会展集团，目前已成为东北最大的会展企业，为我市会展业发展发挥了重要龙头带动作用；同时，会展人才培养取得突破性进展，长春职业技术学院和吉林省艺术学院已先后开设了会展专业，为我市培养了一批会展业专门人才。这些都标志着我市专业化办展水平达到了一个新的阶段。

4、办展环境进一步优化。2007年，市政府及会展业协会相继出台了《长春市会展业管理办法》、《长春市会展行业自律公约》等一系列文件，使得长春市会展业有章可循，有法可依，对建立长春会展业法规和政策体系，规范会展业市场秩序，维护组展商和参展商合法权益起到了积极的作用，也营造了一个稳定、有序、和谐的会展软环境。十一五期间，全市在会展基础硬件设施建设方面也成就斐然。对国际会展中心进行了改建和扩建，按照国际化标准新建了F馆和G馆，会展中心面貌一新，规模和档次得到进一步提升。新建了大、小两个国际会议中心，提高了我市大型会议的承载能力。农博园的建成标志着我市展馆建设上了一个新水平，使农博会走出了一条从水泥地移植到黑土地办展的新路子。

此外，欧亚卖场会展中心、省文化活动中心、东北亚展览中心等通过改造升级，有力推动了我市中小展的发展。汽车公园、雕塑公园的建成使用，为我市大型活动提供了重要场所，扩大了我市举办大型展会活动的空间。目前，全市拥有大小展览场馆6处，总面积60多万平方米。全市可供举办国际性会议、论坛的场所有10余处、总面积4万多平方米，基本能够满足展会总体需要。

5、城市影响力进一步扩大。通过各项会展活动的成功举办，借梯登高，筑巢引凤，邀请众多国内外政要、嘉宾、各行业精英来长参展参会，极大提升了长春的国际知名度和影响力，会展活动成为“世界了解长春，长春走向了世界”的重要窗口。“十一五”期间，来长春出席展会活动的国内外政要、嘉宾以及大企业CEO，无论在层次上还是在数量上，都是空前的。胡锦涛总书记、温家宝总理2007年分别来长春出席了亚冬会开幕式和闭幕式；李克强、回良玉、王岐山、王刚等国家领导都分别来长出席相关重大展会活动。第六届东博会期间，出席的副省（部）级国内外政要就达124位，其中副国级11位，极大提升了长春的国际知名度和影响力。自2005年以来，我市共获得全国性行业大奖80多项，是国内获得奖项最多的城市之一（也是全市获奖最多的行业）。长春市连续五年被相关权威组织和机构评为最佳会展城市、最有影响力的会展城市、最有竞争力的会展城市。

存在问题

1、管理体制较为滞后。

长春会展业起步较晚，管理体制不健全，特别是在会展业市场监管、总体协调上更显得力不从心，与国外同行及国内其他成熟行业的管理状况相比，管理上还不够规范。重复办展、会展主题雷同现象时有发生，受众对象不明确，市场配置资源的基础性作用没有得到充分发挥。

2、展会国际化程度低。

虽然中国长春国际汽车博览会和中国长春国际农业博览交易会等展会的国际化水平日益提升，但除此之外的绝大多数展会国际化水平还很低。各会展行业对国际规则了解掌握不够，管理经验和办展技术相对落后，尚未与国际接轨。具体表现为“两多两少”，即国内展会多，国际展会少；中小型展会多，大型展会少。

3、展馆设施建设相对滞后。

目前，各地纷纷加大了展馆建设的力度，以适应会展业发展的需要。长春市在展馆建设上起步比较早，但随着会展业总量和规模的不断扩大，现有展馆的规模设施已经不能满足会展业未来发展的需要，特别在展馆智能化、现代化建设方面还需加强。

4、市场主体发展相对缓慢。

全市会展企业数量虽然不断增长，但由于会展业资源配置、地域布局对行政依赖度过高，市场化程度很低，特别是一些大型展览政府主导特征明显，导致会展市场主体缺乏竞争力。全市还没有形成一批围绕展览会议提供配套服务的专业公司。社会化办展尚处于初级水平，现有展览服务基本由展馆自行提供，专业化服务水平较低。

二、机遇与挑战

1、形势分析

（1）世界会展业发展形势。欧洲是世界会展业最发达地区，其次是北美地区，亚洲是新兴地区。德国是世界会展强国，按营业额排名，世界十大展览公司中德国占4个；按展览面积排名，世界十大展览会德国占7个。美国是会展业大国，拥有拉斯维加斯、芝加哥、纽约、亚特兰大等世界著名会展城市。

（2）国内会展业发展形势。全国以北京、上海、广州为一级会展中心城市，初步形成三大会展经济产业带，即以北京为中心，包括天津、唐山、烟台、廊坊等城市的环渤海会展经济带，以上海为龙头、沿江沿海为两翼，包括杭州、苏州、宁波、南京、温州、义乌、绍兴、台州等城市的长江三角洲会展经济带，以广州为中心，包括深圳、东莞、中山、佛山、珠海、汕头、顺德等城市的珠江三角洲会展经济带。除三大会展经济带外，山东半岛从济南到青岛一线、海峡西岸从福州经泉州（包括晋江、石狮等地）到厦门、漳州，也都是会展城市密集区。全国其他地区，会展城市虽然为数不少，但分布比较分散。

（3）东北地区会展业发展形势。东北地区的沈阳、大连、哈尔滨等城市都在着力打造区域性会展中心城市，会展基础设施及环境建设步伐加快，办展能力明显增强，形成了你追我赶的发展态势。大连在城市知名度和国际影响力方面具有较大的优势，特别是大连星海会展中心二期工程的扩建后，展会层次和规模明显提升；沈阳新落成的现代化国际会展中心使沈阳会展业进入提速阶段，每年举办展会230余项，并提出要把沈阳打造成为“中国北方商务会展中心城市”的战略目标；哈尔滨会展业各项指标实现成倍增长，去年完成展会140余项，并明确提出力争5年内将会展业发展成为哈尔滨市的支柱产业。长春地处沈阳、大连与哈尔滨之间，在产业定位上有较大的同质性，随着各城市会展场馆的陆续建成和发展会展业力度的不断加大，长春会展业面临的竞争将进一步加剧。

2、主要挑战

综合起来看，我市会展业在东北地区具有一定优势，但与我国北京、上海、广州等会展业发达地区相比，长春会展业还是低水平上的高增长，低起点上的快发展，同德国、法国、美国等欧美国家相比，差距则会更大。世界及国内会展业竞争日趋激烈，深圳、厦门、福州、南京、宁波、苏州、杭州、济南、青岛、大连、成都、合肥等城市（被称为国内二线会展城市）纷纷提出打造“国际会展名城”、“中国会展名城”的战略目标，依托各自条件和优势开始将会展产业纳入重点扶持范围，积极申办承办项目，改造扩建场馆设施，出台优惠扶持政策等，以期在激烈的市场竞争中迎头赶上，并形成区域发展新的经济增长点。

3、主要机遇

2011年的《长春市政府工作报告》中明确指出，未来五年，是长春发展的重要战略机遇期，我们拥有一系列加快发展的有利机遇，振兴东北老工业基地、长吉图开发开放、长吉一体化发展等重大战略的深入实施，为我们提供了良好的外部环境和政策支持，工业化、城镇化、农业现代化相继进入需求旺盛期，发展势能仍在快速积累，为经济社会发展提供了强劲动力。城乡统筹发展的框架已经拉开，土地、劳动力等资源相对充裕，投资环境日臻完善，越来越多的生产要素快速向长春集聚。尤为重要的是，在市委、市政府的正确领导下，全市科学发展的思路清晰，加快发展方式转变促进经济社会实现深刻变革，必将推动发展跃升到一个新的阶段。

长春市发展会展业具体有以下几方面有利条件：

一、市委市政府的高度重视。今年，市委、市政府已经把现代服务业的发展提升到更加重要的战略位置，市委1号文件明确提出把培育壮大会展业作为全市服务业发展的重要组成部分。崔杰市长在《政府工作报告》着重强调，“长春正在进入服务经济时代。要像重视工业一样重视服务业，像支持工业一样支持服务业，迅速形成工业、服务业双拉动的增长格局”。这些都为我市加快会展经济发展创造了难得的机遇。

二、会展业对经济发展的巨大带动作用。会展业是建设现代产业体系的中坚力量，在引领带动经济社会发展方面发挥了重要作用，其作用力覆盖到生产性服务业和生活性服务业，影响到传统服务业和现代服务业等诸多领域，并开始渗透到软件、通信、文化等新兴服务领域。会展业借助信息流引导商品流、技术流、资金流、人才流集聚、辐射，在创新理念、推广技术、制定标准、形成价格、培育高端、运作资本、储备人才等方面发挥着重要作用，并通过和优势产业、新兴产业、特色产业的融合互动，展示推广新技术、新产品和新工艺，成为引领企业采集信息、学习借鉴、创新发展的重要“向导”，直接带动相关配套产业的跟进和发展。会展业还为产业链繁衍、商贸、物流、金融、交通等诸多服务业领域提供需求刺激，拉动生产与生活服务业全面繁荣，促进我们这座城市向服务经济转型。

三、城市资源优势。长春作为传统的制造业基地、农产品加工基地和东北亚科教文化名城，多年来所沉淀的良好的工业基础和厚重的城市文化，是我们这座城市的最宝贵资源，也是我们谋求会展经济跨越发展的最大比较优势。经过多年来的打基础、快发展，我市产业资源优势日益凸显，形成了汽车、轨道客车、农产品加工三大传统优势产业和光电信息、生物医药、新能源、新材料、服务外包、创意文化、旅游修闲、地产开发、金融、物流等新兴优势产业。同时，结合城市的实际特点，我市还培育、积累了深厚的汽车文化、农业文化、冰雪文化、电影文化、雕塑文化、民间艺术文化等宝贵的文化资源。在今后发展中，我市必须紧密围绕这些资源优势的更充分发挥，加快会展资源开发利用的步伐，提升开发水平，致力于把优势发挥到极致，围绕产业发展，努力构建特色鲜明、支撑有力的会展体系。

四、符合民生民意的需求。随着经济的发展、社会的进步、人民物质文化生活水平的日益提高，全社会及广大市民对发展新型会议展览以及节庆、赛事、演出等活动更为关注，市民对会展活动的参与积极性进一步提高，会展活动已经成为市民经济和文化生活中一道不可或缺的大餐。所以不断完善基础设施，提升会展经济发展质量，增强城市配套功能，增加就业、创业、发展机会，已是民心所向，更是大势所趋。

三、发展思路

1、总体思路：

以党的十七届六中全会和全国经济工作会议精神为指导，以长吉图开放开发先导区建设和长吉一体化战略为契机，按照全市经济工作会议提出的加快现代服务业发展的总体要求，以产业优势、区位特点为依托，以多种形式的展览、会议以及大型赛事、演出和节庆活动为载体，进一步优化发展环境，在确保提高质量和效益的前提下，培育大市场，发展大会展，充分发挥比较优势，积极推进产业化进程，加速实现会展业专业化、市场化、品牌化、国际化，经过五年乃至更长一段时间的努力，把长春市打造成具有鲜明特色和竞争实力的全国性会展名城。

2、发展定位：

根据市场需求，充分发挥我市产业、区位、人文等各方面的优势，紧紧围绕汽车、轨道客车、农业食品、生物制药、光电信息、冰雪旅游、城市雕塑以及电影、科技、教育等支柱产业和基础雄厚的行业，在创新品牌、提升质量、拓展途径、规范管理上下功夫，构建充满特色和活力的会展经济发展体系。在巩固提高现有展会的同时，大力开发新的会展资源，通过举办风格各异的会展活动，发挥会展平台的辐射、带动和前导作用，千方百计延长产业链，实现优势产业（行业）与会展经济互为促进，共同发展的良好格局。

3、发展原则

（1）坚持政府引导，市场主导原则。明确管理职能，理顺行业管理秩序，优化发展环境。转变政府推动会展业发展方式，加强规划引导，充分发挥市场配置资源基础性作用，增强会展企业市场主体作用，逐步形成竞争有序、充满活力的会展市场体系。

（2）坚持开放合作，内外并举原则。依托自身优势资源，培植本土品牌展会。抓住振兴东北老工业基地、长吉图开发开放、长吉一体化发展等重大战略深入实施的机遇，加强与国内外会展机构交流合作，积极承办国际性国家级大型展会，借势借力发展。

（3）坚持突出重点，统筹兼顾原则。以东博会、汽博会、农博会等品牌展会为重点，整合全市会展资源，形成以各重点展会组委会和大型会展企业为龙头，中、小型会展企业为辅助，服务企业相配套，符合长春会展业发展需要的多元化办展办会格局。

（4）坚持业态创新，多元发展原则。树立大会展理念，坚持会议、展览、节庆活动并举，延长会展经济产业链，增强会展产业带动能力，提高会展业综合效率和经济效益，积极推动长春市产业结构优化升级。

四、发展目标

1、总体目标：到2015年，全市举办各类会展活动突破334项，展览面积293万平方米，全国性或国际性展会7-8个，会展业直接收入48亿元，带动相关产业收入450亿元。

2、空间布局：根据我市的发展定位，规划构建大中小结合、布局合理、协调有序的会展场馆体系。未来五年，要重点规划建设两大综合展会集聚区和三大专业展会集聚区。

（1）两大综合展会集聚区：

一是以长吉经济带为核心打造综合会展集聚区。按照长吉一体化发展的战略部署，在长吉中间带选择一处区域，按照国际化的标准，规划建设面积12万至15万平方米的集展览、会议、商贸、娱乐、餐饮、休闲于一体的设施齐全、功能强大、配套完备的综合性会展场馆，使其成为服务长吉图开发开放先导区及长吉一体化建设中重要的会展经济聚集区。

二是以长春国际会展中心为核心打造综合会展集聚区。进一步扩大会展中心的面积，健全配套设施，完善服务功能，提升办展办会能力；

（2）三大专业会展集聚区：

一是以中信城为核心，通过农博会的带动作用，构建农业方面的展会集聚区。

二是以汽车产业开发区为核心打造汽车文化方面的展会集聚区。

三是以欧亚卖场为核心打造商贸方面的展会集聚区。

五、重点任务

1、建立专业化会展运作机制

逐步建立由政府管理和服务，场馆企业提供场地，专业会展企业具体承办展会，专业会展配套服务企业提供专业化会展服务，行业协会协调的会展运行机制，实现会展专业化运作，有效提高会展产业的运行效率。

一、建立科学的会展业发展机制。逐步建立政府管理、企业运作、协会协调的会展产业发展机制。现阶段，政府应加强管理力度，增强其组织协调、制度建设和优化环境方面的职能和能力，在申办重要会展项目、引进促进会展产业链完善的企业、促进会展协会正常运行等方面应给予相应的扶持。促进市场主体尽快发展壮大，成为申办、主办、承办各类会展项目的主体，提高市场化运行程度。推进会展行业协会在监督市场、制定行规、行业自律等方面发挥实质性作用，协助市场主体提高经营实力和创新能力。

二、加强政府管理和服务职能。确立长春市会展管理办公室的地位，成为全市会展业归口管理部门，增强会展项目审批和备案、行业指导、资金扶持和统筹宣传等职能。编制会展业发展规划，制定和完善会展业管理办法，出台会展业发展的相关法规和政策措施，完善会展审批制度。

三、扶持会展行业协会发展。鼓励和扶持会展行业协会的重新发展，完善其组织和功能，使其真正发挥行业管理、行业自律和行业服务的功能，推动和引导长春会展业健康有序发展。明确会展行业协会的合法地位，增强其权威性、代表性和公平性，引导行业协会为会展企业做好信息服务、联系沟通、统计调研等方面的服务，吸纳更多的专业会展企业成为会员，使行业协会成为企业自律和交流的平台。保持行业协会的独立性，使协会真正能代表企业，站在公正中立的立场办理事项，提高行业协会的凝聚力和号召力。

2、大力培育品牌会展项目

巩固和提升现有品牌会展项目，培育具有国际影响力的专业化优质会展项目，优先发展高端会议，以会议项目带动展览业发展，打造具有核心竞争力的长春会展品牌，增强会展项目的专业化、市场化、品牌化、国际化程度，推动长春会展业从数量型增长到质量型增长转变。

对举办多年的“六展五节两会”，要不断丰富展会内涵，达到内容和形式不断创新。汽博会要紧紧围绕“振兴汽车产业、打造国际汽车名城”的宗旨，着力在提升展会的技术含量上下功夫，加大概念车、首发车的参展比重，加大对汽车最新成果、最新技术的研讨和展示；着力在打造汽车文化上下功夫，通过举办丰富多彩的汽车文化活动，在更高层面、更深层次上丰富发展汽车文化的内涵，倡导和引领汽车绿色消费、理智消费，营造尊重其它交通者、增强驾驶责任的汽车文化氛围；着力在提高服务水平上下功夫，在交通、餐饮、接待和展场环境等方面为展商和参展观众提供更加舒适的服务。农博会要以引领最新农业技术、展示最新农业成果、传递最新农业信息为主线，进一步完善农业生态观光系统，提高产品的科技含量，增强产品的观赏性；进一步提高招商招展的质量，注重吸引世界500强和国家重点龙头企业参展；提高会议、论坛的规格和层次，扩大展会的知名度和影响力。房交会要坚持“政府搭台、企业唱戏、服务百姓”的办会原则，增强展会的展示、交流、交易和引导功能，倡导低碳环保的时代精神，引领绿色健康的房地产业发展。雕塑展（雕塑大会）、冰雪节要突出国际参展比重，提升展会的国际化和专业化水平。创业就业博览会、民博会、消夏节、君子兰节、汽车节都要在内容和形式上不断创新，努力扩大规模，提高档次。与此同时，围绕我市汽车和轨道客车举办的汽车论坛和轨道客车论坛要高起点站位，高水平发展。长春国际汽车论坛要瞄准打造汽车界“达沃斯”的办会目标，长春轨道客车和城市发展高峰论坛要瞄准打造国际顶级“轨道客车专业论坛”的办会目标，加大工作力度，精心组织实施，力争用三至五年的时间，实现确定的目标要求。此外，还要抓好全市其他展会，制定可操作办法，促进其稳步提高，加快发展。

要通过品牌展会的平台和辐射作用，带动相关产业的快速发展，增强经济发展的整体实力。

3、增强市场主体竞争力

通过积极培育和不断规范，逐步构建起以各重点展会组委会和大型会展企业为龙头，中、小型会展企业为辅助，服务企业相配套，符合长春会展业发展需要的多元化办展办会格局。

一、壮大专业会展企业。通过政策扶持和引导本地会展企业采取资产重组、参股控股、兼并收购等多样化的资本经营战略，打造具有引领、带动和示范作用的会展龙头集团企业，提高申办会展项目的能力，带动长春会展市场的发展；引导中小型专业会展企业在专长领域做强做大，在东北地区乃至全国同行中具有一定竞争力，成为承办会展项目的主体。

二、推进政府主导型展会组织运行机构的规范化建设。重点推进市政府确定的重点品牌展会组委会建设，通过参加培训、到外地学习考察、组织交流和研讨等多种形式，不断提高各专业组委会办展办会能力和工作水平。

三、扶持专业化服务企业。培育若干各具特色的专业化会展服务企业，尤其要培育和引进策划、营销等方面的专业企业。鼓励涉及会展业的企业向专业会展服务公司转变，发挥企业各自特点和优势，提供展会策划组织、展馆布置、展位设计制作、招展招商、广告宣传、设备提供、会展运输、会展市场调研、统计、评估、会议翻译及记录等专业化服务，与专业会展企业实现分工合作、优势互补，提高会展活动运作效率，以专业化促进会展品牌化。

四、推动会展市场主体国际化。综合运用各种政策手段，营造公开、公平、公正的市场竞争坏境，积极引进国内外有实力的知名会展企业，提升会展企业的整体运作水平。加强与德国汉诺威展览公司、德国科隆展览公司、励展博览集团等国外知名会展企业的合作，积极邀请其到长春参与主办、承办各类会展活动，并在长春建立分公司或办事处。通过与国际知名会展企业在经营场馆、举办展会等方面的合作，促使本地会展企业学习和借鉴国外先进的经营理念和管理技术，在与国际知名会展企业的竞争中快速成长。

4、优化会展发展坏境

加强城市品牌和形象的对外宣传和营销，努力提高城市外向度，完善城市配套设施与服务，进一步提升城市国际化水平，为会展业提供良好的发展坏境，推动长春会展业健康、快速发展。

一、加快推进会展基础设施建设。完善展馆内部的服务设施和周边交通、餐饮等服务功能，提升综合承载能力，打造有利于会展经济发展的硬件环境。

二、充分学习和借鉴先进地区的经验和做法，结合我市实际制定并出台加快会展业发展的政策措施，构筑有利于会展经济发展的政策机制。

三、建立和完善展会期间交通、接待、餐饮、住宿等服务流程，构建有利于会展经济发展的服务体系；四是做好总体规划和设计，加大对长春会展业整体宣传和推介力度，营造有利于会展经济发展的舆论氛围，形成全市上下支持会展业发展的良好局面。

六、保障措施

1、加强组织领导。

要建立健全会展工作协调联席会议制度，研究解决全市会展业发展中遇到的重大问题。涉及会展的工商、卫生、公安、消防、交警、行政执法、海关、检验检疫、旅游等部门，要增强责任意识、服务意识和大局意识，努力形成统一领导、分工协作、各司其职、各尽其责、通力合作的良好局面，形成全市上下齐抓共管的良好氛围。市会展办作为全市会展业的综合部门，要切实负起责任，进一步加强综合、协调、规划、指导和管理工作，努力实现会展管理规范化，部门协作程序化，展会服务标准化。市直各部门、各展会组委会，也要加大组织工作力度，确定和充实得力领导干部和专门人员专门抓这项工作。各县（市）区、开发区也要高度重视会展工作，指定部门、指定人员抓好各项会展任务的落实。

2、完善会展业扶持政策体系

合理运用长春会展业发展专项引导资金，由市会展管理部门负责统筹安排、科学使用，财政部门负责加强监管，主要用于重点展会的开发引进，会展品牌培植和宣传推介，专业人员培训和奖励先进会展企业和个人等。制定会展业扶持和奖励政策，鼓励引进规模大、效益好、有发展潜力的国际性或全国性的重要展会，鼓励取得突出成绩的会展机构，鼓励更多的会展机构积极办展。

3、建立会展评估与监督体系

通过调研，尽快建立展前、展中、展后一套完善的会展业监督体系，避免举办"垃圾展"，保证展会的质量和效益，树立长春会展业的信誉，提高长春会展业知名度和美誉度。结合前国家经贸委制定的"展览会等级的划分及评定行业标准"，根据长春实际情况制定展会级别评定标准，对展览会在举办前进行级别鉴定，以便分级别管理；制定展中质量控制标准，使展览会所宣传的与实际进行的一致；制定展后结果评价体系，对成功和失败的展会实行奖惩制度。对展览公司以及会展主办者的资质进行动态评估和认证，取消不合格者举办会展活动的资格。

4、加大会展业宣传推广力度。

宣传部、会展办等部门要制定长春市会展业整体宣传推广计划。创新形式，拓展渠道，充分发挥各种新闻媒体的宣传和推动作用，在全市主要报刊、电视台、电台、网站开设专栏或专题节目，宣传会展知识，传播会展信息，推介品牌会展，扩大会展业的影响。在本市主要出入口设立大型户外广告牌用于会展和城市形象宣传，发布办展信息，使全体市民形成发展会展经济的共识，都来积极关心、支持和参与。在长各新闻单位要加强对长春的会展经济、会展企业和会展人才的宣传报道力度。要通过媒体节目、专栏报道、宣传手册、“长春会展网”等方式加强宣传，打造“永不落幕的展览会”。特别是要注重利用国家以及国际权威媒体，提升宣传层次和宣传效果。要充分发挥各展会组委会以及会展企业的主体作用，有针对性地做好阶段性宣传和重点宣传。

5、加强人才队伍建设。一是充分发挥利用我市教育尤其是职业技术教育资源丰富的优势，扩大现有在长高校尤其是职业院校相关会展专业的招生规模，按照技能、营销、策划和高层管理等不同层面，实施多层次、多渠道的会展教育。二是市会展办要组织全市会展管理人员专题培训班、研修班、尽快培养适应会展经济发展的专业化管理人才队伍，同时，对现有办展主体从业人员开展全方位、立体式的资质培训和在职会展人员再教育培训工作。三是注重会展产业核心人才和专项人才的引进培养，特别是注重引进培养项目策划、营销和运营等会展业核心领域人才，以及会展各环节所需的专项人才，努力造就一支素质较高、数量充足，能够适应长春会展业发展需要的、过硬的专业人才队伍。

上海市

上海市商务委员会关于发布《上海市会展业发展“十二五”规划》的通知

沪商贸发[2012]260号

各区、县商务主管部门，各会展企业、行业协会：

《上海市会展业发展“十二五”规划》已报经上海市人民政府批准，现印发给你们，请认真贯彻执行。

二〇一二年四月二十四日

上海市会展业发展“十二五”规划

加快会展业发展是上海建设“四个中心”、加快向以服务经济为主产业结构调整的需要，也是上海建设国际贸易中心的主要任务之一。发展会展业将有效带动上海经济增长和产业结构调整，有力提升上海城市国际形象和影响力，是上海更好地服务长三角、服务全国、面向世界的重要平台之一。

一、发展回顾

会展业是现代服务业的重要内容之一。“十一五”期间，上海已将加快会展业发展写入《上海市国民经济和社会发展第十一个五年规划纲要》中。经过五年的发展，上海会展业已初步进入到规模、质量和效益同步提升，国际化、专业化、市场化程度逐年提高的发展阶段。

展览会的数量和展览面积增长迅速。2010年，上海举办各类展览会642个，总展览面积804万平米，分别为“十五”期末年的2.33倍和2.14倍，年均分别增长18.4%和16.4%。其中，举办国际展览会232个，展览面积577.5万平方米；国内展览会410个，展览面积226.6万平方米。2010年，本市展览面积5万平米以上的展览会达到33个，其中10万平米以上的达到16个。参展的各类展商超过20万家，参观人数超过1000万人次。

会展企业及会展场馆设施得到进一步发展。截止2010年底，在上海注册的与会展相关的企业近3000家，其中主营会展业务的企业约700家，80%以上为非公企业，一些国际知名的外资展览企业均在上海成立独资或合资企业。截止2010年底，上海有各类展览场馆10个，室内总展览面积为29.09万平方米，其中单体展览面积超过10万平方米的展馆有上海新国际博览中心；3-5万平方米的有2个，分别为光大会展中心和汽车会展中心；1-3万平方米的有4个。2010年世博会的举办还为上海留下了世博展览馆、演艺中心和世博中心等一批会展设施。

“十一五”上海市会展业发展的特点呈现出三个“明显提高”：一是国际化程度明显提高。2010年，上海举办的国际展览会面积占全市展览会总面积的71.8%，比“十五”期末的占比提高了30.3个百分点；国际展览会的平均规模达2.5万平方米。境外参展商占总参展商的比重已由2005年的23.1%提高到2010年的25.4%。二是专业化水平明显提高。“十一五”期间，在上海举办的各类展览会中，综合性展会的比重持续下降，而专业性展会的比重逐年上升，形成了自行车展、模具展、汽车展、家具展、电子展、建材展、婚纱展等一批国内外知名展会。三是市场化程度明显提高。上海市会展业的运营及管理加快了向市场化方向迈进。在上海举办的各类展览会，其中90%以上采用了市场化运作的方式。目前，在会展活动的组织方面上海已逐步形成一整套较为完善的策划、宣传、运作的市场化机制，形成了一批竞争力较强的品牌会展项目。在会展行业管理方面，成立了上海市会展行业协会，逐步由以政府审批管理为主向以行业协会开展行业自律的方向转变。

“十一五”期间上海市会展业发展取得了一些成绩，但也存在一些不足，表现为“三个不相符合”和“一个有待提高”：

一是会展业快速发展的需求与会展政策法规相对滞后不相符合。近年来，上海展览会面积以年均16%的速度增长，但与之相关的政策、法规和管理制度相对滞后。目前，会展经济发展较好的国内省市纷纷出台鼓励会展业发展的扶持政策，有力推动了当地会展经济的发展，但上海尚未制定相应的扶持政策。目前，上海对展览会实施管理的主要依据是2005年制定实施的《上海市展览业管理办法》，随着本市会展业的快速发展，该管理办法已严重滞后。此外，展会多头管理、重复审批现象时有发生，缺乏统一、规范的统计制度等也与上海会展业的发展需求不相符合。

二是会展业规模的快速扩张与现有会展场馆供给不相符合。2010年，上海展览总面积突破800万平米。据上海市会展行业协会对本市展览面积超过3万平方米的展会发展趋势的调研，预测2015年仅此部分展览会的面积即可扩展到800万平方米，如包括展览面积3万平方米以下的展会，预测2015年全市展览总面积将达1500万平方米，迫切需要大型展览场馆的支撑，现有展览场馆的供给难以满足这一需求，制约了展会做大做强。

三是上海建设“四个中心”和国际会展中心城市的总体要求与目前会展行业的整体水平不相符合。根据上海建设“四个中心”的要求和建设成为国际会展中心城市的目标，今后上海市会展业发展要向国际化、专业化、市场化和品牌化方向加快迈进。目前，上海市会展业的整体水平仍较低，会展管理、评估、宣传策划、礼仪服务等专业服务业人才不足，与国际会展发达城市相比，会展从业人员的结构比例、学历层次、经营管理水平等远不能满足需求，特别是高端人才的匮乏制约了会展业发展水平的提高和参与国际竞争的能力。会展业的发展需要一个公平、诚信、守法的市场环境，但目前本市会展业的发展环境尚不完善，法制不够健全、整体管理水平不高，仍难以达到“四个中心”建设和国际会展中心城市的总体要求，需要在“十二五”期间加以改善。

四是对会展业拉动经济发展效应的认识还有待进一步提高。2010年，上海市会展业提供的直接收入为135亿元，对全市经济发展的拉动效应为1：9.3，拉动相关行业收入约1263亿元，有力提升了上海现代服务业的层次和水平，提升了城市的对外形象。但长期以来，一些部门对会展业的重要性和贡献度认识不足，影响了上海会展业的加快发展，也制约了上海建设国际会展中心城市的步伐。因此，需要对会展业发展的重要性及贡献度进行重新审视。

二、环境分析

总体上，上海市会展业在“十一五”期间的发展处于国内领先地位，但与国际知名会展城市相比，无论在会展业的国际化、专业化和市场化水平方面，还是在会展业的管理、会展企业竞争力和会展场馆设施及配套服务等方面仍存在较大的差距，与国内主要会展城市相比，领先的优势也不明显，尤其在会展业发展鼓励政策方面明显滞后。

“十二五”期间，上海市会展业发展面临较好的外部环境，具体表现为以下几个方面：

（一）“后世博效应”将逐步显现，为会展业发展提供了前所未有的良好机遇。2010年世博会为上海会展业的发展搭建了一个良好的国际交流平台，通过参与世博会，进一步开阔了上海会展企业的国际视野，提升了会展企业的宣传、组织和策划水平，还创造出一批新的展会主题。世博会的举办也改善了上海城市的软硬件设施，提升了城市的国际形象和综合服务能力。同时，世博会也为上海会展业留下了世博展览馆、世博中心和演艺中心等一批会展场馆，缓解了上海会展场馆的不足。此外，世博会也为上海会展行业培育了一大批专业服务人才，有利于提升上海会展业的人才层次和服务水平。

（二）上海“四个中心”建设和国家对长三角地区建设世界级城市群的战略定位，奠定了上海建设国际会展中心城市的基础。上海“四个中心”的建设，更加丰富了会展业发展的内涵，将吸引更多高端的商务客户，丰富会展产业链的内涵，提升上海会展业的国际化程度。同时，国务院批准实施长三角地区建设世界级城市群的战略定位，必将引起长三角地区会展资源的新一轮优化整合，对上海会展业的场馆建设、品牌展会的培育、高端国际会议的发展、知识产权的保护等提出更高的要求。长三角地区门类较为齐全的产业也为会展业发展提供了重要的产业基础，有利于发挥展会对产业的带动效应。

（三）各级政府对会展业拉动经济发展的作用的认识逐步在提高。随着上海产业结构的调整，发展现代服务业已成为各级政府特别是中心城区政府管理部门的重要任务之一，也对会展业拉动经济发展的效应产生了新的认识。目前，浦东、长宁等区将会展业作为本区现代服务业发展的重要内容之一，已经制订或计划出台相关的鼓励扶持政策。商务部与上海市政府共同推进虹桥商务区国家会展中心项目建设，也为上海加快培育国际品牌展览会带来契机。这些将为上海会展业实现大发展提供良好的外部环境。

（四）会展业将进入规模、质量和效益同步提升的发展阶段。经过前五年的快速发展，上海会展业项目数量和规模都有了较大的发展，现有场馆供给已基本接近饱和。2010年，上海展览面积在3万平方米以上的展览项目有51个，其中5万平方米以上的项目已达33个，预计未来五年将有部分发展为20万平方米以上的项目。这些项目将成为今后五年上海展览业发展的核心项目。随着上海会展环境的不断改善，一些国际知名品牌展会也将进入上海，上海会展业发展将逐步过渡到规模和数量为主向规模、质量和效益同步提升的重要发展阶段。

三、指导思想和发展目标

“十二五”期间，上海市会展业发展的指导思想是：以邓小平理论和“三个代表”重要思想为指导，全面落实科学发展观，紧紧围绕上海建设“四个中心”的战略目标，立足于提升上海服务长三角、服务全国、面向世界的水平，抓住后世博时期上海会展业发展面临的重大机遇，始终坚持安全为先，进一步提高本市会展业的国际化、专业化、市场化水平，积极推动大型会展活动设施的建设，鼓励、支持会展企业培育、引进一批规模化和具有国际竞争力的品牌展会，提升上海会展业的核心竞争力。同时，依托浦东花木会展产业集聚区、世博园区会展产业集聚区和浦西已有的“一带四点”会展区和虹桥商务区国家会展中心项目，推动形成“东西联动、错位竞争、优势互补”的会展业发展格局，实现上海市会展业的跨越式发展。

主要目标是：到2015年上海要基本建成国际会展中心城市，打造成为亚太地区综合会展服务功能完善、法规制度基本健全、会展环境安全有序，国际高端会展优势突出、国际化水平较高、专业性会展高度发展、市场运行机制较为成熟、展会场馆设施较为齐全的国际会展之都。

展会规模：到2015年，展览总面积达到1500万平方米，比2010年翻一番。单个展览面积在5万平方米以上的展会项目达到50个，其中10万平方米以上的展会项目达到20个，20万以上的达到5个。

展会质量：到2015年，展览会的国际化水平进一步提高，其中境外参展商占总参展商的比重达到30%以上、专业化程度提高到95%、市场化水平达到98%以上，基本实现市场化运作。重点打造20个国际知名展览会，其中8-10个为国际品牌展览项目。

展会效益：到2015年，上海市会展业的直接收入达到200亿元，拉动相关行业收入力争达到2000亿元。

四、主要任务和措施

“十二五”期间，上海市会展业工作的主要任务是：“发展”、“规范”和“促进”，着力推进国际会展中心城市建设。围绕会展业的发展，实现“三个提升”：大力提升会展业的国际化水平，大力提升会展业的专业化水平，大力提升会展业的市场化水平。围绕会展行业规范，实施“两个加强”：加强会展行业安全管理，加强会展业发展政策的研究。围绕会展业行业发展促进，加快“二个完善”：加快完善会展业发展的环境，加快完善会展业的空间布局和功能。

（一）大力提升上海市会展业的国际化水平。

“十二五”期间，上海要通过扶持、引进、合作等方式打造一批国际化水平较高的会展项目。到2015年，争取举办的国际展览会面积占总面积的比重达到80%，境外展商的参展面积占总参展面积的比重达到30%。

1、扶持一批本土展会做大做强。积极鼓励本土大型展会通过扩大办展规模和提升办展质量、申请注册商标保护、通过国际认证等提高展会的影响力和品牌优势，逐步培育一批本土品牌展会成为国际品牌展览会。通过实施档期保护管理办法等，扶持和培育一批国际化、专业化程度较高的品牌展会。通过政策引导，发展和培育一批有核心竞争力的中小型国际专业展会。

2、引进一批国际和国内品牌展会。进一步完善会展业市场环境，积极维护会展业市场的繁荣有序，通过政策优惠、制度保障等手段大力引进一批国际知名品牌展会和国内品牌展会落户上海，进一步提升会展业的规模和质量。

3、加强与国内外会展行业组织和管理机构的交流与合作。大力吸引国际会展行业组织和国际知名会展企业落户上海，鼓励本市会展企业与国际知名会展企业开展交流与合作。鼓励展会之间加强合作，做大做强，提升国际化水平。鼓励本市大型会展企业通过市场化模式兼并重组、合作办展等多种形式，打造会展业航母企业，形成一批规模较大、办展能力较强、国际化程度较高、国际竞争力较强的本土品牌会展企业。鼓励本市中小型会展企业开展合并、重组，走联合发展道路，提高办展能力和经营能力。

4、大力提高上海展会布展的国际化水平。鼓励展会的创新、创意，运用高科技的先进的布展方式，引入国际知名展览设计企业，融合国际先进设计理念，提高布展水平。鼓励设计、制造和采用国际先进的、节能、低碳、环保的展架、展具进行布展，鼓励发展绿色展会。

（二）大力提升上海市会展业的专业化水平。

“十二五”期间，上海要结合国家产业发展导向和产业结构调整方向，加快培育一批专业化程度较高的精品会展项目，重点突出对节能、低碳、环保、新材料等新兴产业的扶持。到2015年，力争形成一个产业种类较为齐全、覆盖范围较为完整的专业化展会体系，会展业的专业化程度达到95%，综合性展会的比重进一步降低。

1、培育一批符合国家产业导向的专业精品展。加强展会与产业的融合，鼓励展会带动产业的发展。凡是符合国家产业发展导向，符合节能、低碳、环保、新材料等战略新兴产业的发展要求，将优先享受政策优惠，优先享受档期保护。制订本市会展业发展的扶持目录，鼓励和培育一批专业化水平较高的精品展会。

2、扶持一批专业展的办展企业。鼓励专业办展企业与行业协会、大型企业联合举办专业性较强的展会，扩大展会的招商招展范围，提升展会的专业性和影响力。对专业展会的主办企业和行业协会将给予一定的政策扶持。鼓励展览展示工程企业提高创新、创意设计和工程施工能力，进一步提升展会的布展水平。

3、推动上海常年展示的发展。充分发挥上海世贸商城上海国际贸易常年展示交易中心的作用，鼓励举办专业性的常年展，进一步完善相关服务，提升影响力。加快五角世贸商城和长风生态商务区跨国采购常年展示中心和汽车会展中心的建设，加快形成短期展、中期展和常年展交相辉映的局面。

4、积极支持一批重点海外展发展壮大。要坚持新兴市场和传统市场并举，传统商品与机电、高新技术产品并举，进一步加强部市合作、省市合作、政府与国内机构的合作，共同开展海外市场开拓工作，培育一批重点海外展。要鼓励企业提高参展展品质量，加强展位布置，增强对客商吸引力，力争多接单。在落实好商务部有关开拓新兴市场资金的同时，积极争取地方财税政策支持，鼓励本市企业自行参加境外各类专业性展览会，承接订单、扩大出口。

5、大力推进网上会展业发展。积极配合上海国际贸易中心建设，推广网上会展，打造全国领先、功能齐全、服务水平一流的网上会展平台。大力推进电子商务与交易平台、大宗商品市场以及专业市场等的建设，促进工博会、跨采大会等国家级品牌展会的网上推广。配合世贸商城等展馆的常年展示，大力培育网上进出口商品博览会和国际专业展。发挥网络媒体的宣传作用，加强对各类品牌会展、会议和重大节事活动的策划和宣传，提高会展业的影响力。

（三）大力提升上海市会展业的市场化水平。

“十二五”期间，上海要加快提升会展业的市场化水平。到2015年，展览会的市场化运作程度要达到98%，会展业的管理和运营基本实现市场化。

1、建立会展业发展促进机构。在对现行会展业管理体制和机制进行适当调整的基础上，健全会展业管理协调机制，建立常设的会展业促进机构，承担会展业规划、会展业发展促进、政策制定及推动落实等职责。充分发挥行业协会的作用，进一步明确政府主管部门、主承办企业、展示工程企业、场馆单位和行业协会等各自的职责，逐步建立政府主管部门监管与行业自律相结合的管理新模式，建立会展业发展的长效监管机制和服务体系。

2、逐步建立会展行业的市场化管理制度。尽快完善会展业的立法保障机制，抓紧修订《上海市展览业管理办法》。加强对主办、承办、展示工程、场馆单位等会展企业的管理，充分发挥行业协会作用，制定并完善上海市会展企业行为公约和行业标准，督促会展企业规范经营行为。

3、加强对会展行业的诚信管理。建立会展企业的诚信经营承诺制度，树立守合同、重信誉的良好市场环境。建立信息的及时通报制度和“黑名单”制度，实现会展管理部门间企业诚信信息共享，防范和杜绝各类违法、违规行为的发生。

4、加强展会场馆经营行为的规范。注重源头管理，以确保安全为前提，加强对场馆及设施的建设、投入和维护，做到同步规划、同步建设。加强对场馆及设施的维护，保证大型活动场所、设施及布、撤展施工符合国家相关安全标准和安全技术规范，并提供相应的配套服务。场馆单位不得凭借垄断地位或优势地位操纵出租场馆的资源和价格，不得搭售不合理的服务和产品。对未取得合法手续的展会应拒绝提供场馆租赁服务。场馆与会展企业要对所举办的展会签订安全责任书，共同承担展会的公共安全责任。对在场馆内发现的各类不安全因素应及时向所在地有关部门和市有关部门反映，并做好应急处置工作。

（四）加强对上海市会展业的安全管理。

“十二五”期间，上海要始终坚持“安全为先、管理为重”的理念，遵循“承办者负责、政府监督”的原则，严格落实“谁承办、谁负责”的安全责任制度，不断提升会展业的安全管理水平，努力营造与国际会展中心城市相适应的“安全、有序”的会展环境。

1、进一步增强会展行业安全管理意识。坚持会展业“安全第一，效果服从安全”的基本原则，切实提升组织者的安全意识，牢固树立安全、有序的目标。严格按照《企业事业单位内部治安保卫条例》的规定，展览场所管理单位内部治安保卫制度，加强治安保卫人员队伍建设和保卫机构建设。

2、规范执行会展业安全许可制度。根据国务院《大型群众性活动安全管理条例》有关安全许可的规定，进一步规范会展业大型活动安全许可的相关流程，切实履行会展承办者、场所管理者的法定职责。

3、建立会展行业的安全管理标准。针对会展业本身特点，逐步从招展、布展、展览、撤展等环节建立相应的行业安全管理标准，抓紧修订会展场馆安全防范技术标准，推动会展业安全管理工作进一步规范化、标准化。

4、探索引入会展行业的安全风险评估和防范机制。结合会展行业特点，探索实行会展活动开展前的公共安全和展品自身安全风险评估和分级保险，并根据评估结果完善相应安全管理措施，将安全风险评估作为申报安全许可的必要条件，为安全、有序地组织、实施会展活动奠定基础，为展会风险管理提供依据。

（五）加强会展业发展政策的研究

“十二五”期间，上海要抓住改革开放的重大机遇和后世博带来的有利效应，抓紧制定会展业发展扶持政策，重点要研究改善会展业发展环境的财税政策。

1、制订鼓励上海市会展业发展的实施意见。充分利用后世博给上海会展业发展带来的机遇，结合上海会展业发展的现状及存在的不足，进一步明确今后五年上海会展业发展的目标、方向、鼓励政策及扶持重点，作为推动今后五年上海会展业加快发展的重要依据。

2、制定上海市会展业发展扶持政策。为进一步推进上海市会展业发展，会同市有关部门制定会展业相关扶持政策，主要支持本市会展业在会展项目宣传、重大会展项目申办、品牌展会认定及会展公共平台建设、会展人才交流与培养、会展业统计等方面工作。

（六）加快完善上海市会展业的发展环境。

“十二五”期间，上海将围绕着建设国际会展中心城市的目标，加快完善会展业发展的软硬环境，积极为境内外会展企业营造良好的发展环境和创业氛围。

1、探索制定会展业行业标准。充分发挥上海在会展业发展方面已具备的良好基础和综合优势，探索制定会展业发展的行业标准，重点推进制定主、承办企业、展示工程企业、场馆单位行为规范及标准，规范会展企业的经营行为。

2、建立会展企业的评级制度。建立会展企业的信用评估制度，对经营规范、诚信度高的会展企业，将在展会申请、政策扶持等方面给予支持；对存在各类违规、违法等不规范行为的企业将实施淘汰。探索制定展会评估标准，开展展会评级管理。对国际化、专业化、市场化程度高，影响力大的展会，将优先给予档期保护。

3、加大展会知识产权保护力度。要将知识产权保护措施的设立与运行纳入信用评估制度。启动制定《上海市会展业知识产权保护办法》。加大对会展业知识产权的保护力度，遏制侵权，打击假冒和冒充行为，保护已初步形成的品牌展会，建立展会知识产权纠纷的快速处理与协调机制，形成符合国际规范的展览业知识产权法制环境。

4、大力发展与会展业配套的服务企业。建立会展业服务配套体系，大力发展为会展提供服务的会展信息服务、咨询评估、装潢设计、场馆管理、金融保险、餐饮服务、安保等配套服务企业，加快会展业高端人才培育，推动上海形成在会展业人才、信息、科技和服务等方面的综合优势，为会展业的发展创造良好的环境。加强会展业统计工作，通过购买服务或争取纳入市统计体系，提高会展业统计的准确性和常态化，为管理部门决策提供较为可靠的依据。

5、进一步加强会展业高端人才培养。积极引进国内外高端的复合型会展业人才，为其提供相应的政策支持和服务，培养国际化会展人才。充分利用已有的高校培养体系，改革专业课程设计，增强实务操作能力，进一步增强会展业人才培养的能力。鼓励本市会展企业加强内部员工培训，加快提升会展业内部经营管理人才的水平。鼓励企业主动接受相关学科的研究生、本科生和专科生参加实习实践，积极参与相关人才的培养。

6、推进会展业公共服务平台建设。探索建立会展业公共服务平台，适时推进会展审批网上办理，推动会展业相关管理部门各类监管信息共享，整合全市外事、外宣等资源，形成多部门参与、多渠道推进会展业联动发展的工作格局。开展会展信息发布、项目宣传、人才培训等合作，加强会展企业之间的交流与合作，建立会议、展览、旅游、商务等联动机制，延长会展产业链，放大会展经济的效应。

（七）加快完善上海市会展业发展的空间布局和功能。

“十二五”期间，上海要按照统筹规划、合理布局的原则，积极推进浦东的花木会展产业集聚区、世博园区会展产业集聚区和浦西静安、长宁、徐汇、嘉定和普陀等区域会展业加快发展。同时，加快建设虹桥商务区国家会展中心项目，积极引导浦东、浦西形成“东西联动、错位竞争、优势互补”的会展业发展格局。

1、浦东：积极推进“三区融合、两点合璧”。

“三区融合”，即重点引导推进花木会展产业集聚区、陆家嘴会展产业集聚区和世博园区会展产业集聚区加快发展和完善功能，逐步形成以展览为主，会议和城市旅游并重的相互依托，相互配套的会展旅游核心区。“两点合璧”，即加快推动浦东跨国采购中心五角世贸商城和临港新城会展中心的建设，逐步形成以大中型会议、常年展、中期展和短期展、进口商品展为特色的会展区。

2、浦西：积极引导以国家会展中心项目为核心的“一带四点”，完善会展服务功能。

“一带”是指沿延安路高架为轴心，由东向西的会展产业带，分布着静安区上海展览中心为核心的南京西路会展旅游区、长宁区虹桥开发区会展区以及虹桥路沿线的上海农展馆及众多星级宾馆等。“四点”，即虹桥商务区国家会展中心、漕宝路光大会展区、安亭国际汽车专业会展区和普陀长风生态会展区。“十二五”期间，上海将通过加快建设虹桥商务区国家会展中心这一核心项目，积极引导浦西“一带四点”会展区不断完善功能，从而带动浦西会展业实现新的腾飞。

3、加快建设虹桥商务区国家会展中心项目。“十二五”期间，上海市政府与商务部共同在虹桥商务区建设一个展览面积达50万平方米的大型会展设施。该项目由展览场馆、综合配套设施和后勤保障设施组成，规划功能为集国际展与国内展结合、内贸与外贸结合，进口与出口结合、货物贸易与服务贸易结合、综合性与专业性结合等功能的会展功能区，力争建成国际一流的会展中心。

四川省

成都市人民政府关于印发《成都市会展业发展“十二五”规划》的通知

各区（市）县政府，市政府各部门，有关单位：

《成都市会展业发展“十二五”规划》已经市政府第103次常务会议审议通过，现印发你们，请认真贯彻执行。

二〇一二年四月

成都市会展业发展“十二五”规划

“十二五”时期是成都市会展业提升发展的关键时期。加快会展业发展，对于促进成都市提升现代服务业发展水平、加快产业结构调整、增强城市综合实力、打造西部经济核心增长极具有重要意义。本规划以《中华人民共和国国民经济和社会发展第十二个五年规划纲要》、《四川省国民经济和社会发展第十二个五年规划纲要》、《成都市国民经济和社会发展第十二个五年规划纲要》为指导，以《四川省“十二五”会展业发展规划》、《成都市服务业发展规划（2008-2012）》为主要编制依据，是成都市“十二五”时期的一项重要专项规划，规划对象为成都市会展业，规划期为2011-2015年。

一、“十一五”时期取得的成就

“十一五”时期，成都市会展业取得了长足发展，会议、展览、节庆活动举办的数量、规模和影响力明显提升，品牌培育成效明显，体制机制改革走在全国前列，会展业在推动产业发展、提高城市知名度、带动城市经济发展等方面发挥了显著作用。

（一）产业规模日益扩大。

“十一五”时期是成都会展业发展最快的时期。会展项目数量大幅增加，2010年举办各类会展项目数量达382个，较2005年增加206个，吸引参会参节人数达8100万人次，其中外地参会参节人数达1320万人次。会展经济效益不断提高，“十一五”时期会展业直接收入年均增速达32.27%，间接收入年均增速达33.23%，2010年会展业直接收入达到32.39亿元，间接收入达到272.87亿元，促进经贸合同签订金额达2880.74亿元。

专栏1　2005-2010年成都会展业发展规模

年份	2005年	2006年	2007年	2008年	2009年	2010年
直接收入（亿元）	8.00	9.68	11.90	13.50	25.52	32.39
间接收入（亿元）	65.00	75.00	90.00	180.00	215.2	272.87
会展项目数量（个）	176	210	230	260	320	382

（二）品牌项目持续增加。

“十一五”期间，成都在培育会展品牌方面取得重大进展，高端会议、专业展览、特色节庆实现同步发展、整体提升。中国西部国际博览会、成都国际家具工业展览会、成都国际汽车展览会等自办展和春季全国糖酒商品交易会、全国药品交易会等大型来展规模明显扩大。大型国际会议数量不断增多，先后举办了中国—欧盟投资贸易合作洽谈会、中国国际软件合作洽谈会、中国（成都）新能源国际峰会、中国（成都）国际物联网峰会等大型会议。中国成都国际非物质文化遗产节、中国国际美食旅游节等特色节庆活动影响力不断提升。

（三）体制机制不断创新。

“十一五”期间，成都会展业体制机制改革取得突破性进展，2010年成都市会展办更名为成都市博览局，体制创新在全国副省级城市中走在前列。建立了涵盖公安、交通、工商、卫生等30多个政府部门和单位的会展“一站式”政务服务机制，以及会展活动项目库和会展服务招投标制度，体制机制不断优化。

（四）场馆条件有所改善。

“十一五”时期，成都市会展场馆可使用展览面积约19万平方米，2005年投入使用的成都世纪城新国际会展中心室内展览面积约11万平方米，可搭建5600个国际标准展位，全市酒店会议室总面积达4.3万平方米，会展场馆承载不同规模、不同类型会展项目的能力不断增强。

（五）产业配套逐步完善。

会议中心、宾馆酒店、旅行社和餐饮、广告、翻译等20多个行业的企业建立了“会展服务联盟”，为会展活动的举办提供全面优质的服务。成都会展行业协会、成都旅游行业协会、成都餐饮同业公会等协会组织100多家企业发起并建立了会展旅游联盟。

（六）会展影响力不断提升。

2008年成都市被中国国际贸易促进委员会列为中国五大会展中心城市之一，2009年被业界权威刊物《中国会展》和亚洲财富论坛评为“中国十大展览城市”、“中国十大节庆城市”、“中国十大会议旅游目的地城市”，2010年被商务部中国会展经济研究会推选为“中国会展名城”，在首届中国会展业年会上被评为“中国十佳品牌会展城市”，陆续荣获“中国会展之星·最佳城市奖”、“中国最佳绿色会议城市”、“中国十大魅力会议目的地城市”等荣誉，成都作为知名会展城市的影响力不断提升。

（七）成都模式初步形成。

“十一五”时期，成都市形成了会议、展览、节庆三大业态齐头并进的“大会展”发展格局，形成了“政府推动、市场运作、产业驱动、综合经营、机制保障”的特色发展模式。

“十一五”时期，成都会展业虽然取得了较大成就，但仍然存在一些问题与不足。受场馆硬件设施不足、会展企业实力较弱、会展人才支撑不够等因素制约，大型会展、自主品牌会展及国际会展项目较少，离建设成为“具有国际影响力的中国会展之都”的长远目标还有较大距离。“十二五”期间，成都会展业须突破制约瓶颈，取得更好更快的发展。

二、“十二五”时期面临的发展环境

（一）发展机遇。

1、会展业地位提升的机遇。作为现代服务业的新兴产业，会展业受到从中央到地方各级政府的重视。党的十七届六中全会明确指出“要构建现代文化产业体系，发展壮大出版发行、影视制作、印刷、广告、演艺、娱乐、会展等传统文化产业”。《中华人民共和国国民经济和社会发展第十二个五年规划纲要》中明确提出“促进广告、会展业健康发展”；《四川省国民经济和社会发展第十二个五年规划纲要》中提出“大力发展会展经济，打造西部重要的商品交易和经贸交流合作平台”；《成都市国民经济和社会发展第十二个五年规划纲要》将会展业纳入先导服务业，提出要将成都建设成为中国会展名城。会展业成为各级政府重点培育产业，将迎来广阔的发展前景。

2、天府新区建设的重大机遇。2011年国务院正式批复实施成渝经济区区域规划，成渝经济区建设上升为国家战略，天府新区被正式写入该规划并正式启动建设，将建成以现代制造业为主、高端服务业集聚、宜业宜商宜投宜居的国际化现代新城区，将利于集聚会展业发展所需的人才、资金、项目等要素，构建更高层次、更广领域的会展业开放格局。

3、世界生态田园城市建设的战略机遇。成都市明确了“领先发展、科学发展、又好又快发展”的发展取向，“奋力打造西部经济核心增长极”的发展定位，“双核共兴、三产联动、城乡统筹、圈层融合”的全域成都发展思路和交通先行、立城优城、产业倍增、三圈一体、全域开放“五大兴市战略”，最终建成城乡一体化、全面现代化、充分国际化的世界生态田园城市。作为成都发展高端产业和产业高端的沟通平台和重要推手，以及向世界宣传城市新形象、塑造城市品牌、增强城市影响力的重要载体，会展业发展将迎来巨大机遇。

4、国家级服务业综合改革试点契机。成都市获批国家服务业综合改革试点城市和国家旅游综合配套改革试点城市，将深入实施服务业优先发展战略，会展业以及与之相关的旅游、物流、交通、住宿、餐饮、娱乐、广告等服务行业发展将获得良好的政策支持。服务业体制机制改革的不断深化有利于整合资源，促进会展业与其他产业融合发展。

（二）优势条件。

1、区域性中心城市地位凸显。成都市地区生产总值、人均地区生产总值、财政一般预算收入等指标均位居中西部城市前列，综合实力雄厚；现已是国内第四大航空枢纽城市，交通优势明显；2010年进出口总额居中西部第一，对外开放水平较高。成都作为区域性中心城市的地位提升，有利于会展要素资源的集聚。

2、产业基础雄厚。成都在电子信息、汽车、航空航天等产业领域拥有优势，并瞄准高端产业和产业高端，加快推动新能源、新材料、生物医药、节能环保、电子商务等战略性新兴产业的发展，良好的产业基础为会展业发展提供了支撑。

3、文化旅游资源丰富。作为国家历史文化名城和“中国最佳旅游城市”，成都文化底蕴深厚，拥有独特的金沙文化、三国文化、诗歌文化、大熊猫文化、川西民俗文化和川菜美食文化，还拥有青城山·都江堰、大熊猫栖息地等世界自然、文化遗产以及25个国家、省、市级风景名胜区、自然保护区、森林公园和地质公园。丰富的文化旅游资源，为促进会展业与文化、旅游业融合发展提供了条件。

4、科技优势突出。根据2011年中国社会科学院发布的《中国城市竞争力报告》，2010年成都市科学技术竞争力排名全国第六位，居中西部城市第一位。市内高校科研机构密集，拥有四川大学、电子科技大学、西南交通大学、中国科学院成都分院等高等院校和科研机构，雄厚的科技实力为科技类会议和展览的举办提供了驱动力。

（三）面临挑战。

1、产业创新要求不断提高。国内外会展业发展创新趋势明显，会展市场主体在活动主题选择、活动内容策划、运作机制、营销模式、展出形式等方面积极谋求创新，对成都加强会展策划、运作机制、经营模式等方面的创新提出了更高要求。

2、国内会展城市竞争激烈。国内众多城市在场馆建设、项目申办及宣传推广、会展品牌培育等方面发展迅速。“十二五”期间，重庆、武汉等部分中西部城市的国际化大型场馆将建成并投入使用，国内会展重点城市相继出台了促进或发展会展业的政策和办法，对重大会展项目的吸引力大大增强，给成都申办项目带来较大压力。

场馆设施瓶颈日益突出。成都世纪城新国际会展中心建成之初规模为西部第一，没有预留扩建的空间，现已难以满足举办更大规模、更高档次会展活动的要求和日益增长的会展市场需求。面对周边城市大量新建和扩建场馆的竞争压力，硬件设施的落后将削弱成都对大型展会的吸引力和会展业的综合竞争力。

4、会展国际化程度还不够高。成都正在加快国际化进程和步伐，建设开放型区域中心和国际化城市，我市展会中国际化展览、会议和活动的占比还不高，展会的服务水平对照国际化要求还有待提升。因此，要紧抓机遇，放眼全球，先行作为，才能在推进会展经济国际化，建设开放型区域中心和国际化城市的宏伟事业中做出新的贡献。

三、总体思路

（一）指导思想。以邓小平理论和“三个代表”重要思想为指导，全面贯彻落实科学发展观，按照“领先发展、科学发展、又好又快发展”的发展取向，“奋力打造西部经济核心增长极”的发展定位，“双核共兴、三产联动、城乡统筹、圈层融合”的全域成都发展思路和交通先行、立城优城、产业倍增、三圈一体、全域开放“五大兴市战略”，依托城市特色和产业优势，大力实施品牌化、专业化、国际化发展战略，实施“开源聚流、品牌高端、双轮驱动、内外联动、全球营销”五大行动，实施“会展品牌集聚区”、“国际国内重要会议目的地城市”、“中国西部休闲节庆之都”三大工程建设，将成都建设成为“具有国际影响力的中国会展之都”。

（二）发展战略。

1、品牌化战略。做大做强现有会展品牌，不断提升品牌影响力。依托城市特色和优势产业，在电子信息、生物医药、新能源、新材料、食品、婚庆等行业领域，加快开发培育新的会展项目。积极引导中小会展项目向品牌化方向发展，以会展品牌化推动国际化。

2、专业化战略。着力提升会展项目和会展运作的专业化水平，举办专业性的会展项目，聚集专业观众，为专业领域内的企业搭建沟通与交易平台。提高会展企业的专业化运作水平，提升会展人才的专业化服务能力，以会展专业化推动会展品牌化和国际化。

3、国际化战略。从会展项目、会展企业、会展场馆、会展服务、会展人才、合作交流等方面，全方位提升国际化水平，以会展国际化带动品牌化和专业化。以会展国际化促进城市实力提升、城市功能完善和城市知名度提高，推动成都建设成为开放型区域中心和国际化城市。

（三）发展目标。到2015年，会展业发展的体制机制进一步完善，政策环境进一步优化，会展品质和综合效益进一步提升，会展企业实力进一步增强，会展业运作的品牌化、专业化、国际化程度进一步提升，会展业综合实力显著增强，力争硬件设施、服务机制、品牌项目、龙头企业、综合影响五个方面达到全国一流水平，实现把成都建成“具有国际影响力的中国会展之都”目标。

1、经济效益目标。“十二五”期间，会展业直接收入年均增速达25%以上，到2015年，会展业直接收入达到100亿元，间接收入达到800亿元。

2、会展数量目标。到2015年，年举办会展项目达500个以上，展览总面积达400万平方米，其中国际化会展项目达100个以上，占会展总项目数量的20%；5万平方米以上的展览数量达20个以上；年举办国际国内重要会议数量达100个以上，参会人数500人以上的会议超过50个；年举办节庆活动数量达200个以上，参节人数在10万人以上的节庆活动数量达30个以上。

3、会展品牌目标。到2015年，形成10个以上会展品牌，主要包括中国西部国际博览会、成都国际家具工业展览会、成都国际汽车展览会、中国国际软件合作洽谈会、中国成都国际非物质文化遗产节等在全国乃至国际上有影响力的会展品牌。

4、场馆设施目标。到2015年，全市会展场馆室内展览面积达到30万平方米以上。

5、会展企业目标。到2015年，引进3—5家国内外知名会展企业落户或设立分支机构。

（四）空间布局。结合全市功能分区，根据区域资源承载能力状况、现有会展场馆资源分布及区（市）县会展业发展基础情况，统筹考虑现有会展业发展格局，构建会展核心功能区和会展特色功能区两大功能区。

会展核心功能区以中心城区和天府新城所在区域为重点，充分发挥区域产业集中度高、基础设施完善、资源聚集能力强的优势，以大型国际会议和高端论坛、专业展览、特色节庆为发展重点，以中国西部国际博览城、城南世纪城会展综合体、城西会展综合体、天府博览中心、四川省科技馆等专业场馆，以及会议型酒店、各大专业市场为主要载体，完善周边配套设施，推动会展企业集聚，打造成为会展场馆设施先进、市场主体竞争力强劲、配套服务完善的会展核心区域。

会展特色功能区以龙泉驿区、温江区、都江堰市、郫县等区域为重点，依托龙门山和龙泉山丰富的旅游资源，都江堰市作为世界自然、文化双遗产地的深厚文化底蕴，“国家级生态示范区”良好的生态条件，以及成都半小时经济圈的快速通达条件，推动会展业与旅游、文化、体育运动和健康等产业融合发展。

四、发展重点

（一）依托城市特色和产业优势，培育会展品牌。在做大做强现有会展项目的基础上，开发培育新的会展项目，形成一批能够展现城市形象、具有成都特色、带动城市发展的会展品牌。

1、积极举办高端会议，打造国际国内重要会议目的地城市。

（1）发挥科技优势，积极引进科技类会议。加强与联合国教科文组织、环境规划署、国际科学理事会（ICSU）、中国科协等全球会议组织以及有国际影响力的行业协会、学术机构、非政府机构的联系和合作，加强与外交部、科技部、工业和信息化部等国家部委的合作，结合成都在生物医药、电子信息、新能源、新材料、汽车、节能环保等领域的产业基础，积极申办和举办如世界生物材料大会、全球气候友好技术大会、世界核工程大会等科技领域的高端会议。加强与高校和科研院所的合作，共同申办知名国际学术会议。聘请国际学术带头人、国际会议知名人士为成都会展大使或顾问，借力借智定向招展引会。

引进国内大型科技类社团会议。充分利用国内科技类社团会议流动性的特点，吸引有价值的国内大型科技类社团会议到成都举办。加强成都市会展主管部门与省、市两级科学技术协会的合作，做好会议的落地服务工作。

（2）围绕世界生态田园城市建设，创办高端会议。围绕现代产业体系构建和战略功能区建设，积极创办金融、电子信息、生物医药、新能源、新材料、航空、节能环保等高新技术产业和现代服务业领域的会议。发挥成都市在电子信息、新能源、物联网等产业领域的优势，进一步扩大中国国际软件合作洽谈会、中国（成都）新能源国际峰会、中国（成都）国际物联网峰会、国际化工新材料峰会、全球汽车论坛、中国（成都）国际循环经济产业高峰论坛等会议的影响力。围绕低碳经济发展，创办节能减排、清洁能源、环境治理、环保技术和循环经济等领域的主题论坛。围绕成都建设世界生态田园城市的目标定位，培育一批有利于加强经贸合作、促进成都走向世界的高端国际会议，通过论坛提升成都的国际影响力，在更高层次、更大范围、更广领域开创会展业的对外开放局面。

（3）依托旅游和航空资源，承办企业年会及会奖旅游。发挥成都作为国内第四大航空枢纽城市的航空资源优势和丰富的旅游资源优势，大力发展与旅游业紧密结合的企业年会和会奖旅游。以信息技术、通信、医药、金融服务、媒体出版以及汽车等行业为重点引进对象，引进公司总结、答谢、主题派对、行业评选等形式为主的企业年会和会奖旅游。

加强资源整合。聘任知名人士为会议大使，积极宣传成都城市形象，推介成都会展接待服务功能，引进企业年会和会奖旅游，推动会议业、旅游业与相关行业共同发展。整合会展、旅游、文化、商务等多方资源，加强与相关部门的密切合作，共同推进会议、文化、旅游的宣传营销，提高成都作为中国最佳旅游城市和国际国内重要会议目的地城市的知名度。

2、培育和引进专业展览，打造会展品牌集聚区。

（1）扶持和培育自主品牌展览。进一步提升春季全国糖酒商品交易会、成都国际汽车展览会、成都国际家具工业展览会等大型自主品牌展览的品牌化、专业化和国际化水平，推进大型展会一展多期、主分会场相结合，以现有展会为母体、扩大规模、细分市场，不断衍生新的专业展会，提高现有大型展会对会展产业的贡献率。

大力培育消费类展览。发挥成都消费力强劲的优势，结合成都消费市场发展趋势，以汽车、家居用品、电子产品、食品、礼品、体育用品、休闲旅游及时尚消费品等为主题，培育规模大、影响力强的消费类展览，力争建设成为我国大型消费类展览的重要集聚区。

积极培育具有市场潜力的展览。加强与国际或全国重要行业协会的合作，培育新能源、机械制造、电子信息、生物医药、食品工业等行业领域的展览。

引进专业展览来蓉定点举办。加强与国家专业、行业协会及国内大型会展主办单位的合作，力争中国国际医疗器械博览会、全国药品交易会、中国国际体育用品博览会、中国国际旅游交易会、中国教学装备仪器展、中国纺织博览会、中国邮电通讯展览会等大型品牌流动展连续或定点在蓉举办。加强与会展跨国企业的合作，充分利用国际国内两个市场，移植或引入符合成都经济社会发展特点的消费型展览在成都定点举办。

专栏2 “十二五”时期成都市重点会展项目

行业分类	重点会展项目	举办时间	主办单位
会议	中国国际软件合作洽谈会	每年4月	工业和信息化部、中国国际贸易促进委员会、国家知识产权局、省政府
	国际化工新材料（成都）峰会	每年8月	市政府、中国化工集团公司
	中国企业500强发布暨中国大企业高峰会	2011年9月	中国企业联合会，中国企业家协会
	第21届国际木偶联会暨国际木偶节	2012年5月	联合国教科文组织国际木偶联会、国际木偶联会中国中心、市政府
	全球汽车论坛	每年9月（定点）	中国国际贸易促进委员会汽车委员会、市政府
	中国—欧盟投资贸易合作洽谈会	每年10月	商务部、中国国际贸易促进委员、省政府
	中国（成都）国际物联网峰会	每年11月	省经济和信息化委、市政府
	APEC中小企业峰会	每年11月（连续）	中国国际贸易促进委员会、市政府
	中国IT财富（CEO）年会和中国信息主管（CIO）年会	每年12月（连续）	工业和信息化部、计算机世界传媒集团
	第21届国际核工程大会	2013年5月	中国核学会
	《财富》全球论坛	2013年6月	《财富》杂志
	第九届世界生物材料大会	2012年6月	国际生物材料科学与工程学会联合会、中国生物材料委员会、四川大学和市政府
	世界华商大会	2013年9月	新加坡中华总商会、香港中华总商会、泰国中华总商会、市政府
	中华医学会骨科学术会议	2013年11月	中华医学会、中华医学会骨科学分会、中国工程院医药卫生学部
展览	春季全国糖酒商品交易会	每年3月（定点）	中国糖业酒类集团公司、市政府
	全国药品交易会暨中国国际医药原料药、中间体、包装、设备秋季交易会	2011年4月	国药励展展览有限责任公司
	中国彭州蔬菜国际博览会	每年4月	省农业厅、省商务厅、市政府
	中国国际食品博览会	每年5月	商务部、省政府
	中国国际体育用品博览会	2011年5月	国家体育总局、中国体育用品联合会
	网货交易会	每年5月	市政府、省商务厅、阿里巴巴集团
	中国（成都）礼品及家居用品展览会	每年6月（定点）	励展华博展览（深圳）有限公司
	中国（成都）电子生产设备展	6月（定点，两年一次）	上海励展公司
	APEC中小企业技术交流展览会	每年6月	工业和信息化部、省政府
	中国西部国际装备制造业博览会	每年7月	中国机械工业联合会、市政府
	成都国际家具工业展览会	每年7月	市政府、省商务厅
	中国西部海峡两岸经济科技博览会	每年7月	国务院台湾事务办公室、省政府
	中国传统医药展览会	每年10月	卫生部、省政府
	中国（成都）新能源国际峰会暨太阳能展览会	每年9月	中国可再生能源学会、市政府

展览	成都国际汽车展览会	每年9月	市政府
	中国西部国际博览会	每年9月	国务院西部开发办、商务部、农业部、国家旅游局、中国国际贸易促进委员会、全国工商联等国家部委、西部十二省(区)市及新疆建设兵团
	中国国际农产品交易会	2011年10月	农业部、省政府
	中国国际循环经济产业博览会	每年11月	中国节能集团、市政府
	全国汽车配件交易会暨全国汽车配件采购交易会	2012年10月	全国工商联汽车摩托车配件用品业商会、市政府
	中国教育装备展示会	11月（2013年起连续）	中国教育装备行业协会
节庆	西岭雪山南国冰雪节	每年1月	市政府、省旅游局
	中国采茶节	每年3月	中国茶叶流通协会、市政府
	中国成都国际桃花节	每年3-4月	市政府、省旅游局
	中国·成都石象湖郁金香旅游节	每年3-4月	市政府
	中国成都国际非物质文化遗产节	奇数年6月	联合国教科文组织、文化部、省政府
	中国道教文化节	每年6月	中国道教协会、四川省道教协会、成都市道教协会
	成都啤酒节	每年7月	市政府
	成都购物节	每年7月	市政府
	中国国际美食旅游节	每年9月	中国国际贸易促进委员会、市政府
	成都国际电脑节	每年10月	市政府
	成都国际数字娱乐周	每年11月	市政府

3、依托文化推动节庆发展，打造中国西部休闲节庆之都。融合成都作为世界美食之都、中国最佳旅游城市、国家历史文化名城的城市品牌，打造在国际国内具有影响力的节庆品牌。到2015年，初步建成中国西部休闲节庆之都。

立足特色文化，打造国际性节庆品牌。挖掘成都金沙文化、川菜美食文化等独特且具有广泛影响力的文化资源，以金沙遗址博物馆、成都国际非物质文化遗产博览园等为主要载体，重点打造中国成都国际非物质文化遗产节、中国国际美食旅游节等节庆活动。

整合节庆资源，塑造区域性节庆品牌。按照“一区（县）一节会”思路，积极整合区（市）县主题相近的节庆活动，进行统一策划和包装，做到共享资源、共塑品牌、共同参与，在每个区（市）县重点打造1-2个节庆品牌，在全域成都范围内打造一批特色鲜明、助推圈层融合发展作用明显的区域性品牌节庆活动。依托地方特色农业，适应城市居民体验式和探索性旅游的发展需求，推动节庆与乡村旅游结合发展，以观赏田园风光、品尝农家美食、参与农事活动等为主要内容，举办休闲观光、农事参与体验的节庆活动。依托区（市）县文化特色和旅游资源优势，紧扣休闲主题，将中国成都国际桃花节、清明放水节、成都啤酒节等节庆活动打造成知名品牌。

依托地方民俗文化，在传承中创新节庆主题和内容。结合成都古蜀文化、客家文化、古镇文化、川西民俗文化等地方民俗文化特色，在传承传统文化的基础上，不断开拓节庆活动的内容，创新演出、会展、交易、比赛、评奖等活动形式。广泛吸引大企业、大集团冠名赞助、联合举办，多渠道、多形式吸纳社会力量积极参与，提高市场化运作水平。

（二）延伸会展产业链，创新会展业发展模式。促进会展上下游产业链整体协调发展，推动会展业与文化、旅游业融合发展，创新会展业发展模式。

1、促进会展产业内部协调发展。注重会议与展览的结合，高端会议召开期间引入相关领域的商业化展览活动，专业展览展出期间召开研讨会、专题会议等会议。依托成都良好的电子商务环境，将实物会展与网上会展结合，各大实物会展展出期间辅以网上会展，拓展展出形式。

2、促进会展业与配套产业联动发展。优化会展中心、宾馆酒店、旅行社和餐饮、广告、翻译等行业企业的“会展服务联盟”机制，促进配套服务企业为会展主办方、参展商提供优质服务，带动交通运输、通讯、餐饮、住宿、翻译、金融、保险、零售等相关行业发展。

3、促进会展业与文化、旅游业融合发展。加强会展业和文化旅游业的相互促进，以会展带动文化旅游，以文化旅游促进会展。加强会展与旅游的跨部门跨行业协作，分阶段有计划地拓展会展旅游市场尤其是会奖旅游市场。积极开发会后观光旅游，发挥成都丰富的旅游资源优势，开发具有吸引力的旅游新产品。

（三）完善政府职能，健全会展业运行机制。完善会展主管部门的管理和服务职能，切实发挥行业协会的协调和自律功能，健全政府推动、市场导向、行业主导、企业运作的会展业运行机制。

1、完善政府管理和服务职能。建立健全会展行业法规，规范和维护会展市场秩序，对商业欺诈、假冒伪劣、重复办会办展的现象加大监管力度。优化会展“一站式”政务服务机制，积极引导符合成都发展战略和产业导向的会展活动来成都举办，协调各级政府部门为举办会展活动提供完善的政务服务。会展主管部门大力引入会展企业具体运作会展项目，并积极为企业营造良好的政务环境。

2、强化行业协会自律和协调功能。引导会展行业协会在建立行业标准、开展资质认证、进行行业自律、促进行业交流、协调政府与企业关系等方面发挥积极作用。强化行业协会的协调能力，及时向企业宣传有关政策法规或向会展主管部门反映企业发展需求。鼓励行业协会制定并逐步推行符合国际惯例的市场主体资格认证，对会展企业和会展项目进行评估和资质认证。支持成都会展行业协会加强行业整合，切实避免无序竞争，维护会员利益，促进会展业健康持续发展。

（四）培育市场主体，提升会展企业竞争力。加大对会展市场主体的培育力度，并积极实施“走出去，引进来”发展战略，提升会展企业的国际化和专业化水平。

1、壮大本地会展企业。扶持和引导会展企业通过资产重组、上市经营、参股控股、兼并收购等形式，组建综合性大型会展企业集团。引导中小型会展企业找准专长领域，提供策划组织、展馆布置、展位设计制作、广告宣传、设备提供、会展运输等专业化服务，实现分工合作、优势互补。

2、积极引进知名会展企业。鼓励国内外知名会展公司、策划公司、广告公司、公关公司、注册登录系统公司等各类专业化机构来蓉，在我市设立分支机构、代理机构和合作机构，引进国外先进的经营理念、管理经验和专业技术。积极争取北京中青旅会议展览公司、info salons公司、北京点意空间国际展览展示公司、德国汉诺威（中国）展览公司、英国励展（中国）公司、深圳华博励展公司等国内外龙头会展企业在蓉设立分公司。

3、鼓励本地会展企业外向型发展。引导和支持实力较强的大型会展企业，选择合适的国外城市设立办事处，建立招展网络和招展代理。鼓励成都会展企业到会展发达国家和地区参加国际性会展，学习先进经验。鼓励会展企业参加国际性的会展行业协会或组织，如国际大会与会议协会（ICCA）、国际展览联盟（UFI）等，积极参加行业协会组织的行业培训、信息交流、技术交流等方面的活动，逐步建立与国际标准接轨的服务体系。

（五）加强专业人才培育，提高专业化服务能力。加强会展人才高等教育，强化会展从业人员的在职培训，积极引进高层次专业人才，不断壮大会展专业人才队伍，提升专业化服务水平。

1、加强会展人才高等教育。鼓励高等院校开设会展专业，着重培养会展策划师、展台设计师、营销与管理人才、高级翻译人才等急缺专业人才。聘请国内外会展实践丰富的从业人员到高校做客座教授，为高校人才提供会展实践性教学。鼓励高校与会展企业合作，培育理论与实践相结合的会展专业人才。

2、强化会展从业人员在职培训。通过举办各种形式的培训班，对成都会展从业人员进行有针对性的培训，提高从业人员的专业技能和水平。加强与国际展览管理者协会（IAEM）、国际展览联盟（UFI）等国际会展组织或机构的合作，开展会展高级人才培训。大力培养专业化的职业经理人队伍，提高职业经理人的专业能力，建立会展业职业经理人人才库。

3、加大高层次专业人才交流、引进力度。在全球范围内引进会展策划师、会展营销和管理人才、高级翻译人才等核心人才，建立完善公平、公正、公开的人才选拔机制。定期组织会展业相关管理人员到香港、新加坡、欧美等会展业发达国家和地区进修学习，学习先进的管理理念。创新会展人才开发机制，吸引、聚集一批会展领军人才和高层次专业人才，使成都成为中西部地区会展人才交流中心和集聚中心。

（六）完善会展场馆设施，优化城市会展功能。学习国际先进场馆建设经验，新建现代化会展场馆，并对已有场馆进行升级改造，构建“一主多副多馆”的全域成都会展设施格局，打造全国一流的会展硬件设施。

1、规划建设“一主”。积极推动省上加快中国西部国际博览城规划建设，结合城市总体规划、土地利用规划在天府新区规划选址，在用地布局上为场馆扩张及配套设施建设预留充足的土地空间，建设成为西部地区最大的国际商品展览展示与交易中心、国际会议中心、国际商务中心。

2、提档升级“多副”。加快城南世纪城会展综合体建设，提高世纪城新国际会展中心场馆使用效率，加快建设新世纪环球中心、新世纪当代艺术中心，在世纪城会展综合体及周边规划建设星级酒店、大型停车场、餐饮供应中心等配套设施，增强其承办国际会展的服务功能。加快城西会议综合体建设，形成新的会展副中心，合理布局成都会展产业。

3、优化完善“多馆”。在中心城区新建高端会议型酒店，并推动新建的高星级酒店增加会议设施。各区（市）县结合各自产业规划与空间布局，采取政府投资与社会投资等多种方式，规划建设中小型展馆、高端会议型酒店以及节庆赛事场地，发展中小型展会、中高端会议、大型节庆赛事项目。

专栏3 “十二五”期间成都会展场馆重点项目

1、中国西部国际博览城。省上将在我市规划建设50万平方米的中国西部国际博览城，预计2015年建成。建成后将成为中国西部国际博览会的主会场。
2、新世纪环球中心。新世纪环球中心位于天府大道与绕城高速交汇处，占地面积约1300亩，总建筑面积约176万平方米，建成后将成为全球最大单体建筑。该项目由新世纪环球中心、中央广场、新世纪当代艺术中心三部分组成，其中新世纪当代艺术中心展示厅展览面积约1.2万平方米，多功能会议厅面积约8000平方米，洲际、皇冠假日酒店含1000余间客房，能满足展览、会议、商务、游艺、休闲等多重功能，预计于2013年投入使用。

（七）拓展国内外会展合作，提升国际化水平。强化会展区域合作和机构合作，拓宽会展合作领域，提升会展合作层次。

1、强化区域合作。重点推进成都经济区、成渝经济区内会展业合作。加强与成都经济区及成渝经济区主要城市的联系，积极开展会展项目建设、人才培养体系建设、产学研基地建设等方面的合作。结合成都经济区、成渝经济区各主要城市的优势产业、特色资源，发挥成都在会展专业场馆、专业人才等方面的优势，形成“成都搭台、各地唱戏”的会展业发展格局。

2、大力推进城市合作。加强与北京、上海、广州、青岛、杭州、武汉、西安、昆明等城市的合作，力争在促进会展项目、人才、信息、物流等会展资源的整合，在政策制定、行业管理、统计调查、人才培养、品牌培育等方面搭建对接交流平台，逐步实现资源与信息的共享，通过开放式合作实现优势互补、错位发展。

3、加强与国际对接。积极推进成都会展项目通过全球展览业协会（UFI）认证，推动会展主管部门、行业协会、会展企业等加入国际大会与会议协会（ICCA）等国际组织，学习引进国际先进的办会理念、运作模式、管理模式，不断提高成都会展业的国际化水平。加强与国际友城、驻华商协会、驻容领事馆、驻蓉商协会的对接，开展城市交流和项目合作，重点推动与德国慕尼黑等国际会展名城结为“会展姊妹城”。

（八）加强会展宣传推广，宣传会展城市形象。拓展推广渠道，整合宣传平台，提升重大会展项目宣传推广水平，加强对成都加快发展会展业、建设“中国会展名城”的宣传，努力提升城市影响力和知名度。

1、加大宣传力度。通过报纸、杂志、电视、网络、电台、推介会、专业论坛等多种方式对成都会展业发展情况进行宣传营销，为申办国际国内大型会展活动创造有利条件。每年从全市会展节庆活动中筛选一批城市营销功能强、推广价值大的重点项目，纳入全市重大活动宣传工作统一安排。每年在市会展业发展专项资金中安排一定比例的经费用于会展产业和会展项目的宣传推广。市属媒体确保提供一定版面（时段）用于会展产业和重点会展项目的新闻宣传。

2、整合宣传平台。建立完善会展信息收集、处理、发布机制，及时在各类媒体上公告展会信息，确保在蓉举办展会的知晓度和参与度。继续办好“成都会展网”，提升网站功能，创新开辟更多特色栏目，打造会展信息发布和服务平台。在北京、上海、广州等国内主要会展城市不定期召开成都会展推介会，在世界知名城市设立宣传点，对成都会展项目进行宣传推介。

3、强化氛围营造。对重点会展项目在会期加大公共资源支持力度，在重点路线和点位设置户外广告和灯杆道旗宣传展会。按城市户外广告要求，在城区主要出入口及显著位置设立电子广告牌，及时发布品牌展会信息，营造会展整体氛围。

五、保障措施

（一）强化组织保障。将“重点展会政务服务联络协调制度”服务范围扩大到全部会展活动，继续优化由市会展主管部门牵头，涵盖宣传、公安、城管、工商、卫生、交通、质监、知识产权等部门和单位的政务服务运行机制，建立健全成都“一站式、专业化、人性化”的成都会展服务模式，形成市级部门和区（市）县政府合力推动会展业发展的工作格局。

（二）完善政策制度。市财政每年预算安排会展业发展专项资金，统筹管理，科学使用，加强监管。实施重大项目扶持政策，鼓励引进和举办规模大、专业性强、发展潜力大的国际性和全国性重要会展项目。对事关城市知名度提升、经济社会发展或支柱产业发展的重要会展项目，根据举办规模、所属行业等具体情况，资金等方面给予必要支持。加强会展市场准入制度、会展权益保护制度、会展业争议仲裁制度等制度建设，不断规范会展市场。

（三）推进信息化建设。进一步完善成都会展网的网站功能，及时发布会展信息。在重要实物会展举办同期开展网上会展，提供信息发布、在线展览与销售、观众预登记、表单下载等多种自助服务功能，为参展企业和浏览者提供功能强大的信息查询系统。

（四）建立统计体系。加强对会展业的统计调查和统计指导，以《经济贸易展览会术语》、《专业性展览会等级的划分及评定》等标准为依据，建立成都会展业统计标准，将会展业逐步纳入成都市国民经济统计体系。加强会展项目的后续评估和总结，出台会展评估工作细则，将评估结果作为成选择市级扶持项目的参考依据。明确各区（市）县相关管理部门、会展场馆、会展企业数据上报职责和流程。

（五）加强理论研究。建立会展业发展研究中心，总结成都会展业发展实践经验，研究成都市会展业发展的核心领域和重大问题，发挥思想智囊库和决策咨询中心的作用。

（六）优化城市环境。

1、优化对内对外交通。加快构建立体化的交通体系，巩固成都作为西南地区交通枢纽的地位，增强来蓉办展办会的通达性与便捷性。推动与主要会展场馆、各大会议中心、主要节庆活动场所相衔接和配套的地铁、快铁、高速公路、下穿隧道、立交桥等交通设施建设。重要会展活动举办期间，开通公共交通专线，确保公共交通高效、便捷运行。

2、提升城市建设水平。完善水电气供应、邮电通信等市政设施，提高城市接待能力。按照国际城市标准，建立标准化、规范化的城市标识系统。在大型会展场馆周边规划建设集商业、商务、酒店、餐饮、文娱于一体的现代化、复合式、超大型城市综合体，满足大型展览与会议的接待需求。

附件：名词解释

1、会展业直接收入：会展活动组织者通过主办会展项目获得的收入，主要包括会展活动的入场券收入、参会参展费收入、场馆展台和会展设备的租金、会展服务收入、广告收入等。

2、会展业间接收入：由于会展活动的举办带动的商业购物、餐饮、住宿、娱乐、交通、通讯、广告、旅游、印刷、房地产等相关行业收入。

3、国际会议：参会国家（含主办国）达2个以上，与会人数达50人以上，外国与会者人数占与会人数20%以上，以年会、展览或奖励旅游等为举办形式的会议。

4、会奖旅游：即会展及奖励旅游，包括会议(Meeting)、奖励旅游(Incentive)、大会(Convention)、展览(Exhibition) 4 个组成部分，国际上简称为MICE。其中会议、大会和展览旅游是指利用举行各种会议、大会和展览活动的机会开展的特殊旅游活动；奖励旅游则是公司为了激励成绩优秀的员工、经销商或代理商而专门组织的旅游活动。

5、专业会议组织者（PCO：Professional Conference Organizer的缩写）：为筹办会议及有关活动提供专业服务的公司，或从事相关工作的个人。

6、专业展览组织者（PEO：Professional Exhibition Organizer的缩写）：为筹办展览及有关活动提供专业服务的公司，或从事相关工作的个人。

7、目的地管理公司（DMC：Destination Management Company的缩写）：为会展活动的举办提供现场协调、会务和旅行安排等专业服务的公司。 国际会展的举办通常都是由PCO或PEO进行组织，在选定会展目的地城市之后，将会展的服务以及会奖旅游和主题活动交由DMC公司负责。

浙江省

宁波市会展业发展“十二五”规划

二〇一二年十一月三十日

前 言

会展业是当今快速发展的新兴产业，是现代服务业的重要组成部分，它对于扩大贸易与消费、引进技术与投资、促进交流与合作、直接拉动与间接带动相关产业发展、提升城市知名度等具有十分重要的意义。宁波作为长三角南翼经济中心和现代化国际港口城市，具有发展会展业的良好基础和巨大潜力，目前正处在数量扩张向结构调整、质量提升转变的关键阶段。2012年，市第十二次党代会明确提出把宁波打造成为“区域性国际会展之都”的宏伟目标。

新时期、新形势下，为加快推进会展业又好又快发展，更好地发挥我市会展业在推动经济社会发展中的功能作用，特编制《宁波市会展业发展“十二五”规划》（以下简称《规划》），重点明确今后一段时期宁波会展业发展的总体思路、主要目标、重点任务和保障措施。

《规划》主要依据国务院《长江三角洲地区区域规划》、《宁波市国民经济和社会发展第十二个五年规划纲要》和《宁波市“十二五”服务业发展规划》等编制，是指导未来宁波会展业发展的行动纲领。《规划》期限为2011年至2015年。

一、现实基础

我市会展业以1997年举办首个政府主导型会展项目宁波国际服装节为发展起点，十五年来，持续发展，在总量规模、质量效益、平台建设、主体队伍等方面取得了积极成效，先后荣获“中国十大会展城市”、“中国最佳会展城市”、“中国十佳品牌会展城市”等奖项，长三角南翼会展中心城市的地位基本确立。

（一）总量规模较快增长

1997年，全市共举办会展项目18个。其中，展会10个、展览总面积6万平方米，会议论坛5个，节庆活动3个。到2010年，全市共举办会展项目253个，年均增长22.5%。其中，展会132个，年均增长21.9%；展览总面积155万平方米，年均增长28.4%；会议论坛71个，年均增长22.6%；节庆活动50个，年均增长24.1%。会展业保持了较快的发展，年度规模展会总数和展览总面积处于省内首位、国内同类城市前列。

专栏1 “十一五”宁波市会展项目统计

年 度	会展项目总数（个）	展 会		回忆论坛（个）	节庆活动（个）
		个数	展览面积（万平方米）		
2006	162	84	101	43	35
2007	185	97	114	50	38
2008	207	109	128	57	41
2009	228	119	139	63	46
2010	253	132	155	71	50

（二）品牌建设初显成效

我市初步培育了一批自主型品牌会展项目。展会有浙洽会、消博会、服博会、食博会、能博会、塑博会、家博会、住博会、车博会、文博会、外贸工厂展、机械展、模具展等；2010年，展览面积2万平方米以上的大型展会有23个。会议论坛有中国开放论坛、中国海洋论坛、甬港经济合作论坛等。节庆活动有服装节、人才科技周、开渔节、开游节、梁祝爱情节、弥勒文化节、慈孝节、湖泊休闲节、港口文化节等。还先后引进举办了1届双交会、2届药机展等国内大中型巡回展和3届APEC中小企业服务联盟论坛，成功策划举办了2010年上海世博会首个主题论坛——信息化与城市发展论坛。一批大型会展项目进入全国先进行列，家博会、服博会先后通过国际展览联盟（UFI）认证，我市成为省内会展项目取得UFI认证最多的城市。

（三）带动作用日趋增强

到2010年，已举办的12届浙洽会和9届消博会，累计来自100多个国家（地区）的10.8万名外商参会，12届浙洽会共签约外资项目3358个、协议利用外资346亿美元，9届消博会共实现贸易成交65.37亿美元。2007年引进举办的“双交会”有10万余名外地展、客商与会，直接拉动消费达2亿元；2010年春、秋两届车博会共成交10015辆，累计销售20多亿元；等等。各类会展项目还吸引了大批中外人士来甬从事经济贸易、文化交流，对于进一步提升宁波城市知名度、美誉度、开放度，推动旅游、住宿、餐饮、交通等关联产业发展起到了积极作用。

（四）专业场馆基本建成

2003年起，我市相继建成了展览面积分别为7.7万、4.2万、2万平方米的宁波国际会议展览中心、余姚中塑国际会展中心、慈溪国际会展中心等专业会展场馆，在建的有宁海县会展中心，待建的有慈溪国际会展中心拓展工程等；各专业会展场馆的配套设施不断完善，服务运行能力不断增强，基本满足宁波展览业日益发展的需要。截止目前，我市星级酒店总数已达到190家，其中五星级19家、四星级23家，承接高端会议论坛的能力不断增强。

（五）主体队伍不断壮大

截止2010年，全市在册有经营会展业务的企业达185家（含4家外商独资或合资的会展企业）。其中，会展企业注册资本在500万元以上的有4家、100万元以上的有45家，已独立运作展览面积2万平方米以上大型展会的专业会展企业达到15家；年产值1000万元以上的有7家、500—1000万元的有6家。基本形成了一批有相应实力和策划运作经验的大、中、小专业会展企业，还培育了一批会展布展搭建、招商代理、广告策划、设备租赁、礼仪服务等配套企业。

（六）发展环境持续改善

一是健全了会展机构。1999年设立市大活动办（挂靠市府办），2003年设立市会展办（与市大活动办合署办公）,2011年统一设市会展办（挂靠市府办）；先后又成立市会展业促进会、市节庆联合会，余姚、象山、宁海、奉化等地也相继设立会展机构。二是强化了政府推动。2003年起每年组织召开市会展工作领导小组会议，2007年起市政府又每年组织召开全市会展工作会议；2008年出台专项扶持政策，每年安排2500万元会展业发展专项资金。三是深化了服务保障。以服装节为载体，逐步构建了以市会展办牵头协调，市宣传、公安、城管、交通、工商、质监、知识产权等部门支持的“1+N”会展服务保障体系。四是提升了会展教研。宁波是国内最早成立会展经济研究所的城市，浙江万里学院会展经济与管理专业是目前国内唯一的国家级特色专业。

回顾发展历程，也应清醒地认识到发展中存在的问题和不足：一是专业会展场馆的配套设施和服务功能不够完善，门禁系统、停车系统、会议设施等配套体系和周边的交通、接待、商务等服务功能有待提升，综合服务保障能力有待提高。二是会展主体总体实力偏弱，在国内外有影响的实力型专业会展企业极少，整体策划营销能力不强，难以与国际知名会展机构、品牌企业开展合作。三是政府主导型会展项目市场化不够，市场主导型会展项目规模化不够，现有传统的会展项目创新性不够。展会普遍存在“四多四少”现象，即消费展会多、贸易展会少，展商多、客商少，普通观众多、专业采购商少，国内客商多、国际客商少。四是会展从业队伍整体素质欠高，大多从业人员是从其它行业转入会展业，缺乏系统学习和专业培训；会展人才培育引进也尚未取得突破。五是会展营销推广力度不够大，在国际和国内高端媒体的专题营销推广投入不够；会展统计评价不够规范，还未将会展业列入我市国民经济独立统计范围，等等。这些亟需加以认真研究解决。

二、机遇挑战

展望“十二五”时期国内外宏观环境和会展业发展趋势，宁波会展业既面临重大机遇，又面临严峻挑战，但总体上机遇大于挑战，推进宁波会展业转型升级的条件具备、时机成熟。

（一）发展机遇

从国际环境看，经济全球化向纵深推进，必然促进会展业全球化。随着国际产业转移深入推进，以中国为代表的亚洲经济保持较快发展，加上其潜在的巨大市场需求，国际会展机构抢占亚洲会展市场的态势日趋明显，中国占有举足轻重的地位。宁波地处我国乃至世界经济最为活跃的长三角地区，经济实力较强、外向度较高、会展基础较好，是全国出口名牌产品和参加境外展览最多的城市，有利于推进会展业国际化发展。

从国内环境看，我国仍处于发展战略机遇期，国内经济发展将由“出口导向+投资驱动”转向依靠“消费+出口+投资”协调拉动，立足扩大内需是“十二五”根本政策取向，近期国务院又出台了加强进口促进对外贸易平衡发展的政策，有利于培育进口展、消费展。国家实施新一轮沿海区域发展战略，浙江海洋经济发展、舟山群岛新区建设等上升为国家战略，有利于发展“蓝色”海洋会展业。国家大力培育和发展节能环保、新一代信息技术、生物、高端装备制造、新能源、新材料、新能源汽车等七大战略性新兴产业，有利于开拓新兴会展市场。国家大力发展文化产业，把会展业纳入现代文化产业的重要内容，有利于拓展延伸会展业内涵。

从区域环境看，长三角区域经济一体化深入推进，有望发展成为亚太重要国际门户、世界第六大城市群。上海“两个中心”建设深入实施，必将推进以服务经济为主导的经济形态在长三角地区的快速发展；国务院《长江三角洲地区区域规划》明确宁波重点发展商贸会展业，必将促进宁波贸易类展会创新发展。浙江省作为国家转变经济发展方式综合试点省，必将在结构调整、增长方式转变等方面迈出实质性步伐。同时，《浙江省文化产业发展规划（2010—2015）》明确提出，要以打造国际知名会展目的地、全国重要的会展中心及“会展强省”为目标，大力发展文化会展业。这些为宁波会展业发展提供了难得机遇。

从宁波实际看，宁波具有良好的产业基础，产业门类齐全，产品种类繁多，是中国品牌之都，特别是“十二五”大力推进“4+4+4”产业升级工程，将为会展业转型升级提供资源依托。市第十二次党代会把加快服务业跨越式发展作为产业结构调整的重中之重，明确提出把宁波打造成为“区域性国际会展之都”的宏伟目标，将为会展业转型升级提供强大动力。随着“六个加快”战略深入实施，现代化国际港口城市建设不断推进，经济实力不断增强，将为会展业转型升级提供重要支撑。市委、市政府大力推进现代服务业发展，《宁波市“十二五”服务业发展规划》把现代会展列为我市“十二五”服务业重点发展的八大生产性服务业之一，将为我市会展业转型升级提供坚实保障。

（二）主要挑战

宏观经济环境严峻挑战。会展业与经济环境密切相关。当前，国内外经济发展遇到许多新情况、新问题。世界经济复苏艰难曲折，国际金融危机持续影响，一些国家主权债务危机短期内难以解决。一段时间内世界经济的“低谷”或复杂多变，必然影响全球会展业发展。随着我国服务贸易市场全面开放，外国资本进入为中国会展业注入新的活力，也使尚未成熟的中国会展业面临更趋复杂的商业环境和更趋激烈的国际竞争。“十二五”国内经济进入更加复杂的转型时期，经济增长存在下行压力，出口压力加大，内需动力不足，一些企业特别是小型微型企业经营困难增多，等等。

国内会展激烈竞争挑战。从全国看，宁波既面临北京、上海、广州一线会展城市的竞争压力，特别是2011年商务部与上海市合作，共建世界上规模最大、水平最高的国家级会展中心，必将加速长三角城市会展业资源整合；也面临深圳、成都、青岛、厦门、郑州等同类城市的激烈竞争。从长三角区域看，南京、苏州、无锡等城市与宁波区位相似，经济实力相当，产业结构相近，如何实现会展业错位发展是不可回避的难题。从省内看，杭州具有省会城市的管理资源叠加效应，新建的国际博览中心也将投入使用，会展业蓄势待发；义乌“以贸兴展、以展促贸”的“义博会”颇具国内外影响，会展业也正在快速崛起。

自身存在薄弱环节挑战。从发展共识看，个别地方、部门对宁波发展会展业、打造区域性国际会展之都的重要意义和作用认识不足，支持和服务于会展业发展的动力不足。从管理体系看，我市会展工作职能部门与同类城市相比，统筹发展和协调管理的力量明显薄弱；国展中心（以下简称国展中心）多头管理体系也尚未理顺；行业中介机构作用还未得到有效发挥。从城市基础设施看，我市民航、铁路发展相对薄弱，特别是国际航线极少，不利于国际客商来甬参展与会；国展中心及周边配套设施建设进展缓慢，等等。

三、总体思路

（一）指导思想

以科学发展观为统领，深入实施“六个加快”战略，以会展业转型升级为主线，以调结构、促提升、增实效为目标，以政策推动、创新驱动、开放带动为途径，按照市场化、专业化、国际化、品牌化、联动化的要求，优先发展以贸易类展会为重点的展览业，引导发展商务性会议和特色节庆产业，积极发展新兴“蓝色”海洋会展业。着力推进会展业从注重数量规模向提升质量效益转变，着力推进政府主导型会展项目向市场化方向转型，着力推进以消费类展会为主向贸易类展会为主转向，加快把宁波打造成为区域性国际会展之都。

（二）基本原则

坚持市场化发展。积极推行政府主导型会展项目“1+1”运作模式，即由一个政府职能部门牵头协调、一个专业会展企业或行业协会具体参与承办，不断提升市场化、专业化运作水平。充分发挥会展企业和行业协会的主体作用，加大政策培育扶持力度，大力发展市场主导型会展项目。

坚持专业化发展。正确处理会展数量规模和质量效益的关系，择优发展一批符合我市产业发展需要的导向型、自主型、潜力型贸易类特别是专业性较强的展会，不断提升其他会展项目的专业化水平；大力培育一批实力型专业会展主体；积极培养一批实用性专业人才和从业人员。

坚持国际化发展。依托我市对外开放优势，加强与国际会展机构的合作与交流，加大国际招展招商力度，重点培育引进一批具有较强国际性的展会项目，努力提升节庆活动、会议论坛的国际化水平。学习借鉴国际会展业经营管理、服务保障、人才培养等先进理念，积极探索具有国际化特征的会展业发展机制。

坚持品牌化发展。按照“稳中求进、进中求质”的要求，努力优化提升一批、培育扶持一批、策划创新一批国际化水平较高或国内知名、区域辐射较强的规模大、效果佳的自主品牌会展项目，积极推进会展“品牌项目、品质产业”工程实施。

坚持联动化发展。积极推进市、县两级会展业联动、错位发展；充分依托产业优势、市场优势和开放优势，推动常年展、临时展、网络展联动发展；更加注重会展业与先进装备制造业为重点的工业和旅游、贸易、海洋等相关产业紧密联动发展。

（三）发展目标

到2015年，基本实现数量规模适度增长、结构调整取得进展、质量效益逐步提升的发展态势；基本构筑以实体展会为主，以节庆活动、会议论坛和虚拟网络展为补充的“1+3”产业发展格局；基本形成政府推动、市场培育、协会参与的联动发展机制。

——会展产业得到转型升级。以贸易类展会为重点的展览业得到创新发展，会议和节庆产业得到特色发展；政府主导型会展项目得到转型发展，市场主导型会展项目得到规模发展。会展业总体实力处于国内同类城市前列，努力把会展业培育成为现代服务业的战略性产业。会展业对经济的拉动作用超过400亿元。

——主体培育取得明显成效。初步形成以宁波市国际贸易投资发展有限公司为龙头、大中型专业会展企业为支撑、相关会展服务机构为辅助的“123”会展主体结构，即境外或境内外合作的专业会展机构达到10家，实力较强的专业会展企业突破20家（年产值2000万元、1000万元以上各达到10家），相关会展重点配套服务机构超过30家。

——会展量质实现跨越提升。力争全市举办会展项目达到400个。其中，举办展会达到200个，展览总面积达到250万平方米；展览面积2万平方米以上的大型展会达到30个。不断做强传统会展项目，大力培育新兴会展项目，重点打造一批具有国内外较大影响的“新、特、专、优”的“12633”自主品牌会展项目，即12个优势贸易类展会、6个特色消费类展会、3个高端会议论坛、3个品质节庆活动。取得UFI认证会展项目达到5个。

四、空间布局

根据全市资源禀赋和功能分区，结合现有专业会展场馆资源分布和市、县会展业发展现状，统筹考虑各地会展业发展的新趋势，着力构筑“一核支撑、两翼协同、多点补充”的会展产业空间布局。

（一）打造一个核心集聚发展

以江东区所在的国展中心为会展核心集聚区，依托其展览场馆设施及内部和周边宾馆（酒店）的会议设施，重点发展贸易类展会，择优发展消费类展会，培育发展虚拟网络展，引导发展相应专题会议论坛，努力提升展会与会议论坛的国际化水平，大力助推国际进出口贸易发展，推动国际贸易和国际会展联动发展，基本建成立足长三角、辐射国内、面向世界和具有宁波特色的区域性国际会展之都的核心集聚区，着力构筑国际贸易展览中心、国际金融中心、国际航运中心“三位一体”融合互动的高品位现代服务业发展新高地。

（二）推进“两翼”错位发展

1、北翼。以余姚中塑国际会展中心、慈溪国际会展中心为依托，重点培育发展符合本地产业优势、市场优势的贸易类展会，适度发展消费类展会，主动承接上海等城市转移的中小型专业化展会，实现与市本级展会协同发展、错位发展。依托两地风景旅游景区宾馆（酒店）资源，大力培育商务性会议论坛。积极探索县域会展经济发展新模式。

（1）余姚市要继续办好中国国际塑料博览会、中国（余姚）河姆渡农业博览会和中国裘皮服装节等重点会展项目；同时要结合本地产业特点，积极培育金属材料、文化产业等题材的展会，创新培育相关专业性会议论坛和特色节庆活动，努力打造成为长三角地区县域特色会展基地。

（2）慈溪市要继续办好中国（慈溪）家电博览会。重点要依托其区域内杭州湾新区大力发展四大装备制造业（汽车制造、海洋装备制造、新材料、新能源）、三大高新技术产业（海洋高科技、电子信息、光电子）和两大特色产业（智能家电、纺织服装），积极培育相关专业性展会，努力打造成为长三角地区专业性展览中心。

2、南翼。以在建的宁海县会展中心和奉化阳光海湾项目、规划建设的象山大目湾海博会展区为依托，充分发挥山海优势，重点发展渔文化、两岸经贸文化、弥勒文化和休闲美食、康体养生、运动体验、生态旅游等特色会展项目，积极推动会展业与海洋产业、旅游业融合互动发展。适度发展符合地方优势产业的中小型特色展会。

（1）宁海县要重点以中国徐霞客开游节为引领，以“5·19”国家旅游日为资源支撑，推动节庆产业与旅游业、体育运动和休闲健康产业融合互动发展；积极发挥在建的宁海县会展中心的作用，重点培育发展模具、数控机床等产业的贸易类展会；加快推进溪南国际会议中心建设，努力打造华东重要的特色会展中心。

（2）象山县要重点依托海洋、海岸、海岛等资源优势，做强渔文化主题，继续办好中国海洋论坛、中国开渔节等节会活动；加快推进大目湾海博会展区规划和建设，积极发展“蓝色”海洋会展业，努力打造国内具有海洋特色的会展服务新平台。

（3）奉化市要以中国（奉化）雪窦山弥勒文化节为依托，做大做强佛教文化、两岸文化主题，重视发展特色节庆项目，积极推进休闲会议产业发展，努力打造特色文化会展中心。

（三）带动“多点”特色发展

（1）鄞州区要重点挖掘历史文化资源，继续创新办好中国梁祝爱情节等节庆活动。借助区域内高星级宾馆（酒店）集聚优势和南部商务区、南高教园区等优质资源，积极引进国际化高端商务性会议论坛，培育动漫产业博览会等特色会展项目，努力打造特色商务会展区块。

（2）东钱湖旅游度假区要重点加快推进国际会议中心建设，依托丰富的特色湖泊资源，积极招会引会，继续创新办好中国国际湖泊休闲节，力争打造成为华东地区重要的国际会议基地。

（3）镇海区要充分依托“院士文化”、“宁波商帮”等资源，发挥中科院材料所的科研优势和国家级石化经济技术开发区的产业优势，重点培育发展新材料、石化工业等“新蓝海”会展业。继续办好中国开放论坛，努力把九龙湖打造成为特色商务会议基地。

（4）海曙区要依托宁波商贸中心区、高星级酒店集聚区优势，继续办好宁波购物节，充分吸纳核心区展会的客商资源，实现“以展促贸”新发展；积极招会引会，大力推动商务会议产业新发展。

（5）北仑区要重点依托港口文化资源，继续办好中国宁波国际港口文化节。充分发挥宁波保税区和梅山保税港区功能优势，积极探索进口商品展示基地建设，推动与江东区所在的国展中心常年展、临时展联动发展。

（6）江北区要重点依托慈孝文化，继续办好中华慈孝节，实现文化产业与会展产业共同发展。

专栏2 宁波市会展业总体空间布局示意图

五、主要任务

（一）加快完善会展平台

加快展务经济平台建设。积极发挥国有资本在会展领域的引领性、战略性、基础性和示范性作用，加快推进国展中心及配套项目建设，使之成为宁波打造区域性国际会展之都的核心平台。落实国展中心建设的优惠政策，加快推进一期常年展三、四号馆建设和临时展馆升级改造工程，以满足常年展、临时展日益发展的需要；加快完善场馆商务服务及周边餐饮、住宿、汇兑、交通、仓储等配套功能建设；加快提升场馆安防系统、票证制作与检验系统、消防监控系统、交通停车系统等配套设施。既要严格控制各地展览场馆建设，防止重复投资；也要积极发挥现有余姚中塑国际会展中心、慈溪国际会展中心和在建的宁海县会展中心专业会展场馆的积极作用，不断提升专业会展场馆的运营能力和服务水平。有效支撑展务经济发展。

专栏3 “十二五”宁波市会展场馆重点建设项目

1、宁波国际贸易展览中心。位于甬新河以东、通途路以南、江澄路以西、民安路以北，占地面积72570平方米、规划建筑面积301460平方米的一期常年展三、四号馆基本建成；现有一至八号临时展馆得到改造升级，配套设施得到进一步完善。基本形成区域性的国际贸易展览展示先行区。
2、余姚中塑国际会展中心。位于余姚中国塑料城内，占地面积42000平方米，分8个展馆，标准展位2000个。“十二五”期间将进一步完善塑料城展馆及相关配套设施，加快推进塑料城商务中心建设，强化展馆周边设施配套规划，完成部分展馆迁建或扩建规划工程，基本形成特色产业常年展与会展中心功能融合的会展功能区块。
3、慈溪国际会展中心。利用现有会展场馆周边剩余土地资源，拟投资1亿元人民币扩建1000个国际标准展位的展馆和完善相关的公共配套设施。积极探索县域综合会展运作模式，提升会展产业区块的综合服务功能。
4、宁海县会展中心。位于宁海五一九广场，占地面积78亩，建筑面积7.2万平方米，集会展、展销、商贸、办公、文化、餐饮、旅游、体育健身为一体的现代化、多功能、综合性的国际会展中心基本建成，主要包括400个国际标准展位、城市规划展览馆、800人多功能厅、会议培训设施等。
5、象山大目湾海博会展区。位于规划面积15平方公里的大目湾低碳生态城内，其中会展区规划占地面积约2000亩。“十二五”期间将围绕大目湾低碳生态城“养生休闲度假海湾、海洋文博商务中心、低碳宜居示范新城”的总体功能和全力打造国际性的海洋经济、科技、贸易的海博会展区的定位，积极推进前期调研策划、规划论证等相关工作，力争启动建设。

推进会务经济平台建设。引导各县（市）区结合自身优势和发展需要，积极招商引资，加快建设面向国际的会务经济发展平台，努力打造各类高端商务性会议基地和旅游基地。加快推进东钱湖旅游度假区国际会议中心建设步伐，使之具有承办大中型国际性会议的设施条件。加快推进宁海县溪南国际会议中心、镇海九龙湖商务会议基地等建设，形成特色会务平台。依托宁波市中心“三江口”区块的宾馆（酒店）集聚资源，积极招商引会，加快打造“三江汇”商务会议基地。引导全市其它主要宾馆（酒店）按照国际化的服务标准，完善会议场地和相关配套设施建设。积极支撑会务经济发展。

（二）加快培育会展主体

不断提升现有专业会展主体。指导宁波市国际贸易投资发展有限公司按照国际化、专业化的要求经营运作，不断提升综合竞争力。鼓励中小型会展主体通过收购、兼并、联合、参股、控股等方式，进行跨地区、跨部门的战略重组；鼓励国内外资金通过多种方式参与我市会展业的资产重组和股份制改造，推进我市会展业跨区域合作、国际合作。支持市内会展企业加入国际会展组织，推行国际营销战略，力争有5家会展企业加入国际展览联盟（UFI）、美国国际展览协会（IAEM）、英国展览业联合会（EIF）等知名国际会展专业组织；支持会展企业取得ISO国际质量体系认证，提升国际竞争能力。按照《宁波市地方税务局营业税差额征税管理暂行办法》，通过对会展企业多办展、办好展的税收优惠，不断提升现有专业会展企业的实力，着力培育一批规模较大、竞争力较强的会展领军企业，增强会展业发展的内生动力。

大力培育新兴专业会展主体。充分发挥政策的宏观引导和激励作用，努力引进培育一批外向关联度高、招展引会能力强的优质会展主体。认真落实市政府《关于加快推进国际贸易和会展企业总部基地建设的实施意见》，根据会展企业注册资本额度给予相应的补助。对符合我市引进市外大型服务业机构和总部经济扶持发展要求的会展企业（中介组织），同时享受市政府关于服务业和总部经济的相关政策。积极鼓励国内外相关行业协会、专业会展机构和配套服务企业来我市投资创办会展企业或设立分支机构。鼓励市内相关行业中介组织依托自身资源优势，分设会展企业，积极开拓会展业务；注重与上级行业中介组织联系协调，支持或参与我市会展业发展。引导其他行业有实力的企业集团投资会展业，参与主（承）办我市会展项目。研究成长性会展主体的扶持政策，不断壮大会展主体队伍。

不断发展会展配套服务主体。按照会展服务专业化的要求，培育发展与会展业密切相关的项目策划、布展设计、展装搭建、设备租赁、招展招商代理、公关礼仪、翻译服务、票务预订等专业服务企业和交通物流、金融保险、商贸旅游、广告代理及中介服务等配套服务企业，不断延伸会展产业链。引导会展配套服务企业在专业化、标准化、规范化方面与国际先进水平接轨，不断提升会展配套服务企业的国内外竞争力，有效支撑我市会展业专业化提升发展。

（三）择优发展政府会展

优先扶持重点展会。按照“依托产业、服务产业、提升产业”的思路，市本级要围绕打造先进装备制造业基地、推进“4+4+4”产业升级工程和推动海洋经济、开放型经济发展等需要，重点择优扶持一批由市政府主导的在国展中心举办的贸易类展会，并给予“一展一策”财政专项支持；筛选一批符合上述导向和要求的市场化运作的自主型、潜力型已办贸易类展会，经严格评估、审核、审批，纳入市政府主导的重点扶持展会。按照“属地需要”的原则，有效发挥各县（市）区专业会展场馆的作用，鼓励各地依托产业优势、市场优势发展各自引领性的贸易类展会。继续办好宁波国际服装服饰博览会、中国浙江投资贸易洽谈会、中国国际日用消费品博览会、中国（宁波）节能产品（技术）博览会、中国国际智慧城市技术与应用产品博览会、中国国际塑料博览会、中国（慈溪）家电博览会等政府主导型展会。

引导发展节庆会议。鼓励各地结合自身历史文化、特色产业等区域资源优势，通过服务外包，大力培育或引进举办重点性、实效性的特色节庆项目和面向海内外的工业、贸易、物流、金融、旅游、科教、文化等商务性会议论坛，创新发展节会经济。立足宁波高端产业发展的需求，充分利用国内外资源优势，积极争取航运、大宗商品等方面的国际性高端会议论坛来甬举办并落户宁波；加强策划营销，培育一批精品节庆项目。继续办好宁波国际服装节、中国·浙江宁波人才科技周、中国开渔节、中国徐霞客开游节、中国（奉化）雪窦山弥勒文化节、中华慈孝节、中国梁祝爱情节、中国湖泊休闲节和甬港经济合作论坛、中国开放论坛、中国智慧城市发展高峰论坛等政府主导型重点节会项目。

规范提升会展运作。按照“突出重点、严格控制、规范运作、注重实效”的原则，既要优先扶持重点展会，严格控制非商品展览或形象展示比重较大的展会，也要培育一批政府支持型的重点节庆活动和会议论坛。积极推行政府主导型会展项目评估机制。新办的政府主导型会展项目申办前须经可行性评估；传统政府主导型会展项目要通过评估，整合一批、淘汰一批、提升一批；同时要逐步健全政府主导型会展项目财政资金的绩效评价体系。积极推行政府主导型会展项目“1+1”运作模式，不断提升专业化、市场化举办水平。新办的政府主导型会展项目应按照“1+1”模式运作，传统的政府主导型会展项目力争三年内实现转型，同时要控制同一家市内专业会展企业承办政府主导型会展项目数量，确保会展企业集中精力承办好会展项目，以此培育更多、更优的专业会展主体。努力减少政府主导型会展项目的务虚活动，安排财政专项资金的重点展会应加大招展特别是招商的投入。

（四）着力发展市场会展

加大市场化展会政策扶持。充分发挥市场主体的作用，把大力培育市场化展会作为今后会展业发展的重点方向。遵循展会从小到大、从弱到强、从专到优的成长规律，按照“分类分级、突出重点、绩效挂钩”和“小展少助、大展多助、优展特助”的原则，加大对会展企业（中介机构）举办的运作规范的展会项目资金支持力度，积极鼓励会展企业招展引展。有效发挥市本级会展业发展专项资金的激励作用，重点扶持新材料、新能源、新装备、生命健康、海洋高技术、汽车零部件等我市产业发展需要的新题材贸易类展会，适度发展消费类展会。认真贯彻国务院《关于加强进口促进对外贸易平衡发展的指导意见》，既要大力支持会展企业培育引进进口商品展会，也要积极鼓励市场化运作的展会项目加大招展特别是招商投入，努力扩大展会规模，提高进口展品比重，不断提升展会质量，尽快培育一批市场化的优势品牌展会项目。鼓励各地按照“属地受益、属地扶持”的原则，积极发展市场化的特色展会。

提升节会项目市场化水平。按照“突破高端、提升中端、培育专业”的思路，鼓励各县（市）区扶持发展一批政府支持型商务性会议论坛。按照“精品化、特色化”的要求，打好文化牌、产业牌、海洋牌、港口牌，培育发展一批“政府+市场”运作的重点节庆项目。引导现有政府主导型节会项目立足长远，策划创新，加快引入专业市场机制，通过服务外包和专业机构策划运作，稳步提升节庆项目和会议论坛的专业化、市场化水平。研究市、县两级市场化节庆和商务类会议论坛扶持办法。

规范市场化会展监督管理。按照《宁波市展览业管理暂行办法》，在实践中不断完善展会的“一站式”审核、审批制度，切实规范展会的监督管理。认真做好会展企业办展资格审查，严格把好展会准入关，杜绝骗展、多头办展和重复办展现象，淘汰劣质办展单位和展会项目，防止展会恶性竞争，促进我市展览业健康发展。抓紧研究出台节庆项目和商务性会议论坛管理办法。强化行业自律，加快形成“事前准入审核、事中服务保障、事后评估评优”的监管和评价机制，指导市会展业促进会、市节庆联合会认真履行“服务、代表、协调、自律”的基本职能，健全行业规章，配合政府加强行业监管，保障会员企业的合法权益。

（五）积极发展海洋会展

培育重点海洋会展项目。贯彻落实国家和浙江海洋经济发展战略，继续办好中国海洋经济投资洽谈会、中国海洋论坛和中国开渔节、中国国际港口文化节等重点海洋会展项目。积极发展海洋装备、船舶、医药、高新技术、渔业等题材的会展项目，努力争取中国海洋博览会落户宁波，办好中国（南方）海产品博览会。突出重点，整合资源，力争培育一个国内最大、国际有较大影响的“龙头”海洋会展项目，抢占国内海洋会展业新高地。

推进海洋会展国际合作。积极发挥“宁波帮”和帮宁波人士的作用，加强与国外品牌海洋会展项目主办机构合作，推进合作办展，或培育子展、卫星展，争取得到国家有关部门和中介组织的大力支持。通过5到10年培育扶持，力争发展一批国内外有较大影响的海洋题材贸易类展会，大力助推我市海洋经济快速发展。积极参与世界重点海洋会展项目，继续推进申办世界海洋博览会前期申报研究等基础性工作。

打造海洋会展特色区块。以象山大目湾新城筹建海博会展区为契机，突出海洋文化主题，积极培育引进若干知名品牌展览，打造海洋文化展览中心。以中国海洋论坛为引领，依托丰富的海洋旅游资源，积极发展海洋会议和奖励旅游。以中国开渔节为龙头，丰富海洋节庆内涵，创新办节模式，继续办好石浦“三月三·踏沙滩”民俗节、渔山国际海钓节、象山海鲜美食节等节庆活动，整合现有海洋节庆资源，构建“1+3+N”的海洋节庆体系。

（六）努力发展品牌会展

优化项目评选促品牌。突出重点，继续鼓励全市展会项目做大、做强、做专、做优。按照政府主导型、市场主导型两大类，创新开展年度市级“双十佳”（政府主导型、市场主导型）优秀展会项目评选活动，优先评选贸易类专业性、进口型展会。策划开展市级“双五佳”优秀节庆项目、会议论坛评选活动。重点评选我市自主型和在我市连续举办三年（届）以上的非自主型会展项目。对评出的市场主导型优秀会展项目给予适当的经费奖励。

强化自主创新塑品牌。鼓励我市自主型会展项目组办单位加强自主品牌建设，对获得国际展览联盟（UFI）等知名国际性组织认证和取得国家注册商标的会展项目一次性给予相应资金补助；对获得中国驰名、浙江省著名、宁波市知名商标或名牌的会展项目一次性给予相应专项奖励。加强策划创新，鼓励各类展会项目组办单位，积极培育相应的订货会、对接会等配套活动，增强和延伸展会的实效，不断推进会展业品质化发展。引导会展企业以先进的品牌营销策略与品牌管理技术抢占会展市场制高点。

深化内外合作强品牌。积极发挥我市国内外合作交流资源优势和海内外“宁波帮”、“帮宁波”人士在推动我市会展业发展中的重要作用，加强与国内外相关部门和行业中介组织及相应品牌会展项目组办机构的联系协调，大力引进国际性、全国性的品牌会展项目来甬举办并落户，或联办我市传统会展项目，不断增加国际化元素，提升会展项目举办水平和档次，力争培育一批国际、国内或区域有较大影响的引领性、标杆性的“12633”大型品牌会展项目，通过不断提升会展项目国际化水平，促进品牌化发展。

（七）创新推进智慧会展

构建智能会展服务体系。结合宁波智慧城市建设，加大投入，重点突破，率先在国内构建智能会展服务体系，争取获得市级或省级、国家级立项建设。努力提升“中国宁波会展网”建设水平，建成多种语言并与国内外知名网站和市内重点会展企业网站、会展项目专题网站链接的全市综合性会展业官方门户网站，集合会展项目网上申报、审批和展会资助资金、项目评优申请及统计分析、信息发布、决策咨询等多种功能。积极探索推进来甬展、客商多用途的“一卡通”服务体系，包括参加市内多项重点展会和市内公交、餐饮、住宿、购物等结算服务。鼓励重点会展项目专题网站开设网上预约、表单下载确认、在线展览等服务功能。加强专业会展场馆基础设施建设，不断提升智能化服务水平。

促进智慧会展创新发展。重点鼓励注册在本市的会展企业依托自办的贸易类实体展会，培育一个相应的虚拟网络展，给予相应的资金补助，积极开拓“第二展会”，延长展会产业链，促进实体展览与虚拟展览良性互动发展。市内外贸易部门要有效发挥各自资源优势、贸易优势，创新发展虚拟网络展。继续办好中国国际日用消费品、中国国际文具礼品网上博览会等网上会展。依托国际贸易、专业市场，创新发展网上进出品贸易，建设成为区域性、行业性进出口电子商务平台。鼓励加大投入，逐步推进现有网络展从二维技术向三维、四维立体技术提升。

提升智力会展保障水平。强化会展科研工作。以宁波市会展经济研究所为基础，依托驻甬高校科研和师资力量，进一步提升我市会展科研在国内的影响力，适时成立宁波市会展经济学会；加大会展科研投入，提高市级课题会展项目立项比重，支持会展学科团队建设；积极鼓励申报国家、省级会展科研项目，开展会展业发展前瞻性基础理论和方法研究，强化应对性研究，为会展企业和产业发展提供智力支撑。推进会展专业建设。鼓励现有开设会展专业的院校，通过争取国家级专业综合改革试点、省优势专业建设、市品牌专业和重点专业建设等，不断提高专业建设水平；加大会展课程和教材建设力度，争取在国家级、省级视频公开课、资源共享课和规划教材建设方面实现突破。

（八）合力构建和谐会展

强化会展项目安全管理。按照“谁组办、谁负责和属地管理”的原则，落实各项大型会展项目安全措施，制订安全应急预案；完善各大型专业会展场馆安防系统、票证检验系统、消防监控系统、交通系统等配套设施和卫生设施；加强专业会展场馆布展搭建施工企业规范化管理，推进“平安会展”建设。认真落实国家对展会的知识产权保护办法，协调市知识产权和工商管理部门设点巡场服务，及时处理展会知识产权保护投诉事宜和会展市场监管，推进“信用会展”建设。

提升重点场馆服务运营。充分发挥各专业会展场馆的公共服务平台的作用，加强硬件及配套设施建设，不断提升场馆的现代化、智能化水平；加强自我管理，不断提升规范化、人性化的服务水平。重点加快完善国展中心展览场馆的门禁、登陆、交通、消防等配套设施建设，更好地服务于展会举办，并按照“优先贸易类展会、保护传统品牌展会”的原则，有序安排展期；市公安部门要切实加强对其指导，抓紧组建相对稳定的专业安保队伍；建立健全场馆租赁价格和各项服务收费的多方协商机制，立足于政府激励政策一致性，立足于加快推进国展中心建设，尽快研究制订各项优惠收费措施，鼓励会展企业多办展、办好展。

优化会展公共服务保障。着眼于宁波打造“区域性国际会展之都”大局，充分发挥政府及部门在推动会展业转型升级中的重要作用，积极实施会展服务便利化工程，探索构建具有国际化特征的会展公共服务保障体系。协调宣传、公安、财政、人社、城管、交通、食品药品、卫生、工商、质检、海关、检验检疫、知识产权、人才、外事、经济协作等部门，建立行业管理规范化、部门协作程序化、服务保障标准化的工作体系，形成运作有序、相互衔接、高效协同的推进机制。

六、保障措施

（一）健全组织体系

充分发挥市会展工作领导小组及办公室的作用，定期或不定期召开会议，协调解决会展业发展中的突出问题。各县（市）区和市有关部门要明确分管领导和相应的工作机构及联络员。市会展办要紧紧围绕“战略研究、行业管理、协调保障”三大任务，积极履行职能。按照有利于加快推进会展业转型升级的新要求，有效理顺各级会展工作机构，配强工作力量。充分发挥市会展业促进会、市节庆联合会、市会展经济研究所、市会展业服务中心等会展机构的积极作用，加强对其业务指导和经费支持。研究构建会展业与工业、贸易、海洋、旅游等相关重点行业深度合作的服务联盟。加快形成政府主导力、企业主体力、市场配置力的“三力合一”会展业发展增促机制。

（二）创新政策措施

根据新形势、新任务和新要求，加强系统研究，抓紧出台加快推进会展业转型升级的政策文件，合理安排使用会展业发展专项资金，切实提高政策的针对性、实效性和操作性。加强对各地各部门会展工作实绩考核，发挥政府部门和各类服务机构在促进会展业发展中的积极作用。重点资助在国展中心举办的市场化运作规范的贸易类特别是专业性较强的展会，扶持专业会展企业，奖励优秀展会和会展工作先进单位与个人，支持有关院校、科研机构和中介服务机构开展工作，做好会展整体营销推广、统计评估、绩效评价、调查研究、从业人员培训等基础性工作。协调市各有关部门大力支持会展业发展和会展项目筹办；引导各县（市）区制订相应的政策措施，推动本地会展业创新发展。

（三）重视人才培养

积极发挥政府主导和企业主体作用，实施会展人才培养工程。按照“以用为本、以用为先、以长期用为好”的原则，支持市内重点会展企业引进素质高、稳定性好的高级会展策划或高级会展营运管理等紧缺型会展核心人才。对引进和培养的会展业领军人才、拔尖人才及高层次创新创业人才，按有关政策给予扶持和资助。积极开展会展职业培训、资质培训，大力培养会展辅助人才和支持人才。创新突破，政校联合设立会展专项创业基金，共建会展创业基地，不断提高会展从业人员整体素质。引导会展企业支持从业人员参加国内外学习培训，不断提升我市会展企业的软实力。积极开展市级“双十佳”（机关、企业各10名）会展工作先进个人评比活动，表彰和奖励为推动我市会展业发展作出积极贡献的相关人员。

（四）做好统计评估

加强会展业统计调查工作。制订会展业统计调查细则，进一步规范会展统计要素、标准和数据上报流程，逐步将会展业纳入我市国民经济统计体系。加强会展项目评估。成立由各方专业人员组成的会展项目评估机构，逐步向第三方评估认证机构过渡。研究制订会展项目系统评估办法，近期重点做好政府主导型展会和申请资助资金的市场主导型展会的事前、事中、事后综合评估，严格认定展会类型、展览面积和贸易类展会的展客商人次、结构等要素指标，逐步推进其他会展项目的评估；进一步规范会展项目的名称使用。加强会展产业评价。结合会展统计调查和会展项目评估，支撑会展项目评优、资金审核、安全管理等工作，重点测算年度会展业对经济的拉动作用，并做好会展业发展专项资金的绩效评价工作，及时组织编写年度会展业发展报告，为上级决策提供依据。市会展、财政、统计、审计、公安等部门要加强业务指导和工作支持。

（五）加强营销推广

重视宣传载体建设。支持办好“中国宁波会展网”、《宁波会展简报》等有效平台，积极宣传把宁波打造成为区域性国际会展之都的重要意义和作用，大力弘扬先进典型事迹，积极传播会展知识和行业信息，加快形成会展业发展“大合唱”氛围。鼓励“走出去”营销推广。每年有针对性地选择国内外重点会展城市进行专题营销推广和学习考察；整合资源，研究在国内外重要媒体整体营销推广我市会展业和品牌项目的办法。充分发挥展会资助资金的调节作用，鼓励会展企业加大展会营销推广投入，开设相应专题网站。市相关部门要大力支持在市区主要道路、公共场所和国展中心周边设置常年展、临时展专题公益广告等配套宣传设施。

附件：1、名词解释

2、“十二五”宁波市重点优化提升会展项目导向

3、“十二五”宁波市重点培育扶持会展项目导向

4、“十二五”宁波市重点策划创新会展项目导向

附件1 名词解释

会展项目是指展会和会议论坛、节庆活动的总称。

贸易类展会是指为产业、商业等行业举办的只供展、客商洽谈贸易、交流信息，且不向公众开放、不发生现场零售的展会。

消费类展会是指以消费品为主要展品，并向公众开放或发生现场零售的展会。

专业性展会是指展示某一行业产品甚至某一产品的展会。

综合性展会是指展示全行业或数个行业产品的展会。

商务性会议论坛是指由院校、科研机构、行业中介组织、企业等组织举办未安排各级财政资金的会议论坛。

政府主导型会展项目（简称政府会展）是指由各级政府或部门主办（承办），并安排相应财政专项资金或占用其它公共资源的会展活动。

市场主导型会展项目（简称市场会展）是指由企业（中介机构）组织举办，但未安排各级财政专项资金或占用其它公共资源的会展活动。

“4+4+4”产业升级工程是指根据宁波市工业转型升级“十二五”总体规划，我市将全力发展新材料、新能源、新装备、新一代信息技术等四大战略性新兴产业，积极培育节能环保、生命健康、海洋高技术、创意设计等四大新兴产业，着力提升石化、汽车及零部件、纺织服装、电工电器等四大传统优势产业。

附件2 “十二五”宁波市重点优化提升会展项目导向（按最近一届举办时间先后排序）

序号	类别	项目名称	主办/承办单位
1	展会	中国国际文具礼品博览会	主办：中国国际贸易促进委员会 承办：贸促会宁波分会，宁海县政府
2		中国国际机械工业展览会	主办：中国机械设备进出口总公司，宁波市政府 承办：宁波雅卓展览服务有限公司
3		宁波国际汽车博览会	支持：宁波市政府 组办：宁波江东前程展览有限公司
4		中国国际家居博览会	主办：中国轻工业联合会，宁波市政府承办：中国轻工业展览中心，江东区政府、市住建委、市科协、市贸易局

5		中国（慈溪）家电博览会	主办：中国家用电器商业协会，中国机电产品进出口商会，台湾区电机电子工业同业公会，慈溪市政府承办：慈溪江南会展管理有限公司
6		中国国际机电工业博览会—中国模具之都博览会	主办：中国机械工业联合会，市经信委 承办：宁波市国际贸易服务有限公司、宁波市模具行业协会、市机床设备协会
7		“制造者“外贸工厂展览会	支持：市外经贸局组办：宁波江东前程展览有限公司
8		中国浙江投资贸易洽谈会、中国国际日用消费品博览会	主办：浙江省政府，国家商务部 承办：宁波市政府，浙江省商务厅
9		宁波国际服装服饰博览会	主办：中国服装协会，宁波市政府 承办：市经信委
10		中国宁波国际住宅产品博览会	主办：宁波市政府，国家住建部住宅产业化促进中心 承办：市住建委
11		中国塑料博览会	主办：中国石油和化学工业联合会，中国石油天然气集团公司，中国石油化工股份有限公司，中国中化集团公司，中国轻工业联合会，余姚市政府 承办：余姚市中国塑料城展览有限公司等
12		中国食品博览会	主办：国家商务部，中国商业联合会，中国轻工业联合会，浙江省政府 承办：宁波市政府，浙江省商务厅
13	节庆	中国宁波国际茶文化节	主办：中国国际茶文化研究会，中国茶叶流通协会，中国茶叶学会，浙江省农业厅，宁波市政府 承办：市林业局、市供销社、市农业局、市文联、市会展办、江东区政府、海曙区政府、宁波茶文化促进会
14		中国徐霞客开游节	主办：中国旅游协会，中华文化促进会，浙江省旅游局，宁波市政府 承办：宁海县政府
15		中国梁祝爱情节	主办：鄞州区政府，市旅游局 承办：鄞州区风景旅游管理局、高桥镇政府
16		中国开渔节	主办：象山县政府 承办：中国开渔节组委会
17		中国浙江 · 宁波人才科技周	主办：国家人社部，国家科技部，宁波市政府 承办 ：浙江省委人才工作领导小组，宁波市委人才工作领导小组
18		宁波国际服装节	主办：宁波市政府，中国服装协会，中国纺织工业协会，共青团中央，全国青年联合会 承办：市经信委、共青团宁波市委、市贸易局，市外经贸局、市文广新闻出版局、贸促会宁波分会、市会展办、市外办等
19	会议	甬港经济合作论坛	主办：宁波市政府，香港贸易发展局 承办：香港发展贸易局，市侨办、市外办等
20		中国海洋论坛	主办：浙江省政府，国家海洋局 承办：宁波市政府，浙江省发改委、海洋渔业局、海洋经济办公室

附件3 “十二五”宁波市重点培育扶持会展项目导向（按最近一届举办时间先后排序）

序号	类别	项目名称	主办/承办单位
1	展会	中国（宁波）国际精品家具展览会	主办：全国工商联家具装饰业商会，市工商联 承办：宁波市家具商会
2		中国（宁波）节能产品（技术）	主办：宁波市政府，浙江省环保厅、经信委 承办：市经信委、市环保局
3		中国（宁波）智慧城市技术与应用产品博览会	主办：国家工信部，国家广电总局，中国科学院，中国工程院，中国移动通信集团有限公司，中国电信集团有限公司，中国联合网络通信有限公司，宁波市政府 承办：市经信委、市文广新闻出版局、市科技局、杭州湾新区管委会、宁波国家高新区管委会
4		中国海洋经济投资洽谈会	主办：浙江省政府，国家海洋局 承办：宁波市政府，浙江省发改委、海洋渔业局、省商务厅、海洋经济办公室
5	节庆	中国（宁波）国际港口文化节	主办：中国交通运输协会，中国港口协会，宁波市政府 承办：宁波北仑区政府，宁波港集团公司
6		中国（宁波）青年时尚文化节	主办：共青团中央，全国青联，中共宁波市委、宁波市政府 承办：共青团宁波市委
7		中国（奉化）雪窦山弥勒文化节	主办：中国佛教协会 承办：中国（奉化）雪窦山弥勒文化节组委会
8		中华慈孝节	主办：中国文联，中国社科院伦理学会，江北区委、区政府，宁波城建投资控股有限公司 承办：江北区政府，宁波城建投资控股有限公司
9		中国湖泊休闲节	主办：宁波市政府，浙江省旅游局，中国青年报社 承办：东钱湖旅游度假区管委会、市旅游局
10	会议	中国国际徐霞客旅游文化论坛	主办 ：中国旅游协会，中华文化促进会，浙江省旅游局，宁波市政府 承办：宁海县政府
11		中国开放论坛	主办：国务院发展研究中心，浙江省政府 承办：宁波市政府，浙江省商务厅，中国经济时报社，中央电视台经济频道
12		宁波·诺丁汉国际金融论坛	主办：中国社会科学院，宁波市政府，英国诺丁汉大学 承办：英国诺丁汉大学
13		中国智慧城市发展高峰论坛	主办：国家工信部，国家广电总局，中国科学院，中国工程院，中国移动通信集团有限公司，中国电信集团有限公司，中国联合网络通信有限公司，宁波市政府 承办：市经信委、市文广新闻出版局、市科技局、杭州湾新区管委会，宁波国家高新区管委会
14		湖泊休闲论坛	主办：宁波市政府，浙江省旅游局，中国青年报社 承办：东钱湖旅游度假区管委会、市旅游局

附件4 “十二五”宁波市重点策划创新会展项目导向

序号	类别	名 称
1	展会	中国国际新材料博览会
2		中国国际新能源博览会
3		中国国际新装备博览会
4		中国国际生命健康新产品博览会
5		中国国际海洋高技术产品博览会（或中国海洋博览会）
6		中国国际汽车零部件博览会
7		中国动漫产业博览会
8		宁波国际进口商品博览会
9		中国（宁波）国际石化博览会
10		中国（南方）海产品博览会
11	会议	中国石化产业绿色发展论坛
12		中国国际航运发展论坛
13		世界大宗商品论坛

余姚市会展业“十二五”（2011—2015年）发展规划纲要

《余姚市会展业“十二五”（2011—2015年）发展规划纲要》根据《余姚市国民经济和社会发展第十二个五年（2011—2015年）规划纲要》和《宁波市会展业“十二五”发展规划纲要》编制，是余姚促进会展业健康发展的战略性、纲领性、综合性规划，是今后五年引领全市会展经济转型发展的行动纲领。

一、指导思想和发展目标

（一）指导思想

以科学发展观为统领，以我市区位、产业、市场、政策优势为依托，以政府主导和市场化运作相结合为手段，以多种形式的展览、会议（论坛）及大型节庆活动为主要载体，通过积极扶持、大力培育、优化环境、规范市场、整合资源、创建品牌等措施，推进我市会展经济的品牌化、专业化、市场化和国际化进程，努力构建具有余姚特色的现代会展业体系，使会展业成为我市新的经济增长点和现代服务业的支柱产业，为我市经济社会发展作出新贡献。

（二）发展目标

围绕把余姚打造成为长三角地区特色会展基地，会议目的地城市的总体目标，坚持以“市场化、专业化、国际化、组织化、高端化”为导向，促进会展业的转型升级，基本形成以塑博会为龙头，以国内有一定影响力的品牌专业会展为支撑，以多个具有区域代表性的展览、会议、节庆活动为主体的会展业格局。到2015年重点培育发展1-2个新的全国性品牌展会，引进或培育1-2家有一定规模和档次的会展主体，进一步扩大塑博会等品牌会展的国际影响力。

二、发展重点和主要措施

提升总量、强化效益，精心办好各类会展，进一步完善和提升会展业格局。

通过在具体工作中把握重点，突出亮点，寻求新的增长点，努力实现会展活动数量和经济效益逐年增长，会展业格局进一步完善和提升。

一是要坚持品牌塑造和重点培育，提升品牌展会国内外影响力，充分发挥塑博会龙头展会和小家电博览会、中国裘皮服装节等品牌展会的带动作用。精心谋划组织办好中国塑料博览会，力争展会在国际化程度、政府主导市场化运作模式和展会实效上有新突破。进一步挖掘塑博会的深度、拓展塑博会的宽度、提升塑博会的高度，通过国际冠名、展会认证等手段把塑博会打造成国际性、权威性专业展会。组织策划办好中国小家电博览会和中国裘皮服装节等品牌展会，整合相关资源，协调各方关系，进一步提升展会的知名度和影响力。

二是要结合我市块状经济特色产业优势和相关部门行业优势，积极主动引进和培育新的专业品牌会展，以促进相关产业转型升级，拉长我市会展经济产业链，带动新型服务业的发展。

三是要积极做好面向广大市民的消费服务类会展活动的协调指导和服务工作，在认真细致高质量办好消费性展会同时新举办文化类展会，努力形成“衣食住行教”系列展会，增强会展、购物、文化休闲消费的叠加效应，方便群众，带动交通、餐饮、住宿和商业消费。

四是要培育特色商务会议和节庆活动，创新发展商务会议产业，指导促进节庆产业健康有序发展。充分发挥我市会议政策优势，加强组织协调和指导工作，积极引进高档次会议，积累办会经验，提高承办高层次会议的水平，带动相关产业发展。协调、配合和宣传好现有品牌节庆活动，引导、创设和培育新的特色节庆活动，努力指导和促进节庆产业健康发展。

（二）健全制度、完善政策，着力规范会展业运行，进一步增强会展工作合力。

制定出台既符合我市会展业发展又具有市场化和国际化特点的会展业管理办法，规范会展业运行，促进会展业健康、有序发展。通过进一步健全会展工作考核机制，完善《市会展工作考评办法》、《市乡镇街道会展工作考评办法》，充分调动相关部门、乡镇街道和协会组织、会展企业积极性，结合我市产业和市场优势以及现有会展基础，依托政策扶持，发挥相关部门各自的职能优势，鼓励其积极与上级有关部门和行业协会、国际性组织开展合作，尽可能的创办和引进相关的展览、会议，鼓励乡镇、街道结合当地的产业特点和文化特色，积极举办各类会议、节庆等活动。落实会展工作各部门联动机制，加大对引进品牌展览、高端会议的政策扶持力度，适时成立我市会展行业协会，形成全市上下共同助推余姚会展业发展的良好氛围。

科学规划、完备要素，切实加强会展基础工作，进一步提高会展工作运行水平。

强化职能、理顺关系，根据我市近五年发展规划和宁波市会展业发展五年规划，在深入分析会展业宏观背景和我市会展业现状的基础上，研究制定我市会展业“十二五”发展规划，确定我市会展业阶段发展目标、发展思路、发展重点和发展举措，保证我市会展业发展规划的整体性、协调性和可操作性。并与《余姚市商贸服务业发展规划》、《余姚市加快推进产业升级行动计划（2011−2015）》相衔接，做到会展资源的合理利用、区域共享、效益最佳。

要进一步健全会展配套设施，努力形成以中塑国际展览中心为核心的，其他专业市场等为辅助的“一核心、多展点”的展会配套设施布局。加强中塑国际展览中心的展馆功能、展馆服务能力提升，确保为会展业发展做好各项综合保障和配套服务。

按照“政府推动、市场运作”的发展思路，坚持引进国内外知名展览公司和培育本土展览机构相结合原则，加大会展主体培育力度。积极发挥中塑国际展览管理有限公司在会展经营和会展服务领域的主导作用。

坚持以促进产业发展为目标，进一步完善会展业扶持政策，吸引更多以我市支柱产业、块状经济为依托的展览落户我市；加大引会办会力度，吸引一批国际国内重要会议和投资、贸易、洽谈、年度订货等大型商务会议来姚举办，不断做大我市会展经济。

进一步培育市场主体，培养会展人才。一方面，扶持现有会展公司发展。另一方面，争取出台专业会展公司、会展专业人才引进政策，加快引进会展业专业人才和展览公司，打造会展经济发展的人才团队，为加快我市会展经济发展提供人才、技术保障。

（四）虚实结合、搭建平台，推动会展与电子商务协同提升，进一步增强会展业竞争力。

坚持市“十二五”规划中对加快发展现代服务业中提出的“会展与电子商务协同提升”要求，推动和促进“中塑在线”、“网上市场”和“中国塑料城网”等资源整合发展，共同构建“网上塑博会”。利用现代网络技术，开展网络会展服务体系建设，促使专业展会借助电子商务实现“线上”虚拟，“线下”实体；“线上”常年展，“线下”集中展模式，进一步增强会展业竞争力。同时不断完善“余姚会展网”功能，推出会展网上服务平台，并加强与相关专业网站的互动，不断增强网站影响力。

第二部分

2012年全国会展产业政策法规解读

第一章　全国会展产业政策法规整体分析

（一）会展产业及政策现状

会展产业最早起源于欧洲，近年来亚洲成为会展业的新兴地区。而我国会展产业起步较晚，始于新中国成立后，迟于欧洲现代展览业的发展几百年。从50年代至80年代中期，中国会展业表现为出国举办经济贸易成就展和接待社会主义国家来华举办的少数单独展览会场。经过改革开放以来20多年，特别是80个代中期以来的15年的发展，中国会展业以20%的年增长速度迅猛发展，与香港和澳门地区会展业一起成为世界展会展经济的新兴力量。

据统计，“十一五”时期，我国会展业发展迅速，2010年，我国举办展览面积5000平方米以上展览会项目6200余个、总面积 7440万平方米，专业场馆300多个、可供展览总面积约1000万平方米。从数据中可以看出我国会展业的基础设施环境在不断改善，办展数量和规模进一步扩大。此外，在以政府为主要推手和引导下，各地方会展业积极发展，形成了中国（北京）国际服务贸易交易会，中国—东盟博览会，中国—东北亚博览会，中国—南亚博览会，中国—亚欧博览会等一批具有影响力的会展项目。在会展业的发展改革过程中，我国会展业巨大的市场潜力逐渐得到国际会展行业的青睐，吸引了一批国际会展企业投身中国市场，在促进了我国会展业发展的同时也使我国会展业的国际竞争力大幅提升。与此同时，在我国会展业高速发展中，依然存在一些不容忽视的问题。较之欧美发达国家仍有一定的差距。总体来看，我国会展业结构不合理，专业化、市场化水平偏低，国际竞争力不强，仍处于重数量、轻质量，重形式、轻效益的粗放型发展状态，对服务业及国民经济发展的贡献率亟待提高。因此，必须加大对会展业的支持力度，加快提升国际竞争力，推动我国会展业实现跨越式发展。

会展业是现代服务业的重要内容之一，已经逐渐的得到了各级政府的关注与重视。经过近年来的发展，我国的会展业发展已初步进入到规模不断提升，效益和影响力不断提高，国际化、专业化、市场化程度逐年攀升的阶段。在“十一五”期间，全国一些城市已经把会展业发展写入“十一五”规划当中。 虽然有些城市的会展业发展稍有滞后，但是也取得了长足发展。会议、展览、会展业在推动产业发展、提高城市知名度、带动城市经济发展等方面发挥了显著作用。据统计，《全国会展产业政策法规》白皮书2011年度收集了中央部委及全国部分省市的会展政策70多条，政策内容涵盖了“十二五规划”，会展业管理办法，扶持奖励措施，展会知识保护办法等。这些办法的实施不仅促进着会展业的发展，也规范着会展业的市场发展。2012年度白皮书将继续收集完善相关的政策法规，为会展人提供一本实用的手册。

（二）会展产业政策法规统计分析

发布者		会展业政策
文化部		文化部关于印发《文化部“十二五”时期文化产业倍增计划》的通知
财政部		关于印发《在华举办国际会议费用开支标准和财务管理办法》的通知
国家质检总局		国家质检总局关于支持广东国际会展业发展的意见
安徽省	合肥市	关于印发合肥市承接产业转移促进服务业发展若干政策（试行）的通知
		关于进一步促进外贸加快发展若干政策的资金项目申报通知
	芜湖市	芜湖市人民政府关于进一步加快服务业发展若干政策的意见
	淮南市	淮南市人民政府办公室关于加快发展会展业的实施意见
	马鞍山市	关于印发促进产业转移若干政策的通知
北京	北京市	北京市旅游发展委员会关于促进会议与奖励旅游发展的若干意见（试行）
		北京市会奖旅游奖励资金管理办法（试行）
		北京旅游商品扶持资金管理办法（试行）
		关于促进我市商业会展业发展的通知

福建	福建省	福建省科学技术厅关于申报2013年在华举办国际科技会展计划的通知
	龙岩市	关于办实办好各类展会有关事项的通知
广东	广东省	广东局转发国家质检总局关于印发国家质检总局关于支持广东会展业发展的意见的通知
		广东省会展业“十二五”发展规划
		广东省展会专利保护办法
	广州市	关于修改《广州市展会知识产权保护办法》的决定
	深圳市	关于印发《深圳市品牌展会认定办法》的通知
		关于《深圳市会展业财政资助专项资金管理办法》补充规定的通知
		关于征求《深圳展装展示企业资质等级管理办法(征求意见稿)》意见
广西	桂林市	桂林市人民政府关于加快发展桂林会展业的意见
		桂林市人民政府办公室关于印发桂林市会展业发展资金使用管理暂行办法的通知
海南	海南省	海南省商务厅关于申报2012年度省服务业发展专项资金扶持项目的通知
	海口市	关于修改海口市展览业管理试行办法的决定
河南	河南省	关于河南省会展业商会规范对外作为会展文化节庆等主承办、协办支持单位有关问题的管理意见
湖北	武汉市	市财政局 市商务局关于加强武汉市会展业发展专项资金管理有关事项的通知
		武汉市商务局武汉市财政局关于2012年上半年度申请使用会展业发展专项资金的通知
江苏	南京市	关于印发《南京市会展发展专项资金使用管理办法》的通知
	无锡市	无锡市服务业（会展业）资金管理办法
		无锡市会展业发展三年行动计划
江西	南昌市	南昌市会展业发展专项资金使用管理暂行办法
辽宁	税务局	辽宁省地方税务局关于免征会展企业房产税和城镇土地使用税有关问题的公告
青海	西宁市	西宁市会展业管理暂行办法（征求意见稿）
		促进若干经营性服务业加快发展的政策意见
山东	威海市	威海市人民政府关于促进工业企业开拓市场的若干意见
	潍坊市	潍坊市人民政府办公室印发《关于加快会展业发展的意见》的通知
	烟台市	烟台市展会知识产权保护办法

陕西	西安市	西安会展业发展办公室关于申报省级会展扶持项目的通知
		西安市发展会展业领导小组办公室关于会展业促进经济平稳较快增长的意见
浙江	嘉兴市	嘉兴市级会展项目管理实施办法
	萧山区	关于组织2012年度会展业扶持项目申报的通知
		萧山区加快会展业发展的实施细则
	宁波市	宁波市2012年境内外展会补贴政策
		宁波市会展业发展“十二五”规划
	嵊州市	嵊州市商务局关于印发《2012年嵊州市境内外重点、一般及推荐类展会目录》的通知
	义乌市	浙江义乌市修订展会知识产权保护办法
	余姚市	余姚市会展业“十二五”（2011—2015年）发展规划纲要

（据所收集城市会展政策统计得出）

据所收集到的相关政策法规统计分析，整体上全国会展业政策法规数量还比较少，涉及方面还不是很全。首先，各地关于会展业的扶持办法比较多，无论东西部，还是南北方都有对于会展业扶持的相关办法。这也从一个侧面说明了我国各地政府逐渐的认识到会展业的积极面及对产业转型的促进作用，在支持和扶持会展业的过程中，扶持资金就成为政府促进会展业发展的“有形之手”。其次，关于会展业的知识产权保护办法也在各地的会展政策中不断提及。各地政府不断的推进会展业管理规范化和加强对会展知识产权保护，这将对会展业高速发展提供有力的保障。

从区域来看东部相比西部无论是从会展政策法规颁布的数量还是关注的领域都有明显差别。沿海地区的长三角经济区、环渤海经济区、珠三角经济区的会展业政策相对较多，这与各地的会展经济发展状况相关。作为沿海城市有着便利的交通优势和雄厚的产业基础，形成了良好的会展业发展先行条件。

长三角地区的江苏省会展政策法规3条。南京市1条，关于印发《南京市会展发展专项资金使用管理办法》的通知。无锡2条，无锡市服务业（会展业）资金管理办法，《无锡市会展业发展三年行动计划》。在3条会展业政策中有2条是关于会展业发展资金的政策，说明了在会展业的发展政策中，各地政府在资金扶持上一直助力会展业的发展，同时也在积极的规范资金的管理，提高资金的使用绩效。政府出台资金的奖励扶持办法旨在鼓励会展企业的发展和展会培育中起到指引的作用。其中，《无锡市的会展业三年行动规划》中提到，将发挥无锡市产业基础雄厚、区域环境良好、交通设施便利、旅游资源丰富、文化底蕴深厚等优势，整合会展资源，培育会展市场。以市场化、专业化、品牌化、国际化为导向，以举办与产业转型升级相呼应的专业会展为重点，整合会展资源，加强招商引展，培育市场主体，营造优良环境，努力实现我市会展业的跨越式发展，把无锡积极打造为国内外知名的会展之都。

浙江省会展业政策法规6条。嘉兴市1条，嘉兴市级会展项目管理实施办法。萧山区2条，《关于组织2012年度会展业扶持项目申报的通知》《萧山区加快会展业发展的实施细则》。宁波市1条，《宁波市2012年境内外展会补贴政策》。补贴政策中提到，宁波市对本市企业参加由本市有资质组展单位组织的政府重点支持类展会和政府指导类展会，每个标准展位（9平方米，下同）分别最高补助3万元和2万元。同一家企业在同个政府重点支持类、政府指导类展会上享受补助的展位数分别不超过4个和2个，超过部分按以上标准的20%执行。嵊州市1条，嵊州市商务局关于印发《2012年嵊州市境内外重点、一般及推荐类展会目录》的通知。义乌市1条，《浙江义乌市修订展会知识产权保护办法》。作为经济相对较发达的省份，浙江的会展业的发展也走在前列。在浙江省会展法规政策中，会展资金补助办法2条。

福建也是我国沿海较发达的省份，会展业政策有2条。其中一条是《关于申报2013年在华举办国际科技会展计划的通知》，另一条是《龙岩市关于办实办好各类展会有关事项的通知》。在龙岩市关于展会的通知中显示，在龙岩市举办各类展会既要重视展会平台的推介作用，更要突出展会的经济功能，切实改进和创新办展方式，努力做到“目的明确、经贸为主、层次适当、规模适度、市场运作、注重实效”。

海南省会展业政策法规2条。其一是，《海南省商务厅关于申报2012年度省服务业发展专项资金扶持项目的通知》第二条是，海口市人民政府关于修改《海口市会展业发展专项资金使用管理暂行办法的决定》。在通知中介绍，海南省在2012年度省服务业发展专项资金重点支持购物中心建设、旅游购物和餐饮、物流以及会展业。支持列入全省发展规划，面向国际国内旅客，主要经销世界知名品牌、海南地方特色商品的大型旅游购物中心新建和改扩建项目。支持特色旅游景区(点)的旅游购物、餐饮等公共设施的新建和改造项目。扶持列入全省发展规划的现代物流园区新建和改扩建项目。奖励2011年度税收排名前5位的物流龙头企业，组织集装箱箱源在洋浦港和海口港中转排名前3位的航运企业和航运公司新增的国际航线、班轮。扶持2012年在我省成功举办的各类大型展览。

环渤海经济区，山东省3条会展政策法规。威海市1条，威海市人民政府关于《促进工业企业开拓市场的若干意见》。潍坊市1条，潍坊市人民政府办公室印发《关于加快会展业发展的意见》的通知。烟台市会展政策1条，《烟台市展会知识产权保护办法》辽宁省会展业政策法规1条。辽宁省地方税务局《关于免征会展企业房产税和城镇土地使用税有关问题的公告》。

山东省会展业的政策法规3条，2条是关于促进会展业的发展的政策，1条是关于展会知识产权保护。其中，威海市人民政府关于《促进工业企业开拓市场的若干意见》中提到，威海市鼓励企业参加国内外展会。工业企业参加国际展会，按照《威海市国际市场开拓资金管理办法》（威财企〔2008〕3号）给予资金补贴；参加市政府及其有关部门统一组织的国内重点展会，按照展会性质、区域和市场影响力等给予展位费30—50%的补贴，对大型展品运输费用根据具体情况给予最高50%的补贴。

另一条会展业政策是潍坊市人民政府办公室印发的《关于加快会展业发展的意见》的通知。为了全面提升潍坊市会展业发展水平，繁荣会展经济，打造山东半岛特色会展城市，加快会展设施建设。按照超前规划、合理布局、配套完善、注重实用的思路，加大投入力度，规划建设一批会议展览中心。在潍坊市区高起点、高标准建设鲁台会展中心等与国际水平接轨的大型会展设施，引导各县市区结合自身区位、产业、文化优势，规划建设各具特色的地方会展设施。

潍坊市提出，要整合现有同类同质展会，合理配置会展资源，提升一批展会、节庆活动的规格和影响力，力争打造成为地方品牌节会。鼓励县市区依托优势产业和特色民俗文化，举办会展、节庆活动。引导会展企业按照国际化、专业化要求策划实施会展项目，争取通过国际展览协会（UFI）、国际大会与会议协会（ICCA）认证。加快组建大型会展战略投资集团，引导现有会展企业组建股份制会展企业集团或会展联盟，鼓励各类经济实体成立会展公司。积极支持外商和跨国企业到潍坊投资会展业，大力引进国内外知名会展企业落户潍坊。

并详细的制定会展人才培养相关规划，开展会展人才培训工作，引进国内外高素质会展专业人才，为会展业发展提供人才保证。依托国内外知名高等院校、科研院所，开展会展业专项课题研究。加强与高等院校的联系，努力推动校企合作，开设会展专业或技能培训班，逐步形成学历教育、继续教育、职业技能培训等多层次会展人才培养体系。

《烟台市展会知识产权保护办法》作为烟台市会展产业的相关法规具有规范会展业发展的意义。适用于烟台市行政区域内举办的各类展览会、展销会、博览会、交易会、展示会等活动中有关专利权、商标权、版权、植物新品种权、地理标志产品专用标志等知识产权的保护。

辽宁省会展业政策规划1条，辽宁省地方税务局《关于免征会展企业房产税和城镇土地使用税有关问题的公告》辽宁省根据会展业的实际情况，对会展业提出了针对性的产业扶持政策。会展业是新兴产业，将带动和促进相关服务业的发展，鉴于我省会展业刚刚起步和经营初期遇到的实际困难，经省政府同意，对纳税确有困难的会展企业，该政策已从2013年1月1日起开始实行，自场馆经营之日起免征三年房产税和城镇土地使用税。

珠三角经济区，作为我国改革开放的先行地区。广东省会展业法规政策5条《广东省展会专利保护办法》关于修改《广州市展会知识产权保护办法》的决定。深圳市关于征求《深圳展装展示企业资质等级管理办法(征求意见稿)》意见，在深圳区域内从事展装展示企业，包括：设计、结构制作与安装、器材与展具的制作安装、搭建与拆除、装饰与装潢、展览设备维护、展览设备器材和道具租赁企业。未经资质等级评定，不得在深圳市展览场馆从事展装展示业务。关于印发《深圳市品牌展会认定办法》的通知，关于《深圳市会展业财政资助专项资金管理办法》补充规定的通知。

除了，经济较为发达的东部地区，中部地区的安徽，河南，湖北，江西会展业也在迅速的发展，随之会展政策的颁布量也在不断增加。其中，安徽作为中部省份在2012年度有5条会展相关政策，《关于印发合肥市承接产业转移促进服务业发展若干政策（试行）的通知》《关于进一步促进外贸加快发展若干政策的资金项目申报通知》《芜湖市人民政府关于进一步加快服务业发展若干政策的意见》中共马鞍山市委，《马鞍山市人民政府关于印发促进产业转移若干政策的通知》《芜湖市人民政府关于进一步加快服务业发展若干政策的意见》。

河南会展业政策法规1条，关于河南省会展业商会规范对外作为会展文化节庆等主承办、协办支持单位有关问题的管理意见。管理意见中提出，随着政府逐步从会展会务中脱离出来，行业管理越来越显得重要，为加强规范我省会展文化节庆活动管理，改善、优化我省会展文化节庆市场环境，努力培育会展文化节庆品牌，积极扶持会员单位和兄弟单位把会展文化节庆活动做大做强，维护河南省会展行业的良好形象，确保参展商的基本利益得以实现。

湖北省会展业政策法规2条。2条会展业政策法规都是《关于会展业的专项资金的管理及使用办法》。其一是武汉市财政局武汉市商务局《关于加强武汉市会展业发展专项资金管理有关事项的通知》通知中划定了会展专项资金主要用途：对在本市举办的规模大、效益好、有发展潜力、辐射带动作用强的展会的奖励；对符合我市产业发展方向的自主品牌展会的培育、扶持补助；申办和引进国际性、全国性会展活动的支出，以及展会落地所产生的相关费用。宣传推介我市会展环境及开展资质评审、会展调研等基础性、保障性公共支出。此外，第二条是《武汉市商务局武汉市财政局关于2012年上半年度申请使用会展业发展专项资金的通知》。

江西省关于会展业的政策法规1条。《南昌市会展业发展专项资金使用管理暂行办法》是南昌市为了进一步促进会展经济的快速发展，规范南昌市会展业发展专项资金的管理，充分发挥专项资金的引导和激励作用而设立。南昌市会展业发展专项资金（以下简称：专项资金）是指市财政每年预算安排的专项用于扶持会展业发展的资金,专项资金视财力及会展业发展状况逐年增加。

西部地区作为我国经济欠发达地区，会展业的发展速度相对东部发达地区略显稍慢。但是会展业的春风也吹到了西部，在会展业的政策的制定方面；青海会展业政策有2条，《西宁市会展业管理暂行办法》《促进若干经营性服务业加快发展的政策意见》《陕西1条，西安会展业发展办公室关于申报省级会展扶持项目的通知》广西会展业政策法规2条。《桂林市人民政府关于加快发展桂林会展业的意见》《会展业发展资金使用管理暂行办法的通知》。

（三）各省市会展产业发展目标分析

会展业素有“城市建设的加速器”之称，它作为一个城市的窗口行业，对优化城市社会资源、发展社会经济都具有明显的促进作用。“十一五”期间我国部分省市已经制定了相关的会展业规划，在“十二五”期间全国省市的会展业发展规划相比“十一五”期间增加不少，此外有些城市也制定了会展业的行动规划。会展业发展目标是一个地区关于会展业未来发展方向的描述。各地根据本地实际及会展业发展状况对会展业的发展进行了明晰的界定。除了划定了未来几年当地会展业发展的各项指标之外，对当地的会展业发展也有较大的指引性。

《2012年全国会展业政策法规白皮书》共收集10个城市的会展业发展的目标

省、市	会展业发展目标
广东	“十二五”时期，重点打造以广州和深圳为龙头的珠三角会展核心区，建设粤东、粤西、粤北地区的特色会展区域；一批综合性龙头展会和专业品牌展会影响力进一步增强；一批会展龙头企业快速发展壮大；商贸展览、国际会议、文化节庆、会展旅游等四大主体会展产业发展水平进一步提高；形成与国际水平接轨、服务体系完备、服务品质优良、市场竞争有序的会展业发展格局；实现我省会展业增加值年均增速高于全省第三产业，会展场次、面积、经营收入、从业人员等主要指标位居亚洲前列，把我省打造成为亚太地区具有重要影响力的会展中心区域。
上海	到2015年上海要基本建成国际会展中心城市，打造成为亚太地区综合会展服务功能完善、法规制度基本健全、会展环境安全有序，国际高端会展优势突出、国际化水平较高、专业性会展高度发展、市场运行机制较为成熟、展会场馆设施较为齐全的国际会展之都。
长春	到2015年，全市举办各类会展活动突破334项，展览面积293万平方米，全国性或国际性展会7-8个，会展业直接收入48亿元，带动相关产业收入450亿元。
成都	到2015年，会展业发展的体制机制进一步完善，政策环境进一步优化，会展品质和综合效益进一步提升，会展企业实力进一步增强，会展业运作的品牌化、专业化、国际化程度进一步提升，会展业综合实力显著增强，力争硬件设施、服务机制、品牌项目、龙头企业、综合影响五个方面达到全国一流水平，实现把成都建成“具有国际影响力的中国会展之都”目标。
无锡	通过3年时间，争取把无锡建设成为在海内外具有一定知名度的区域性会展中心城市，综合实力达到长三角地区先进水平。力争到2014年，会展活动数量和展览总面积年均增长15%以上。规模以上展览总数超过35个，展览总面积超过50万平方米，大型国际会议10个以上，形成1-2个在国内外具有较强影响力的会展品牌，10家以上具有较强实力的会展企业和会展配套服务企业。

淮南	建立和完善政府积极引导与服务、企业自主经营与规范、行业协会沟通与自律三位一体的会展业经营管理体制； 加快和加强淮南市会展场馆等基础性设施的建设，争取在十二五末建成会展中心，并以之为龙头带动相关场馆的建设和发展。培植一批经营规模较大、经济效益较好、市场竞争力较强的展览企业；打造一批专业化和国际化水平较高、规模效益较好、知名度和影响力较大的品牌展会；争取举办具有重大影响力的国际专业展览。“十二五”期间，我市会展业发展速度（以场馆收入统计）年均增长20%以上，会展业发展的主要指标及相关产业的综合实力处于全省相对发达的水平，使会展业成为在我市具有重要地位的现代服务业快速发展的引擎和助推器。
桂林	会展业与旅游文化、商贸物流、高新技术、特色农业等优势产业形成联系紧密、互相促进、共同发展的局面；会展业实现快速发展；会展业在加强对外经贸交流与合作、推动产业结构调整升级、提升城市影响力和竞争力、促进经济社会进步等方面的作用初步显现；构建完整的会展产业体系，努力建设区域性会展中心城市。力争用10－15年时间将桂林发展成为国际会展名城之一。
潍坊	按照设施现代化、项目品牌化、市场规范化、管理科学化、服务专业化要求，通过完善基础设施建设、强化配套服务、培养专业人才、加大政策扶持，培强做大一批经营规模大、经济效益好、市场竞争力强的会展企业，打造一批以潍坊特色文化为内涵、知名度和影响力大的品牌展会。到2016年，力争培育引进大型展览企业集团3家以上，年度举办规模以上展会40个以上，会展总面积超过80万平方米，标准展位总数5万个以上。
宁波	到2015年，基本实现数量规模适度增长、结构调整取得进展、质量效益逐步提升的发展态势；基本构筑以实体展会为主，以节庆活动、会议论坛和虚拟网络展为补充的“1+3”产业发展格局；基本形成政府推动、市场培育、协会参与的联动发展机制。
余姚	围绕把余姚打造成为长三角地区特色会展基地，会议目的地城市的总体目标，坚持以“市场化、专业化、国际化、组织化、高端化”为导向，促进会展业的转型升级，基本形成以塑博会为龙头，以国内有一定影响力的品牌专业会展为支撑，以多个具有区域代表性的展览、会议、节庆活动为主体的会展业格局。到2015年重点培育发展1-2个新的全国性品牌展会，引进或培育1-2家有一定规模和档次的会展主体，进一步扩大塑博会等品牌会展的国际影响力。

各省市围绕会展业积极规划，从总体目标到阶段目标，立足当地实际布局会展业的发展。依据10个省市会展业发展目标分析。

1、省级会展业发展目标

广东省作为我国会展业发展最早的地区之一，有着历史悠久的广交会，以广交会为龙头形成了一大批会展项目，并建设了亚洲室内展览面积最大的单体展馆琶洲馆。在“十二五”时期，广东省将重点打造以广州和深圳为龙头的珠三角会展核心区，建设粤东、粤西、粤北地区的特色会展区域；一批综合性龙头展会和专业品牌展会影响力进一步增强；一批会展龙头企业快速发展壮大；商贸展览、国际会议、文化节庆、会展旅游等四大主体会展产业发展水平进一步提高；形成与国际水平接轨、服务体系完备、服务品质优良、市场竞争有序的会展业发展格局；实现我省会展业增加值年均增速高于全省第三产业，会展场次、面积、经营收入、从业人员等主要指标位居亚洲前列，把广东省打造成为亚太地区具有重要影响力的会展中心区域。

具体目标：

一是会展规模进一步扩大。年展览面积达到1500～2000万平方米；年举办5万平方米以上展会达到50～100个，举办大型活动达到50～100个。

二是会展龙头企业实力进一步提升。在国内有影响力的本土会展企业达到10～15家；组建3～5家大中型的会展集团公司。

三是形成一批知名会展品牌。进入世界前列的品牌展会达到10～20个，获得国际展览协会（UFI）等国际机构认证的品牌展会达到30～40个。

四是国际合作与交流进一步增强。力争承接世界品牌的国际会议达到5～8个，引进具有国际影响力的境外会展企业达到10～15家。从广东省的会展业发展目标中可以看出，广东省的会展业发展起点较高，定位为亚太地区会展中心区域。体现了广州建设会展业的发展方向和决心，目标的设定清楚的指明了未来广东省作为外贸大省会展业的发展目标。

2、省会城市会展业目标

上海市

到2015年上海要基本建成国际会展中心城市，打造成为亚太地区综合会展服务功能完善、法规制度基本健全、会展环境安全有序，国际高端会展优势突出、国际化水平较高、专业性会展高度发展、市场运行机制较为成熟、展会场馆设施较为齐全的国际会展之都。——展会规模：到2015年，展览总面积达到1500万平方米，比2010年翻一番。单个展览面积在5万平方米以上的展会项目达到50个，其中10万平方米以上的展会项目达到20个，20万以上的达到5个。——展会质量：到2015年，展览会的国际化水平进一步提高，其中境外参展商占总参展商的比重达到30%以上、专业化程度提高到95%、市场化水平达到98%以上，基本实现市场化运作。重点打造20个国际知名展览会，其中8-10个为国际品牌展览项目。——展会效益：到2015年，上海市会展业的直接收入达到200亿元，拉动相关行业收入力争达到2000亿元。

长春市

长春市位于我国东北地区与朝鲜，韩国，日本相距较近，依托地缘优势形成了著名的中国—东北亚展览会等。在发展目标上长春市提出了总体目标是到2015年，全市举办各类会展活动突破334项，展览面积293万平方米，全国性或国际性展会7-8个，会展业直接收入48亿元，带动相关产业收入450亿元。

在发展布局上，长春市将根据城市的发展定位，规划构建大中小结合、布局合理、协调有序的会展场馆体系。未来五年，要重点规划建设两大综合展会集聚区和三大专业展会集聚区。

（1）两大综合展会集聚区：一是以长吉经济带为核心打造综合会展集聚区。按照长吉一体化发展的战略部署，在长吉中间带选择一处区域，按照国际化的标准，规划建设面积12万至15万平方米的集展览、会议、商贸、娱乐、餐饮、休闲于一体的设施齐全、功能强大、配套完备的综合性会展场馆，使其成为服务长吉图开发开放先导区及长吉一体化建设中重要的会展经济聚集区。二是以长春国际会展中心为核心打造综合会展集聚区。进一步扩大会展中心的面积，健全配套设施，完善服务功能，提升办展办会能力；

（2）三大专业会展集聚区：一是以中信城为核心，通过农博会的带动作用，构建农业方面的展会集聚区。二是以汽车产业开发区为核心打造汽车文化方面的展会集聚区。三是以欧亚卖场为核心打造商贸方面的展会集聚区。

成都市

作为西部城市中会展业发展最快的城市，成都市又获批国家服务业综合改革试点城市和国家旅游综合配套改革试点城市。以此为契机成都市将深入实施服务业优先发展战略，会展业以及与之相关的旅游、物流、交通、住宿、餐饮、娱乐、广告等服务行业发展将获得良好的政策支持。

成都市把建成“具有国际影响力的中国会展之都”作为目标。争取到2015年，会展业发展的体制机制进一步完善，政策环境进一步优化，会展品质和综合效益进一步提升，会展企业实力进一步增强，会展业运作的品牌化、专业化、国际化程度进一步提升，会展业综合实力显著增强，力争硬件设施、服务机制、品牌项目、龙头企业、综合影响五个方面达到全国一流水平。

在“十二五”期间，成都的会展业直接收入年均增速达25%以上，到2015年，会展业直接收入达到100亿元，间接收入达到800亿元。 会展数量到2015年，年举办会展项目达500个以上，展览总面积达400万平方米，其中国际化会展项目达100个以上，占会展总项目数量的20%；5万平方米以上的展览数量达20个以上；年举办国际国内重要会议数量达100个以上，参会人数500人以上的会议超过50个；年举办节庆活动数量达200个以上，参节人数在10万人以上的节庆活动数量达30个以上。

会展品牌目标。到2015年形成10个以上会展品牌，主要包括中国西部国际博览会、成都国际家具工业展览会、成都国际汽车展览会、中国国际软件合作洽谈会、中国成都国际非物质文化遗产节等在全国乃至国际上有影响力的会展品牌。场馆设施到2015年，全市会展场馆室内展览面积达到30万平方米以上。会展企业到2015年，引进3—5家国内外知名会展企业落户或设立分支机构。

此外，我国的西部大开发战略成都市也将受到积极的支持。成都已成为西部会展业的一颗冉冉升起的明星。

3、地级市会展业发展目标

无锡市

无锡市位于长三角地区，那里是经济繁荣，人文荟萃。近年来，无锡的产业形成了很好的发展规模，新能源，电动车，环保设备等产业有着明显的优势。在此基础上无锡会展业有了较大的发展，无锡市将通过3年时间，争取把无锡建设成为在海内外具有一定知名度的区域性会展中心城市，综合实力达到长三角地区先进水平。力争到2014年，会展活动数量和展览总面积年均增长15%以上。规模以上展览总数超过35个，展览总面积超过50万平方米，大型国际会议10个以上，形成1-2个在国内外具有较强影响力的会展品牌，10家以上具有较强实力的会展企业和会展配套服务企业。

宁波市

到2015年，基本实现数量规模适度增长、结构调整取得进展、质量效益逐步提升的发展态势；基本构筑以实体展会为主，以节庆活动、会议论坛和虚拟网络展为补充的“1+3”产业发展格局；基本形成政府推动、市场培育、协会参与的联动发展机制。这是宁波市“十二五”期间会展业发展规划目标，在总体目标下宁波市区分了详细的目标规划。一是会展产业得到转型升级。以贸易类展会为重点的展览业得到创新发展，会议和节庆产业得到特色发展；政府主导型会展项目得到转型发展，市场主导型会展项目得到规模发展。会展业总体实力处于国内同类城市前列，努力把会展业培育成为现代服务业的战略性产业。会展业对经济的拉动作用超过400亿元。二是主体培育取得明显成效。初步形成以宁波市国际贸易投资发展有限公司为龙头、大中型专业会展企业为支撑、相关会展服务机构为辅助的“123”会展主体结构，即境外或境内外合作的专业会展机构达到10家，实力较强的专业会展企业突破20家（年产值2000万元、1000万元以上各达到10家），相关会展重点配套服务机构超过30家。三是会展量质实现跨越提升。力争全市举办会展项目达到400个。其中，举办展会达到200个，展览总面积达到250万平方米；展览面积2万平方米以上的大型展会达到30个。不断做强传统会展项目，大力培育新兴会展项目，重点打造一批具有国内外较大影响的“新、特、专、优”的“12633”自主品牌会展项目，即12个优势贸易类展会、6个特色消费类展会、3个高端会议论坛、3个品质节庆活动。取得UFI认证会展项目达到5个。

在宁波的会展业发展目标中，关键词是创新与转型。发展目标中清晰的写到要以贸易类展会为重点的展览业得到创新发展，会议和节庆产业得到特色发展；政府主导型会展项目得到转型发展，市场主导型会展项目得到规模发展。

淮南市

引擎和助推器是淮南市对未来会展业发展目标的定位。“十二五”期间，淮南市会展业发展速度（以场馆收入统计）年均增长20%以上，会展业发展的主要指标及相关产业的综合实力处于安徽省相对发达的水平，使会展业成为在我市具有重要地位的现代服务业快速发展的引擎和助推器。建立和完善政府积极引导与服务、企业自主经营与规范、行业协会沟通与自律三位一体的会展业经营管理体制；加快和加强淮南市会展场馆等基础性设施的建设，争取在十二五末建成会展中心，并以之为龙头带动相关场馆的建设和发展。培植一批经营规模较大、经济效益较好、市场竞争力较强的展览企业；打造一批专业化和国际化水平较高、规模效益较好、知名度和影响力较大的品牌展会；争取举办具有重大影响力的国际专业展览。

桂林市

桂林的旅游资源天下闻名，随着旅游业的发展会展业也逐渐成为桂林市着力发展的对象。桂林市力争用10-15年时间将桂林发展成为国际会展名城之一。总体发展目标。会展业与旅游文化、商贸物流、高新技术、特色农业等优势产业形成联系紧密、互相促进、共同发展的局面；会展业实现快速发展；会展业在加强对外经贸交流与合作、推动产业结构调整升级、提升城市影响力和竞争力、促进经济社会进步等方面的作用初步显现；构建完整的会展产业体系，努力建设区域性会展中心城市。

产业发展目标。形成有利于会展业快速发展的政策体系、管理体制、市场机制；会展场馆功能设施和配套水平得到较大提升；培育一批市场开拓能力、管理水平、服务水平与国际接轨的会展龙头企业和优质配套服务企业，会展产业链初步达到内外设施配套衔接、相关行业协作“一条龙”、“一体化”的要求。到2015年，桂林会展业直接收入、就业人数和品牌展会达到中西部地区会展业先进水平。

经济发展指标。到2015年，培育有桂林特色和影响力的品牌会展5到8个；全市力争每年引进3—5个国内外知名品牌展，每年承接50个以上的大中型会议，培育具有较大影响的会展企业10家，建立良好的会展经济运行体系。

潍坊市

潍坊市是山东省经济发展迅速的城市之一，会展业的发展也得到了潍坊市的积极关注。潍坊市制定了相关的规划目标，到2016年，力争培育引进大型展览企业集团3家以上，年度举办规模以上展会40个以上，会展总面积超过80万平方米，标准展位总数5万个以上。按照设施现代化、项目品牌化、市场规范化、管理科学化、服务专业化要求，通过完善基础设施建设、强化配套服务、培养专业人才、加大政策扶持，培强做大一批经营规模大、经济效益好、市场竞争力强的会展企业，打造一批以潍坊特色文化为内涵、知名度和影响力大的品牌展会。

（四）各省市会展产业相关法规分析

省市	法规名称	内容简介
广东省	《广东省展会专利保护办法》	本办法所称的展会主办方（主办单位或者承办单位），是指与参展商签订参展合同或者其他形式的协议（以下简称参展合同），负责制定展会实施方案、计划和展会专利保护规则，对展会活动进行统筹、组织和安排，并对展会活动承担责任的单位。 本办法所称的展会专利投诉处理机构，是指由展会主办方设立的，负责调解处理展会期间专利侵权纠纷的工作机构。
	《广州市展会知识产权保护办法》	/

西宁市	《西宁市会展业管理暂行办法（征求意见稿）》	部分专业类会展中涉及知识产权相关问题时，按照商务部、国家工商总局、国家版权局、国家知识产权局共同发布的《展会知识产权保护办法》中的有关规定执行。举办单位应当依法做好会展知识产权保护工作，建立展前参展项目、展品、展板、展台及相关宣传资料等知识产权审查制度，督促参展方对可能引发知识产权纠纷的参展项目进行检查，参展方应当配合。
烟台市	《烟台市展会知识产权保护办法》	展会主办方应当设立知识产权工作机构，并指派专人负责；建立知识产权备案和公示制度，将本届展会参展方备案的知识产权信息及其它展会中出现的知识产权典型案例按类别编印成册，在展会期间予以公示。 在展会场馆的显著位置或者参展手册上，公示知识产权行政管理部门受案范围、受理标准和联系方式，并公布主办方或者知识产权投诉机构的服务事项、办公地点和联系方式。
义乌市	《浙江义乌市修订展会知识产权保护办法》	《办法》修订后将适用范围扩大到在义乌市行政区域内举办的各类经济技术贸易展览会、展销会、博览会、交易会、展示会等活动，并规定所有展会都应以展会举办单位的名义在展会期间设立知识产权投诉机构；《办法》修订后注重引导展会举办单位自己成立知识产权投诉机构，更加突出“自律”的性质，只有在规模达到1万平方米以上的大型展会或特殊性质的展会（四大国家级展会），才召集相关行政执法部门驻会参加工作；根据新《办法》，知识产权投诉机构也不再要求按照秘书组、专家鉴定组、巡查执行组的分工开展工作，可以根据展会规模和性质采用更加灵活的机制。
淮南市	《淮南市人民政府办公室关于加快发展会展业的实施意见》	推进会展业管理规范化。加快制定《淮南会展业管理办法》，积极推进会展业服务标准化建设。建立会展业市场监管制度，抓紧制定会展市场监管办法。严格展览会的规划、注册和备案程序，确保会展资源的有效整合和会展市场的健康发展。鼓励各类会展项目申请注册商标，保护会展业知识产权。节庆会展活动要逐步向市场化运作转变，营造公平竞争、规范有序的会展市场秩序，使会展业逐步形成“政府引导、社会参与、企业为主、行业自律”的良性机制。 加强对会展知识产权保护。商务、工商、技术监督、专利、版权等有关部门，要加强对参展商知识产权方面的审核，发现无标、无证、不合格产品，冒充他人专利、伪造他人注册商标和侵犯他人版权产品，依法进行查处，以保护经销企业的合法权益不受侵犯。会展管理部门要加强统筹，加强市场准入的把关。

会展产业的迅速发展，使得会展知识产权保护，专利保护显得尤为重要。会展业良好的发展态势，需要有法律的积极保障。广东省就针对展会专利保护指定的广东省展会专利保护办法。办法中强调为了加强展会专利保护，维护展会秩序，推动经济社会发展，根据《中华人民共和国专利法》、《广东省专利条例》和有关法律、法规，结合广东省实际，制定本办法。在广东省行政区域内举办的展会活动中有关专利的保护，适用本办法。办法对展会进行了界定，是指展会主办方以招展的方式在固定场所和预定时期内举办的以展示、交易为目的的展览会、展销会、博览会、交易会、展示会等活动。

西宁市会展业管理暂行办法（征求意见稿）中，提到对于展会中部分专业类会展中涉及知识产权相关问题时，应按照商务部、国家工商总局、国家版权局、国家知识产权局共同发布的《展会知识产权保护办法》中的有关规定执行。举办单位应当依法做好会展知识产权保护工作，建立展前参展项目、展品、展板、展台及相关宣传资料等知识产权审查制度，督促参展方对可能引发知识产权纠纷的参展项目进行检查，参展方应当配合。

烟台市管理办法要求展会主办方应设立知识产权工作机构，并指派专人负责；建立知识产权备案和公示制度，将本届展会参展方备案的知识产权信息及其它展会中出现的知识产权典型案例按类别编印成册，在展会期间予以公示。在展会场馆的显著位置或者参展手册上，公示知识产权行政管理部门受案范围、受理标准和联系方式，并公布主办方或者知识产权投诉机构的服务事项、办公地点和联系方式。

义乌市为了稳定会展业的发展成果，维持会展业的秩序在原有会展业的保护《办法》基础上做相应修订，将适用范围扩大到在义乌市行政区域内举办的各类经济技术贸易展览会、展销会、博览会、交易会、展示会等活动，并规定所有展会都应以展会举办单位的名义在展会期间设立知识产权投诉机构；《办法》修订后注重引导展会举办单位自己成立知识产权投诉机构，更加突出“自律”的性质，只有在规模达到1万平方米以上的大型展会或特殊性质的展会（四大国家级展会），才召集相关行政执法部门驻会参加工作；根据新《办法》，知识产权投诉机构也不再要求按照秘书组、专家鉴定组、巡查执行组的分工开展工作，可以根据展会规模和性质采用更加灵活的机制。

在将保护范围扩大的同时，更加突出“自律”性质。此外，办法修订后会根据展会规模和性质采用更灵活的机制进行管理及审查。

淮南市为了推进会展业管理规范化，制定了《淮南会展业管理办法》，并积极推进会展业服务标准化建设。建立会展业市场监管制度，抓紧制定会展市场监管办法。严格展览会的规划、注册和备案程序，确保会展资源的有效整合和会展市场的健康发展。鼓励各类会展项目申请注册商标，保护会展业知识产权。节庆会展活动要逐步向市场化运作转变，营造公平竞争、规范有序的会展市场秩序，使会展业逐步形成“政府引导、社会参与、企业为主、行业自律”的良性机制。

管理办法的实施将对淮南市的会展业健康发展将起到十分积极的作用。管理办法加强了对会展知识产权保护，规定了商务、工商、技术监督、专利、版权等有关部门，加强对参展商知识产权方面的审核，发现无标、无证、不合格产品，冒充他人专利、伪造他人注册商标和侵犯他人版权产品，依法进行查处，以保护经销企业的合法权益不受侵犯。

（五）会展产业补助资金及管理办法政策分析

省、市		政策名称	发布单位	扶持对象	使用原则
安徽省	合肥市	《关于印发合肥市承接产业转移促进服务业发展若干政策（试行）的通知》	/	新办经营会展场馆的会展企业等。	按税收及展会面积等。
	芜湖市	《芜湖市人民政府关于进一步加快服务业发展若干政策的意见》	芜湖市人民政府	会展企业	按展位数
	淮南市	《淮南市人民政府办公室关于加快发展会展业的实施意见》	淮南市人民政府办公室	企业参加展会 引进培育新的会展主体	按相关规定 按落户时间
	马鞍山市	《马鞍山关于印发促进产业转移若干政策的通知》	马鞍山市委马鞍山市人民政府	企业及展会项目	按注册时间及展位面积
北京市	北京市	《关于促进我市商业会展业发展的通知》	北京市商务委员会 北京市财政局	新引进展会、品牌展会、公共服务平台等。	按展商和展位面积
		北京市会奖旅游奖励资金管理办法（试行）	北京市旅游发展委员会	专业买家、海外促销、申办国际会议等。	需提供护照与出入境签证、电子机票确认单、境外会议及活动花费与交通费单据等
福建省	龙岩市	《关于办实办好各类展会有关事项的通知》	龙岩市人民政府办公室	海峡旅游博览会	/

广西壮族自治区	桂林市	《关于印发桂林市会展业发展资金使用管理暂行办法的通知 》	桂林市人民政府办公室	引进或申办国际和国内具有影响力的大型展会	新办会展
海南省	海口市	《关于修改海口市会展业发展专项资金使用管理暂行办法的决定》	海口市人民政府	在本市举办的国际性、全国性或区域性的展览项目。	按展会面积
湖北省	武汉市	《关于加强武汉市会展业发展专项资金管理有关事项的通知》	武汉市财政局 武汉市商务局	展会主办单位	按标准展位
江苏省	南京市	关于印发《南京市会展发展专项资金使用管理办法》的通知	南京市财政局中国国际贸易促进委员会南京市分会	会展企业，展会，会议。	按注册资金，展会规模等
	无锡市	无锡市服务业（会展业）资金管理办法	无锡市政府	会展企业及展会	按资金注册，展览面积。
江西省	南昌市	南昌市会展业发展专项资金使用管理暂行办法	/	全国流动性品牌展会的引进申办、品牌展会或重点支持展会	按展会规模
辽宁省	辽宁省	《关于免征会展企业房产税和城镇土地使用税有关问题的公告》	辽宁省地方税务局	会展场馆	认定的会展企业；会展企业自用的房产和土地；专门用于会展业务的房产和土地。
青海省	西宁市	《促进若干经营性服务业加快发展的政策意见》	/	新创办展会或引进展会	按标准展位
山东省	威海市	《关于促进工业企业开拓市场的若干意见》	威海市人民政府	企业参加国内外展会	按照展会性质、区域和市场影响力等
	潍坊市	《关于加快会展业发展的意见》的通知	潍坊市人民政府办公室	会展企业或会展中介	按税收
浙江省	杭州市萧山区	《萧山区加快会展业发展的实施细则》	杭州市萧山区人民政府	展会，企业，引进展会。	按展位，符合产业导向等。
	宁波市	宁波市2012年境内外展会补贴政策	/	政府重点支持类展会和政府指导类展会、	按标准展位

会展业专项资金是促进各地会展业快速发展的重要手段，同时我国的会展业虽然发展快但是地域发展不平衡。尚需各地政府进行相应的扶持及引导，这样会展专项资金就成为各地发展会展业的有效促进手段。

也有些城市自身会展不发达的情况下，积极鼓励本市企业参加省外或境外展会，并给与相应的补贴，同样促进产业的发展。下面以省为单位，对各地的会展业专项补助资金进行梳理，进一步把资金管理办法清晰化。

安徽省

合肥市

《关于印发合肥市承接产业转移促进服务业发展若干政策（试行）的通知》

合肥市是安徽省的省会，发展会展业有着便利的交通优势及人流因素。“十二五”期间，全市会展企业将达到200家，从业人员达到万人以上，带动相关产业收入达150亿元左右，年均递增20%。针对会展业对产业的促进及对第三产业的带动。合肥市发布了《关于印发合肥市承接产业转移促进服务业发展若干政策（试行）的通知》。通知会展业的主体企业，展馆，展会项目都设立了相关的扶持资金。另外，通知中也对参加境外展会设立补贴资金，对企业参加境外展会的费用（包括展位费、公共布展费、大型展品海外运杂费）给予30%的补贴。对新办经营会展场馆的会展企业，从开馆及开业年度起，前3年缴纳的营业税合肥市留成部分，3年内按其等额标准的50%给予奖励；从获利年度起，前3年缴纳的企业所得税本市留成部分，按其等额标准的100%给予奖励。

在合肥市举办超过400个标准展位或展览面积8000m²以上的全国性、区域性展会，室外按每个标准展位150元给予补助，室内按每个标准展位200元给予补助。全年在我市举办室内展会面积累计达到5万m²的企业，一次性奖励10万元；超过5万m²的，每增加1万m²，再奖励1万元。举办国际性、全国性展会，根据展会规模和影响力等情况，对主办单位或引进单位给予补贴。具体补贴标准由市商务部门会同财政等部门提出意见报市政府确定。

在合肥市专项扶持资金中提出了对小微行企业的组织。并给与补贴，说明了合肥市对产业的扶持抓大不放小，统筹管理同步增长。积极组织小微企业参加国内外大型产品销售、会展活动，小微企业参加省级以上政府举办的国家级大型会展或国外知名会展的，市财政给予参展的小微企业每个标准展位2000元补贴，单个企业最多补贴两个展位。小微企业开拓国际市场，申请国际认证、商标等所发生的费用，市财政给予20%补贴。在合肥市电子商务示范园区、服务外包园区和电子商务、服务外包企业参加国家部委、省市政府组织的国内外招商、展览、展会活动，经市商务部门认可，按不超过2个标准展位展位费和2位参展人员参展费、交通费的50%给予资助，单个园区和企业每年资助金额分别不超过50万元和10万元。

芜湖市

《芜湖市人民政府关于进一步加快服务业发展若干政策的意见》

凡展会承办单位通过市场化运作，在芜湖举办、符合我市“十二五”规划的首位产业、四大支柱产业、四大战略性新型产业和五大现代服务业的展会，规模达200个以上标准展位的，按5万元/次给予补助；达300个以上标准展位的，按10万元/次给予补助；达500个以上标准展位的，按20万元/次给予补助。对从事会展业务的单位所收取的全部价款和价外费用，按照扣除支付给其他单位或个人的场租费、场地搭建费、广告费、食宿费、交通费等相关费用后的余额为营业额，计算征收营业税。对企业专门用于会展的房产，缴纳房产税有困难的，经地税部门审查，报市政府批准可以减免。

芜湖市的会展业相对不算发达，会展专项资金的设立对会展业的发展将起到很大的推动作用。意见中对专项资金的扶持标准进行了界定。同时针对对企业专门用于会展的房产，缴纳房产税，可做适当的减免。

淮南市

《淮南市人民政府办公室关于加快发展会展业的实施意见》

积极采取有效措施，吸引国内外知名会展公司和配套服务企业落户淮南； 对落户我市注册资本额100万元以上且在我市正常经营两年以上的外地会展企业给予一次性 3万元的资金支持。开展会展业区域合作、国际合作；鼓励其他行业有实力的企业集团投资会展业，参与主（承）办会展活动；加大对成长性会展主体的政策扶持力度。

积极鼓励企业参加展会。积极鼓励和支持本市企业赴境外参加国际性展览会和博览会，对参会企业人员赴境外的往返机票，按照国家相关规定给予50%—70%的支持（每企业不超过 2人），对企业参加展会的展位费给予50%—70%的补贴。积极鼓励企业参加在本市的重点展会以及本市企业参加广交会、华交会、中博会等国内重点展会，对参会企业给予每个标准摊位5000元的资金支持。

淮南市的会展业专项资金可谓“引进来、走出去”。一方面对落户淮南的会展企业进行扶持补助，另一方面积极鼓励和支持本市企业赴境外参加国际性展览会和博览会，对参会企业人员交通费，展位费进行相应的补贴。

马鞍山市

《马鞍山关于印发促进产业转移若干政策的通知》

一、对新设立注册资金300万元以上的会展企业，三年内按其会展服务业务缴纳的营业税、企业所得税本市留成部分等额资金的50%给予奖励。

二、在市举办的超过200个标准展位或展览面积6000㎡以上的全国性、区域性展会的单位，室外按每个标准展位100元给予补助，室内按每个标准展位150元给予补助。

最后，马鞍山市着重扶持软件、动漫及服务外包企业参加马鞍山市组织的国内外招商推介会、专业展会、宣传推荐等活动，给予一定的补助，每家企业每次最高补助5万元。积极支持企业在我市举办全国性或国家级相关活动，依据其规模、影响力给予一定的专项补助，每项活动最高补助30万元。说明了马鞍山市在动漫及服务外包方面有着自己的产业优势。

北京市

《北京市会奖旅游奖励资金管理办法（试行）》 《关于促进我市商业会展业发展的通知》

北京市是我国的首都，同时又是我国的经济、文化中心。北京市的会展业相对较发达，办展数量与质量都是排在国内前列。此外，北京市的会议产业的发展也是走在国内前列，并针对会议产业也设立的相关会议补贴办法。

《北京市会奖旅游奖励资金管理办法（试行）》

奖励范围	奖励条件	奖励标准
专业买家、媒体来京交流、采访与开展合作	根据活动的规模、重要性、实际效果以及对北京会奖旅游业发展的作用，通过第三方评审择优奖励。申报单位需提供护照与出入境签证、电子机票确认单、住宿发票等材料的复印件与活动报告书等。	奖励项目的数量不超过申报项目的50%。奖励资金人均不超过4000元。
海外促销、参展	根据活动的规模、重要性、实际效果以及对北京会奖旅游业发展的作用等，通过第三方评审择优奖励。申报单位需提供护照与出入境签证、电子机票确认单、住宿发票、参展或参会通知、场地费与交通费单据等材料的复印件与活动报告书、活动现场照片等材料。	奖励项目的数量不超过申报项目的50%。奖励资金比例不超过项目申报金额总额（包括场地费、制作费、交通费等直接费用）的30%。
申办国际会议	每年选择不超过20个重要国际会议，对申办成功的项目根据第三方评审结果择优奖励。申报单位需提供护照与出入境签证、电子机票确认单、境外会议及活动花费与交通费单据等材料的复印件与活动报告书、活动现场照片等材料。	奖励资金比例不超过项目申报金额总额（包括设计制作申办文件、推介材料、开展境外宣传推介、竞标活动相关的交通、设计、印刷、制作等直接费用）的30%。
举办国际会议	根据会议及活动的规模、重要性、消费金额、实际效果以及对北京会奖旅游业发展的作用等通过第三方评审择优奖励。其中，单项会议及活动与会外宾总人数不低于50人，参会人员来自3个国家以上，会期不少于2天。申报单位需提供活动承办协议，签约酒店协议、酒店入住证明和发票、护照复印件、活动报告书、活动现场照片等材料。	奖励项目的数量不超过申报项目的50%。奖励资金的比例不超过项目申报资金总额（包括场地费、制作费、交通费、人员劳务费等直接费用）的30%.
加入国际知名会奖旅游组织	通过第三方评审择优对加入国际知名会奖旅游组织的企业予以奖励。	奖励资金不超过每年度会费的30%。
国际会奖旅游公司、协会机构等落户北京	对国际知名会奖旅游专业公司、协会机构等在京新设分支机构通过第三方评审择优给予一次性奖励。	奖励资金不超过每年度场地租金的30%。
会奖市场运营主体	根据企业申报，对于年营业收入总额、纳税总额、雇佣（长期）员工数、年增长幅度等指标综合排名前10的企业进行奖励。	其中1−3名奖励20万元；4−6名奖励15万元；7−10名奖励10万元。
会奖项目创新机构	对整合本市会奖旅游资源，提升本市会奖旅游目的地竞争力与影响力的项目，依据创新性、影响力、规模、对财政的贡献率、消费额、可持续性等因素，通过第三方评审择优给予一次性奖励。	奖励项目的比例不超过申报项目数量的50%，其中1−3名奖励20万元；4−6名奖励15万元；7−10名奖励10万元。

会奖专业教育、培训、科研机构	对开展会奖旅游专业教育、培训、科研的机构，根据创新性、影响力、社会贡献度及可持续性等通过第三方评审择优奖励。	奖励项目的比例不超过申报项目数量的50%。奖励资金比例不超过项目申报总额的30%。

《关于促进我市商业会展业发展的通知》

鼓励引进具有国际影响力的展会，对新引进的国际展会，并满足下列条件，在京办展的前三届，每届给予主办方不超过50%的场租费用支持、最高不超过500万元。具体条件如下：

（一）每届展览面积不低于3万平方米。

（二）每届展览参展商不低于500家，其中国际参展商（含台、港、澳地区）租用展览面积占总展览面积的比例不低于30%。

（一）依托北京市优越的政治、经济、科技及文化等条件，培育一批规模较大、国际影响力较强、符合北京产业发展政策的首都品牌展会。商务部门结合北京产业发展现状，定期发布《北京引导支持品牌展会名录》（以下简称名录。支持、引导的展会项目的征集、评审等有关事宜另行通知），对名录中的品牌展会，并满足下列条件，每届给予主办方不超过100万元奖励资金。具体条件如下：

1、已在北京市连续举办两届。

2、展览面积不低于2万平方米。

3、展览参展商不低于300家，其中国际参展商（含台、港、澳地区）租用展览面积占总展览面积的比例不低于30%。

（二）引导具有发展潜力的同类同质展会进行整合，合理配置展会资源，扩大展会的规模和提升品牌效应。凡在京分别连续举办过两届以上、展览面积在5000平方米以上的同类同质展会，整合后展出面积超过整合前最大面积50%的，给予整合主办单位不超过100万元奖励资金。

支持建设北京市会展公共信息服务平台，为会展企业、参展商与采购商搭建真实、优质、畅通、高校的信息渠道，给予北京市会展公共信息服务平台建设单位不超过50%的费用支持、总额最高不超过300万元；每年在国际知名展会上以政府推介等形式对北京会展环境进行整体宣传推介，投入费用总额不超过500万元。

改造提升大型展馆配套设施，提高承接国际大型会展的能力。对于室内面积20000平方米以上（含20000平方米）的专业展馆设施改造发生的贷款给予不高于50%的贴息，每年贴息额度不超过500万元，贴息年限不超过两年。

福建省

龙岩市

《关于办实办好各类展会有关事项的通知》

海峡旅游博览会子活动—海峡客家旅游欢乐节和海峡论坛期间由我市承办的子活动，分别由市旅游局、市台办与各县（市、区）人民政府轮流承办，市政府统一给予200万元的资金补助。

广西壮族自治区

桂林市

《关于印发桂林市会展业发展资金使用管理暂行办法的通知》

桂林市有着优美的自然风光，每年吸引着大量的游客前往当地。在此基础上会展业发展也多依靠当地的特色发展会展业，桂林的会展业专项资金的使用办法中包含了对国内会议，国际会议的补助资金方式。

办法中明确规定桂林市财政每年安排1000万元（人民币）会展业发展奖励扶持资金，主要用于引进或申办国际和国内具有影响力的大型展会；扶持和培育政府确定的规模大、效益好、有发展潜力的品牌展会。

适用范围	补助条件	补助标准
新办会展	同一会展连续补助最多不超过两届（含两届）。	对连续在桂林举办五届以上的会展，为鼓励其继续做大做强，以上一年（届）展览规模为基数，每增加100个标准展位，奖励5000元，会议每增加100人，奖励5000元，最高不超过5万元。
国内大型会议	指由各类行业组织、企业主办的，实际会期达2天以上（含2天）的论坛、研讨会、洽谈会、订货会、年会等会议活动，其补助金额最高不超过5万元	会议安排住宿四星级以上宾馆，住宿人数超过500人起补，标准为每人50元（对于世界500强全国500强企业、全国一级协会学会主办的超过500人起补，标准为每人100元，其补助金额最高不超过8万元）。

国际性会议。	对有来自5个及以上国家（地区）参会人员，实际会期达2天以上（含2天）的论坛、研讨会、洽谈会、年会等的商务类会议活动，给予一定资金支持，最高不超过8万元。	会议安排住宿四星级以上宾馆，境外与会代表20%以上，住宿人数超过500人起补，标准为每人100元，其补助金额最高不超过8万元。
地方特色节庆活动	根据规模和影响力	进行2—5万元的补助。
展位补助	能推动桂林相关产业发展，带动我市第三产业增长并具有潜在发展前景的国际性、全国性、区域性的专业会展，每个展会会期不少于1个展期（三天）。	展会面积在5000—10000平方米的最高给予6万元的补助，1万—2万平方米的最高给予10万元补助，2万平方米以上最高给予15万元补助，对于长期落户桂林，具有发展潜力的大型展会给予重点扶持，另行审定。

海南省

海口市

《关于修改海口市会展业发展专项资金使用管理暂行办法的决定》

1、对新创办的展会，按照展会实际销售的标准展位数量进行补贴，最高不超过6届。每届补贴总额最高可达30 万元。

2、现有展会6届以上的，为鼓励其继续做大做强，以上一年(届)展览实际销售的标准展位数为基数，对超出的增加展位进行补贴，最高可达20万元。

3、为引导专业相近的中小专业展会走联合办展、共创品牌的路子，对整合资源后的展览规模达到500个标准展位以上的，视作新办展会予以补贴。每届补贴总额最高可达20万元。

湖北省

武汉市

《关于加强武汉市会展业发展专项资金管理有关事项的通知》

武汉市的会展专项资金，按照市场化运作，对自行举办且具有一定规模，能带动主导产业发展，具有发展前景的展会主办单位进行奖励。凸显出武汉市尊重市场规律，在转变办展主体上做着指引。

奖励的条件和原则：

（1）展览会承办单位必须是在我市登记注册的独立法人单位，展览会所有财务收支都必须进入我市承办单位的帐户；每个展会只能由一个承办单位申请。

（2）展览会主承办单位基本相同、主题和内容基本相似的展览会视为同一展览会，不得重复申请奖励；相同题材的展览会，原则上应进行整合，如不能整合，将按照“做大做强，扶优扶强”的原则对其中规模大的展览会予以奖励；

（3）展会举办天数应达3天以上（含3天）。

（4）同一展会连续奖励原则上不超过三届（年），对有突出影响和发展潜力，且每届（年）规模逐年扩大的展会，可适当延长奖励时间。

(5) 以个体消费者为主要对象的专项商品展以及各类展销会、展示会、成就展、文化科普展览不在奖励范围。

2、奖励标准

标准展位数（9平方米/个）	奖励标准
1000个以上（含1000个）至1500个以下的展会	最高可给予20万元的奖励
1500个以上（含1500个）至2000个以下的展会	最高可给予30万元的奖励；
2000个以上（含2000个）至3000个以下的展会	最高可给予40万元的奖励。
3000个以上（含3000个）至5000个以下的展会	最高可给予50万元的奖励。
5000个以上（含5000个）的展会	最高可给予80万元的奖励。
举办超大规模，有突出影响和发展潜力的展会，报市政府批准后，酌情提高奖励标准。	

(二)展会引进奖励。凡引进有一定规模的全国性、国际性专业展览会在我市成功举办的，对展会引进单位进

行奖励。

1、奖励标准（如表）

2、每个展会由主引进单位申请奖励资金。

标准展位数（9平方米/个）	奖励标准
2000个以上（含2000个）至2500个的展会	给予20万元的奖励
2500个以上（含2500个）至3000个的展会	给予30万元的奖励；
3000个以上（含3000个）至4000个的展会	给予40万元的奖励。
4000个以上（含2000个）至5000个的展会	给予50万元的奖励。
5000个以上的展会	给予80万元的奖励。
引进超大规模，有突出影响和发展潜力的展会，报市政府批准后，酌情提高奖励标准。	

江苏省

南京市

《关于印发《南京市会展发展专项资金使用管理办法》的通知》

奖励项目	资金用途	奖励标准
展览招揽	用于对在我市举办的有一定规模的国际化、专业化区域性展览给予一次性招揽奖励。	1、展览规模折合国际标准摊位500个（含500个）以上，1000个以下的，给予10万元人民币的奖励； 2、展览规模折合国际标准摊位1000个（含1000个）以上，1500个以下的，给予15万元人民币的奖励； 3、展览规模折合国际标准摊位1500个（含1500个）以上的，给予20万元人民币的奖励。
专业展览	用于资助会展企业按照市场化运作，自行举办且具有一定规模，能定期在宁连续举办三届以上，推动我市新兴产业发展，带动第三产业增长并具有发展前景的展览项目。	1、展览规模折合国际标准摊位300个（含300个）以上，500个以下的，每个摊位补助150元； 2、展览规模折合国际标准摊位500个（含500个）以上，1000个以下的，每个摊位补助180元； 3、展览规模折合国际标准摊位1000个（含1000个）以上2000个以下的，每个摊位补助200元； 4、展览规模折合国际标准摊位2000个以上的，每个摊位补助300元； 5、国际性展览，在以上补助标准基础上，增加30%奖励。
大型商务会议	用于奖励由各行业组织、企业按市场化运作在我市三星级以上酒店住宿、实际会期3天以上（含3天）的各类论坛、研讨会、洽谈会、年会等大型商务会议和国际性商务会议。	1、住宿人数达300人–500人（不含）的，给予6万元奖励； 2、住宿人数达500人–800人（不含）的，给予9万元奖励； 3、住宿人数达800人以上的，给予12万元奖励。 （二）对于参会人员有来自境外5个以上国家（地区）的国际会议，按照以下标准进行奖励： 1、境外参会人数达到50—100人（不含）的，给予5万元奖励； 2、境外参会人数达100—200人（不含）的，给予10万元奖励； 3、境外参会人数达200—300人（不含）的，给予15万元奖励； 4、境外 参会人数超过300人以上的，给予20万元奖励； 5、本着就高不就低的原则，同一会议项目不能重复享受奖励补贴

南京市的会展业专项补助资金主要用于展览招揽、专业展览、大型商务会议三大块的补助。同时说明了南京会展业的发展方向，在展览招展和大型商务会展方面会展业补助资金较高，而专业展览补助费用相对要少。南京会展业发展有从展览到向会议业转型的趋势。

无锡市

《无锡市服务业（会展业）资金管理办法》

（一）对符合条件的市重点展览会，最高可按照企业实际支付场租费的40%给予宣传推广补助，最高补助额度100万元。

对市重点国际会议，最高可按照会议场租费和境内外专业媒体宣传费的50%给予一次性补助，最高补助额度50万元。

（二）对从2011年起已在我市连续举办三年、每期展览面积达到或超过30000平方米的市重点展览会的举办企业或机构，最高可给予50万元的一次性奖励。

（三）对获得国际展览业协会(UFI)等国际展览机构认证的品牌展会，最高可给予20万元的一次性补助。

（四）鼓励建立会展公共服务平台。对为促进全市会展业整体宣传推广、综合保障、人才培训等搭建的会展公共服务平台项目给予一定的资金支持。

（五）对入选我市年度优秀展览会的企业，最高可给予20万元的一次性奖励，具体办法另行制订。

无锡市的会展业资金主要对展会进行宣传推广的形式扶持，相比南京市的会展业补助办法无锡市的更重视补助的力度，对获得相关机构认可的品牌展会一次可给与20万的补助。除了这些，无锡的会展业资金还对会展公共服务平台进行补助，这是在其他城市相对少见的。

南昌市

《南昌市会展业发展专项资金使用管理暂行办法》

规模达到1万平方米（500个标准展位）以上，未享受申办经费补助的全国流动性品牌展会的补助标准：

（1）第一年（届）按每万平方米15万元的标准予以补助。

（2）自第二年（届）开始，以第一年（届）的标准为基数，在其连续举办年份（届数）内，补助标准每年递增10%（最高补助标准不超过每万平方米20万元）。

（3）每届补助不超过100万元。

（一）第一次申请补助的展会，展会规模应不低于300个标准展位，按实际展位数（特装折合成标展），给予每个展位400元的补助。

（二）第二次申请补助的展会，在上一次申请补助的展位基础上，按照每增加一个展位，给予800元的补助。

（三）第三次及以后申请补助的展会，在上一次申请补助的展位基础上，按照每增加一个展位，给予1200元的补助。

（四）每个展会每次补助总额最高不超过50万元。

南昌市的会展业资金管理办法更注重展会的培养，在展会的展位逐年增加的基础上提高相应的补贴标准。有利于展会的发展，对主办方来说也是很好的激励措施。

辽宁省

辽宁省

《关于免征会展企业房产税和城镇土地使用税有关问题的公告》

从2013年1月1日起，自场馆经营之日起免征三年房产税和城镇土地使用税。符合免税的会展企业需同时具备以下三个条件：

一、经省服务业委员会认定的会展企业；

二、会展企业自用的房产和土地；

三、专门用于会展业务的房产和土地。

青海省

西宁市

《促进若干经营性服务业加快发展的政策意见》

西宁市的会展资金对于新创办或引进300个标准展位以上的展会，给予承办方6届资金支持，每个标准展位每届补助400元。对现有展会，每增加50个标准展位奖励2万元。通过优惠的扶持政策从侧面反映了西宁市对会展业的重视程度，另一方面也证明西宁正积极推动第三产业的发展。

西宁市积极引进扶持会展主体举办内展及外展，奖励为会展做出突出贡献的企业和个人。在省级以上政府主办的大型展会期间，通往会展区车辆由公路管理机构发放免费通行证。

山东省

威海市

《关于促进工业企业开拓市场的若干意见》

鼓励企业参加国内外展会。工业企业参加国际展会，按照《威海市国际市场开拓资金管理办法》（威财企〔2008〕3号）给予资金补贴；参加市政府及其有关部门统一组织的国内重点展会，按照展会性质、区域和市场影响力等给予展位费30—50%的补贴，对大型展品运输费用根据具体情况给予最高50%的补贴。

潍坊市

《关于加快会展业发展的意见》的通知

对已创办的会展企业或会展中介，上缴税收地方留成比上年增长20%以上的部分，三年内每年给予80%补助。充分发挥各级服务业发展引导资金的作用，对会展设施建设、宣传推介、品牌培育、招商招展、展位补助等，给予财政资金支持。对各类展会的规模和经济效益进行综合评价，贡献突出的给予专项奖励。会展活动需占用市政设施进行宣传的，要加强对市政设施的管护，市政主管部门免费提供使用。

浙江省

杭州市萧山区

《萧山区加快会展业发展的实施细则》

区财政安排会展业发展资金2000万元，其中专项用于会展产业规划、会展宣传推介、会展市场开发以及举办全区性重大节庆活动等方面资金500万元；用于扶持和奖励引进展览（节庆）项目和大型国际会议、国内会议、超大规模、有突出影响和发展潜力的展览活动或引进超大型国际性、全国性会议“一事一议”的补助和奖励，引进知名专业会展企业奖励等方面资金1500万元

三、政策措施

奖励条件	奖励标准
在我区举办、符合产业发展导向的室内展览活动	单次展览（三天以上，下同）规模达到5000平方米以上（或250个展位），给予5万元补助；单次展览规模达到1万平方米以上（或500个展位），给予10万元补助；单次展览规模达到2万平方米以上（或1000个展位），给予20万元补助；单次展览规模达到3万平方米以上（或1500个展位），给予30万元补助；单次展览规模达到4万平方米以上（或2000个展位），给予40万元补助；单次展览规模达到5万平方米以上（或2500个展位），给予50万元补助，用于场馆租赁等。
在我区举办符合产业导向的室外展览活动	根据实际展览规模、档次，经区会展业领导小组办公室（区旅游局）审核后，参照室内展览补助标准的50%给予补助。
在本区注册的专业会展公司、节庆会展广告公司、会议服务公司、信息技术服务公司	从事节庆会议展览业务的年营业收入首次超过1000万元，一次性给予10万元奖励；首次超过2000万元，一次性给予20万元奖励；首次超过3000万元，一次性给予30万元奖励。
对区外知名专业会展公司（年组办会展营业收入超过3000万元），并与我区签订合作协议，引进国际性、全国性会议展览活动在我区举办	当年消费总额达到500万元（含）以上、1000万元（含）以上，分别一次性给予10万元、20万元奖励；落户我区，注册设立公司或合资公司（注册资本200万元以上），一次性给予10万元的奖励。
引进由国家部、委、办、局主办的国际性会议（单次会议酒店营业额5万元以上、安排境外住宿人数达到50人）	按营业额（以会议发票为准，下同）的5%，对引进酒店进行奖励。
引进由国家部、委、办、局主办的全国性会议（单次会议酒店营业额5万元以上）	按营业额的4%，对引进酒店进行奖励。

引进由省级部、委、办、局主办的全省性会议以及由全国性协会、学会、商会主办的跨区域行业性会议（单次会议酒店营业额5万元以上）	按营业额的2%，对引进酒店进行奖励。
引进由大企业、大集团主办的行业性会议以及由全省性协会、学会、商会主办的跨区域行业性会议（单次会议酒店营业额10万元以上）	按营业额的1%，对引进酒店进行奖励。
积极鼓励各部门、镇街举办各类有影响力、具有地方特色的节庆活动。	根据活动举办的规模、档次和影响力，经评定后按照一、二、三等级分别给予20、15、10万元的奖励（不超过9个）。

杭州市浙江的省会城市，萧山区是杭州市的一个区。2012年《萧山区加快会展业发展的实施细则》中，提到萧山区财政将安排会展业发展资金2000万元，其中用于扶持和奖励引进展览活动或引进超大型国际性、全国性会议“一事一议”的补助和奖励，引进知名专业会展企业奖励等方面资金1500万元。

由此看出，杭州市对会展业的发展极为重视。作为杭州市其中一个区拿出2000万发展会展业，真可谓大手笔。在这2000万中，用于国际性展览，全国性会议、引进知名专业会展企业奖励等方面资金占1500万元。说明了杭州市着力要把萧山区建成会展业国际化程度最好，会展企业集聚最多，会展环境最好的会展业区域。

宁波市

《2012年境内外展会补贴政策》

对宁波市企业参加由宁波市有资质组展单位组织的政府重点支持类展会和政府指导类展会，每个标准展位（9平方米，下同）分别最高补助3万元和2万元。同一家企业在同个政府重点支持类、政府指导类展会上享受补助的展位数分别不超过4个和2个，超过部分按以上标准的20%执行。对参加由国家、省和市重点支持的境外常年展，每个标准展位最高补助3000元。对参加境内部分重点涉外展会每个标准展位最高补助1万元。

对我市中小外贸企业（上年度进出口额在4500万美元以下，下同）参加非重点支持类、非政府指导类展会，其中参加新兴市场展会，每个标准展位最高补助1万元；参加欧盟地区展会，每个标准展位最高补助0.8万元；参加其他传统市场展会，每个标准展位最高补助0.5万元。对我市小微企业（上年度出口额在500万美元以下，下同）参加2012年6月以后举办的所有境外展会，每个标准展位再增加补助最高1万元。所有展会每个标准展位补助额在实际展位价格之内。单个企业全年享受参展补助额累计不超过30元。

为宣传展示城市整体形象，确定30个境内外重点品牌展会进行公共形象展示装修，每个展会最高补助25万元，以上展位装修补助由宁波市有资质组展单位提出申请且单个展会展位数在30个以上。

宁波市是开放较早的港口城市，有着繁荣的经济市场和深厚的外贸条件，中小企业相对较多。2012的外贸形势疲软的形势下，宁波市在《2012年境内外展会补贴政策》中，对中小外贸企业进行参展补助的同时2012年6月后更是对小微企业每个标准展位增加补助1万元。从中可以体现出会展业的窗口作用，会展业的平台作用对促进外贸行业回暖有着积极的作用。

第二章 全国会展产业政策法规区域分析

1、南北区域会展产业政策法规分析

我国领土面积大，东西南北省份相距远，经济水平差异大。会展产业的发展水平也是跟经济发达程度有依附关系。会展产业对于形成区域特色产业，提升区域知名度，加快区域经济发展合作化进程，提高区域经济综合实力和竞争力，拉动区域经济发展等积极影响方面起到了极大的推动作用。

区域	会展业政策
北京	北京市旅游发展委员会关于促进会议与奖励旅游发展的若干意见（试行）
	北京市会奖旅游奖励资金管理办法（试行）
	北京旅游商品扶持资金管理办法（试行）
	关于促进我市商业会展业发展的通知
河南	关于河南省会展业商会规范对外作为会展文化节庆等主承办、协办支持单位有关问题的管理意见

辽宁	辽宁省地方税务局关于免征会展企业房产税和城镇土地使用税有关问题的公告
长春	长春市会展业第十二个五年规划
威海	威海市人民政府关于促进工业企业开拓市场的若干意见
潍坊	潍坊市人民政府办公室印发《关于加快会展业发展的意见》的通知
烟台	烟台市展会知识产权保护办法
西安	西安会展业发展办公室关于申报省级会展扶持项目的通知
	西安市发展会展业领导小组办公室关于会展业促进经济平稳较快增长的意见
西宁	西宁市会展业管理暂行办法（征求意见稿）
	促进若干经营性服务业加快发展的政策意见
上海	上海市会展业发展“十二五”规划
成都	成都市会展业发展“ 十二五 ”规划
嘉兴	嘉兴市级会展项目管理实施办法
萧山区	关于组织2012年度会展业扶持项目申报的通知
	萧山区加快会展业发展的实施细则
宁波	宁波市2012年境内外展会补贴政策
	宁波市会展业发展“十二五”规划
嵊州	嵊州市商务局关于印发《2012年嵊州市境内外重点、一般及推荐类展会目录》的通知
义乌	浙江义乌市修订展会知识产权保护办法
余姚	余姚市会展业“十二五”（2011—2015年）发展规划纲要
合肥	关于印发合肥市承接产业转移促进服务业发展若干政策（试行）的通知
	关于进一步促进外贸加快发展若干政策的资金项目申报通知
芜湖	芜湖市人民政府关于进一步加快服务业发展若干政策的意见
淮南	淮南市人民政府办公室关于加快发展会展业的实施意见
马鞍山	关于印发促进产业转移若干政策的通知
龙岩	关于办实办好各类展会有关事项的通知
广东	广东局转发国家质检总局关于印发国家质检总局关于支持广东会展业发展的意见的通知
	广东省会展业“十二五”发展规划
	广东省展会专利保护办法
	关于修改《广州市展会知识产权保护办法》的决定
深圳	关于印发《深圳市品牌展会认定办法》的通知
	关于《深圳市会展业财政资助专项资金管理办法》补充规定的通知
	关于征求《深圳展装展示企业资质等级管理办法(征求意见稿)》意见
桂林	桂林市人民政府关于加快发展桂林会展业的意见
	桂林市人民政府办公室关于印发桂林市会展业发展资金使用管理暂行办法的通知
海南	海南省商务厅关于申报2012年度省服务业发展专项资金扶持项目的通知
海口	关于修改海口市会展业发展专项资金使用管理暂行办法的决定
	关于修改海口市展览业管理试行办法的决定
武汉	市财政局 市商务局关于加强武汉市会展业发展专项资金管理有关事项的通知
	武汉市商务局武汉市财政局关于2012年上半年度申请使用会展业发展专项资金的通知
南京	关于印发《南京市会展发展专项资金使用管理办法》的通知
无锡	无锡市服务业（会展业）资金管理办法
	无锡市会展业发展三年行动计划
南昌	南昌市会展业发展专项资金使用管理暂行办法

北方的会展产业政策相比南方会展产业政策，从量的对比上北方的会展业政策比较少，体现了北方会展业在政府的重视程度上还远远不够。从政策法规发布领域上看北方会展产业的政策有地税减免，资金补助，商会协办

等相关政策，涉及到资金补助的政策比较少。南方会展业的发展相对较好，会展业的政策出台相对较多，一个省份或城市都有几条会展产业政策法规。南方会展产业中，最小的区域单位是区政府，体现了会展业在南方地区发展的深入。

资金管理办法对比。北方会展业关于会展产业资金管理办法有三个都是北京市发布。南方会展产业法规中关于会展专项资金每个省市基本都有。可见南方省市从整体上要比北方城市注重会展业的发展与扶持。扶持政策比北方较多，资金的总扶持量也就相对较大。总体上南方会展产业的发展相比北方在资金扶持上享有优势。

从“十二五”规划上对比分析。北方只有长春市会展业“十二五”，南方有5个省市发布了会展业十二五规划，分别是上海，成都、余姚、宁波、广东。“十二五”是一个地区关于会展业的发展方向的规划，其中包含了各地发展会展业发展环境，发展目标，发展机遇，发展思路等。是一个地区会展业是否发达的重要标志，能体现会展业在当地的受重视程度。

从会展业的管理办法上分析，北方会展产业管理办法有5条，南方地区有10条。据以上不完全统计，南方地区的会展产业管理办法的发布量是北方的1倍。当产业发展到一定的程度上，管理办法才会相应增多。从这方面也可以看出，南北方会展产业的发展还是有一定的差距。不过也可以发觉北方的会展业发展正在逐步的走上快车道。

2、东西区域会展产业政策法规分析

与南北区域会展业政策法规类似，东西区域的会展产业政策对比也是有一定的差距明显。随着近年来国家的西部大开发战略的实施，以成都，重庆，西安为代表的西部会展业城市发展在逐步趋于向好。西部地区有着较好的自然风光资源，在发展会展的会议方面有着较优越的条件，但是交通方面相对南方还不算发达。

从会展产业的发展态势上分析，上海和成都堪称是东西部会展业发展的典型代表。两个城市都在十一五期间就开始重视会展业的发展，并取得了不俗的成绩。

上海市是我国的金融中心，通过近年来的发展上海在长三角地区形成了会展业发展的中心城市。上海在“十一五”期间，会展业发展的特点呈现出三个“明显提高”：一是国际化程度明显提高。2010年，上海举办的国际展览会面积占全市展览会总面积的71.8%，比“十五”期末的占比提高了30.3个百分点；国际展览会的平均规模达2.5万平方米。境外参展商占总参展商的比重已由2005年的23.1%提高到2010年的25.4%。二是专业化水平明显提高。“十一五”期间，在上海举办的各类展览会中，综合性展会的比重持续下降，而专业性展会的比重逐年上升，形成了自行车展、模具展、汽车展、家具展、电子展、建材展、婚纱展等一批国内外知名展会。三是市场化程度明显提高。上海市会展业的运营及管理加快了向市场化方向迈进。在上海举办的各类展览会，其中90%以上采用了市场化运作的方式。

而在“十一五”时期也是成都会展业发展最快的时期。成都市的会展业发展呈现出会展项目数量大幅增加，2010年举办各类会展项目数量达382个，较2005年增加206个，吸引参会参节人数达8100万人次，其中外地参会参节人数达1320万人次。会展经济效益不断提高，“十一五”时期会展业直接收入年均增速达32.27%，间接收入年均增速达33.23%，2010年会展业直接收入达到32.39亿元，间接收入达到272.87亿元，促进经贸合同签订金额达2880.74亿元。

从两个城市的发展轨迹对比分析看，东西部注重会展产业发展的城市都取得了不错的成绩。而东部地区会展业有着便利的交通，所以在国际化方面要走的靠前。

此外，东部地区的小城市的会展业的发展也很有特色，像江苏，浙江的小城义乌，无锡会展业发展甚至比一些二线城市都要好。

3、区域具体分析

省级会展产业政策对比分析

从省级会展业的层面上看，有以下几条政策：《海南省商务厅关于申报2012年度省服务业发展专项资金扶持项目的通知》《关于河南省会展业商会规范对外作为会展文化节庆等主承办》协办支持单位有关问题的管理意见《辽宁省地方税务局关于免征会展企业房产税和城镇土地使用税有关问题的公告》广东省会展业“十二五”发展规划。

从发布领域上看，四条会展产业政策都不同。《海南省发布的会展业政策是关于会展业专项资金的补助》说明会展业是海南鼓励发展的项目，并且从全省的层面上发布，对于海南省的会展业将起到较大的推动作用。《河南省的政策是会展业商会关于作为主承办》协办的管理意见。从中看出河南会展业的发展尚不完善，办展主题不够活跃，而作为会展业的主管部门对于会展业的发展要加强管理与引导。辽宁省地方税务局是针对会展场馆的扶持政策，鉴于会展业发展初期的困难，辽宁省对于会展场馆将给与税收的优惠。广东省会展业十二五是，广东省未来会展业发展的大致规划，并对会展业的发展提出了目标。但是，广东省“十二五”规划中提到目前广东省展会品牌建设有待提升。展会总体规模较大，但不少展会的品牌意识较为薄弱，专业化程度和国际化水平有待提升，缺少参与各类国际会展认证活动。

市级会展产业政策对比分析

据不完全统计，有二十九个城市在2012年发布了会展业的相关政策法规。会展业政策南到海南北到长春都有会展产业政策发布。东部的上海到西部的新疆都有会展业的相关政策。

以下列举北、上、广三个会展业发达的城市，由北至南对市级会展业的发展做梳理和分析。

北京市为进一步促进我市商业会展业发展，北京市商务委员会、北京市财政局将加大工作力度，不断提升北京展会业专业化、国际化程度，培育具有核心竞争力的首都品牌展会，将北京打造为国际会展聚集之都。对引进国际大型展会鼓励引进具有国际影响力的展会，对新引进的国际展会，并满足下列条件，在京办展的前三届，每届给予主办方不超过50%的场租费用支持、最高不超过500万元。

培育品牌展会。依托北京市优越的政治、经济、科技及文化等条件，培育一批规模较大、国际影响力较强、符合北京产业发展政策的首都品牌展会。商务部门结合北京产业发展现状，定期发布《北京引导支持品牌展会名录》，对名录中的品牌展会，并满足下列条件，每届给予主办方不超过100万元奖励资金。

会展业发展的大致路径，没有太大的差异。但是同样的政策不一样的城市就有不一样的吸引力，北京市有着优越的政治、经济、科技及文化等条件，结合政府的扶持政策。在未来会展业的发展中年，将更多突出国际化的特点。

广州市是我国会展业发展最早的城市之一，拥有一批国内知名展会。并依托广州市形成了广州、深圳、东莞等城市的珠三角会展业经济圈，会展业发展中肯定有各种问题的出现，政府依据会展业存在的问题制定相应的法律法规来规范会展业的发展。《广东省展会专利保护办法》于2012年10月15日开始实施，对于规范会展业的发展，形成良好的会展业氛围有着很大作用。

办法中规定，展会主办方应当履行下列职责：

（一）在展会显著位置和参展商手册上公布展会专利投诉处理机构或者专利行政部门的地点、联系方式、投诉途径和专利保护规则等信息；

（二）设立展会专利投诉处理机构，接受专利权人或者利害关系人的投诉，对展会中发生的专利侵权纠纷进行调解处理；

（三）参展展品涉嫌假冒专利或者重复侵权的，及时移交专利行政部门依法处理；

（四）完整保存展会的专利保护信息与档案资料，自展会举办之日起保存不少于2年，并应当在展会结束之日起30日内按照专利行政部门的要求以电子邮件或者传真等方式报送信息。

加快会展业发展是上海建设“四个中心”、加快向以服务经济为主产业结构调整的需要，也是上海建设国际贸易中心的主要任务之一。会展业的发展将有效带动上海经济增长和产业结构调整，有力提升上海城市国际形象和影响力，是上海更好地服务长三角、服务全国、面向世界的重要平台之一。上海市将进一步提高本市会展业的国际化、专业化、市场化水平，积极推动大型会展活动设施的建设，鼓励、支持会展企业培育、引进一批规模化和具有国际竞争力的品牌展会，提升上海会展业的核心竞争力。同时，依托浦东花木会展产业集聚区、世博园区会展产业集聚区和浦西已有的“一带四点”会展区和虹桥商务区国家会展中心项目，推动形成“东西联动、错位竞争、优势互补”的会展业发展格局，实现上海市会展业的跨越式发展。

目前上海会展业的发展已经取得了不错的成绩，作为中国会展中心城市之一，上海去年共举办了806个展会，展览总面积1109万平方米，两项指标分别比2011年增长19.6%和16.37%，均创历史新高。在此基础上，上海市将在“十二五”期间着力提升上海会展业的核心竞争力，推动会展业市场化的进程。

综合分析各城市的会展业发展，会展产业能为城市带来直接经济效益。会展产业被认为是低成本、高收入、高赢利的行业，其利润率大约在20%至25%以上，这是会展经济迅速发展的直接推动力。从国际上看，在瑞士日内瓦，德国汉诺威、慕尼黑，美国纽约，法国巴黎，英国伦敦，新加坡和我国香港等这些世界著名的“展览城”，会展业为其带来了直接的收益和经济的繁荣。我国北京、上海、广州、深圳等地每年通过举办各种大型会议和展览获得可观的收益。这种直接的经济效益所产生的吸引力使得会展经济在我国迅速发展起来。 此外，会展业通过关联效应、扩散效应和集聚效应，带动建筑、旅游、餐饮、金融保险等其他产业的发展，使产业结构的发展顺着第一、二、三产业优势地位顺向递进的方向演进；顺着劳动密集型产业、资本密集型产业、技术(知识)密集型产业分别占优势地位的方向演进使城市的产业结构向着更加合理化和高度化的方向发展，最终推动经济的发展。

会展产业在企业全球化和经济一体化的进程中，以其对经济的乘数效应和对社会的杰出贡献获得了众多美称，受到了各国政府及城市越来越多的重视，将是今后城市经济发展的一个新的增长点。

县域会展产业政策法规解析

余姚市是收集到的会展业政策中唯一的县域城市出台会展业十二五规划的。余姚市会展业十二五规划中提出，余姚发展会展业要坚持品牌塑造和重点培育，提升品牌展会国内外影响力，充分发挥塑博会龙头展会和小家电博览会、中国裘皮服装节等品牌展会的带动作用。精心谋划组织办好中国塑料博览会，力争展会在国际化程度、政府主导市场化运作模式和展会实效上有新突破。突出了小城市在立足自身产业的基础上发展会展业一定要注重培育龙头展会，树立品牌会展。逐渐的培育适合当地的发展的特色会展项目，形成和其他城市的联动。

嵊州市商务局关于印发《2012年嵊州市境内外重点、一般及推荐类展会目录》的通知，嵊州市为让本市企业进一步开拓国际国内市场，鼓励和引导企业“走出去”，在推荐目录中共涉及78只境内外展会，其中重点类境外展会12只，重点类境内展会6只，一般及推荐类境外展会50只，一般及推荐类境内展会10只。

第三章 全国会展产业政策法规制定及执行部门

随着市场经济的不断发展，在市场经济运行中，政策具有导向作用。这种导向作用主要是：可以调整商品供求结构，有助于实现市场上商品供求的平衡；可以通过差别利率等信贷倾斜政策对资金市场进行调节，有助于资金合理流动和优化配置；可以打破地区封锁和市场分割，促进区域市场和国内统一市场的发育和形成。会展行业在我国发展的时间还不是很长，在整体方面还存在着大而不强的局面。跟会展起源地欧洲比较，我国会展业起步比较晚，还存在一些问题。作为一个朝阳行业，备受我国政府及各单位的重视及关注。从中央部委到地方政府各部门，各地会展办、行业协会等都对我国会展业的发展给予了不同程度的持续支持与关注。不仅先后成立专门的会展办公室，还出台了大量的支持政策和优惠措施。对于这些政策的正确分析是非常有必要的，同时，也利于各地对于政策的相互融合，相互运用。

2012年全国会展业政策制定单位统计一览表

（不完全统计）

<table>
<tr><th>政策制定者</th><th colspan="2">政策文件数量</th><th>政策名称</th><th>发布时间</th><th>关注点</th></tr>
<tr><td rowspan="2">中央部委（财政部、国家质检总局）</td><td colspan="2" rowspan="2">2个</td><td>国际会议在华举办的费用收入开支管理</td><td>2012.01.19</td><td>国际会议在华举办的费用收入开支管理</td></tr>
<tr><td>质量监督检验检疫在国际会展业中的具体试行</td><td>2012.02.17</td><td>质量监督检验检疫在国际会展业中的具体试行</td></tr>
<tr><td rowspan="7">地方政府各部门</td><td rowspan="7">49个</td><td rowspan="7">中国共产党委员会及人民政府（22个）</td><td>芜湖市人民政府《关于进一步加快服务业发展若干政策的意见》</td><td>2012</td><td>会展行业的资金补助及补助标准</td></tr>
<tr><td>淮南市人民政府办公室《关于加快发展会展业的实施意见》</td><td>2012.08.03</td><td>加快会展业发展的支持及指导方向</td></tr>
<tr><td>马鞍山中共市委、市政府关于印发《促进产业转移若干政策》的通知</td><td>2012.01.04</td><td>系列政策对于会展业的辅助，涉及参展行业的补贴较多</td></tr>
<tr><td>广州市人民政府关于修改《广州市展会知识产权保护办法》的决定</td><td>2012.06.16</td><td>修改展会保护知识产权信息，扩大展会的独创性，知识性</td></tr>
<tr><td>广东省人民政府实行《广东省展会专利保护办法》</td><td>2012.10.15</td><td>保护展会专利</td></tr>
<tr><td>桂林市人民政府办公室关于印发《桂林市会展业发展资金使用管理暂行办法》</td><td>2012.10.11</td><td>会展发展资金使用管理情况</td></tr>
<tr><td>海口市人民政府关于《修改海口市会展业发展专项资金使用管理暂行办法》的决定</td><td>2012.12.06</td><td>修改会展业发展专项资金管理</td></tr>
</table>

地方政府各部门	49个	中国共产党委员会及人民政府（22个）	海口市人民政府关于《修改海口市展览业管理试行办法》的决定	2012.12.06	修改展览业管理条例
			《无锡市服务业（会展业）资金管理办法》	2012.01.01	加快会展业发展，管理会展业
			威海市人民政府《关于促进工业企业开拓市场的若干意见》	2012.12.30	涉及工业会展业的支持政策
			潍坊市人民政府办公室印发《关于加快会展业发展的意见》的通知	2012.08.08	促进会展业发展
			《烟台市展会知识产权保护办法》	2012.06.14	展会知识产权保护
			杭州市萧山区人民政府关于印发《萧山区加快会展业发展的实施细则》的通知	2012.07.08	促进会展业发展
			《宁波市境内外展会补贴政策》	2012.	会展补贴政策
			《浙江义乌市修订展会知识产权保护办法》	2012.	修订会展知识产权
			西安市人民政府转发《西安市发展会展业领导小组办公室关于会展业促进经济平稳较快增长的意见》	2012.12.27	发展会展业促进经济平稳发展
			龙岩市人民政府办公室《关于办实办好各类展会有关事项的通知》	2012.12.18	规范办好展会
			长春市《会展业第十二个五年规划》	2012.	会展行业的五年内规划
			成都市人民政府关于印发《成都市会展业发展“十二五”规划》的通知	2012.04	会展业的五年内规划纲领
			《广东省会展业“十二五”发展规划》	2012.07.23	会展业的五年内规划纲领
			《宁波市会展业发展“十二五”规划》	2012.11.30	会展业的五年内规划纲领
			浙江省《余姚市会展业“十二五“（2011—2015年）发展规划纲要》	2012.	会展业的五年内规划纲领
		文化部（1个）	新疆文化部关于印发《文化部“十二五”时期文化产业倍增计划》的通知	2012.02.23	文化会展业发展目标及主要政策措施
		科技厅（1个）	福建省科学技术厅关于《申报2013年在华举办国际科技会展计划》的通知	2012.11.06	国际科技会展的申报计划
		会展办（6个）	深圳市会展办关于征求《深圳展装展示企业资质等级管理办法(征求意见稿)》意见	2012.11.22	会展企业的资质标准分类
			河南省关于《河南省会展业商会规范对外作为会展文化节庆等主承办、协办支持单位有关问题》的管理意见	2012.09.23	会展业商会的规范性意见
			无锡市《无锡市会展业发展三年行动计划》	2012.04.13	未来三年无锡市会展业的规划
			南昌市《会展业发展专项资金使用管理暂行办法》	2012.02.16	会展专项资金专项管理
			西安会展业发展办公室《关于申报省级会展扶持项目的通知》	2012.10.23	会展扶植项目的申报
			澳门特别行政区政府经济局会展业及产业发展厅《会展活动激励计划》	2012.	会展具体活动的激励政策

地方政府各部门	49个		海南省商务厅《关于申报2012年度省服务业发展专项资金扶持项目的通知》	2012.03.22	服务业发展专项资金的申报
			浙江省嵊州市商务局关于印发《2012年嵊州市境内外重点、一般及推荐类展会目录》的通知	2012.01.18	境内外展会推荐
			上海市商务委员会关于发布《上海市会展业发展“十二五”规划》的通知	2012.04.24	会展行业的五年规划
			辽宁省地方税务局《关于免征会展企业房产税和城镇土地使用税有关问题的公告》	2012.11.23	会展用房及用地的税率减免
			西宁市《西宁市会展业管理暂行办法》	2012.	会展业的规范管理
			青海省《促进若干经营性服务业加快发展的政策意见》	2012.09.13	将旅游与会展结合，促进经营性服务业发展
			北京市旅游发展委员会《关于促进会议与奖励旅游发展的若干意见》	2012.02.21	奖励旅游发展及促进会议举办
			《北京市会奖旅游奖励资金管理办法（试行）》	2012.06.05	管理会议旅游奖励的资金
			北京旅游商品扶持资金管理办法（试行）	2012.06.05	旅游扶植商品资金管理
			北京市商务委员会北京市财政局《关于促进我市商业会展业发展的通知》	2012.04.09	促进商业会展业发展
			南京市财政局、中国国际贸易促进委员会南京市分会关于印发《南京市会展发展专项资金使用管理办法》的通知	2012.09.30	会展专项资金管理
			杭州市萧山区发展和改革局、财政局、旅游局《关于组织2012年度会展业扶持项目申报的通知》	2012.11.20	会展业扶植项目申报
			嘉兴市发展和改革委员会、财政局《关于下达嘉兴市级会展项目管理实施办法的通知》	2012.12.19	针对会展项目管理
			武汉市财政局、商务局《关于加强武汉市会展业发展专项资金管理有关事项的通知》	2012.01.01	会展业发展专项资金管理
			武汉市商务局武汉市财政局《关于2012年上半年度申请使用会展业发展专项资金的通知》	2012.	半年期会展业专项资金申请使用的通知
			深圳市经济贸易和信息化委员会、市财政委员会关于印发《深圳市品牌展会认定办法》的通知	2012.04.06	品牌展会认定办法
			深圳市经济贸易和信息化委员会、市财政委员会关于《深圳市会展业财政资助专项资金管理办法》补充规定的通知	2012.04.06	会展财政资助资金管理办法
			合肥市商务局、财政局《关于进一步促进外贸加快发展若干政策的资金项目申报通知》	2012.07.06	促进外贸发展政策资金申报
		质检总局分局（1个）	广东局转发国家质检总局《关于印发国家质检总局关于支持广东会展业发展的意见的通知》	2012.01.12	国家质检总局支持广东会展业

2012年的政策法规制定部门多以政府部门为主，以中国共产党委员会及人民政府为主出台发布的政策占到了45%，也是政策发布的主体部门。从重视程度来说，政策法规的制定及发布更加偏向政府主体部门，更体现了政策的权威性，对于下达及执行更有力度。会展办专业机构占到13%，主要是政策的突破，以及新兴发展会展业地区的先行政策。联合部门占到19%，多以财政局和商务局等经济部门为主，政策内容涉及资金补助和行业规范。其他辅助机构占到23%，包括文化部、科技厅、商务委、税务局、服务业促进发展局、旅游委、质检局等七个部门。这一部分主要以本职工作为主，具体服务辅助会展行业，个别下设会展行业机构，引领、助推会展行业正确、快速发展。

政策制定部门分布广泛，涉及部门多，从一个侧面反映会展业是个综合性的产业。在我国，会展业还存在多方面的问题，需要多部门协调，使政策制定更加规范，更加适用。政策内容大部分是以资金补助及管理为主，这说明我国会展业大体还处在初级阶段。对于处在初级阶段的会展行业，一方面，可以有效利用会展行业先进国家或先进地区的技术及模式；另一方面，便于规整整合会展行业的现有资源，创新的可能性更大。辅助行业主要是处理好服务会展业的相关行业政策，关注到会展行业在实际活动中存在多方面问题，例如，会展产品的质量情况，会展行业的税收情况，专业会展的专业性等。

第一节　中央部委

一、财政部

为了规范和加强在华举办国际会议的财务管理，提高资金使用效益，财政部制定了《在华举办国际会议费用开支标准和财务管理办法》，以下简称办法。此办法由总则、会议收入管理、会议支出管理、会议经费的管理及监督、附则等五部分组成。整体上构词严谨，考虑全面，分类清楚，明确规定了国际会议在华举办所花费用的标准及管理办法。

总则确定了制定办法的目标，适用范围，国际会议的分类办法。尤为重要的是给出了遵循财务管理的三条原则，厉行节约，严格开支；参照惯例，规范管理；单独核算，专款专用，贴切国家廉政建设的八项规定。联合外交部，严格按程序申报，规定工作人员入驻比例。会议收入管理部分清楚规定了国际会议的收入种类，收入统一纳入预算，专人负责，收入的处理方案及处理时间。会议支出管理部分严格规定会议的节俭原则，本着以会养会的目标，列出了支出项目及标准。细致分类，公私分明，签字拨款，备案审批，钳制个人权利的乱用。会议经费的管理和监督部分建立追踪问效制度，决算编制的时间、内容规定，对待虚假行为，严格对待，追究单位、个人责任。附则部分扩宽本办法的适用范围，强调本办法的落实原则及解释部门。

二、国家质检总局

促进会展业健康发展是国家“十二五”规划发展纲要中推动服务业大发展的重要举措之一，随着生活水平的不断提升，当代人对于生活的要求越来越高。产品质量、疫情监管等这些质检总局需要明确规划的事情也开始值得关注。会展活动扩宽了宣传范围，影响了当地及周边经济，但同时也产生了人员集聚、货源集聚等方面的问题。《国家质检总局关于支持广东国际会展业发展的意见》旨在推动会展业的规范性、国际性、专业性。

依据国家质检总局和广东省人民政府签署的《实施珠三角地区改革发展规划纲要促进广东质检事业科学发展备忘录》和《共同建设全国加工贸易转型升级示范区加快推进外经贸发展方式转变合作备忘录》，国家质检总局以广东为试验区与先行地。从意见的整体来看，先行试点更有利于与国际性专业会展接轨，便于我国国际性展会“走出去”。

作为先行地，广东有它自己的国际优势，广东是我国会展业走在前列的省份，尤其是在国际方面。国家质检总局在具体方面给予国际参展商及相关参展单位及个人走正规、专业、专用的绿色通道。从具体的先行、便利、高效、简化等政策子眼里，我们不仅能看到国家质检总局在专业知识方面的娴熟，更能看到的是对于会展行业当前质检水准的提高与重视。创新参展进口食品和化妆品的检验检疫监管模式、创新国际会展业检验检疫内销监管模式两个创新的提出，是在专业知识方面的赶超与突破，国际会展业的专注与细化表现的淋漓尽致。一个完善，完善国际会展业检验检疫现场服务；一个建立，建立健全国际会展业参展商诚信和展品质量安全监管机制。完善现有的现场检疫服务，建立国际共通、共用的监管机制，国家质检总局本着具体问题具体分析、具体完善的原则，积极试行着专业化的质检任务，形成更高水平、更贴近现代化的质检系统。另外，在国际会展业的质检过程中，国家质检总局考虑国际会展行业的相关行业，推动物流业与物联网的有效结合，高效、快捷地为会展业服务，使我国的展会更加具备品牌效应，更具有国际影响力。

第二节　地方政府部门及行业协会

会展行业的不断繁荣和发展离不开经济政策的影响，政策的制定者对于政策的全面性、规范性、有效性等方面的把握是很重要的。会展经济的发展要求政策制定者更加实事求是，具体问题具体对待，着重把好会展行业的脉搏，为促进会展经济、正确引领会展业市场做出表率。我国各地区各部门在遵循国家大政方针政策的同时，积极体现各地区各部门的工作特色和地区特色。据不完全统计，我国各部门各地区以及国家部委2012年共出台50多条会展行业的相关政策文件，涉及了中共共产党各委员会、各人民政府、政府办公室、财政局、商务委（局）、会展办、税务局、贸易服务促进局、发改委、质检局等多个部门。从政策的制定部门来看，2012年的会展行业已经明显得到了政府部门的进一步关注和支持。

一、中国共产党各委员会及人民政府

2012年，会展产业在2011年发展的基础上，更加规范、更加专业。从政策的制定部门来看，政府主要部门、主要机构都参与拟订会展政策，给会展产业的发展提供了强有力的保证及支持。2012年，仅仅是中国共产党委员会及人民政府领头的政策占到全部政策法规的40%多。主要是规范会展行业的有序进行、会展行业的资金补助、会展知识产权专利的保护、以及会展行业的指导意见及长期规划。

会展政策制定者，从省部级到区县级，各有不同，各有特色。省部级以广东省人民政府为主，出台了《广东省展会专利保护办法》。在我国，广东省毗邻港澳、辐射东南亚，是我国会展业走在前列的省份之一，发展国际会展业具有重大的战略意义和独特优势。中国制造业正处于转型升级的关键阶段，广东会展业的跨越式发展与制造业转型升级的互动实践将为全国调整产业结构、增加现代服务业的产业比重起到良好示范作用。广东省人民政府着眼全球，积极发展会展业，在我国会展行业已经走在了先列，为了加强展会专利保护，维护展会秩序，推动经济社会发展，根据《中华人民共和国专利法》、《广东省专利条例》和有关法律、法规，结合广东省的实际，制定了展会专利保护办法。此办法体现了一个特色，建立展会专利诚信档案并进行管理。

区县级的会展产业也得到了当地政府部门的重视及支持，杭州市萧山区人民政府为此出台了《萧山区加快会展业发展的实施细则》。近年来，县域会展经济也开始走向了正轨，浙江的绍兴县就曾举办过好多次具有影响力的展会。区县级政策都非常规范，也很具体。萧山区的实施细节分类明确，鼓励本地区域会展的举办，增加补贴力度，培养自主展会。存在的问题是可以走出去，带动当地特色展会与会展产业发达地区结合办展，争取引进来与走出去的相结合。

政策内容方面，不仅仅从管理规划，补贴资助开始，更重要的是对于知识产权的保护有了明确的认识及相关规定。为我国会展行业自主办展，创新模式提供了先期保障与支持。

二、文化部

会展产业属于第三产业的范畴，即服务业。在许多范围内，展会是以一种文化表现的形式出现在人们的视线里。在我国，最早的赶集、庙会是会展产业的雏形，某种意义上是一种文化的沉淀。其实，在每一次展会完展后，会展都无形中形成了一种文化品牌。

新疆维吾尔自治州文化部为加快文化产业的发展及利润倍增，科学布局、合理分工、提升内容、突出特色，发展综合性、专业化等不同类型的文化会展。转变文化会展业运作模式，切实提升文化会展的交易功能和作用，促进文化会展与旅游、城市建设、商贸合作的融合，提高办会效益。建立健全会展评估机制，完善会展评估和反馈体系。加强对文化节庆活动的规范引导，发掘传统节庆文化内涵，提升新兴节庆文化品质。同时，明确了文化会展的发展目标，规定了主要政策措施，推荐全国品牌展会，积极参展，主动学习。

三、科技厅

科学技术是第一生产力，科学技术也决定着我国综合实力的强弱，对于一个大国，如何成为强者，科学技术的力量占到了很大的比例。硬实力与软实力的结合，才能更好的为国家繁荣，人民幸福生活做出贡献。对于会展产业来说，不仅仅是将具体的专业科技展办好，更应该在展会本身增加科技化、高效率、先进化、现代化等方面的内容。另外，对于会展行业的专业管理也应进一步加快步伐。培养专业管理人才，专业实践人才，为高质量、高品位的展会服务。

福建省科学技术厅为规范在华举办国际科技会展的审批工作，管理和统筹安排在华举办的国际科技会展，制定了《申报2013年在华举办国际科技会展计划》，并下发于各下属单位。此计划根据科技部、外交部、海关总署、国家工商局《国际科学技术会议与展览管理暂行办法》（国科发外字〔2001〕311号）的有关规定制定。专业对待国际科技展会，为国际科技展会提供资金补助。福建省对于国际科技展会的重视，体现了其省份沿海的特点，积极投入国际技术交流的行业，不断促进技术的提升。

四、会展办及协会

作为会展产业的专业、专门、直接的管理机构，重要性以及必要性不言而喻。会展办及会展协会对于各地各区的会展情况、会展信息无疑是最有发言权。对于会展政策的制定，是有区别的。

深圳市是会展产业发展走在前列的地区，对于会展企业的要求开始进行分类对待。深圳市为规范深圳市展装展示行业秩序，提升展览工程的技术和施工水平，保障展装展示施工工程质量和安全，引导展装展示行业绿色、低碳、环保发展，特制定了《深圳展装展示企业资质等级管理办法(征求意见稿)》。此办法规定规范，细致有序，分类清楚，考虑全面。遵循公开、公平、公正的原则，按照市场准入、分等定级、宽进严出、行业自律、联合监管的办法，促进有序竞争，依法维护展装活动各方合法权益。

对于我国会展行业的政策层面多以资金补助为主，主要以专项资助作为支持的条目。而澳门特别行政区却有不同，澳门特别行政区政府经济局会展业及产业发展厅制定《会展活动激励计划》政策较为全面，涉及方面全，多部门合作，细节规定到位。为促进澳门经济适度多元化，进一步推动澳门会展业发展，《会展活动激励计划》透过向在澳门筹办会议展览的主办单位及策划者提供协助及支持，以提升会展业的竞争力，打造澳门成为举办各类型会展活动的目的地。

五、商务委（厅、局）

会展产业涉及范围较广，和各部门的接触多，而正好商务委（厅、局)本身也是个涉猎范围广，促进服务作用大。当然，会展行业是联系各参展商、投资商、洽谈商的一个多元化平台，这本身跟商务委（厅、局)的工作特点相符，对于商务委（厅、局）制定的政策，会更符合会展产业的有序发展，更贴近各方面商业企业整合资源，合理利用。

从借鉴其他品牌展会到针对会展企业进行补助，严格规范自主会展企业，各地商务委（厅、局）根据各自各地特色具体制定政策。上海市商务委员会制定了《上海市会展业发展“十二五”规划》，发展会展业将有效带动上海经济增长和产业结构调整，有力提升上海城市国际形象和影响力，是上海更好地服务长三角、服务全国、面向世界的重要平台之一。加快会展业发展是上海建设“四个中心”、加快向以服务经济为主产业结构调整的需要，也是上海建设国际贸易中心的主要任务之一。

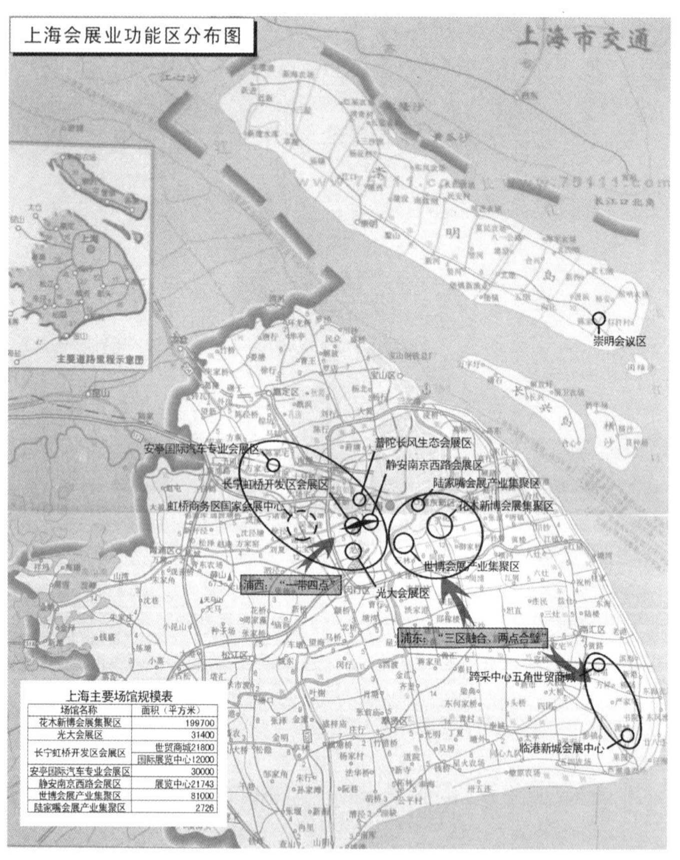

上海主要场馆规模表

场馆名称	面积（平方米）
花木新博会展集聚区	199700
光大会展区	31400
长宁虹桥开发区会展区	世贸商城21800
	国际展览中心12000
安亭国际汽车专业会展区	30000
静安南京西路会展区	展览中心21743
世博会展产业集聚区	81000
陆家嘴会展产业集聚区	2726

六、税务局

税收的调节作用及促进行业发展的力度都是有目共睹的，会展行业是我国近年来新兴的朝阳产业。据专家测算，国际上展览业的产业带动系数大约为1：9，即展览场馆的收入如果是1，相关的社会收入为9。 会展经济一般被认为是高收入、高赢利的行业。会展经济，指通过举办各种形式的会议和展览、展销，带来直接或间接经济效益和社会效益的一种经济现象和经济行为。如此有力的经济模式，税收的收缴部门是非常明智的，给予会展产业足够的补贴、免税。促进会展行业的进一步发展及壮大，有利于区域经济长远影响。

辽宁省根据其省份会展业刚刚起步及经营初期遇到的实际困难，辽宁省地方税务局制定了《关于免征会展企业房产税和城镇土地使用税有关问题的公告》。此公告对展馆自经营之日起免征三年房产税和城镇土地使用税以及提出了审批条件及批复时间等问题。

七、服务业促进发展局

会展业是一个新兴的服务业，影响面广、关联度高。在新时期，必须大力发展会展业，全面提升会展经济。

服务业促进发展局是一个专门为第三产业(服务业)的发展服务，有针对性的做出政策决定，提出发展意见。对于会展产业的专门促进部门，服务业促进发展局更能体现服务行业的优势及缺陷，能进一步结合会展行业的实际情况制定相应政策。

青海省对于服务业中的会展行业提出了资金补助、交通让行，会展与旅游有机相结合等的政策，西宁市制定了《西宁市会展管理暂行办法》，此办法对办展规定、办展单位，办展服务机构的配合都有严格的管理要求，以及申报展会的具体办法都有涉及。

八、旅游委（厅、局）

会展行业与旅游业的关联度非常高，每一次展会的举办都带动着许多行业的利润共享，交通行业的互动，旅游业的全面升级，酒店业的贴心服务等等。如果一个城市的会展业发展到一定程度，无疑当地增加许多流动人口，此时对于当地的文化风俗，是一个展示的机会。旅游委（厅、局）在注重旅游行业的同时，对于会展行业的重要性不容忽视的。

北京市旅游发展委员会先后出台了四条政策，对会展及旅游以奖励为主，奖励标准，监督规定，旅游商品的资金补助，商业会展的品牌资助，国际展会的引进等方面都有所涉及。

九、质检局

对于质量、检查检疫方面的工作也是近几年来被作为焦点的一门工作，在出现许多不合检产品的时代，会展业却没有丝毫放松。广东质检分局转发国家质检总局关于印发《国家质检总局关于支持广东会展业发展的意见》的通知。意见严格执行在会展里的检查检疫程序，把产品质量放在首位，严格遵守原有制度，积极创新，为国际会展的检疫、检查更加便利。

十、联合部委（厅、局）

多部门联合协作对于会展业的促进发展有相当大的作用，在外在影响力方面更能扩大、扩宽展会的传播范围，增加展会的权威性。多部门联合都涉及到财政部门，从一个侧面也可以看出我国会展行业还处在初级阶段，国家扶植力度大。我国会展行业整体还不强，急需培养竞争力强的展会，突现我国会展品牌。部门联合多是经贸商务类部门为主，商务促进作用强，联合运转能力为会展业的进一步发展提供了足够的保障。

第三节、执行部门

政策法规的实际效用及影响范围如何？最终，都是要落实到实际执行与管理部门的具体工作上。从1957年第一届中国出口商品交易会在广州举办，到1994年《中外会展》（中国第一家会展届媒体，是一本连接中外会展行业，服务中国会展经济的展览业专业刊物）创刊 ，再到近几年会展经济不断发展，国家审时度势，2006年成立了会展业的专业研究机构---中国会展经济研究会，紧接着各地区、各部门都成立相应的博览局，会展办，会展协会等专业性的机构。会展行业经历着从小到大，从粗糙到细致，从大致到专业的过程，执行部门开始若隐若现，为会展行业的壮大不间断地制定政策、实行政策。

2012年全国会展行业专设机构政策发布统计

发布区域	政策名称	发布时间	政策依据	政策执行部门
广东省	深圳市会展办关于征求《深圳展装展示企业资质等级管理办法(征求意见稿)》意见	2012.11.12 2013.07.01（执行）	《中华人民共和国建筑法》、《装饰装修管理办法》及国家有关法规	深圳市各区、各展装展示企业及相关单位
河南省	关于《河南省会展业商会规范对外作为会展文化节庆等主承办、协办支持单位有关问题》的管理意见	2012.09.23	《河南省会展业商会顾问委员会章程》	商会各会员单位及相关单位
江苏省	《无锡市会展业发展三年行动计划》	2012.04.13	《无锡市“十二五”规划》和市委市政府关于大力发展现代服务业的总体要求	市各职能部门、各市（县）、区、行业协会、专业园区、办展机构
江西省	南昌市《会展业发展专项资金使用管理暂行办法》	2012.02.16	南昌市人民政府印发《关于进一步加快发展会展经济的若干意见的通知》	市各职能部门、各市（县）、区、行业协会、专业园区、办展机构

陕西省	西安市会展业发展办公室《关于申报省级会展扶持项目的通知》	2012.10.15	《陕西省商务厅关于申报会展扶持项目的通知》《陕西省人民政府关于加快会展业发展的意见》	各设区市商务局，西安市会展办，杨凌示范区展览局
澳门特别行政区	澳门特别行政区政府经济局会展业及产业发展厅《会展活动激励计划》	2013.01.01（执行）	澳门特区政府经济局的相关政策及规定	澳门筹办会议展览的主办单位、策划者及相关单位

第四章　全国各会展产业政策法规的适用范围

对于政策法规的适用性是需要多方面进行考量的，很多情况下，政策法规的合适度是根据当时和当地的社会环境、经济水平、产业基础及行业现状而具体制定的。纵观全国会展产业政策法规，它的适用范围大体上分为政府性质的有关机构和各会展企业。我国会展行业起步较晚，制定政策法规的时间也比较晚，许多政策法规都先以试行、意见为主，然后再进行微调，具体制定。各地政策法规虽然都有相同相通之处，但各地具体情况有差异，政策法规就带有一定的特色。

政府性质的相关机构属于政策法规适用范围中的一类，这些机构主要以政府为主，还包括协会、商会、事业单位等。另一类，是政策法规的具体体验及落实者主要是各会展企业。

试行政策法规发布统计一览表

试行区域	试行政策名称	制定单位	试行时间	试行原因
广东省	《关于支持广东国际会展业发展的意见》	国家质检总局	2012.02.17	为深入落实国家质检总局和广东省人民政府签署的《实施珠三角地区改革发展规划纲要促进广东质检事业科学发展备忘录》和《共同建设全国加工贸易转型升级示范区加快推进外经贸发展方式转变合作备忘录》，支持广东国际会展业发展，推动广东产业转型升级.
安徽省芜湖市	《关于进一步加快服务业发展若干政策的意见》	芜湖市人民政府	2012	会展业符合芜湖市“十二五”规划的首位产业、四大支柱产业、四大战略性新型产业和五大现代服务业的展会，促进会展业发展。
安徽省淮南市	《关于加快发展会展业的实施意见》	淮南市人民政府办公室	2012.08.03	依《国务院关于加快发展服务业的若干意见》和《安徽省人民政府关于加快发展服务业的若干意见》精神，加快市会展业发展。
广西桂林市	《桂林市会展业发展资金使用管理暂行办法》	桂林市人民政府办公室	2012.10.11	为促进我市会展业发展，加强和规范会展业发展专项资金的管理，充分发挥财政资金的宏观导向和激励作用，提高资金使用效益。根据《桂林市人民政府关于加快发展桂林会展业的意见》文件精神和有关规定。

海南省海口市	《修改海口市会展业发展专项资金使用管理暂行办法》	海口市人民政府	2012.12.06	经2012年10月24日十五届海口市政府第10次常务会议审议，需微调原办法。
	《修改海口市展览业管理试行办法》	海口市人民政府	2012.12.06	经2012年10月24日十五届海口市政府第10次常务会议审议，需微调原办法。
山东省潍坊市	《关于加快会展业发展的意见》	潍坊市人民政府办公室	2012.08.08	为全面提升我市会展业发展水平，繁荣会展经济，打造山东半岛特色会展城市，根据省政府《关于加快商贸流通业发展的意见》精神。
陕西省西安市	《西安市发展会展业领导小组办公室关于会展业促进经济平稳较快增长的意见》	西安市人民政府	2012.12.27	积极服务会展业发展，促进全市经济稳定增长。组织和动员会展行业的繁荣，促进经济发展，依据省市政府发展经济的规定。
广东省深圳市	《深圳展装展示企业资质等级管理办法(征求意见稿)》	深圳市会展办	2012.11.22	为规范深圳市展装展示行业秩序，提升展览工程的技术和施工水平，保障展装展示施工工程质量和安全，引导展装展示行业绿色、低碳、环保发展。
江西省南昌市	《会展业发展专项资金使用管理暂行办法》	南昌市	2012.02.16	为促进我市会展经济快速发展，规范南昌市会展业发展专项资金的管理，充分发挥专项资金的引导和激励作用，根据南昌市人民政府印发《关于进一步加快发展会展经济的若干意见的通知》精神
青海省	《促进若干经营性服务业加快发展的政策意见》	青海省	2012.09.13	加快服务业发展是促增长、转方式、惠民生的重要路径。为全面贯彻落实省十二次党代会精神，提高服务业发展层次和水平，不断增强经济发展的协调性，根据青海省第三产业普查和调研情况，针对物流、房地产、会展、社区、中介等经营性服务业发展的薄弱环节和突出问题
北京市	《关于促进会议与奖励旅游发展的若干意见》	北京市	2012.02.21	依据《北京市十二五时期旅游业发展规划》、《北京市十二五时期会展业发展规划》以及《关于严格控制在京举办国际会议的通知》等文件的相关精神
	《北京旅游商品扶持资金管理办法（试行）》	北京市	2012.02.21	为进一步促进北京旅游商品又好又快发展，引导、扶持社会资本投入北京旅游商品的研发、生产和销售，推进旅游商品产业化、专业化、国际化方向发展
	《北京市会奖旅游奖励资金管理办法（试行）》	北京市	2012.02.21	为了促进我市会议与奖励旅游产业的发展，加强和规范北京市会议与奖励旅游奖励资金（以下简称“会奖资金”）的管理，提高资金使用效益

试行政策，从一定意义上来说，代表着尚处摸索阶段，不够成熟。那么在试行的过程中要注意加大监管，适时的回收反馈信息，以便及时调整。

第一节 对于中小型会展企业的政策局限性

随着会展行业的快速发展，会展企业数量在迅速增长。进入WTO以后，我国会展业也迎来了突飞猛进的变化，许多会展企业在国内生根发芽，开始陆续发迹。很多会展是和贸易洽谈联系在一起的，推动了贸易、生产和金融向中国的渗透、合作。

全国政策法规的制定，主要围绕资金补助申请、管理，会展管理，知识产权保护，质量检查检疫，会展与旅游，品牌会展认定制度。我国会展业年均增幅超过20%，取得了长足的发展。但与德国、美国、法国、新加坡等会展经济领先的国家相比，我国会展业还存在较多不足，这些不足突出表现在：展会水准不高，尚未与国际接轨；主题雷同的展会太多，纷乱无序；展会规模偏小，国际影响力差；专业观众少，成交额小，展会的质量和效益有待提高；缺乏行业管理，展览市场存在恶性竞争；场馆设施不健全，软硬件不配套；专业人才匮乏，服务欠规范。

政策从某种意义上来说，是为促进行业积极健康的发展，引导企业自主经营，不断强大而制定。对于行业的准入标准有一定规范，资源无节制浪费，行业整合困难。针对行业的具体问题制定政策，有利于中小企业的进一步完善，进一步发展壮大。针对会展业中存在的问题，可以保护知识产权，创造品牌优势，形成文化积淀；建立了一个以共同的信念、共同目标、共同的价值观凝聚在一起的团队；使员工在企业内部的价值远远大于其市场价格，专业分工明确；按照系统的方法整合企业所有资源，资源有效组合；不断创造新的竞争力及利润点。

第二节 政策法规类别的差异分析

地区间存在着许多方面的差异，这些差异在会展产业方面也同样存在。由于风俗文化、社会环境、自然构造等方面的不同，展会形式及内容也各有特色。对于针对展会的特色，依照国家的具体政策文件，制定各地域的具体政策法规。

我国2012年会展行业的政策主要是资金资助及管理、会展业指导及管理、质量检查检疫、知识产权保护、品牌展会认定、会展与旅游、会展长期规划、展会推荐、会展税收等。

我国会展政策法规的差异分析统计一览表

政策分类	政策名称	政策区域	发布时间
资金资助及管理（14条）	财政部关于印发《在华举办国际会议费用开支标准和财务管理办法》的通知	全国	2012.01.19
	芜湖市人民政府《关于进一步加快服务业发展若干政策的意见》	安徽省芜湖市	2012
	桂林市人民政府办公室关于印发《桂林市会展业发展资金使用管理暂行办法》	广西桂林市	2012.10.11
	海口市人民政府关于《修改海口市会展业发展专项资金使用管理暂行办法》的决定	海南省海口市	2012.12.06
	《无锡市服务业（会展业）资金管理办法》	江苏省无锡市	2012.01.01
	《宁波市境内外展会补贴政策》	浙江省宁波市	2012.
	南昌市《会展业发展专项资金使用管理暂行办法》	江西省南昌市	2012.02.16
	海南省商务厅《关于申报2012年度省服务业发展专项资金扶持项目的通知》	海南省	2012.03.22
	南京市财政局、中国国际贸易促进委员会南京市分会关于印《南京市会展发展专项资金使用管理办法》的通知	江苏省南京市	2012.09.30
	杭州市萧山区发展和改革局、财政局、旅游局《关于组织2012年度会展业扶持项目申报的通知》	江苏省杭州市	2012.11.20
	武汉市财政局商务局《关于加强武汉市会展业发展专项资金管理有关事项的通知》	湖北省武汉市	2012.01.01

	武汉市商务局财政局《关于2012年上半年度申请使用会展业发展专项资金的通知》	湖北省武汉市	2012.
	深圳市经济贸易和信息化委员会、市财政委员会关于《深圳市会展业财政资助专项资金管理办法》补充规定的通知	广东省深圳市	2012.04.06
	合肥市商务局财政局《关于进一步促进外贸加快发展若干政策的资金项目申报通知》	安徽省合肥市	2012.07.06
会展业指导及管理（13条）	淮南市人民政府办公室《关于加快发展会展业的实施意见》	安徽省芜湖市	2012.08.03
	马鞍山中共市委、市政府关于印发《促进产业转移若干政策》的通知	安徽省马鞍山市	2012.01.04
	海口市人民政府关于《修改海口市展览业管理试行办法》的决定	海南省海口市	2012.12.06
	威海市人民政府《关于促进工业企业开拓市场的若干意见》	山东省威海市	2012.12.30
	潍坊市人民政府办公室印发《关于加快会展业发展的意见》的通知	山东省潍坊市	2012.08.08
	杭州市萧山区人民政府关于印发《萧山区加快会展业发展的实施细则》的通知	江苏省杭州市	2012.07.08
	西安市人民政府转发《西安市发展会展业领导小组办公室关于会展业促进经济平稳较快增长的意见》	陕西省西安市	2012.12.27
	龙岩市人民政府办公室《关于办实办好各类展会有关事项的通知》	福建省龙岩市	2012.12.18
	河南省关于《河南省会展业商会规范对外作为会展文化节庆等主承办、协办支持单位有关问题》的管理意见	河南省	2012.09.23
	西安会展发展办公室《关于申报省级会展扶持项目的通知》	陕西省西安市	2012.10.23
	澳门特别行政区政府经济局会展业及产业发展厅《会展活动激励计划》	澳门特别行政区	2012.
	西宁市《西宁市会展业管理暂行办法》	青海省西宁市	2012.
	北京市商务委员会北京市财政局《关于促进我市商业会展业发展的通知》	北京市	2012.04.09
	嘉兴市发展和改革委员会、财政局《关于下达嘉兴市级会展项目管理实施办法的通知》	浙江省嘉兴市	2012.12.19
质量检查、检疫（2条）	国家质检总局《关于支持广东国际会展业发展的意见》	广东省	2012.02.17
	广东局转发国家质检总局《关于印发国家质检总局关于支持广东会展业发展的意见的通知》	广东省	2012.01.12
知识产权保护（4条）	广州市人民政府关于修改《广州市展会知识产权保护办法》的决定	广东省广州市	2012.06.16
	广东省人民政府实行《广东省展会专利保护办法》	广东省	2012.10.15
	《烟台市展会知识产权保护办法》	山东省烟台市	2012.06.14
	《浙江义乌市修订展会知识产权保护办法》	浙江省义乌市	2012.
品牌展会认定（1条）	深圳市经济贸易和信息化委员会、市财政委员会关于印发《深圳市品牌展会认定办法》的通知	广东省深圳市	2012.04.06
会展与旅游（4条）	青海省《促进若干经营性服务业加快发展的政策意见》	青海省	2012.09.13

	北京市旅游发展委员会《关于促进会议与奖励旅游发展的若干意见》	北京市	2012.02.21
	《北京市会奖旅游奖励资金管理办法（试行）》	北京市	2012.06.05
	《北京旅游商品扶持资金管理办法（试行）》	北京市	2012.06.05
会展长期规划（8条）	长春市《会展业第十二个五年规划》	吉林省长春市	2012.
	成都市人民政府关于印发《成都市会展业发展“ 十二五 ”规划》的通知	四川省成都市	2012.04
	《广东省会展业“十二五”发展规划》	广东省	2012.07.23
	《宁波市会展业发展“十二五”规划》	浙江省宁波市	2012.11.30
	浙江省《余姚市会展业“十二五“（2011—2015年）发展规划纲要》	浙江省余姚市	2012.
	新疆文化部关于印发《文化部“十二五”时期文化产业倍增计划》的通知	新疆	2012.02.23
	无锡市《无锡市会展业发展三年行动计划》	江苏省无锡市	2012.04.13
	上海市商务委员会关于发布《上海市会展业发展“十二五”规划》的通知	上海市	2012.04.24
展会推荐（1条）	浙江省嵊州市商务局关于印发《2012年嵊州市境内外重点、一般及推荐类展会目录》的通知	浙江省嵊州市	2012.01.18
会展税收（1条）	辽宁省地方税务局《关于免征会展企业房产税和城镇土地使用税有关问题的公告》	辽宁省	2012.11.23

资金资助及管理占到总政策的30%，会展业指导及管理占到了28%，质量检查、检疫占到4%，知识产权保护占到8%，品牌展会认定占到2%，会展与旅游占到8%，会展长期规划占到16%，展会推荐占到2%，会展税收占到2%。可以如以下饼状图所示：

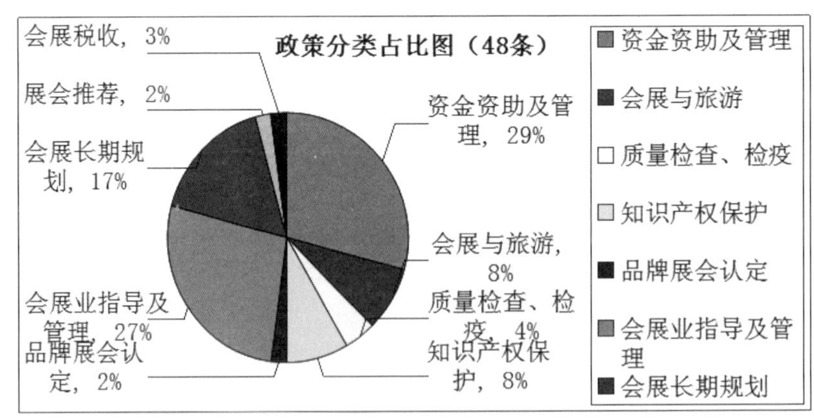

从上面饼状图可以直观的看到会展业政策现阶段主要以资金资助及管理、会展业指导及管理、会展长期规划为主。从图来看，这说明，我国会展行业大都处在初级阶段。

粗放式管理，对于产业链上各环节的细分政策不多或不够完善，导致各会展企业存在着许多难以避免的问题。特别是地方上的政策重点大都在扶持会展企业，还未顾及到伴随着快速发展而并生的一些问题，如何去规范和规避这些问题，使得会展业健康发展，还需各级政府多思考。

第五章 全国会展产业展望

2012年9月，国务院副总理王岐山主持召开专题会议，听取商务部关于会展业有关工作情况的汇报时指出，商务部门及会展企业要认真研究信息化时代如何办展，如何创新办展方式。提出在下一步创办展会中要同步研究网上展览会，办永不落幕的展览会，要避免像现在一些展览会开始时热闹几天，但到后期买方卖方的交易洽谈缺乏平台的问题。现在的国际化、市场化、信息化、城市化、工业化的过程中，对展会的内涵和外延，以及办展方式和创新方面提出了新要求。会展业的新发展与网络建立同步展会，电子化、信息化的有效利用值得关注。

经济全球化使中国经济与世界经济日益融合，作为连接生产和流通最直接形式的会展业正随着我国经济的快速增长而发展迅猛。会展以其超常的关联影响和经济带动作用引起人们极大关注，作为21世纪的朝阳产业，它的发展对社会经济的影响不可低估。中国会展业每年以大约20%速度增长，到目前为止，已步入会展大国的行列。

会展经济被认为是高收入、高赢利的行业，其利润率大约20%至25%以上。据专家测算，国际会议的产业带动系数大约为1：9，即会议展览场馆的收入如果是1，相关的社会收入为9。正因为其盈利且又是无烟的绿色产业，不仅可以培育新兴产业群，而且可以带动服务、交通、旅游、餐饮等相关产业的发展正因为如此，国内许多城市都盯上了这块诱人的“蛋糕”，北京、上海、大连等城市都把会展业列为当地经济发展新的增长点。

目前，国家已经开始制订有关会展的法律、法规，今后几年有关会展业的法律、法规将相继出台，更加符合会展业具体的政策需要，会展业的市场将进一步规范化。今后举办会展审批手续将会更为简单，并将按照国际惯例逐步过度到登记制惯例办法。这将促使会展业真正成为一个规范的市场。从“政府包办”到“政府主办、协会协办、企业承办”再过渡到商业展会完全由企业运作，在中国会展发展的历程中政府的角色在不断变化。未来中国会展业中政府的角色定位，应该是在商业性会展活动的举办过程中逐渐退出主办者的角色。建立健全会展相关法规，是会展业界人士一直关注的问题。随着我国会展业的发展，《关于建立更紧密经贸关系的安排》（CEPA）的实现，外资的不断进入，会展业需要一个公平有序的竞争环境，这就促使从中央到地方政府必须尽快出台相关管理法规，以适应会展发展的要求。改变官商作风，按照国际标准来规范自己的服务，也就是按市场化、商业化、专业化的标准来提供会展服务，以满足客户需求为自己的努力方向，通过优质服务，在激烈的竞争中赢得一席之地。严格按照规范的流程提供会展服务，建立一套涵盖会展业务经营、会展工程、场馆租赁、会展物业管理等较为完善的会展服务体系，将使会展服务更高质、高效。

在经历了多年迅速增长后，中国会展业正面临发展的关键时期。借鉴国际会展发达国家的经验，克服前进中出现的种种困难，探索适合中国国情的会展业发展道路，中国的会展人正在进行不懈的努力并取得了一些成效，中国会展业必将迎来全新的发展时期。

第一节 十八大与会展产业的关系

在党的十八大报告中，现代服务业已成为中国经济战略结构调整的重要组成部分，这令会展业看到了更好的未来。但在全球经济形势复杂且不确定的背景下，会展经济的兴衰牵动着会展人的敏感神经。会展业过去10年的竞争主要体现在微观层面的产品和服务竞争上，但是伴随着行业规模的扩大和市场组织化程度的提高，会展活动竞争的形式会从企业、场馆等微观层面扩大到地区和城市等宏观主体之间的竞争，竞争的手段将从价格、服务等产品要素延伸到收购、兼并等资本要素，从企业之间的价格竞争延伸到城市之间的政策竞争。

2013年，中国会展业或将伴随中国经济企稳回升，包括服务业尤其是文化创意产业的渐次雄起，特别是十八大提出的全面建设小康社会的五位一体总布局，发挥服务业的引领功能，率先回暖，一路上行。

一、会展业与经济发展

根据十八大的报告内容，我国必须坚持解放和发展社会生产力。解放和发展社会生产力是中国特色社会主义的根本任务。要坚持以经济建设为中心，以科学发展为主题，全面推进经济建设、政治建设、文化建设、社会建设、生态文明建设，实现以人为本、全面协调可持续的科学发展。会展业是经济的晴雨表，能够非常及时地、敏感地反映出经济发展的现状及趋势。会展业是为经济发展服务的，本身也是经济产业的重要组成部分，它和其他产业的不同之处在于其对各产业的运行能起到一个推波助澜的作用。会展业推动区域经济发展主要体现在如下四个方面：首先是推动城市建设的发展。通过修建会议中心、会议酒店，以及配套的商业、餐饮、旅游、娱乐等设施，进而带动城市基础设施建设；其次是增加就业与税收。会展产业是一个劳动密集型的现代服务产业，需要大量的相关工作人员；其三是拉动产业增长。会议及展览活动对于举办地相关产业发展的推动作用是直接而有效的；其四是促进投资。会展是交流观点与探讨业界问题的高层次平台。城市通过举办特定类型的会展邀请到该领域或该产业内的高端人士，被证明是一种有效的增加投资的方法，如达沃斯论坛、博鳌论坛等。

二、对外贸易与会展业

十八大报告内提到必须坚持推进改革开放。改革开放是坚持和发展中国特色社会主义的必由之路。要始终把改革创新精神贯彻到治国理政各个环节，坚持社会主义市场经济的改革方向，坚持对外开放的基本国策，不断推进理论创新、制度创新、科技创新、文化创新以及其他各方面创新，不断推进我国社会主义制度自我完善和发展。

以我国对外贸易最大平台的中国进出口商品交易会（广交会）为例，该展会是我国企业扩大产品出口的重要渠道，也是走向国际市场的一条捷径。广交会创办于1957年，每年春秋两季举办，是国内历史最长、规模最大的综合性国际贸易盛会。历经五十多年的发展，每次展会的采购商人数量已从最初的19个国家近2000人。此外，为了响应优化对外贸易结构的政策导向，广交会启动了产品设计与贸易促进中心（PDC），加强国际先进设计资源与中国外贸企业实现有效对接。国内类似的以促进贸易为导向的大型展会还有上海全国消费品交易会（上交会）、中国国际投资贸易洽谈会（厦门）、天津投资贸易洽谈会等，这些展会也显现了对贸易的重要拉动作用。

三、文化产业与会展业

文化是民族的血脉，是人民的精神家园。全面建成小康社会，实现中华民族伟大复兴，必须推动社会主义文化大发展大繁荣，兴起社会主义文化建设新高潮，提高国家文化软实力，发挥文化引领风尚、教育人民、服务社会、推动发展的作用。近些年，我国会展业异军突起，发展迅速，在品牌展示、技术交流、深入合作、信息传播、及人才培养等诸多方面对文化产业起到的助推功能也日益凸显。文化会展业作为文化产业的一个重要“引擎”，发展势头蓬勃，呈现出专业化、品牌化、市场化、国际化的趋势。可以说，会展业是现代服务业和文化创意产业的结合，而文化会展业是以文化产品作为主要展示对象的会展业，在促进地区经济社会发展和国际交流上的作用不可限量。

城市会展是一个城市的风景线之一，对提升城市形象乃至国家形象都具有重要的作用。从上海、北京、广州近些年会展业发展的经验成果来看，提升文化‘软实力'，增强城市综合竞争力是文化会展带给一座城市最主要的功能。

文化会展要搭建不同文化背景的人们得以交流的硬件和软件平台。先进的场馆、便利的交通，可以树立举办城市良好的视觉形象；完善的、有文化特色的服务，可以树立举办城市良好的行为形象。

中国会展经济要得到健康的发展，究其根本，文化是最本质的生命力。目前全球金融危机为文化产业的发展提供了难得的机遇，相信会展业会借助文化竞争力推动更多的产业复苏，同时创造出自身产业持续发展的模式和方向。

四、资源利用与会展业

资源节约型、环境友好型社会建设取得重大进展。主体功能区布局基本形成，资源循环利用体系初步建立。单位国内生产总值能源消耗和二氧化碳排放大幅下降，主要污染物排放总量显著减少。森林覆盖率提高，生态系统稳定性增强，人居环境明显改善。发展低碳经济，要求我国产业结构调整。现代会展业被看作经济发展的“助推器”，其本身的发展理念更注重资源节约和对环境的保护，会展业成为实现低碳经济的重要途径。

现代会展业促进技术的有效发展，为技术的进一步应用提供了专业平台，对于实现快速对接，节省时间，有效配置资源有很大的帮助。

五、科技创新与会展业

科技创新是提高社会生产力和综合国力的战略支撑，必须摆在国家发展全局的核心位置。要坚持走中国特色自主创新道路，以全球视野谋划和推动创新，提高原始创新、集成创新和引进消化吸收再创新能力，更加注重协同创新。深化科技体制改革，推动科技和经济紧密结合，加快建设国家创新体系，着力构建以企业为主体、市场为导向、产学研相结合的技术创新体系。完善知识创新体系，强化基础研究、前沿技术研究、社会公益技术研究，提高科学研究水平和成果转化能力，抢占科技发展战略制高点。

办展方式创新有空间，专门为展会服务的细分项目越来越多，包括运用网络媒体打造展会信息发布平台，运用移动终端向展商发布参展信息以及一些新技术和产品开发的信息。

事实上，展会组织方、专家学者等都绞尽脑汁，试图创新办展模式，推动会展业进一步发展。近年来，奢侈品展曾多次在一线城市举办，但都是采用标准化展位，展场装修等方面和时尚商品不相配。

随着中国经济社会的发展，日益创新的高科技将对经济、社会生活以及会展业未来的发展带来变化和变革，展览和会议其实都可以探寻信息化的发展之路。

第二节 会展产业与两会

“两会”是“全国人民代表大会”和“中国人民政治协商会议”的简称。每年3月份“两会”先后召开全体会议一次，每5年称为一届。2013年3月上旬召开了中华人民共和国第十二届全国人民代表大会第一次会议与中国人民政治协商会议第十二届全国委员会第一次会议。两会是中国经济动态的窗口，关注中国就不能不关注两会。

一、机构改革，大部门制有利于会展行业的规范与整合

明确会展业主管部门在会展业市场化的过程中，一方面政府必须逐步从会展组织者市场中淡出，但另一方

面必须强化政府的制定规划、营造环境、提供政策、加强调控、协调服务。一个国家的会展业都需要有权威的政府主管部门，展览业发达国家都有权威的全国政府展览主管部门，如美国的商务部、德国的经济与贸易展览委员会、新加坡的贸易发展局和意大利的工业部。要加大机构整合力度，探索实行职能有机统一的大部门制，健全部门间协调配合机制。商务部可借机构改革之机，加大内外贸机构整合力度，成立专门的会展管理机构。"两会"主要内容是进行了国务院机构改革，实行大部制管理。这对会展业是个提升，会展业自身需要各部门相互合作，相互支持，大部制节省了协调的时间与矛盾，更有利于会展业的高效、专业化运行。

二、县域会展经济，城镇化转向城市化的助推器

会展业从发展之初,就和城市紧密地结合在一起。从1851年首届世界博览会开幕之日起,现代会展业就开始向城市展现自己独特的魅力,它深刻地影响着一座城市乃至一个国家的面貌。今天我国许多城市都希望通过发展会展业来实现自身社会、经济的大跨越,那么会展业到底对城市发展起多大作用,城市在发展会展业中需要注意许多问题。

三、"八项规定"对会展业的影响

"两会"严控会议经费、简化会场布置、合理管理交通、不搞迎送仪式、代表房间不摆鲜花……全国人大常委会机关已向社会作出改进会风的15项承诺。这对党风、政风乃至整个社会风气产生了重大影响，给会议会展市场带来了强烈震动，未来会议会展产业的主体结构、运营方式、产业文化和消费习惯等都将发生深刻的变化。

第三节 会展产业发展的前景趋势

2013年伊始，全球经济触底反弹，但仍处于缓慢复苏阶段。在这一背景下，有观点分析认为，相比欧洲和美国，尽管中国经济增长速度放缓，但中国仍将是亮点。会展业是经济的晴雨表，能够非常及时地、敏感地反映出经济发展的现状及趋势。会展业是为经济发展服务的，本身也是经济产业的重要组成部分，它和其他产业的不同之处在于其对各产业的运行能起到一个推波助澜的作用。

20世纪90年代末期起，我国陆续出台了西部大开发、促进中部崛起和东 等老工业基地振兴 等区域发展战略。近年来，我国政府先后批复涉及珠江三角洲、长江三角洲、天津滨海新区、成渝 经济区、长株潭经济区、安徽皖江城市带等10多部区域规划和文件 中国区域经济将显示出巨大的 发展潜力，并将形成我国经济发展一种新的战略布局，区域经济合作机会增多为会展业进一步发展 奠定了坚实基础。良好的发展环境及战略措施，如今我国已培育出一批经过国际展览业协会（UFI）认证的在世界排名 领先的大型展览项目，例如，北京汽车展、中国国际机床工具展览会、中国国际纺织机械展览会、中国国际医药保健品展览会等，已位居世界同类展会前列。目前，中国会展业在区域分布上，基本上形成了以北京、上海、广州、大连、成都、西安、昆明等会展中心城市的环渤海会展经济带、长三角会展经济带、珠三角会展经济带、东北会展经济带及中西部会展城市经济带等5大会展经济产业带。

随着市场竞争的日趋激烈，区域性和行业性联盟同时发展 不少省市打破地缘限制，加强合作，形成了区域性和行业性联盟同时发展的局面。合肥市分别与上海市、南京市、杭州市、南昌市、宁波市5个长三角重点会展城市签订战略合作框架协议，搭建各会展城市之间的学习交流互助及宣传互动平台；全国五大林业会展城市山东菏泽、浙江义乌、福建三明、黑龙江省伊春和牡丹江市，签署了全国林业五大会展城市战略合作框架协议；广州等珠三角9个城市与香港、澳门成立珠三角会展城市联盟。

从国内发展现状来看，会展业已在北京、上海、广州、深圳、大连等一些第三产业发达的城市迅速崛起，使中国会展业初步形成了珠三角、长三角、京津塘为中心的三大会展经济产业带，同时与东 地区及中西部会展中心城市相互协调，构成各具特色、多层次的会展经济发展格局。会展业市场区域性和行业性联盟同时发展 不少省市打破地缘限制，加强合作，形成了区域性和行业性联盟同时发展的局。同时，业内交流更加活跃，内容涉及产业间合作、会展业的创、会展服务质量管理体系的实施、行业评比等多个方面 活动主体既有政府部门，又有行业协会，更有会展企业，呈现出多元化的趋势。

2013年中国会展业趋势主观点：

全球展览业协会（UFI）主席陈先进认为，2013年中国会展业将呈现增长趋势。一线会展城市总体形势比较稳定，不会有太大变化。但二线会展城市将发生变化，其中有些城市将会脱颖而出，而有些城市的增长速度将放缓。至于更多中小型会展城市的形势，目前尚看不清楚。就全球而言，会展业主要增长点在亚洲区域。中国会展业的增长速度还将排在前列，但需审慎乐观。在当前形势下，中国会展业将出现内需型展会多一些、出口型展会少一些的发展趋势。这意味着竞争将加剧，展览业应该多创新，多用多媒体的手段进一步提升服务质量，让客商满意。与此同时，内需型展会只有准确定位，才能更好地为参展商服务。

国务院发展研究中心市场经济研究所所长任兴洲认为，2013年虽然会展规模仍将有所扩大，但无论是展览业还是会议业都将向提升质量方面转变。成都、郑州、西安、重庆等中西部城市的会展整体水平将有明显提高。随着中国经济平稳发展、发展方式转变和巨大市场潜力的释放，世界会展业的中国因素将进一步增强。

中国会展研究会会长袁再青表示，有理由对2013年会展业持乐观态度。随着结构调整转型取得新的突破，会展业将创造新的机遇。

国家会议中心总经理刘海莹乐观地预估，2013年，将是中国经济结构转变的关键之年。作为全球第二大经济体，中国的经济总量已经积累到了相当高的水平，但就经济质量而言，在一段时期内，中国仍将处于由以加工为主的低附加值经济向以设计、研发及服务为主的高附加值经济过度的过程中。

（由于编委会截稿日期为4月13日，此后又收到若干政策（规划），故只做收录不做进一步解读，特在此做出声明。）

第三部分

附录

德　国

关于参展商、观众参加展览会相关须知

机构简介：德国展览与博览会协会(AUMA)是德国会展行业的核心机构，也是相关行业的贸易伙伴的联合体，即参展商、展会观众、展会组织者与展会服务商。AUMA致力于推动展会作为有效商业平台的地位，并确保德国作为会展大国保持其国际声誉。

AUMA的使命是强化德国会展业在国内外的影响力，以市场透明度、与其他行业伙伴合作、会员间信息交换与互动项目来实现这一点。AUMA尤其注意对德国中小型会展企业的支持。

在国际上，AUMA代表德国会展行业的利益，包括参展商、展会观众与展会组织者。在德国本土，AUMA积极协调，平衡以上各方的利益。

5.1 参展商须知——德国展会上对侵权产品的处理

展会是某一领域产品的集中体现。因此，在展会上，极其容易将各商家的产品进行对比。很多参展商在展会上首次发现，自己的产品已被侵权仿冒。

何为仿冒品?

在德国，与在其他国家一样，可以对其他产品进行一般的模仿，即商家原则上可对其他产品、资产、品牌等进行一般的模仿。只有当生产厂家申请了特殊的保护权，才能阻止第三方对受保护产品或品牌进行复制，亦可阻止第三方对产品进行市场宣传或直接售卖。此外，原厂家有权对未经授权而售出的产品索取赔偿，并要求第三方说明产品来源并销毁未售出的商品。

何为保护权?

产品或服务的保护权包含但不限于以下几种：

（1）专利权

对以下产品授予专利权：包含创新成分并有商业用途的新产品。专利权可禁止在特定的时间内，第三方不得使用、生产、售卖或进口该产品。同时，产品发明者不得向外界披露任何受专利保护的产品细节。

（2）实用模型权

申请实用模型权的产品与申请专利权的产品一样：包含创新成分并有商业用途。实用模型权比专利权的登记更快并且性价比更高，但登记过程不包含相应的检查与创新步骤检查。因此，在发生申诉时，不能被有力证实。

（3）品牌权

所有标志，尤其是文字、图案与其他表现形式都可作为商标被保护，以同其他公司提供的商品或服务区别开来。

（4）登记设计权

对新产品的设计方案可以通过登记被保护起来。然而，与实用模型权一样，德国专利保护与商标局并不会在登记过程中检查该设计方案是否满足材料保护要求，尤其是在创新型与独创性两方面。

What can I do before the trade fair starts?

展会开始前可采取的措施

在展会开始前做好相关准备，可避免在展会上发现侵权产品时的尴尬。应该首先聘请一位律师。同时，要持有对所占品牌的相应保护权，并且携带所有相应的证书（证书原件或有效复印件，另外，如果必要，亦须携带相应的打击盗版者的声明文件）。最后，应该确保，在需要的条件下，律师可以在展会期间联系到，即使是在周末时间。

如果商家已经掌握确实的证据，竞争者打算展出对受保护产品的仿冒品，可以在展会前提交申请，要求立即没收仿冒品。在没收过程中，海关当局可以全部移除仿冒品，禁止其流通，即使产品已经通过海关过境安检。

What can I do during the trade fair?

展会期间可采取的措施

如果在展会现场发现有受保护的产品被其他厂家仿冒且展出，可在律师的支持下，对仿冒方发出警告并要求其签署一份声明，不再继续展出该产品。如果仿冒方拒绝签署该声明，原厂家可借助当地司法机关的干预，禁止产品的保护权被侵犯。

如果没有保护权应如何处理

在特殊情况下，即使没有相应的保护权证书，对商品的模仿也违背了不正当竞争法的条款。这指的是：一个商人对竞争对手的产品中具有竞争性的特点进行模仿，并在市面上售卖仿冒品。此外，必须出现特别的场合，使仿冒者的行为显得不公平。只有满足这些条件，竞争法中基本的自由模仿权才不适用，而属于非法侵权。

展会组织者可采取的手段

德国的展会组织者很乐意为参展商提供协助，以确保参展效果。当在展会现场出现申诉，展商应该立即告知主办方。其次才有机会作为协调者平息展会现场纠纷。然而，展会组织者无法对第三方施用原厂家的权利，因为主办方不是保护权利证书的持有者。除非有相应的法律条款对第三方生效，那么，展会组织者无法对第三方厂家的展位进行关闭。

Further information at：

更多信息请登录相关行业网站：

●Deutsches Patent- und Markenamt：www.dpma.de

●Zentralstelle Gewerblicher Rechtsschutz：www.ipr.zoll.de

●Patentanwaltskammer：www.patentanwalt.de

●Aktionskreis Produkt- und Markenpiraterie：www.markenpiraterieapm.de

5.2 Visitor registration at German trade fairs

5.2 观众须知——德国展会的观众登记程序

需要进行观众登记的原因

展商与展会观众进行登记是为了更好地进行商务交流。

展会主办方与场馆运营方应提供必要的登记场所与联络服务。

展会上的展品是参展商、展会观众与展会组织者共同努力的结果，三方对展会的成功都发挥了相同的作用。

展商与观众之间的互动

观众到场是为了维持与其他展会参与者之间的关系。

参展商定期邀请展会观众到展会上来，以维持与观众的关系。

因此，展会是现实生活中的联络关系的临时反映。

展会中配对服务的作用越来越明显

为了达到这个目的，合适的参展商与展会观众必须互相接触

因此，展会组织者吸引参展商与合适的展会观众的工作显得尤为重要。

因此，需要相应的信息以联络展会中沟通的各方（通信地址，电子邮箱，电话与传真号码）。

参展商和展会观众的目的一旦明确，展会组织者就可以将展会变为一个有效的沟通平台

因此，作为观众登记的一部分，无论是提前注册或是在展会现场注册，展会主办方都设法料及观众的需求和目标，以及他们的行业背景。

评估观众所登记的信息会提供宝贵的信息，使展会观众和参展商都获益。

What about data protection?

观众信息保护

在德国，每年会有大约150场国际性展销会与展览会进行，总参展商人数超过十六万，展会观众九百万至一千万。

除了展会以外，没有任何营销平台能够如此强调人际互动。

因此，个人信息的交换是展会成功的决定性因素。

另一方面，个人的信息权利必须得到保护，在进行资料编纂与个人信息使用时要注意信息保护。

德国展会组织者很明了在编纂个人信息时的责任。所有信息的处理都应遵循《德意志联邦共和国信息保护法案》的相关规定。所有的会展公司亦受到严格的规定，接受公司信息保护检查官员的审核与当地信息保护官员的监督。

北美洲

SISO独立组展商协会

机构简介：1990年，十二个独立的展会组织者汇聚一堂，探讨如何经常定期集会交流行业动态、商机，以及商业性与非商业性话题，提高公司盈利。独立组展商协会（SISO）因此成立，此后一直致力于通过联络、信息与经验交换、在非竞争而坦率的氛围中相互学习，满足商业性展会组织者的需求。

SISO成员包括公司、大型企业以及其他拥有或是提供面对面商业性展会的经济实体。SISO会员主要为北美洲的大型与中小型企业，其他会员分布在欧洲、亚洲、非洲、印度、新加坡、澳大利亚与新西兰。今天，SISO成员超过150个，每年在全球举办2700场展会活动，为全球经济创造1220亿收益。

SISO的使命是通过提供同行沟通平台、教育、行业信息，统一商务流程与提供最佳行业服务，满足会员的要求。

SISO提供以下服务，促进会员在展览行业内的发展。

市场营销

SISO通过大学教育课程与公关活动，与其他行业协会共同推出全国性的推广活动，这对展览行业的持续发展至关重要。SISO与长期与展览业研究中心(CIER)密切合作，以强调对当今商业环境研究的重要性，证明展会作为面对面营销平台的有效性。

行业最佳实践方法图书馆

该图书馆的著作由SISO成员所助，也是给SISO成员所阅读。书中的每个案例都为读者提供真实而实用的信息，可用于会员的商务活动中。当前样本文件包括：旅行与签证立法，紧急情况规划，酒店合同政策，关于保密，并购合约，国际谈判，数码技术与社交媒体应用合同。

跨行业营销伙伴关系

SISO努力与行业协会合作，并与如下机构共同推出推广性与教育性合约：ABM，USTA，CEIR，UFI，IAEE，ESCA，CCPIT（中国），AFIDA（南美），IAVM（国际场馆管理经理协会）and DMAI（国际目的地营销峰会）。这些联盟设立的目的是探讨行业合作机会，解决包括以下问题在内的行业挑战：安全、推广、教育、国际旅行、行业教育与最佳运作方法。

CEO峰会

本年度大会被认为是展览行业名人录的标准，出席者亦包括公司所有者，首席执行官与仲裁，彼此进行行业内沟通，制定相应的策略，以追踪行业近期与远期发展动态。会议内容包括展览行业的各个方面，从技术支持到酒店定价，签证搜集与独家展览操作。CEO峰会是学习展览行业最新技术与跟同行进行业内交流的绝好机会。

The Executive Conference

行政大会

每年一度的行政大会是首席执行官、公司所有者、经理与一线管理人员汇聚一堂，探讨业内特别挑战的平台。行政大会在多个层面上提供了额外的沟通机会，并提供有说服力的背景与内容。行政大会制订的顶级管理标准可以帮助即将上任的管理人员理解SISO会员享有的利益，同时帮助他们建立自己的行业网络。

SISO的定位具有很强的金融性和企业性，具有很强的主动性。成员的参与与以及与业内其他先驱相互沟通的能力是每个SISO成员能够处在行业领先地位，推出成功的展览活动，并了解商务活动如何达成，不断推动会员的成功。

英　国

英国展览会主办者协会会员守则解析

机构简介：英国展览会主办者协会（AEO)是一个贸易机构，代表展览以及客户见面活动的主办方。该协会由成员管理，为成员谋福利。管理委员会是经选拔挑出的业内代表以及一位全职秘书。

协会的使命是，代表每年能够创收千万英镑的展览行业，服务于展览组织者的共同需求，并最大化确保成员的利益。加入AEO的展会组织者可与AEO姐妹机构（展览服务商协会与场馆管理协会）的成员合作。

AEO会员守则

1、诚实 所有会员提供的展览报告均需准确无误，不得故意误导。

2、出席率 所有会员必须准确记录并公布观众参展情况与对每个展商的邀请。会员提供的数据须由AEO认证的第三方机构审核，需要提交数据的展会包括面积大于2000平方米的室内展会与面积大于8000平方米的室外展会。在室内与室外同时举行的展会，如满足以上条件之一亦须经过审核。

3、推广材料 会员在所有推广材料上做出的承诺都必须认真履行。一旦发生变动，必须通知已报名的与潜在的参展商。

4、保险 所有会员都必须购买至少五百万英镑的保险，以承担公众责任。如有例外，须出具AEO管理委员会书面批准。

5、合同商 在选择展览会官方供应商时，AEO成员须选择自身所知范围内的，有能力与经验来提供周到展会服务的公司。会员必须鼓励合同商遵守统一、合理的定价，并且保护参展商不被过度收费或只得到低劣的服务。会员亦应推荐合同商加入展览合同商协会（AEC）、BECA，或其他受认可的行业协会。会员必须确保合同商遵守1974年颁发的英国《工作场所健康与安全法案》中的相关条款。

6、服务 所有会员在组织展会时必须根据展会的性质提供相应的服务，包括一般保安服务、有经验的展会组织职员、一般清洁、垃圾处理，以及相应的媒体与外国观众服务。在布展、开展与撤展期间，参展商必须能够在每日上班时间内联络到至少一位主办方管理人员。会员必须遵守《AEO健康与安全红皮书》。

7、租赁 会员必须根据展厅的可用情况与展会性质，为布展与撤展预备恰当的时间。这些时间必须在参展商签署参展合约之前告知对方。

8、活动取消 如果由于展商可控制因素而导致展会取消或时期有变化，主办方仍然需要遵守协会的规定，对参展商的摊位租赁费进行返还。如果展会的某些展区被撤销，则应立即告知相应的参展商，并同意其撤展并返还展位费。

9、权威性 任何关于违反本守则的情况，一律按AEO投诉程序处理。会员必须在规定时间内出具相应的文件。

马来西亚

马来西亚会展局会展政策

机构简介：马来西亚会展局(MyCEB)由马来西亚旅游局设立，致力于开拓马来西亚会奖旅游市场。作为一个非盈利组织，马来西亚会展局积极协助会议与活动组织者在马来西亚参与竞标并举办活动。

MyCEB专门成立了国际项目部（IEU），以支持在体育、艺术与生活方式方面的国际活动的举办，并提高马来西亚的国际知名度。MyCEB在世界范围内与马来西亚旅游局密切合作，以推广全国会奖旅游事业的发展。

MyCEB服务宗旨：协助区域性与国际性会奖活动的举办；构筑行业平台，协助马来西亚商务活动与服务的推广与销售；为商务活动组织者提供咨询服务与便利；协助外国会奖旅游组织者筛选马来西亚本土产品与服务供应商；为会奖活动的组织者争取政府支持；促进会奖行业的产品制造，并促进相关领域的教育、培训与认证服务。

2.1《大家来植树》项目

该项目适用于所有在马来西亚举办活动的人员或团体，旨在鼓励到马来西亚举办会奖活动者参与到当地的绿化进程当中。

1、活动主办方必须与MyCEB联络，表示对《大家来植树》项目的意向；

2、会展局与活动主办方必须同意该项目的条款，包括如何筹备与缴纳资金、收集资金的起止日期、具体的集资手段等等。

3、活动主办方必须同意在其推广材料当中（包括会议手册、官方网站与参会代表登记表等）发布《大家来植树》项目相关信息。

在线资金筹集

活动主办方必须向所有在线募捐提供收款凭证。必须提供银行凭条或电报表格等，并由MyCEB会计审核；

在线筹款活动务必于正式活动开幕前一天截止，并经由会展局会计确认；

款项确认之后，会展局将向主办方提供一张收据，注明筹集所得资金总额。

现场筹款

马来西亚会展局为所有现场筹款活动提供带锁的筹款箱，并由活动主办者管理，直至筹款活动结束；

现场筹款流程须至少于活动最后一天前结束，并由会展局会计审核募款总额；

募款额确定后，会展局须向主办方提供一张注明金额的收据。

6、所筹募资金必须由主办方在活动期间正式上交马来西亚会展局。主办方亦可在活动闭幕式上宣读筹款报告。

7、款项成功交接后，会展局必须与FRIM公司组织植树活动，并向主办方递交进度报告。

植树活动

会展局必须与 FRIM 公司共同划定植树区域；

FRIM 公司负责完成相关活动的具体筹备工作；

鼓励所有捐款者积极参加植树过程；

必须向主办方提供至少有30棵树的植树现场的照片；

FRIM公司负责植树区域的信息整理与相关活动记录，并定期负责数目的护理。

2.2《商务活动支持计划》

活动支持小组是MyCEB特别成立的部门，专门支持在马来西亚举办的国际商务活动，以确保国际活动的成效，例如提升观众数量，延长停留时间与消费额度，并帮助活动主办方达成预期效果。因此，MyCEB特别推出《商务活动支持计划》，提供一系列的财政与非财政措施，以促进在马来西亚举行的商务活动取得成功。服务细则如下：

协助挑选商务活动产品与服务，例如场馆、住宿、专业会议管理公司、当地接待公司、会展管理与其他支持服务。

政府联络服务；

会议场所检查；

活动推广支持；

活动运营培训研讨会；

现场支持、文化表演、小型表演、活动前后旅行。

2.3 《国际活动支持项目》

国际活动小组(IEU)用以支持马来西亚当地活动主办方，以推广马来西亚主要活动的举办。已经设立一套详细的标准来评估活动的经济因素与非直接经济因素。支持的程度将基于对所主办活动的整体经济价值以及如下因素：活动的国际参与者，参与者停留的时间、公众宣传价值、活动的整体规划与时机。其他较为直接的因素有：为当地社区带来的利益。具体资助额度待定。

2.4《国际合作部竞标计划》

国际活动部（IEU）专门推出《国际合作部竞标计划》以协助当地的会议组织者或协会，竞标赢取国际赛事在马来西亚举办。

想要获得支持的活动主办方与协会应尽早提交解决方案，并应至少达到如下提名条件：

体育活动——至少在竞标开始前三个月或活动开始前的13个月提交。

文艺、文化与生活方式活动——至少在竞标开始前三个月或活动开始前的7个月内递交。

2.5 《马来西亚双重优惠计划》(Twin Deal)

计划一：企业会议与奖励团体的增值优惠

会议规模	50人及以上	100人及以上	500人及以上
MyCEB奖励优惠	欢迎纪念品；彩绘活动	欢迎纪念品；晚宴期间双边文化交流；晚宴期间马来西亚文化表演；快速办理入境手续	欢迎纪念品；晚宴期间马来西亚传统迎接仪式；晚宴期间马来西亚文化表演；由酒店至晚宴地点交警开路安排；每人最高达三十马币的餐饮赞助费

计划二：

活动规模	500人或以上	1000人或以上	2000人或以上	5000人或以上
MyCEB奖励优惠	4天3夜双人吉隆坡自由行，包括：来回机票（不含机场税、保险或其他杂费）；五星级酒店住宿	4天3夜双人吉隆坡自由行，包括：来回机票（不含机场税、保险或其他杂费）；五星级酒店住宿；双人市区观光游；价值500马币的购物礼券	5天4夜双人自由行，可选择以下任意两个目的地（吉隆坡、槟城、兰卡威、亚庇、古晋）；来回机票（不含机场税、保险或其他杂费）；五星级酒店住宿；一顿双人晚餐；价值1000马币的购物礼券	6天5夜双人自由行，可选择以下任意两个目的地（吉隆坡、槟城、兰卡威、亚庇、古晋）；五星级酒店住宿；双人市区观光游；一顿双人晚餐；双人水疗按摩配套；价值2000马币的购物礼券

2.6《行业伙伴计划》

《行业伙伴计划》为国际商务旅游客户提供一站式服务，参与者可以获得宝贵的市场趋势信息、前沿的建议、来自专家的实际经验、市场营销机会，并与业内人士共享行业数据库信息。

参与者类别

（1）场馆：会展中心；有会议功能的酒店；多功能场所

（2）会展局与旅游机构；

（3）活动承办方：目的地管理公司、活动承办机构、展览管理公司、专业会议组织者

（4）全国或地方性会会展局与商务旅游机构

（5）住所：无会议功能的酒店、度假村与公寓

（6）旅游及娱乐场所：探险与其他旅游项目供应商、景点管理商、文化古迹、美术馆、国家公园、夜总会、体育设施与运营商、酒店、零售商、剧院、主题公园

（7）活动产品与服务供应商：音像与舞台布景、餐饮服务、公司礼品提供、展示设计服务商、活动服务商等；软件服务商，设备供应商；翻译服务商

（8）交通运输服务机构：汽车与机场大巴租赁，长途客车、游轮供应商

（9）行业机构：商务旅游协会

（10）全国性与地方性政府机构、市政厅

印　度

印度会议推广局市场发展援助计划

机构简介：印度会议推广局（ICPB）是印度政府旅游部监管的机构，旨在推广印度作为一个强有力的会议举办地的形象。为了促进印度会议产业的发展，并出台了由推广局成员参与的《市场发展援助计划》（MDA）。

市场发展援助计划(MDA)

一、说明

1、会奖产业已经成为一个与旅游业息息相关的成长极快的产业，很多国家都通过一些竞标活动大力吸引国际会议前来举办。

2、国际机构与协会一直在世界不同地方举办其国际会议。印度协会与成员可通过竞标吸引这些组织前来印度举办会议。鉴于此，印度方面的协会必须准备相关材料，包括国际协会的手册，做音像与幻灯片的材料，到其他国家推进竞标事宜，举行招待会，向相关国际组织的成员派发宣传手册与礼品等。上述活动将由印度会议推广局成员提供协助。

3、为了振兴印度会奖行业，印度政府将对印度会奖旅游推广者进行相关奖励，以吸引更多会奖活动在印度举行。其中，成功竞标得到国外协会会议承办权或竞标成绩排在第二名或第三名的印度协会将获得政府的财政支持，具体细则如下。

二、奖励细则

4、印度政府旅游部授权印度会议推广局作为全权代理机构，鼓励推广局成员积极协助印度的旅行社与协会等机构参与竞标，以吸引更多国际会议到印度举办。

5、印度会议主办者可以联系印度会议推广局成员，后者将协助准备专业的竞标文件与准备推介活动，并提供其他相关支持。印度旅游部将在此基础上提供相应的支持。

6、印度会议推广局成员将获得相关的财政补贴。同时，一旦会议举办机构赢得国际会议主办权或竞标成绩排名第二或第三，推广局成员也要向所协助的办会机构发放财政补贴。

奖励方法一（500人以上）

赢得超过500人以上的会议承办权者，奖励45万卢比。

在超过500人以上的会议的竞标中，排名第二或第三者，奖励15万卢比。

奖励方法二（200至500人）

赢得200至500人会议承办权者，奖励25万卢比；

在200至500人的会议竞标中，排名第二或第三则，奖励10万卢比。

在会议淡季，即四月十五日至九月十五日，成功获得国际会议承办权的印度机构，将会得到额外10万卢比的自主，但ICPB成员必须先出具相应的文件，证明该会议确实是在淡季举办。由ICPB成员向相关办会机构发放该笔款项，并出具相应文件，证明该机构赢得竞标或在竞标中排名第二或第三。

7、在每财政年度内，一家办会机构仅能获得一次援助。机构的公信力以及与ICPB的关系将被考虑在内。

8、参与该项计划的ICPB成员必须不被印度旅游部或其他政府机构调查、起诉、列入黑名单等，并且应该出具一份相关的正式声明。

9、财政援助申请者必须出具如下格式的文件一份："兹声明在本次竞标活动中，我机构未向其他政府机构申领或已接收财政援助。"

10、在接到若干宗申请案的情况下，将优先考虑尚未受到财政援助的成员之申请。

申请提交程序

11、有效的ICPB会员资质应提前获得印度政府旅游局的认可，此后才能参与旅游行业会议的推广活动。会员申请表应直接提交给印度旅游部部长助理，并至少提前三个月与以下文件共同提交：

由ICPB出具的会员资质证书；

过去三年内从印度政府（包括商务部与旅游部等）获得的财政资助详情报告；

12、在经由旅游部批准后，出国进行会奖旅游推广的ICPB会员应在回国后的一个月内将出行情况汇报表与以下文件共同提交给旅游部：

（1）有效护照复印件，标明出入印度的记录。若护照未注明出访各国的日期，则应提供相应的酒店账单、登机牌等相关文件。

（2）机票原价与三份盖章的复印件。此外，如下信息应该另行标注：旅行者名称、机票号、离开印度与返回印度的日期、出访国家、飞机舱位等级、出差途中各类差旅费。

（3）海外推广活动的简短报告，包括推广活动的成果；赢得竞标与获得第二或第三名的证明文件。

补充说明

在返回印度一个月后提交的报告，将不予受理并被退回。

会员资质按现行ICPB规则评定。

印度政府旅游部的决定不容更改，并对所有申请者有约束效力。

附表1：

2012年度部分省市会展奖励（补助）资金情况一览表

省市	时间	政策、规划名称	奖励（补助）内容
无锡市	2012年1月1日	无锡市服务业（会展业）资金管理办法	三、支持内容 （一）对符合条件的市重点展览会，最高可按照企业实际支付场租费的40%给予宣传推广补助，最高补助额度100万元。对市重点国际会议，最高可按照会议场租费和境内外专业媒体宣传费的50%给予一次性补助，最高补助额50万元。同一会展项目按就高不重复原则享受重点展览会和重点国际会议补助政策。 （二）对从2011年起已在我市连续举办三年、每期展览面积达到或超过30000平方米的市重点展览会的举办企业或机构，最高可给予50万元的一次性奖励。 （三）对获得国际展览业协会(UFI)等国际展览机构认证的品牌展会，最高可给予20万元的一次性补助。
南昌市	2012年2月16日	南昌市会展业发展专项资金使用管理暂行办法	（二）展会补助 规模达到1万平方米（500个标准展位）以上，未享受申办经费补助的全国流动性品牌展会的补助标准： （1）第一年（届）按每万平方米15万元的标准予以补助。 （2）自第二年（届）开始，以第一年（届）的标准为基数，在其连续举办年份（届数）内，补助标准每年递增10%（最高补助标准不超过每万平方米20万元）。 （3）每届补助不超过100万元。 第六条　本地品牌展会或重点支持展会的补助标准由在我市注册的独立法人单位作为展览会主办（承）办单位，并在我市专业展馆举行，且采取市场化运作的专业性展会。 （一）第一次申请补助的展会，展会规模应不低于300个标准展位，按实际展位数（特装折合成标展），给予每个展位400元的补助。 （二）第二次申请补助的展会，在上一次申请补助的展位基础上，按照每增加一个展位，给予800元的补助。 （三）第三次及以后申请补助的展会，在上一次申请补助的展位基础上，按照每增加一个展位，给予1200元的补助。 （四）每个展会每次补助总额最高不超过50万元。
合肥市	2012年3月30日	承接产业转移促进服务业发展若干政策（试行）的通知	（六）会展业 28、新办经营会展场馆的会展企业，从开馆及开业年度起，前3年缴纳的营业税本市留成部分，3年内按其等额标准的50%给予奖励；从获利年度起，前3年缴纳的企业所得税本市留成部分，按其等额标准的100%给予奖励。 29、在本市举办超过400个标准展位或展览面积8000m^2以上的全国性、区域性展会，室外按每个标准展位150元给予补助，室内按每个标准展位200元给予补助。全年在我市举办室内展会面积累计达到5万m^2的企业，一次性奖励10万元；超过5万m^2的，每增加1万m^2，再奖励1万元。 30、举办国际性、全国性展会，根据展会规模和影响力等情况，对主办单位或引进单位给予补贴。具体补贴标准由市商务部门会同财政等部门提出意见报市政府确定。

合肥市	2012年3月31日	承接产业转移促进服务业发展若干政策（试行）的通知	31、积极组织小微企业参加国内外大型产品销售、会展活动，小微企业参加省级以上政府举办的国家级大型会展或国外知名会展的，市财政给予参展的小微企业每个标准展位2000元补贴，单个企业最多补贴两个展位。小微企业开拓国际市场，申请国际认证、商标等所发生的费用，市财政给予20%补贴。 32、本市电子商务示范园区、服务外包园区和电子商务、服务外包企业参加国家部委、省市政府组织的国内外招商、展览、展会活动，经市商务部门认可，按不超过2个标准展位展位费和2位参展人员参展费、交通费的50%给予资助，单个园区和企业每年资助金额分别不超过50万元和10万元。
深圳市	2012年4月1日	深圳市会展业财政资助专项资金管理办法	三、第四章第十条第三款修改为“对经会展主管部门认可的第三方机构对展会数据的认证费用，最高给予实际费用50%的资助，每个会展的资助金额不超过10万元，每个展会最多可获得5次资助。” 四、第四章第十条第五款第2点修改为“对经主管部门认定的品牌展会境内外专业媒体发布广告实际费用，每届予以最高30%的宣传推广特别资助，每个展会的资助金额不超过50万元。办展方申请认定品牌展会时必须提供第三方机构对展会数据的认证报告。”
北京市	2012年4月9日	关于促进我市商业会展业发展的通知	一、引进国际大型展会 鼓励引进具有国际影响力的展会，对新引进的国际展会，并满足下列条件，在京办展的前三届，每届给予主办方不超过50%的场租费用支持、最高不超过500万元。 二、培育品牌展会 （一）　依托北京市优越的政治、经济、科技及文化等条件，培育一批规模较大、国际影响力较强、符合北京产业发展政策的首都品牌展会。商务部门结合北京产业发展现状，定期发布《北京引导支持品牌展会名录》（以下简称名录。支持、引导的展会项目的征集、评审等有关事宜另行通知），对名录中的品牌展会，并满足下列条件，每届给予主办方不超过100万元奖励资金。 （二）　引导具有发展潜力的同类同质展会进行整合，合理配置展会资源，扩大展会的规模和提升品牌效应。凡在京分别连续举办过两届以上、展览面积在5000平方米以上的同类同质展会，整合后展出面积超过整合前最大面积50%的，给予整合主办单位不超过100万元奖励资金。 四、优化会展环境 （一）　改造提升大型展馆配套设施，提高承接国际大型会展的能力。对于室内面积20000平方米以上（含20000平方米）的专业展馆设施改造发生的贷款给予不高于50%的贴息，每年贴息额度不超过500万元，贴息年限不超过两年。
桂林市	2012年5月17日	桂林市人民政府关于加快发展桂林会展业的意见	六、加大政策扶持力度 （一）安排财政专项发展资金。市财政每年安排1000万元（人民币）会展业发展奖励扶持资金，主要用于引进或申办国际和国内具有影响力的大型展会；扶持和培育政府确定的规模大、效益好、有发展潜力的品牌展会。
北京市	2012年6月5日	北京市会奖旅游奖励资金管理办法（试行）	第十条　会奖市场运营主体的奖励条件及标准根据企业申报，对于年营业收入总额、纳税总额、雇佣（长期）员工数、年增长幅度等指标综合排名前10的企业进行奖励。其中1—3名奖励20万元；4—6名奖励15万元；7—10名奖励10万元。 第十一条　会奖项目创新机构的奖励条件及标准对整合本市会奖旅游资源，提升本市会奖旅游目的地竞争力与影响力的项目，依据创新性、影响力、规模、对财政的贡献率、消费额、可持续性等因素，通过第三方评审择优给予一次性奖励。奖励项目的比例不超过申报项目数量的50%，其中1—3名奖励20万元；4—6名奖励15万元；7—10名奖励10万元。

北京市	2012年6月5日	北京旅游商品扶持资金管理办法（试行）	第四条　支持旅游商品研发设计生产 对于旅游商品研发、设计、生产企业推出适合市场需要的旅游商品，通过公开征集、专家评审，给予不超过研发投入总额30%的政府奖励资金，每项最高不超过200万元。 3、根据“北京礼物”旅游商品店经营面积的大小，通过专家评审，对于符合“北京礼物”旅游商品店标准的，给予每个“北京礼物”旅游商品店10万元—30万元不等的政府奖励资金。其中商品店经营面积在60平方米-100平方米的奖励10万元；商品店经营面积在100平方米-200平方米的，奖励20万元；商品店经营面积在200平方米以上的，奖励30万元。 第六条　鼓励各类相应产品向旅游商品转化 2、鼓励现有相应的居民生活用品（包括科技产品、工业品、农产品）、食品、艺术品、文物复制品、医疗保健品等都市工业产品向适宜旅游购物的方向转化；其转化成功并获得良好社会、经济效益的，组织专家评审后，授予“北京礼物”品牌称号，并根据该产品的具体销售额（不得低于100万），给予销售总额的20%的政府奖励资金，奖励资金最高不超过100万元。 3、对开发生产“北京礼物”旅游商品加大信贷投入的企业，给予一次性贴息扶持，贴息时间为1年，贴息资金最高不超过50万元。 第七条　扶持旅游商品孵化基地发展 2、对认定的北京市“北京礼物”旅游商品孵化基地，根据基地规模、在孵企业数量等指标给予一次性100万元—300万元的奖励资金，用于在孵企业房租补贴。
宁波市	2012年6月30日	宁波市2012年境内外展会补贴政策	（一）对我市企业参加由我市有资质组展单位组织的政府重点支持类展会和政府指导类展会（见附件1），每个标准展位（9平方米，下同）分别最高补助3万元和2元。同一家企业在同个政府重点支持类、政府指导类展会上享受补助的展位数分别不超过4个和2个，超过部分按以上标准的20%执行。对参加由国家、省和市重点支持的境外常年展（见附件2），每个标准展位最高补助3000 。对参加境内部分重点涉外展会（见附件3）每个标准展位最高补助1万元。 （二）对我市中小外贸企业（上年度进出口额在4500万美元以下，下同）参加非重点支持类、非政府指导类展会，其中参加新兴市场展会，每个标准展位最高补助1万元；参加欧盟地区展会，每个标准展位最高补助0.8万元；参加其他传统市场展会，每个标准展位最高补助0.5万元。对我市小微企业（上年度出口额在500万美元以下，下同）参加今年六月份以后举办的所有境外展会，每个标准展位再增加补助最高1万元。所有展会每个标准展位补助额在实际展位价格之内。单个企业全年享受参展补助额累计不超过30万元。 （三）为宣传展示城市整体形象，确定30个境内外重点品牌展会（见附件4）进行公共形象展示装修，每个展会最高补助25万元，以上展位装修补助由我市有资质组展单位提出申请且单个展会展位数在30个以上。对宁波·新加坡进出口商品交易会的招商招展活动予以重点支持。
杭州市萧山区	2012年7月8日	萧山区加快会展业发展的实施细则	二、会展业发展专项资金的设立 3、区财政安排会展业发展资金2000万元，其中专项用于会展产业规划、会展宣传推介、会展市场开发以及举办全区性重大节庆活动等方面资金500万元；用于扶持和奖励引进展览（节庆）项目和大型国际会议、国内会议、超大规模、有突出影响和发展潜力的展览活动或引进超大型国际性、全国性会议“一事一议”的补助和奖励，引进知名专业会展企业奖励等方面资金1500万元。

杭州市萧山区	2012年7月8日	萧山区加快会展业发展的实施细则	三、政策措施 4、对在我区举办、符合产业发展导向的室内展览活动，单次展览（三天以上，下同）规模达到5000平方米以上（或250个展位），给予5万元补助；单次展览规模达到1万平方米以上（或500个展位），给予10万元补助； 单次展览规模达到2万平方米以上（或1000个展位），给予20万元补助；单次展览规模达到3万平方米以上（或1500个展位），给予30万元补助；单次展览规模达到4万平方米以上（或2000个展位），给予40万元补助；单次展览规模达到5万平方米以上（或2500个展位），给予50万元补助，用于场馆租赁等。 5、对在我区举办符合产业导向的室外展览活动，根据实际展览规模、档次，经区会展业领导小组办公室（区旅游局）审核后，参照室内展览补助标准的50%给予补助。 6、鼓励会展企业做大做强，对在本区注册的专业会展公司、节庆会展广告公司、会议服务公司、信息技术服务公司，从事节庆会议展览业务的年营业收入首次超过1000万元，一次性给予10万元奖励；首次超过2000万元，一次性给予20万元奖励；首次超过3000万元，一次性给予30万元奖励。 7、对区外知名专业会展公司（年组办会展营业收入超过3000万元），并与我区签订合作协议，引进国际性、全国性会议展览活动在我区举办，当年消费总额达到500万元（含）以上、1000万元（含）以上，分别一次性给予10万元、20万元奖励；落户我区，注册设立公司或合资公司（注册资本200万元以上），一次性给予10万元的奖励。 8、引进由国家部、委、办、局主办的国际性会议（单次会议酒店营业额5万元以上、安排境外住宿人数达到50人），按营业额（以会议发票为准，下同）的5%，对引进酒店进行奖励。 9、引进由国家部、委、办、局主办的全国性会议（单次会议酒店营业额5万元以上），按营业额的4%，对引进酒店进行奖励。 10、引进由省级部、委、办、局主办的全省性会议以及由全国性协会、学会、商会主办的跨区域行业性会议（单次会议酒店营业额5万元以上），按营业额的2%，对引进酒店进行奖励。 11、引进由大企业、大集团主办的行业性会议以及由全省性协会、学会、商会主办的跨区域行业性会议（单次会议酒店营业额10万元以上），按营业额的1%，对引进酒店进行奖励。 11、引进由大企业、大集团主办的行业性会议以及由全省性协会、学会、商会主办的跨区域行业性会议（单次会议酒店营业额10万元以上），按营业额的1%，对引进酒店进行奖励。 12、积极鼓励各部门、镇街举办各类有影响力、具有地方特色的节庆活动，根据活动举办的规模、档次和影响力，经评定后按照一、二、三等级分别给予20、15、10万元的奖励（不超过9个）。 13、加大会展宣传促销力度。每年从会展业发展资金中安排450万元，用于引进大型品牌展会、推介会展活动、塑造会展品牌、举办全区性重大节庆活动。 14、加大会展产业培育力度。每年从会展业发展资金中安排50万元，用于会展产业规划编制、会展活动保障、会展行业管理、会展人才培养、校地合作建设以及高级管理人才引进。

淮南市	2012年8月3日	关于加快发展会展业的实施意见	（一）加强会展业基本建设，努力开拓和繁荣会展市场 5、积极鼓励企业参加展会。积极鼓励和支持本市企业赴境外参加国际性展览会和博览会，对参会企业人员赴境外的往返机票，按照国家相关规定给予50%—70%的支持（每企业不超过2人），对企业参加展会的展位费给予50%—70%的补贴。积极鼓励企业参加在本市的重点展会以及本市企业参加广交会、华交会、中博会等国内重点展会，对参会企业给予每个标准摊位5000元的资金支持。 （二）加快培育会展行业的核心竞争力 2、引进培育新的会展主体。积极采取有效措施，吸引国内外知名会展公司和配套服务企业落户淮南；对落户我市注册资本额100万元以上且在我市正常经营两年以上的外地会展企业给予一次性3万元的资金支持。开展会展业区域合作、国际合作；鼓励其他行业有实力的企业集团投资会展业，参与主（承）办会展活动；加大对成长性会展主体的政策扶持力度。
芜湖市	2012年8月25日	芜湖市人民政府关于进一步加快服务业发展若干政策的意见	10、会展经济。凡展会承办单位通过市场化运作，在芜湖举办、符合我市“十二五”规划的首位产业、四大支柱产业、四大战略性新型产业和五大现代服务业的展会，规模达200个以上标准展位的，按5万元/次给予补助；达300个以上标准展位的，按10万元/次给予补助；达500个以上标准展位的，按20万元/次给予补助。对从事会展业务的单位所收取的全部价款和价外费用，按照扣除支付给其他单位或个人的场租费、场地搭建费、广告费、食宿费、交通费等相关费用后的余额为营业额，计算征收营业税。对企业专门用于会展的房产，缴纳房产税有困难的，经地税部门审查，报市政府批准可以减免。
南京市	2012年8月31日	南京市会展发展专项资金使用管理办法	**第三章 补助标准** 第六条　展览招揽奖励：用于对在我市举办的有一定规模的国际化、专业化区域性展览给予一次性招揽奖励。以积极鼓励各部门、各商会、行业协会、会展公司争（申）办展会。 （一）奖励标准： 1、展览规模折合国际标准摊位500个（含500个）以上，1000个以下的，给予10万元人民币的奖励； 2、展览规模折合国际标准摊位1000个（含1000个）以上，1500个以下的，给予15万元人民币的奖励； 3、展览规模折合国际标准摊位1500个（含1500个）以上的，给予20万元人民币的奖励。 3、展览规模折合国际标准摊位1500个（含1500个）以上的，给予20万元人民币的奖励。 （一）奖励标准： 1、展览规模折合国际标准摊位300个（含300个）以上，500个以下的，每个摊位补助150元； 2、展览规模折合国际标准摊位500个（含500个）以上，1000个以下的，每个摊位补助180元； 3、展览规模折合国际标准摊位1000个（含1000个）以上2000个以下的，每个摊位补助200元； 4、展览规模折合国际标准摊位2000个以上的，每个摊位补助300元； 5、国际性展览，在以上补助标准基础上，增加30%奖励。 所谓国际性展览是指，国家商务部、中国贸促会（中国国际商会）批准的国际性展览或境外展商超过五个国家和地区的展览会，境外参展企业不低于20%。

南京市	2012年8月31日	南京市会展发展专项资金使用管理办法	第八条　大型商务会议补助：用于奖励由各行业组织、企业按市场化运作在我市三星级以上酒店住宿、实际会期3天以上（含3天）的各类论坛、研讨会、洽谈会、年会等大型商务会议和国际性商务会议。 （一）奖励标准： 2、住宿人数达500人-800人（不含）的，给予9万元奖励； 3、住宿人数达800人以上的，给予12万元奖励。 （二）对于参会人员有来自境外5个以上国家（地区）的国际会议，按照以下标准进行奖励： 1、境外参会人数达到50—100人（不含）的，给予5万元奖励； 2、境外参会人数达100—200人（不含）的，给予10万元奖励； 3、境外参会人数达200—300人（不含）的，给予15万元奖励； 4、境外 参会人数超过300人以上的，给予20万元奖励； 5、本着就高不就低的原则，同一会议项目不能重复享受奖励补贴。
桂林市	2012年10月11日	桂林市会展业发展资金使用管理暂行办法	第七条　资金使用项目 （一）展位补助 2、补助标准：展会面积在5000—10000平方米的最高给予6万元的补助，1万—2万平方米的最高给10万元补助，2万平方米以上最高给予15万元补助，对于长期落户桂林，具有发展潜力的大型展会给予重点扶持，另行审定。 （二）会议补助项目和标准。 （1）国内大型会议。指由各类行业组织、企业主办的，实际会期达2天以上（含2天）的论坛、研讨会、洽谈会、订货会、年会等会议活动，其补助金额最高不超过5万元，具体标准为：会议安排住宿四星级以上宾馆，住宿人数超过500人起补，标准为每人50元（对于世界500强全国500强企业、全国一级协会学会主办的超过500人起补，标准为每人100元，其补助金额最高不超过8万元）。 （2）国际性会议。积极引进经批准的由各类行业组织或企业主办的国际性会议。对有来自5个及以上国家（地区）参会人员，实际会期达2天以上（含2天）的论坛、研讨会、洽谈会、年会等的商务类会议活动，给予一定资金支持，最高不超过8万元。具体标准为：会议安排住宿四星级以上宾馆，境外与会代表20%以上，住宿人数超过500人起补，标准为每人100元，其补助金额最高不超过8万元。 （三）对地方特色节庆活动，根据规模和影响力给予2—5万元的补助。 （四）会展公共性支出 第九条　本办法规定的补助只适用于新办会展，同一会展连续补助最多不超过两届（含两届）。对连续在桂林举办五届以上的会展，为鼓励其继续做大做强，以上一年（届）展览规模为基数，每增加100个标准展位，奖励5000元，会议每增加100人，奖励5000元，最高不超过5万元。
海口市	2012年11月6日	海口市关于修改海口市会展业发展专项资金使用管理暂行办法的决定	（三）补贴标准 1、对新创办的展会，按照展会实际销售的标准展位数量进行补贴，最高不超过6届。每届补贴总额最高可达30万元。 2、现有展会6届以上的，为鼓励其继续做大做强，以上一年（届)展览实际销售的标准展位数为基数，对超出的增加展位进行补贴，最高可达20万元。 3、为引导专业相近的中小专业展会走联合办展、共创品牌的路子，对整合资源后的展览规模达到500个标准展位以上的，视作新办展会予以补贴。每届补贴总额最高可达20万元。

海口市	2012年11月6日	海口市关于修改海口市会展业发展专项资金使用管理暂行办法的决定	六、第五条修改为：用于国内外流动性大型展览项目申办经费或补贴。 （二）申办费或补贴的标准 对符合我市产业发展的专业展览项目原则按1.5万平方米起予以补贴，补贴金额为100万元，每增加1.5万平方米补贴100万元，最高可达300万元。对知名度高有影响力的国际性展览活动，根据展会形式及主办方要求，根据展会惯例并参考其他城市申办标准，市会展局向市政府提出申请，由市政府确定申办费标准和补贴标准。 七、第六条修改为：用于鼓励大型流动性展会在本市连续举办的奖励。 （一）奖励对象：规模达到1万平方米以上，市政府未支付申办费和申办补贴的流动性展会主办方。 （二）奖励标准：最高奖励可达每万平方米10万元。 八、第七条修改为：用于展览项目引进的奖励。 （一）奖励对象：引进国际性、全国性或区域性专业展览会在本市成功举办的单位或个人。 （二）奖励标准：最高奖励可达每万平方米5 元。 九、第八条修改为：用于会议的补贴或奖励。 （一）补贴或奖励对象在本市成功举办国内外大型会议的组织机构、会议引进者。 （二）补贴标准 1、政府直接申办或举办的大型会议组织机构：由政府直接申办或举办的大型会议，根据活动特点及主办方要求，由市会展局提出意见，报市政府审批，按市政府确定的标 准执行。 2、其他商业性会议组织机构： （一）国内大型商业性会议，最高补贴可达15万元。 （二）国际性会议，最高补贴可达20万元。
海口市	2012年11月6日	海口市鼓励会展业发展专项资金使用管理办法	（三）补贴标准 1、对新创办的展会，按照展会实际销售的标准展位数量进行补贴，最高不超过6届。每届补贴总额最高可达30万元。 2、现有展会6届以上的，为鼓励其继续做大做强，以上一年(届)展览实际销售的标准展位数为基数，对超出的增加展位进行补贴，最高可达0万元。 3、为引导专业相近的中小专业展会走联合办展、共创品牌的路子，对整合资源后的展览规模达到500个标准展位以上的，视作新办展会予以补贴。每届补贴总额最高可达20万元。 第五条　用于国内外流动性大型展览项目申办经费或补贴。 （一）支付对象：在本市举办国内外流动性展览的举办方，或承接上述展会的专业展馆。 （二）申办费或补贴的标准：对符合我市产业发展的专业展览项目原则按1.5万平方米起予以补贴，补贴金额为100万元，每增加1.5万平方米补贴100万元，最高可达300万元。对知名度高有影响力的国际性展览活动，根据展会形式及主办方要求，根据展会惯例并参考其他城市申办标准，市会展局向市政府提出申请，由市政府确定申办费标准和补贴标准。 第六条　用于鼓励大型流动性展会在本市连续举办的奖励。 （一）奖励对象：规模达到1万平方米以上，市政府未支付申办费和申办补贴的流动性展会主办方。 （二）奖励标准：最高奖励可达每万平方米10万元。 第七条　用于展览项目引进的奖励。 （一）奖励对象：引进国际性、全国性或区域性专业展览会在本市成功举办的单位或个人。 （二）奖励标准：最高奖励可达每万平方米5万元。 （二）补贴标准

海口市	2012年11月6日	海口市鼓励会展业发展专项资金使用管理办法	1、政府直接申办或举办的大型会议组织机构：由政府直接申办或举办的大型会议，根据活动特点及主办方要求，由市会展局提出意见，报市政府审批，按市政府确定的标准执行。 2、其他商业性会议组织机构： （一）国内大型商业性会议，最高补贴可达15万元。 （二）国际性会议，最高补贴可达20万元。
龙岩市	2012年2月8日	关于办实办好各类展会有关事项的通知	二、支持办好重要展会活动。海峡两岸机械产业博览会和千名企业家大会两个大型活动由市本级直接承办，应逐步提升市场化、专业化水平，突出实效；海峡旅游博览会子活动—海峡客家旅游欢乐节和海峡论坛期间由我市承办的子活动，分别由市旅游局、市台办与各县（市、区）人民政府轮流承办，市政府统一给予200万元的资金补助。
西安市	2012年12月25日	关于会展业促进经济平稳较快增长的意见	对在本市举办的规模大、效益好、有发展潜力、带动作用强的全国性、区域性展会或被市政府列入重点发展的会展项目，根据展位数量和招展情况分档次给予招徕方或举办方最高40万元奖励。对在我市举办国内外各类大、中型会议，根据举办时间和来宾规格分档次给予最高40万元奖励。对举办超产规模、有突出影响和发展潜力的展会；实行市政府“一事一议”的扶持政策。

（注：以上信息来源于白皮书相关文件，按政策出台时间按排，内容仅供参考，详情可咨询当地会展管理部门。）

附表2：

2012年度部分省市会展业专项资金补帖排名表

省市	专项资金额度
成都	2012年会展业发展专项资金增加到 8000万元
青岛	设立会展业发展专项资金总额6000万元
深圳	2012年会展业扶持专项资金为40000万
北京	每年会展业发展专项资金不低于30 00万元
东莞	商贸东莞资金3000万以上（基本上用于会展及会展相关产业）
贵阳	从2010年起，预算安排会展业发展专项资金3000万元(暂定3年)
宁波	从2007起，每年安排2500万元会展业发展专项资金
重庆	每年会展业发展专项资金2000万元
杭州市萧山区	从2010年起，每年安排会展业发展专项资金2000万元
武汉	2010起开始着手建立2000万元的专项资金
顺德	从2008年起至2012年止，区财政每年划出2000万元设立会展业发展扶持专项资金
沈阳	每年1000–2000万元的会展业扶持资金
滨海新区	2012年设立 设立会展业专项基金2000万元
海口	2012年设立会展业专项基金2000万元
大连	会展业的专项资金为1800万元
厦门	1655万元
长春	每年 1500万元会展业扶持资金
郑州	从2009年起，每年预算安排会展发展专项资金1500万元
中山	每年 1500万元会展业扶持资金
南京	每年拿1500 万元设立会展专项资金
南宁	从2011年每年安排1500万元资金扶持会展业发展
福州	每年会展业发展专项资金不低于1000万元
桂林	每年 1000万元会展业扶持资金
义乌	从2005年起，每年1000万元会展业发展专项资金
秦皇岛	市财政每年安排1000万专项资金
广州	每年1000万元会展专项资金
南昌	会展业发展专项资金1000万元
无锡	无锡市对会展业扶持资金的总盘子每年约800万元
余姚市	会展业扶持资金600万
杨凌示范区	示范区财政每年安排会展业发展专项扶持资金500万元
哈尔滨	每年500万元会展业发展专项资金
杭州	每年会展业发展专项资金500万元
海南	海南省用以奖代补方式支持我省2012年度成功举办的大型展览会。单个展览会补助原则上不超过100万元。2012年度全省展览会补助总额不超过500万元。

漯河	自2008年市财政每年拨款500万元
武夷山	从2010年起，每年安排500万元会展业发展专项资金
西安	从2010年起，每年安排500万元会展业发展专项资金，西安市凡注册资金在500万元以上的新办展览企业，自开办2年内免征企业所得税。
河北	从自2011年，每年安排500万元会展业发展专项资金
太原	从2009年起，每年安排350万元会展业发展专项资金
廊坊	每年拿出200万元至500万元设立会展专项资金
石家庄	从2008年起，每年安排200万元会展业发展专项资金
邯郸	会展业发展专项资金为200万元
马鞍山	会展业发展专项资金为100万
芜湖	会展业发展专项资金为80万
香港	每年8000万港元资助发展中国家赴港参展商的交通生活补助，4000万港元补助参展商宣传。
澳门	每年8000万澳元扶持会展业

（注：以上信息来源于各地会展办、协会以及网站公开信息，按照资金额度排序，内容仅供参考。）

附表3：

2012年度部分城市会展政策法规发布数量排名表

城市	数量（条）
北京、海口	3
合肥、深圳、桂林、武汉、无锡、萧山	2
芜湖、淮南、马鞍、龙岩、广州、南京、南昌 、烟台、潍坊、威海、西安、西宁、嘉兴、嵊州、宁波、重庆、西乡、承德	1

（注：以上数据来源于白皮书相关文件，排名仅供参考，详情咨询当地会展机构。）

附表4：

2012年度部分省、市、自治区会展政策法规发布数量排名表

省、市、自治区	数量（条）	备注
广东	6	广东省：（2）、广州市（1）、深圳市（3）
安徽、浙江	5	安徽省：合肥市（2）、芜湖市（1）、马鞍山市（1） 淮南市（1） 浙江省：宁波市（1）、嘉兴市（1）、萧山（2）、嵊州市（1）
海南	4	海南省：（1）、海口市（3）
北京、江苏、山东、陕西	3	北京市：（1） 江苏省：南京市（1）、无锡市（2） 山东省：烟台市（1）、潍坊市（1）、威海市（1）、 陕西省：（1）、西安市（1）、西乡县（1）
福建、广西、湖北、陕西	2	福建省：（1）、龙岩市（1） 广西省：桂林 湖北省：武汉市（2）
河南、江西、辽宁、青海、重庆、河北	1	河南省：（1） 江西省：南昌市（1） 辽宁省：（1） 青海省： 西宁市（1） 重　庆：万洲区（1） 河北省：承德市（1）

（注：以上数据来源于白皮书相关文件，排名仅供参考，详情咨询当地会展机构。）

附表5：

2012年度部分会展场馆半径5公里以内三星以上酒店数量统计表

省份	城市	展馆名称	三星酒店数量(个)	四星酒店数量(个)	五星酒店数量(个)
安徽	合肥	安徽国际会展中心	11	10	5
		合肥市滨湖新区建设指挥部	3	2	2
		安徽省体育中心	32	26	4
		中国中部花木城会展中心	0	1	0
		安徽省农业展览馆	34	25	5
	蚌埠	蚌埠市会展中心	8	2	1
	马鞍山	马鞍山市体育馆	2	6	1
	芜湖	芜湖国际会展中心	4	8	4
北京		中国国际展览中心	96	64	39
		中国国际展览中心（新馆）	15	13	4
		中国国际科技会展中心	60	63	25
		中国国际贸易中心	95	91	78
		全国农业展览馆	81	72	64
		国贸国际会展中心	64	37	17
		国家会议中心	44	28	15
		北京国际会议中心	65	39	17
		北京九华国际会展中心	64	37	17
		光华路5号会展中心	102	91	80
		北京展览馆	18	28	13
		民族文化宫展览馆	76	72	23
重庆		重庆国际会议展览中心	24	34	13
		重庆展览中心	14	16	2
福建	福州	福州国际会展中心	22	28	10
		福州海峡国际会展中心	1	5	2
	厦门	厦门国际会议展览中心	13	7	11
甘肃	兰州	甘肃国际会展中心	25	20	4
广东	广州	中国进出口商品交易会展馆	35	75	33
		广州锦汉展览中心	119	63	12
		保利世贸博览馆	92	43	13
		广州白云国际会议中心	39	14	10
		中洲国际商务展示中心	54	37	18
		广东东宝展览中心	0	0	0
		南丰国际会展中心	31	70	51
	深圳	深圳会展中心	50	38	18
	东莞	广东现代会展管理有限公司	0	0	0
		东莞国际会展中心	11	26	7
		虎门国际会展中心	5	9	4
		常平会展中心	3	8	3
	惠州	惠州会展中心	24	15	7
	佛山	佛山国际会议展览中心	1	2	2

省份	城市	展馆			
广东	顺德	顺德展览中心	2	6	1
		顺德前进汇展中心	1	1	0
	石狮	石狮市德辉广场会议展览中心	10	9	3
	汕头	汕头林百欣国际会展展览中心	9	10	3
	中山	中山市黄圃国际会展中心	4	0	1
		中山火炬国际会展中心	0	8	1
		中山博览中心	5	8	4
	珠海	珠海国际贸易展览中心	106	123	46
广西	南宁	南宁国际会展中心	28	32	10
		广西展览馆	66	53	8
	桂林	桂林国际会展中心	51	62	16
贵州	贵阳	贵州省展览馆	41	52	9
		贵阳市国际会议展览中心	29	52	11
河北	石家庄	石家庄国际博览中心	22	23	9
		卓达国际会展中心	1	3	0
	沧州	沧州展览中心	2	1	2
		沧州国际会展中心	5	1	2
	邯郸	邯郸国际会展中心	7	9	1
		邯郸现代汽车会展中心	0	0	0
	廊坊	廊坊国际会议展览中心	5	11	6
	唐山	唐山国际会展中心	6	3	3
	香河	中信国安第一城国际会议展览中心	0	0	0
	张家口	张家口市展览馆	6	4	1
湖北	武汉	武汉国际会展中心	44	27	13
		武汉国际博览中心	3	3	0
		武汉科技会展中心	24	18	10
	襄樊市	湖北省襄樊市展览馆	15	5	3
黑龙江	哈尔滨	哈尔滨国际会展体育中心	29	26	32
	大庆	大庆市规划展示馆	1	6	2
	牡丹江	牡丹江会展中心	5	4	2
	齐齐哈尔	齐齐哈尔国际会展中心	4	1	0
海南	海口	海口国际会展中心	0	1	6
		海南国际会展中心	0	1	4
河南	郑州	郑州国际会展中心	24	34	14
		河南中原国际博览中心	33	41	11
	漯河	漯河市科教文化艺术中心	3	4	2
湖南	长沙	湖南国际会展中心	15	11	3
		长沙红星国际会展中心	21	7	7
		湖南省展览馆	85	56	16
吉林	长春	长春农业博览园	2	2	1
		长春国际会展中心	8	5	2
江苏	南京	南京国际展览中心	27	29	11
		南京城市规划建设展览馆	32	33	14
		南京国际博览中心	6	4	5
	常熟	江苏常熟国际展览中心	6	9	5
	常州	常州国际会展中心	17	24	10
	淮安	淮安市国际会展中心	9	4	3

	昆山	昆山国际会展中心	1	4	0
		中国国际采购中心（昆山）	3	0	1
	连云港	连云港国际展览中心	22	23	2
	南通	南通体育会展中心	5	9	2
	苏州	苏州国际博览中心	11	7	15
	泰州	江苏泰州中国医药城会展交易中心	0	1	0
	徐州	徐州国际会展中心	5	4	0
		徐州展览馆	15	9	3
	无锡	无锡太湖国际博览中心	2	2	3
		江阴新体育馆	5	6	4
	盐城	江苏省盐城国际会展中心	0	0	0
	扬州	扬州国际会展中心	15	8	8
江西	南昌	南昌国际展览中心	9	9	9
		江西省展览馆	7	16	8
辽宁	沈阳	辽宁工业展览馆	24	23	15
		沈阳国际展览中心	1	1	3
		沈阳棋盘山国际会议中心	0	0	0
		沈阳科学宫会展中心	16	17	10
	鞍山	鞍山国际会展中心	3	3	1
	大连	大连星海会展中心	28	31	6
		大连世界博览广场	28	31	5
内蒙古	包头	包头市国际会展中心	3	3	0
	赤峰	赤峰国际会展中心	5	3	2
	呼和浩特	内蒙古展览馆	26	27	6
		内蒙古国际会展中心	17	19	1
		内蒙古商品交易中心	53	34	9
	满洲里	满洲里国际会展中心	1	1	1
宁夏	银川	宁夏展览馆	45	28	4
		银川国际会展中心	16	6	4
青海	西宁	青海国际会展中心	0	0	0
四川	成都	成都世纪城新国际会展中心	95	70	11
山东	济南	济南舜耕国际会展中心	61	32	7
		济南国际会展中心	8	4	3
		济南园博园国际会展中心	2	2	0
		山东机械设备展览中心	2	2	0
	青岛	青岛国际会展中心	14	13	4
		青岛国际博览中心	37	32	5
		山东农产品交易中心	8	11	2
		青岛银海海星国际会展中心	27	37	12
	淄博	淄博国际会展中心	5	0	0
	枣庄	枣庄会展中心	3	2	1
	东营	东营黄河国际会展中心	1	0	1
		东营广饶国际会展中心	1	0	1
	烟台	烟台国际博览中心	4	5	2
		中国莱州国际会展中心	0	0	0
		烟台旅游大世界	23	10	5

山东	潍坊	潍坊富华国际展览中心	8	9	4
		潍坊寿光国际会展中心	3	2	1
		潍坊金宝国际会展中心	1	1	0
		潍坊昌邑北方绿化苗木博览会绿博园	0	0	0
		潍坊市青州国际会展中心	0	1	0
		潍坊鲁台会展中心	5	3	1
	济宁	济宁曲阜孔子文化会展中心	0	0	0
	威海	威海国际展览中心	6	11	1
		文登国际会展中心	0	0	0
	日照	日照会展中心	23	11	0
	莱芜	莱芜会展中心	3	3	1
	临沂	临沂商城国际会展中心	9	6	2
		临沂鲁信国际会展中心	1	0	0
	德州	德州市会展中心	2	3	3
		德州太阳谷国际会展中心	2	3	3
	滨州	滨州国际会展中心	1	0	1
	菏泽	菏泽中国林展馆	4	0	0
上海		上海世贸商城	81	45	41
		上海国际展览中心	80	76	43
		上海展览中心	103	92	80
		上海光大会展中心	96	86	79
		上海新国际博览中心	21	27	21
		上海浦东展览馆	35	32	37
		上海国际会议展览中心	59	70	64
		上海汽车会展中心	1	2	1
		上海东亚体育文化中心	98	87	76
		上海农业展览馆	49	44	22
		上海世博展览馆	49	34	25
		上海世博会展中心	61	33	25
		上海梅龙镇广场	104	90	82
		吉盛伟邦上海国际家具村	2	4	0
山西	太原	中国（太原）煤炭交易中心	13	16	7
		山西省展览馆	24	26	9
		中国煤炭博物馆	27	32	8
	阳泉	阳泉展览馆	0	6	0
陕西	西安	西安曲江国际会展中心	21	23	8
		陕西国际展览中心	80	80	24
		西安绿地笔克国际会展中心	21	23	8
	宝鸡	宝鸡会展中心	21	23	8
	杨凌	杨凌示范区展览局	1	1	0
天津		天津国展中心	13	29	24
		天津滨海国际会展中心	5	11	7
		天津梅江会展中心	2	5	3
新疆	乌鲁木齐	新疆华凌国际博览中心	0	0	0
		新疆国际会展中心	43	34	11
	克拉玛依	新疆克拉玛依科技博物展览馆	1	3	1

<table>
<tr><td>西藏</td><td>拉萨</td><td>西藏自然博物馆（人文馆）</td><td>0</td><td>0</td><td>0</td></tr>
<tr><td rowspan="2">云南</td><td rowspan="2">昆明</td><td>昆明云安会都有限责任公司</td><td>11</td><td>15</td><td>4</td></tr>
<tr><td>昆明国际会展中心</td><td>56</td><td>40</td><td>9</td></tr>
<tr><td rowspan="15">浙江</td><td rowspan="6">杭州</td><td>浙江展览馆</td><td>114</td><td>109</td><td>37</td></tr>
<tr><td>浙江世贸国际展览中心</td><td>106</td><td>97</td><td>41</td></tr>
<tr><td>杭州和平国际会展中心</td><td>92</td><td>87</td><td>31</td></tr>
<tr><td>杭州海外海宾馆展览中心</td><td>0</td><td>4</td><td>2</td></tr>
<tr><td>杭州奥体博览中心</td><td>10</td><td>19</td><td>4</td></tr>
<tr><td>杭州市国际会议展览中心</td><td>100</td><td>178</td><td>83</td></tr>
<tr><td>慈溪</td><td>慈溪会展中心</td><td>7</td><td>5</td><td>2</td></tr>
<tr><td>嘉兴</td><td>嘉兴国际会展中心</td><td>27</td><td>9</td><td>4</td></tr>
<tr><td>宁波</td><td>宁波国际会议展览中心</td><td>62</td><td>44</td><td>26</td></tr>
<tr><td>绍兴</td><td>中国轻纺城会展有限公司</td><td>26</td><td>11</td><td>4</td></tr>
<tr><td>台州</td><td>台州市国际会展中心</td><td>6</td><td>6</td><td>1</td></tr>
<tr><td>温州</td><td>温州国际会议展览中心</td><td>27</td><td>22</td><td>9</td></tr>
<tr><td rowspan="2">义乌</td><td>义乌国际博览中心</td><td>60</td><td>10</td><td>3</td></tr>
<tr><td>义乌梅湖会展中心</td><td>64</td><td>12</td><td>2</td></tr>
<tr><td>余姚</td><td>中塑国际会展中心</td><td>2</td><td>4</td><td>2</td></tr>
<tr><td colspan="2">澳门</td><td>澳门威尼斯人会展中心</td><td>2</td><td>6</td><td>17</td></tr>
<tr><td colspan="2" rowspan="2">台湾</td><td>台北世界贸易中心</td><td>65</td><td>49</td><td>20</td></tr>
<tr><td>台中国际会展中心</td><td>0</td><td>0</td><td>0</td></tr>
<tr><td colspan="2" rowspan="3">香港</td><td>亚洲国际博览馆</td><td>0</td><td>1</td><td>2</td></tr>
<tr><td>香港国际展贸中心</td><td>66</td><td>53</td><td>31</td></tr>
<tr><td>香港会议展览中心</td><td>62</td><td>56</td><td>30</td></tr>
</table>

（注：以上信息来源于各地会展办、协会以及酒店相关网站公开信息，按排序以其省（市、区）首字母为序排列，内容仅供参考，详情可咨询当地旅游机构。）

附表6：

2012年度部分城市会展院校统计

省份	城市	会展专业院校的性质及数量		会展院校	专业名称
安徽	合肥	本科	1	合肥学院	会展艺术与技术专业
		高职高专	6	安徽行政学院	会展策划与管理专业
				安徽财贸职业学院	广告与会展专业
				安徽广播影视职业技术学院	广告与会展专业
				安徽职业技术学院	广告与会展专业
				安徽现代信息工程职业学院	会展策划与管理专业
				安徽工商职业学院	广告与会展专业
	淮南	本科	2	淮南师范学院	公共事业管理专业（会展策划与管理）
				淮南师范学院	会展艺术与技术专业
	铜陵	高职高专	1	铜陵职业技术学院	广告与会展专业
	池州	高职高专	1	池州职业技术学院	广告与会展专业
北京		硕士	1	北京第二外国语大学	旅游管理（会展方向）
		本科	11	北京联合大学	会展经济与管理专业
				北京工业大学耿丹学院	广告学（会展策划与管理方向）
				北方工业大学艺术学院	环境艺术设计专业
				清华大学美术学院	展示设计专业
				北京第二外国语大学	会展经济与管理专业
				北京城市学院	环境设计专业（展示设计方向）
				吉利大学	环境艺术设计（商业展示设计方向）
					旅游管理(会展策划方向))
				北京科技职业技术学院	国际商务英语（会展管理英语）
					视觉传达艺术设计专业（广告与会展设计方向）
				北京农学院	会展经济与管理专业
				首都师范大学科德学院	会展策划管理专业
					会展艺术与技术专业
				北京航空航天大学北海学院	饭店与会展专业
		高职高专	7	北京现代职业技术学院	会展策划与管理专业
				北京信息职业技术学院	会展策划与管理专业
				北京经济管理学院	旅游管理专业
				北京京北职业技术学院	会展策划与管理专业
				北京教育学院	艺术设计系（会展方向）
				北京培黎职院	环境艺术设计专业（展示设计方向）
				北京对外贸易学校	会展策划与管理专业
		中职中专	6	北京对外贸易学校	会展服务与管理专业
				北京民族文化艺术职业学院	会展服务与管理专业
				北京工贸技师学院轻工分院	会展与广告设计专业
					会展服务与管理专业
				北京民族文化艺术学校	会展商务专业
				北京市昌平职业学院	旅游服务与管理专业
				北京市商业学院	会展服务与管理专业

重庆		本科	5	重庆文理学院	会展经济与管理专业
				重庆第二师范学院	会展经济与管理专业
				重庆科技学院	会展艺术与技术专业
				四川外语学院	旅游管理专业（会展方向）
				重庆工商大学	会展经济与管理专业
		高职高专	5	重庆教育学院	商务管理专业（会展经营）
				重庆青年职业技术学院	会展策划与管理专业
				重庆工商职业学院	会展策划与管理专业
				重庆财经职业学院	会展策划与管理专业
				重庆城市管理职业学院	会展策划与管理专业
福建	福州	高职高专	3	福建华南女子职业学院	会展策划与管理专业
				福建对外经济贸易职业技术学院	会展策划与管理专业
				福建商业高等专科学院	会展策划与管理专业
	厦门	本科	1	厦门理工学院	会展经济与管理专业
		高职高专	3	厦门华天职业技术学院	会展策划与管理专业
				厦门城市职业技术学院	会展策划与管理专业
				厦门职业技术东海学院	会展策划与管理专业
	武夷山	本科	1	福建武夷学院	旅游管理专业（会展经济与管理方向）
广东	广州	博士	1	华南理工大学	会展经济与节事旅游
		硕士	1	华南理工大学	会展经济与管理专业
		本科	1	华南理工大学	会展经济与管理专业
		本科	9	广州大学（中法）旅游学院	会展经济与管理专业
				广东外语外贸大学	英语专业（国际会展与旅游）
				中山大学	会展经济与管理专业
				广东培正学院	英语专业（会展与翻译方向）
				广东商学院	会展经济与管理专业
				广东工业大学	会展经济与管理专业
				仲恺农业工程学院	会展经济与管理专业
				华南师范大学	会展经济与旅游管理专业
				广州美术学院设计学院	会展艺术与技术专业
		高职高专	8	广东交通职业技术学院	会展策划与管理专业
				广东轻工职业技术学院	展示设计专业
					会展策划与管理专业
				广州工程职业技术学院	商务英语专业（会展策划与管理方向）
					广告设计与制作专业（展示设计）
				南华工商学院	会展策划与管理专业
				广东理工职业学院	会展策划与管理专业
				广州康大职业技术学院	会展策划与管理专业
				广州科技贸易职业学院	会展策划与管理专业
	深圳	高职高专	1	深圳职业技术学院	视觉传达艺术设计专业（展示设计方向）
					会展管理专业
	珠海		1	珠海城市职业技术学院	会展策划与管理专业
	顺德		1	顺德职业技术学院	会展策划与管理专业

省份	城市	层次	数量	院校	专业
广西	南宁	本科	2	广西艺术学院	会展策划与设计专业
				广西财经学院	会展经济与管理专业
		高职高专	5	广西东方外语职业学院	会展策划与管理专业
				广西外国语学院	会展策划与管理专业
				广西水利电力职业技术学院	会展艺术设计专业
				广西演艺职业学院	会展策划与管理专业
				广西国际商务职业技术学院	会展策划与管理专业
	柳州	高职高专	1	柳州城市职业学院	会展策划与管理专业
	南宁	高职高专	1	南宁职业技术学院	会展艺术设计专业
	北海	高职高专	1	北海职业学院	会展策划与管理专业
	桂林	高职高专	1	桂林旅游高等专科学校	会展策划与管理专业
贵州	贵阳	高职高专	5	贵州交通职业技术学院	会展策划与管理专业
				贵州职业技术学院	会展策划与管理专业
				贵州航天职业技术学院	会展策划与管理专业
				贵州工业职业技术学院	会展策划与管理专业
				贵州商业高等专科学校	会展策划与管理专业
海南	海口	本科	1	海口经济职业技术学院	旅游管理专业（会展方向）
	三亚	本科	1	海南大学三亚学院	会展经济与管理专业
河北	石家庄	本科	3	河北经贸大学	会展经济与管理专业
				河北科技大学	展示设计专业
				石家庄铁道大学	展示设计专业
		高职高专	8	河北政法职业学院	会展策划与管理专业
				河北机电职业技术学院	会展策划与管理专业
				河北外国语职业学院	会展策划与管理专业
				石家庄职业学院	会展策划与管理专业
				河北青年管理干部学院	会展策划与管理专业
				石家庄财经职业学院	会展策划与管理专业
				石家庄职业技术学院	会展策划与管理专业
				石家庄工商职业学院	广告与会展专业
	唐山	本科	1	唐山师范学院	会展经济与管理专业
	廊坊	高职高专	2	廊坊东方职业技术学院	展览展示艺术设计专业
				廊坊职业技术学院	广告与会展专业
	邯郸	高职高专	1	邯郸职业技术学院	会展策划与管理专业
河南	郑州	本科	3	河南财经政法大学	会展经济与管理专业
				郑州升达经贸管理学院	会展策划与管理专业
				中原工学院	会展经济与管理专业
				中州大学	会展策划与管理专业
		高职高专	7	河南商业高等专科学校	会展策划与管理专业
				郑州旅游职业学院	会展策划与管理专业
				郑州牧业工程高等专科学校	会展英语专业
					会展策划与管理专业
				河南职业技术学院	室内展示专业
				河南工业贸易职业学院	会展英语专业
				河南建筑职业技术学院	广告与会展专业
				河南财政税务高等专科学校	会展专业
	漯河	高职高专	1	漯河职业技术学院	会展策划与管理专业
	信阳	高职高专	1	信阳农业高等专科学校	广告与会展专业
	登封	高职高专	1	嵩山少林武术职业学院	旅游管理专业（会展方向 ）

黑龙江	哈尔滨	本科	4	哈尔滨商业大学	会展经济与管理专业
				黑龙江财经学院	会展经济与管理专业
				哈尔滨广厦学院	会展经济与管理专业
				黑龙江东方学院	国际经济与贸易学部（会展方向）
		高职高专	6	黑龙江旅游职业技术学院	会展策划与管理专业
				黑龙江职业学院	会展策划与管理专业
				黑龙江商职业学院	会展策划与管理专业
				黑龙江艺职学院	广告与会展专业
				黑龙江林业职业技术学院	广告与会展专业
				黑龙江生态工程职业学院	会展策划与管理专业
	牡丹江	高职高专	1	黑龙江农业经济职业技术学院	旅游管理专业（会展策划与管理）
	大庆	高职高专	1	大庆职业学院	会展策划与管理专业
湖北	武汉	硕士	1	湖北大学旅游发展研究院	旅游管理专业（会展方向）
		本科	3	武汉纺织大学	会展经济与管理专业
				武汉长江工商学院	会展经济与管理专业
				湖北经济学院	会展经济与管理专业
		高职高专	5	武汉商贸职业学院	会展策划与管理专业
				湖北青年职业学院	广告与会展专业
				湖北开放职业学院	广告与会展专业
				武汉信息传播职业技术学院	会展策划与管理专业
				武汉职业技术学院	会展管理与策划专业
		中职中专	1	武汉财政学校	会展与商务专业
	三峡	高职高专	1	三峡旅游职业技术学院	会展策划与管理专业
	黄冈	高职高专	1	黄冈职业技术学院	会展策划与管理专业
湖南	长沙	本科	1	湖南商学院	会展经济与管理专业
		高职高专	3	长沙商贸旅游职业学院	会展策划与管理专业
				湖南信息科学职业学院	会展策划与管理专业
				湖南工艺美术职业学院	展览展示艺术设计专业
吉林	长春	本科	3	吉林动画学院	会展艺术与技术专业
				长春大学	会展经济与管理专业
				吉林艺术学院	会展艺术与技术专业
					会展策划与管理专业
		高职高专	1	长春职业技术学院	会展策划与管理专业
	吉林	高职高专	1	吉林电子信息职业技术学院	会展策划与管理专业
江苏	南京	本科	4	南京艺术学院	会展艺术与技术专业
				中国传媒大学南广学院	会展策划与营销专业
				南京工业大学	会展艺术与技术专业
				南京师范大学泰州学院	艺术设计(含会展策划)
		高职高专	2	南京工业职业技术学院	会展策划与管理专业
				江苏农林职业技术学院	广告与会展专业
	苏州	高职高专	5	苏州工艺美术职业技术学院	广告与会展专业
				苏州经贸职业技术学院	会展策划与管理专业
				苏州职业大学	旅游管理（会展管理）
				苏州港大思培科技职业学院	广告与会展专业
				健雄职业技术学院	广告与会展专业
	无锡	高职高专	2	无锡科技职业学院	会展策划与管理专业
				无锡城市职业技术学院	会展策划与管理专业

江苏	盐城	高职高专	1	民办明达职业技术学院	会展策划与管理专业
	南通	高职高专	2	南通纺织职业技术学院	广告与会展专业
				南通农业职业技术学院	广告与会展专业
	淮安	高职高专	1	淮安信息职业技术学院	广告与会展专业
	常州	高职高专	1	常州信息职业技术学院	广告与会展专业
江西	南昌	高职高专	4	江西青年职业学院	会展策划与管理专业
				江西新闻出版职业技术学院	会展策划与管理专业
				江西外语外贸职业学院	会展策划与管理专业
				南昌师范高等专科学校	会展策划与管理专业
辽宁	沈阳	本科	2	沈阳师范大学	会展经济与管理专业
					展示设计专业
				沈阳化工大学	工业设计专业（展陈方向）
		高职高专	2	辽宁省交通高等专科学校	会展策划与管理专业
				沈阳职业技术学院	会展策划与管理专业
	大连	本科 硕士	1	鲁迅美术学院大连校区	产品与会展设计专业
内蒙古	呼和浩特	本科	1	内蒙古财经学院	会展经济与管理专业
		高职高专	1	内蒙古商贸职业学院	会展策划与管理专业
宁夏	银川	高职高专	1	宁夏工商职业技术学院	会展策划与管理专业
山东	济南	本科	5	山东交通学院	会展经济与管理专业
				山东轻工业学院	展示设计专业
				济南大学	会展经济与管理专业
				山东女子学院	会展经济与管理专业
				山东工艺美术学院	展示设计专业
		高职高专	6	山东旅游职业学院	会展策划与管理专业
				山东商业职业技术学院	会展策划与管理专业
				山东电子职业技术学院	会展策划与管理专业
				山东理工职业学院	会展策划与管理专业
				济南工程职业技术学院	会展策划与管理专业
				山东外事翻译职业学院	会展策划与管理专业
	青岛	高职高专	1	青岛酒店管理学院	会展专业
	潍坊	高职高专	1	潍坊职业学院	广告与会展专业
山西	太原	本科	1	山西大学	艺术设计专业（会展与展示设计专业）
		高职高专	3	山西经贸职业学院	会展策划与管理专业
				太原旅游职业学院	会展策划与管理专业
				太原市旅游职业学院	会展策划与管理专业
陕西	西安	本科	2	西安美术学院	展示设计专业
				西安外语大学	会展经济与管理专业
		高职高专	3	西安海棠职院	会展策划与管理专业
				陕西工商职业学院	会展策划与管理专业
				陕西青年职业学院	会展策划与管理专业
上海		硕士	1	上海师范大学	大型活动管理方向
					会展经济管理专业
		本科	12	上海工程技术大学	会展艺术与技术专业
				上海对外贸易学院	中德合作会展经济与管理专业
				上海外国语大学贤达经济人文学院	会展经济管理专业

上海	本科	12	上海中华职院	营销与策划（会展方向）
			上海工程技术大学	会展艺术与技术专业
			东华大学	会展经济管理专业
			上海大学复旦太平洋金融学院	会展经济管理专业
			上海理工大学	会展经济管理专业
			华东师范大学	会展经济管理专业
			复旦大学上海视觉艺术学院	会展艺术与技术专业
			上海应用技术学院经济与管理学院	会展经济管理专业
			上海第二工业大学	会展经济与管理专业
				会展策划与管理专业
	高职高专	18	上海立达职业技术学院	会展策划与管理专业
			上海师范大学	会展策划与管理专业
			上海行健职业技术学院	会展策划与管理专业
			上海思博职业技术学院	会展管理专业
			上海新侨职院	会展策划与管理专业
			海科学技术职业学院	会展策划与管理专业
			上海托普信息技术职业学院	商务管理专业（会展方向）
			上海海事职业技术学院	会展策划与管理专业
			上海中侨职业技术学院	会展策划与管理专业
			上海农林职业技术学院	会展策划与管理专业
			上海电子信息职业学院	会展策划与管理专业
			上海工会管理职业学院	会展策划与管理专业
			上海工商外国语职业学院	会展策划与管理专业
			上海电影艺术学院	应用艺术设计（数码会展）专业
			上海邦德学院	经济与旅游管理专业
			上海工艺美术职业学院	展示艺术设计专业
			上海建桥学院	会展策划与管理专业
			上海出版印刷高等专科学校	会展策划与管理专业
	中职中专	2	上海市曹杨职业技术学校	商贸会展专业
			上海市现代职业技术学院	会展服务与管理专业
四川 成都	本科	4	四川美术学院	工业设计专业
			四川农业大学	会展经济与管理专业
			四川大学锦成学院	旅游管理专业（会展方向）
			川音成都美术学院	展示设计专业
	高职高专	7	四川烹饪高等专科学校	会展策划与管理专业
			成都职业技术学院	会展策划与管理专业
			四川国标标榜职业学院	会展策划与管理专业
			四川科技职业学院	会展策划与管理专业
			四川旅游学院	会展策划与管理专业
			四川文化产业职业学院	会展策划与管理专业
			成都信息工程学院银杏酒店管理学院	会展策划与管理专业
			成都艺术职业学院	展览展示专业
天津	本科		南开大学泰达学院	会展经济与管理专业
			天津财经大学	会展经济与管理专业

天津		本科	4	天津工业大学	会展经济与管理专业
				天津商业大学	会展经济与管理专业
		高职高专	8	天津开发区职业技术学院	会展策划与管理专业
					展览展示艺术设计专业
				天津城市职业学院	会展策划与管理专业
				天津青年职业学院	会展策划与管理专业
				天津艺术职业学院	会展策划与管理专业
				天津商务职业学院	会展策划与管理专业
				天津广播电视大学	会展策划与管理专业
				天津中德职业技术学院	会展策划与管理专业
				天津城市职业学院南开分院	会展策划与管理专业
新疆	乌鲁木齐	高职高专	2	新疆农业职业技术学院	会展策划与管理专业
				乌鲁木齐职业大学	会展策划与管理专业
云南	昆明	本科	3	云南财经大学	会展经济与管理专业
				云南师范大学文理学院	工商管理专业（会展经济与管理方向）
				昆明学院	会展策划与管理专业
		高职高专	2	云南交通职业技术学院	营销与策划（市场营销及会展方向）
				昆明冶金高等专科学校	商务管理专业（会展方向）
浙江	杭州	本科	4	杭州师范大学	会展经济与管理专业
				浙江传媒学院	会展经济与管理专业
				浙江大学城市学院	会展经济与管理专业
				浙江树人大学	会展经济与管理专业
					会展策划与管理专业
		高职高专	6	浙江旅游职业学院	会展策划与管理专业
				浙江经贸职业技术学院	会展策划与管理专业
				杭州科技职业技术学院	会展策划与管理专业
				杭州广播电视大学	会展策划与管理专业
				浙江育英职业技术学院	会展策划与管理专业
				浙江金融职业学院	会展策划与管理专业
	宁波	本科	2	浙江万里学院商学院	会展与营销专业
				宁波工程学院	广告学专业（会展方向）
		高职高专	2	宁波城市职业技术学院	会展策划与管理专业
				浙江纺织服装学院	展示设计专业
	金华	高职高专	1	金华职业技术学院	会展策划与管理专业
	绍兴	高职高专	1	浙江农业商贸职业学院	会展策划与管理专业
	义乌	高职高专	1	义乌工商职业技术学院	会展策划与管理专业

（注：以上信息来源于各地会展办、协会以及各省教育厅相关网站公开信息，排序以其省（市、区）首字母为序排列，内容仅供参考，详情可咨询当地会展管理部门、以及会展院校。）

附表7：

2012年度部分省、市、自治区会展场馆统计表

省份	城市	会展场馆数量	展馆名称	展览总面积
安徽	合肥	5	安徽国际会展中心	50000m²
			合肥市滨湖新区建设指挥部	167000m²
			安徽省体育中心	10000m²
			中国中部花木城会展中心	30000m²
			安徽省农业展览馆	1500m²
	蚌埠	1	蚌埠市会展中心	25000m²
	阜阳	1	阜阳国际会展中心	45000m²
	马鞍山	2	马鞍山市体育馆	7000m²
			马鞍山市体育会展中心	在建中（800个标准展位）
	芜湖	1	芜湖国际会展中心	85000m²
北京		13	中国国际展览中心	67000m²
			中国国际展览中心（新馆）	146800m²
			中国国际科技会展中心	9300m²
			中国国际贸易中心	11200m²
			全国农业展览馆	78000m²
			国贸国际会展中心	60000m²
			国家会议中心	40000m²
			北京国际会议中心	4000m²
			北京大红门国际会展中心	2300m²
			北京九华国际会展中心	186100m²
			光华路5号会展中心	12700m²
			北京展览馆	32000m²
			民族文化宫展览馆	3780m²
重庆		4	重庆国际会议展览中心	58000m²
			重庆国际博览中心	260000m²
			重庆展览中心	28900m²
			重庆市农业展览中心	25000m²
福建	福州	2	福州国际会展中心	41200m²
			福州海峡国际会展中心	14000m²
	宁德	1	宁德会展中心	27500m²
	厦门	1	厦门国际会议展览中心	160000m²
甘肃	兰州	1	甘肃国际会展中心	32950m²
广东	广州	7	中国进出口商品交易会展馆	381600m²
			广州锦汉展览中心	23853m²
			保利世贸博览馆	69800m²
			广州白云国际会议中心	60000m²
			中洲国际商务展示中心	40000m²
			广东东宝展览中心	21600m²
			南丰国际会展中心	30000m²
	深圳	1	深圳会展中心	105000m²

广东	东莞	4	广东现代会展管理有限公司	216000m^2
			东莞国际会展中心	28000m^2
			虎门国际会展中心	在建中（50000m^2）
			常平会展中心	190000m^2
	惠州	1	惠州会展中心	40000m^2
	佛山	2	佛山兴贸商贸城展览馆	22000m^2
			佛山国际会议展览中心	12300m^2
	顺德	2	顺德展览中心	13000m^2
			顺德前进汇展中心	53000m^2
	石狮	1	石狮市德辉广场会议展览中心	20000m^2
	汕头	1	汕头林百欣国际会展展览中心	7838m^2
	中山	3	中山市黄圃国际会展中心	60000m^2
			中山火炬国际会展中心	35000m^2
			中山博览中心	47160m^2
	珠海	3	珠海国际贸易展览中心	50000m^2
			中国国际航空航天博览中心	463120m^2
			珠海十字门商务会展中心	在建中（55000m^2）
广西	南宁	2	南宁国际会展中心	80000m^2
			广西展览馆	20000m^2
	桂林	1	桂林国际会展中心	58399m^2
贵州	贵阳	2	贵州省展览馆	7236m^2
			贵阳市国际会议展览中心	120000m^2
河北	石家庄	2	石家庄国际博览中心	10000m^2
			卓达国际会展中心	60000m^2
	沧州	2	沧州展览中心	32000m^2
			沧州国际会展中心	81000m^2
	邯郸	2	邯郸国际会展中心	40000m^2
			邯郸现代汽车会展中心	120000m^2
	廊坊	1	廊坊国际会议展览中心	100000m^2
	唐山	1	唐山国际会展中心	42000m^2
	香河	1	中信国安第一城国际会议展览中心	36400m^2
	张家口	1	张家口市展览馆	2700m^2
湖北	武汉	3	武汉国际会展中心	35000m^2
			武汉国际博览中心	150000m^2
			武汉科技会展中心	3000m^2
	襄樊市	1	湖北省襄樊市展览馆	2000m^2
黑龙江	哈尔滨	1	哈尔滨国际会展体育中心	170000m^2
	大庆	1	大庆市规划展示馆	12500m^2
	牡丹江	1	牡丹江会展中心	34000m^2
	齐齐哈尔	1	齐齐哈尔国际会展中心	56000m^2
海南	海口	2	海口国际会展中心	17700m^2
			海南国际会展中心有限责任公司	80000m^2
河南	郑州	2	郑州国际会展中心	130000m^2
			河南中原国际博览中心	53000m^2
	漯河	1	漯河市科教文化艺术中心	65000m^2

湖南	长沙	3	湖南国际会展中心	150000m²
			长沙红星国际会展中心	114000m²
			湖南省展览馆	12000m²
吉林	长春	2	长春农业博览园	1060000m²
			长春国际会展中心	68500m²
江苏	南京	3	南京国际展览中心	43000m²
			南京城市规划建设展览馆	4200m²
			南京国际博览中心	126000m²
	常熟	1	江苏常熟国际展览中心	53000m²
	常州	1	常州国际会展中心	32900m²
	淮安	1	淮安市国际会展中心	22000m²
	昆山	2	昆山国际会展中心	48000m²
			中国国际采购中心（昆山）	125000m²
	连云港	1	连云港国际展览中心	28000m²
	南通	1	南通体育会展中心	32300m²
	苏州	1	苏州国际博览中心	104000m²
	泰州	1	江苏泰州中国医药城会展交易中心	60000m²
	徐州	2	徐州国际会展中心	60000m²
			徐州展览馆	5000m²
	无锡	2	无锡太湖国际博览中心	62400m²
			江阴新体育馆	12436m²
	盐城	1	江苏省盐城国际会展中心	140000m²
	扬州	1	扬州国际会展中心	15000m²
江西	南昌	2	南昌国际展览中心	75000m²
			江西省展览馆	6000m²
辽宁	沈阳	4	辽宁工业展览馆	23000m²
			沈阳国际展览中心	305600m²
			沈阳棋盘山国际会议中心	2200m²
			沈阳科学宫会展中心	12000m²
	鞍山	1	鞍山国际会展中心	31000m²
	大连	2	大连星海会展中心	20000m²
			大连世界博览广场	50000m²
	锦州	1	万博国际文化体育会展中心	8000m²
内蒙古	包头	1	包头市国际会展中心	84000m²
	赤峰	1	赤峰国际会展中心	42000m²
	呼和浩特	3	内蒙古展览馆	52000m²
			内蒙古国际会展中心	50000m²
			内蒙古商品交易中心	12000m²
	满洲里	1	满洲里国际会展中心	34000m²
宁夏	银川	2	宁夏展览馆	5000m²
			银川国际会展中心	50000m²
青海	西宁	1	青海国际会展中心	76300m²
四川	成都	1	成都世纪城新国际会展中心	110000m²
山东	济南市	4	济南舜耕国际会展中心	26900m²
			济南国际会展中心	85700m²
			济南园博园国际会展中心	24000m²
			山东机械设备展览中心	12000m²

山东	青岛	4	青岛国际会展中心	100000m²
			青岛国际博览中心	180000m²
			山东农产品交易中心	31000m²
			青岛银海海星国际会展中心	17000m²
	淄博	1	淄博国际会展中心	70000m²
	枣庄	1	枣庄会展中心	6500m²
	东营	2	东营黄河国际会展中心	335500m²
			东营广饶国际会展中心	23000m²
	烟台	3	烟台国际博览中心	79360m²
			中国莱州国际会展中心	92000m²
			烟台旅游大世界	44000m²
	潍坊	6	潍坊富华国际展览中心	39070m²
			潍坊寿光国际会展中心	68000m²
			潍坊金宝国际会展中心	48000m²
			潍坊昌邑北方绿化苗木博览会绿博园	10000m²
			潍坊市青州国际会展中心	24000m²
			潍坊鲁台会展中心	50000m²
	济宁	1	济宁曲阜孔子文化会展中心	77000m²
	威海	2	威海国际展览中心	35600m²
			文登国际会展中心	30000m²
	日照	1	日照会展中心	20000m²
	莱芜	1	莱芜会展中心	26400m²
	临沂	2	临沂商城国际会展中心	54900m²
			临沂鲁信国际会展中心	3300m²
	德州	2	德州市会展中心	16000m²
			德州太阳谷国际会展中心	110000m²
	滨州	1	滨州国际会展中心	5300m²
	菏泽	1	菏泽中国林展馆	120000m²
上海		14	上海世贸商城	20800m²
			上海国际展览中心	12000m²
			上海展览中心	32000m²
			上海光大会展中心	30000m²
			上海新国际博览中心	330000m²
			上海浦东展览馆	14450m²
			上海国际会议展览中心	2726m²
			上海汽车会展中心	28000m²
			上海东亚体育文化中心	4500m²
			上海农业展览馆	7600m²
			上海世博展览馆	100000m²
			上海世博会展中心	26000m²
			上海梅龙镇广场	400m²
			吉盛伟邦上海国际家具村	60000m²
山西	太原	3	中国（太原）煤炭交易中心	36000m²
			山西省展览馆	41000m²
			中国煤炭博物馆	11000m²
	阳泉	1	阳泉展览馆	23000m²

陕西	西安	3	西安曲江国际会展中心	115000m²
			陕西国际展览中心	5000m²
			西安绿地笔克国际会展中心	30000m²
	宝鸡	1	宝鸡会展中心	70000m²
	杨凌	1	杨凌示范区展览局	110000m²
天津		3	天津国展中心	39000m²
			天津滨海国际会展中心	60690m²
			天津梅江会展中心	87000m²
新疆	乌鲁木齐	2	新疆华凌国际博览中心	10000m²
			新疆国际会展中心	102000m²
	克拉玛依	1	新疆克拉玛依科技博物展览馆	31200m²
西藏	拉萨	1	西藏自然博物馆（人文馆）	3000m²
云南	昆明	2	昆明云安会都有限责任公司	1200m²
			昆明国际会展中心	70000m²
浙江	杭州	6	浙江展览馆	20000m²
			浙江世贸国际展览中心	12800m²
			杭州和平国际会展中心	20000m²
			杭州海外海宾馆展览中心	10000m²
			杭州奥体博览中心	在建中（一期7500个标准展位）
			杭州市国际会议展览中心	80000m²
	慈溪	1	慈溪会展中心	20000m²
	嘉兴	1	嘉兴国际会展中心	25000m²
	宁波	1	宁波国际会议展览中心	77416m²
	绍兴	1	中国轻纺城会展有限公司	26000m²
	台州	1	台州市国际会展中心	49000m²
	温州	1	温州国际会议展览中心	36000m²
	义乌	2	义乌国际博览中心	246000m²
			义乌梅湖会展中心	46000m²
	余姚	1	中塑国际会展中心	42000m²
澳门		1	澳门威尼斯人会展中心	110000m²
台湾		2	台北世界贸易中心	18200m²
			台中国际会展中心	900个标准展位
香港		3	亚洲国际博览馆	70000m²
			香港国际展贸中心	163702m²
			香港会议展览中心	90000m²

（注：以上信息来源于各地会展办、协会以及相关会展场馆网站公开信息，排序以其省（市、区）首字母为序排列，内容仅供参考，详情可咨询当地会展场馆和会展管理部门。）

附表8：

2012年度商务部引导支持展会名单列表

序号	展会名称
1	中国（深圳）国际玩具及礼品展览会
2	深圳国际机械制造工业展览会暨深圳国际塑料橡胶工业展览会
3	中国国际光电博览会
4	湖南省农业机械、矿山机械、电子陶瓷产品博览会
5	中国（莆田）海峡工艺品博览会
6	中国福建商品交易会
7	重庆婚礼博览会
8	中国（玉林）中医药博览会
9	大连国际建筑装饰材料（用品）展览会
10	中国云南野生食用菌交易会
11	皖西北（阜阳）投资贸易洽谈会
12	中国名优商品展销会（黑龙江·绥芬河）
13	中国西部国际装备制造业博览会
14	中国（太原）国际卡车暨物流展览会
15	中国厦门国际石材展览会
16	中国（北京）国际石油石化技术装备展览会及中国国际管道防爆电气自动化展览会
17	中国·北京国际礼品、赠品及家庭用品（秋季）展览会
18	中国（北京）国际冶金工业博览会暨中国（北京）国际铸造、锻造展览会
19	北京国际天然气汽车、加气站设备展览会
20	中国（青海）国际清真食品及用品展览会
21	中国（铁岭）专用车博览会
22	中国民族商品交易会
23	中国·贵阳中医药（民族药）博览会
24	中国兰州投资贸易洽谈会
25	海天盛筵——中国（海南）游艇、公务机及尊贵生活方式展
26	亚洲户外用品展览会
27	中国国际物流科技展览会
28	中国（宁夏）园艺博览会
29	郑州全国商品交易会
30	广州国际照明展览会及广州国际建筑电气技术展览会
31	广州国际广告标识展暨广州国际LED展览会
32	广东时装周
33	广州国际名酒展览会
34	中国（青州）花卉博览交易会
35	唐山中国陶瓷博览会
36	中国浙江商务服务博览会
37	中国中华老字号精品博览会
38	中国（青岛）国际缝制设备、鞋机鞋材、纺织工业展览会
39	中国白酒金三角酒业博览会
40	中国旅游产业博览会
41	中国汉口北商品交易会

42	新疆社会公共安全产品博览会
43	全球零售自有品牌产品亚洲展
44	中国（上海）国际网络购物大会
45	上海进口商品博览会
46	中华老字号博览会
47	中国（淄博）国际陶瓷博览会
48	中国国际机床展览会
49	北京国际印刷技术展览会
50	中国国际煤炭采矿技术交流及设备展览会
51	中国国际煤炭加工利用及煤化工展览会
52	上海国际电力设备及技术展览会
53	中国国际电力设备及技术展览会
54	中国国际石材产品及石材技术装备展览会
55	中国国际水泥技术及装备展览会
56	中国国际管材展览会
57	中国国际冶金工业展览会
58	中国（永康）国际门业博览会
59	中国（漯河）食品博览会
60	中国五金博览会
61	中国柯桥国际纺织品博览会
62	中国食品博览会暨交易会
63	全国糖酒商品交易会
64	中国国际肉类工业展览会
65	中国连锁店展览会
66	中国（余姚）国际塑料博览会暨中国塑料博览会
67	中国国际缝制设备展览会
68	中国国际焙烤展览会
69	中国（上海）国际乐器展览会
70	中国国际皮革展览会
71	中国国际自行车展览会
72	中国国际家具展览会
73	中国（上海）国际眼镜业展览会（春季）
74	中国国际五金展览会
75	中国国际纺织面料及辅料（秋冬）博览会
76	中国国际家用纺织品及辅料博览会
77	中国国际农业机械展览会
78	北京进口汽车博览会
79	北京国际包装博览会
80	中国国际电梯展览会
81	中国网络商品博览会暨电子商务成长高峰论坛
82	全国名优特产品与外贸商品展
83	中国广州国际家具博览会
84	中国（广州）国际建筑装饰博览会
85	北京国际广告新媒体新技术新设备新材料展示交易会
86	中国（广州）国际汽车用品、零部件、汽车空调、保修检测诊断设备及汽车改装制造设备展览会
87	中国国际文具及办公用品展览会

88	中国国际时尚发制品及美发用品展览会
89	中国泵与电机展览会
90	中国国际绿色创新技术产品展
91	中国（广州）国际食品饮料展
92	中国国际地毯交易会
93	世界制药机械、包装设备与材料中国展
94	世界制药原料中国展
95	中国制冷、空调与热泵节能博览会
96	中国绿色饭店博览会
97	中国餐饮产业发展大会暨中国国际餐饮博览会
98	中国餐饮业联合采购大会
99	北京泳池沐浴SPA展览会
100	中国洗染业展览会
101	中国美发美容用品博览会
102	北京国际健康产业博览会
103	中国（北京）建筑装饰及材料博览会
104	中国塑料交易会
105	中国（上海）国际电子展览会
106	中国畜牧业展览会
107	全国新特药品交易会
108	中国汽车用品暨改装汽车展览会

附表9：

2012年度部分省、市机场数量统计

省市		机场名称
安徽省	安庆	安庆天柱山机场
	阜阳	阜阳机场
	合肥	合肥骆岗国际机场
	黄山	黄山屯溪机场
北京		北京南苑机场
		北京首都国际机场
重庆	重庆	重庆江北国际机场
	黔江	黔江武陵山机场
	万州	万州五桥机场
	福州	福州长乐国际机场
福建	龙岩	连城冠豸山机场
	泉州	泉州晋江机场
	南平	武夷山机场
	厦门	厦门高崎国际机场
甘肃	敦煌	敦煌机场
	酒泉	酒泉机场
	嘉峪关	嘉峪关机场
	金昌	金昌金川机场
	兰州	兰州中川机场
	庆阳	庆阳机场
	天水	天水麦积山机场
	张掖	张掖甘州机场
广东	佛山	佛山沙堤机场
	广州	广州白云国际机场
	梅州	梅县长岗岌机场
	汕头／揭阳／潮州	揭阳潮汕机场
	深圳	深圳宝安国际机场
	湛江	湛江坡头机场
	珠海	珠海金湾机场
广西壮族自治区	百色	百色右江机场
	北海	北海福成机场
	桂林	桂林两江国际机场
	柳州	柳州白莲机场
	南宁	南宁吴圩国际机场
	梧州	梧州长洲岛机场
贵州省	安顺	安顺黄果树机场
	贵阳	贵阳龙洞堡国际机场
	黎平	黎平机场
	黔南	荔波机场
	黔西南	兴义机场
	铜仁	铜仁凤凰机场
	遵义	遵义新舟机场

海南省	海口	海口美兰国际机场
	三亚	三亚凤凰国际机场
河北省	邯郸	邯郸机场
	秦皇岛	秦皇岛山海关机场
	石家庄	石家庄正定国际机场
	唐山	唐山三女河机场
	张家口	张家口机场
河南省	洛阳	洛阳北郊机场
	南阳	南阳姜营机场
	郑州	郑州新郑国际机场
	大庆	大庆萨尔图机场
黑龙江省	大兴安岭	加格达奇机场
	哈尔滨	哈尔滨太平国际机场
	黑河	黑河机场
	鸡西	鸡西兴凯湖机场
	佳木斯	佳木斯东郊机场
	漠河	漠河古莲机场
	牡丹江	牡丹江海浪机场
	齐齐哈尔	齐齐哈尔三家子机场
	伊春	伊春林都机场
湖北省	恩施	恩施许家坪机场
	武汉	武汉天河国际机场
	襄阳	襄阳刘集机场
	宜昌	宜昌三峡机场
湖南省	常德	常德桃花源机场
	长沙	长沙黄花国际机场
	怀化	怀化芷江机场
	永州	永州零陵机场
	张家界	张家界荷花机场
江苏省	常州	常州奔牛机场
	淮安	淮安涟水机场
	连云港	连云港白塔埠机场
	南京	南京禄口国际机场
	南通	南通兴东机场
	无锡／苏州	苏南硕放国际机场
	徐州	徐州观音机场
	盐城	盐城南洋机场
	扬州／泰州	扬州泰州机场
江西省	赣州	赣州黄金机场
	吉安	井冈山机场
	景德镇	景德镇罗家机场
	九江	九江庐山机场
	南昌	南昌昌北国际机场
吉林省	白山	长白山机场
	长春	长春龙嘉国际机场
	延边	延吉朝阳川机场

辽宁省	鞍山	鞍山腾鳌机场
	长海	长海大长山岛机场
	朝阳	朝阳机场
	大连	大连周水子国际机场
	丹东	丹东浪头机场
	锦州	锦州小岭子机场
	沈阳	沈阳桃仙国际机场
内蒙古自治区	阿尔山	阿尔山伊尔施机场
	巴彦淖尔	巴彦淖尔天吉泰机场
	包头	包头二里半机场
	赤峰	赤峰玉龙机场
	鄂尔多斯	鄂尔多斯伊金霍洛机场
	二连浩特	二连浩特赛乌苏机场
	呼和浩特	呼和浩特白塔国际机场
	呼伦贝尔	呼伦贝尔海拉尔机场
	满洲里	满洲里西郊机场
	通辽	通辽机场
	乌海	乌海机场
	乌兰浩特	乌兰浩特机场
	锡林浩特	锡林浩特机场
宁夏回族自治区	固原	固原六盘山机场
	银川	银川河东机场
	中卫	中卫沙坡头机场
青海省	格尔木	格尔木机场
	西宁	西宁曹家堡机场
	玉树	玉树巴塘机场
陕西省	安康	安康五里铺机场
	汉中	汉中西关机场
	西安	西安咸阳国际机场
	延安	延安二十里堡机场
	榆林	榆林榆阳机场
山东省	东营	东营胜利机场
	济南	济南遥墙国际机场
	济宁／曲阜	济宁曲阜机场
	临沂	临沂沭埠岭机场
	青岛	青岛流亭国际机场
	潍坊	潍坊机场
	威海	威海大水泊机场
	烟台	烟台莱山国际机场
山西省	长治	长治王村机场
	大同	大同云冈机场
	太原	太原武宿国际机场
	运城	运城张孝机场
上海市	上海	上海虹桥国际机场
	上海	上海浦东国际机场

四川省	成都	成都双流国际机场
	达州	达州河市机场
	稻城	稻城亚丁机场
	广元	广元盘龙机场
	九寨沟／松潘	九寨黄龙机场
	康定	甘孜康定机场
	泸州	泸州蓝田机场
	绵阳	绵阳南郊机场
	南充	南充高坪机场
	攀枝花	攀枝花保安营机场
	西昌	西昌青山机场
	宜宾	宜宾菜坝机场
天津市	天津	天津滨海国际机场
西藏自治区	昌都	昌都邦达机场
	阿里	阿里昆莎机场
	拉萨／山南	拉萨贡嘎机场
	林芝	林芝米林机场
	日喀则	日喀则和平机场
新疆维吾尔自治区	阿克苏	阿克苏机场
	阿勒泰	阿勒泰机场
	博尔塔拉	博乐阿拉山口机场
	布尔津	布尔津喀纳斯机场
	富蕴	富蕴机场（迁建）
	哈密	哈密机场
	和田	和田机场
	喀什	喀什机场
	克拉玛依	克拉玛依机场
	库车	库车龟兹机场
	库尔勒	库尔勒机场
	且末	且末机场
	塔城	塔城机场
	吐鲁番	吐鲁番交河机场
	乌鲁木齐	乌鲁木齐地窝堡国际机场
	新源	新源那拉提机场
	伊宁	伊宁机场
云南省	保山	保山云端机场
	大理	大理机场
	德宏	德宏芒市机场
	迪庆藏族自治州	迪庆香格里拉机场
	昆明	昆明长水国际机场
	丽江	丽江三义机场
	临沧	临沧机场
	普洱	普洱思茅机场
	腾冲	腾冲驼峰机场
	文山	文山普者黑机场
	西双版纳	西双版纳嘎洒国际机场
	昭通	昭通机场

浙江省	杭州	杭州萧山国际机场
	金华	义乌机场
	宁波	宁波栎社国际机场
	衢州	衢州机场
	台州	台州路桥机场
	温州	温州龙湾国际机场
	舟山	舟山普陀山机场
澳门特别行政区	澳门	澳门国际机场
香港特别行政区	香港	香港国际机场

（注：以上信息来源于各地会展办、协会以及相关网站公开信息，内容仅供参考，详情可咨询当地会展管理部门。）

附表10：

2012年部分省、市、自治区承接流动性展会数量统计表

（不完全统计）

省市自治区		数量	展会名称	展会时间	场馆名称
北京市		10	2012北京.台湾名品博览会	2012.11.22—11.25	全国农业展览馆
			第12届中国国际石油石化技术装备展览会	2012.3.19—3.21	中国国际展览中心
			第10届中国国际科学仪器及实验室装备展览会	2012.5.15—5.17	中国国际展览中心
			2012第57届全国汽车保修检测诊断设备（春季）博览会	2012.2.27—3.1	中国国际展览中心（新馆）
			2012第九届中国国际室内设计装饰展览会暨中国国际室内设计双年展	2012.12.7—12.9	中国国际贸易中心
			2012年中国国际燃气、供热技术与设备展览会	2012.11.5—11.9	全国农业展览馆新馆
			第十一届中国国际大屏幕系统集成及投影试听产品展览会	2012.4.10—4.12	北京国际会议中心
			2012中国特许展（第14届中国特许加盟展览会）	2012.5.11—5.13	国家会议中心
			第四届中国兽药大会	2012.9.1—9.4	全国农业展览馆
			2012第30届中国国际体育用品博览会	2012.5.17—5.20	北京新中国国际展览中心
重庆市		2	2012重庆.台湾名品博览会	2012.12.14—12.17	重庆会议展览中心
			第十四届中国高速公路信息化研讨会	2012年2月23—24日	重庆会议展览中心
福建	厦门市	2	2012中国饲料工业展览会暨畜牧业科技成果推介会	2012年4月9日至13日	厦门国际会展中心
			第19届生活用纸国际科技展览及会议	2012.4.18—4.20	厦门国际会展中心
广东	广州市	2	2011年中国国际摩托车及零部件交易会	2012.11.23—11.25	广州·中国进出口商品交易会展馆
			2012第10届中国国际电梯展览会	2012.5.16—5.19	广州·中国进出口商品交易会展馆
	深圳市	1	第67届（春节）中国国际医疗器械博览会	2012.4.17—4.20	深圳会展中心
广西	南宁市	1	2012广西（南宁）.台湾名品博览会	2012.4.28—4.31	南宁国际会展中心
河南	郑州市	3	2012全国汽车配件交易会暨全国汽车配件采购交易会	2012.4.15—4.17	郑州国际会展中心
			第4届中国国际时尚发制品及美发用品展览会	2012.8.31—9.2	郑州国际会展中心
			全国汽车配件交易会暨全国汽车配件采购交易会	2012年4月15日	郑州国际会展中心
黑龙江	哈尔滨市	1	2012年春季全国高教仪器设备展示会	2012.5.23—5.25	哈尔滨国际会展体育中心

湖北	武汉市	2	第9届中国国际物流节暨第12届中国国际运输与物流博览会	2012.11.27—11.29	武汉国际博览中心
			2012第44届（秋季）全国制药机械博览会	2012.10.27—10.30	武汉国际博览中心
湖南	长沙市	1	2012年中国国际农业机械展览会	2012.4.15—4.17	湖南国际会展中心
江苏	南京市	4	2012第58届全国汽车保修检测诊断设备（秋季）博览会	2012.10.25—10.27	南京国际展览中心
			中国国际测绘信息交流暨技术装备展览会	2012.6.4—6.6	南京国际展览中心
			2012第14届中国国际气体技术、设备与应用展览会	2012.9.12—9.14	南京国际博览中心
			第十届（2012）中国畜牧业展览会	2012.5.18—5.20	南京国际博览中心
	苏州市	1	2012苏州国际节能环保技术及设备展览会	2012年3月10日，到3月12日	苏州国际博览中心
	无锡市	1	2012无锡.台湾名品博览会	2012.10.12—10.16	无锡太湖国际展览中心
江西	南昌市	2	第十三届中国工艺美术大师作品暨国际艺术精品博览会	2012.10.25—10.29	南昌国际展览中心
			2012中国国际造纸和装备博览会暨全国纸张订货交易会	2012.11.6—11.8	南昌国际展览中心
辽宁	沈阳市	1	2012第43届（春季）全国制药机械博览会	2012.5.8—5.11	沈阳国际博览中心
山东	青岛市	1	2012山东（青岛）.台湾名品博览会	2012.10.11—10.14	青岛国际会展中心
	济南市	2	2012年(第三届)中国糖酒食品博览会暨国际糖酒商品交易会	2012年11月15—18日	济南国际会展中心
	济南市		第85届中国劳动保护用品交易会	2012.10.17—10.19	济南国际会展中心
	烟台市	1	2012秋季全国高教仪器设备展示会	2012.10.16—10.18	烟台国际博览中心
	潍坊市	1	2012中国磷复肥工业展览会	2012.11.5—11.6	潍坊富华国际展览中心
陕西	西安市	3	举行2012年春季中国糖酒食品博览会暨国际糖酒商品交易会	2012年5月28日-31日	西安曲江国际会议展览中心
			第71届全国汽车配件交易会。	2012年4月22日至24日	西安曲江国际会展中心
			2012第14届国际摩擦密封材料技术交流暨产品展示会	2012.5.22—5.24	西安曲江国际会展中心
上海市		9	第四届中国国际电工电器装备博览会	2012.9.5—9.7	上海光大会展中心
			第23届多国仪器仪表学术会议暨展览会	2012.8.21—8.24	上海世博展览馆
			2012中国国际焙烤展览会	2012.5.10—5.12	上海新国际展览中心
			2012上海台湾名品博览会	2102。4.5—4.8	上海世博展览馆
			第22届中国国际自行车展览会	2012.4.26—4.29	上海新国际博览中心
			2012第六届中国国际有色金属技术装备展览会	2012。5.10—5.13	上海光大会展中心
			第84届中国劳动保护用品交易会	2012.4.24—4.26	上海光大会展中心
			第26届中国国际塑料橡胶工业展览会	2012.4.18—4.21	上海新国际博览中心
			2012年第十届中国国际半导体博览会暨高峰论坛	2012.10.23—10.25	上海世博展览馆

四川	成都市	3	2012第68届（秋季）中国国际医疗器械博览会	2012.10.18—10.21	成都世纪城新国际会展中心
			2012年秋季全国汽车配件交易会（全国汽车配件交易会暨全国汽车配件采购交易会）	2012年11月23日	成都世纪城新国际会展中心
			2012四川（成都）.台湾名品博览会	2012.6.7—6.7	成都世纪城新国际会展中心
天津市		1	2012天津.台湾名品博览会	2012.7.5—7.8	天津梅江国际会展中心

（注：以上信息来源于各地会展办、协会以及相关会展网站公开信息，排序以其省（市、区）首字母为序排列，内容仅供参考，详情可咨询会展管理部门。）

附表11：

2012年度部分省、市、自治区会议中心统计表

<table>
<tr><th>省份</th><th>城市</th><th>数量(个)</th><th>会议中心名称</th></tr>
<tr><td rowspan="33">安徽</td><td rowspan="9">合肥</td><td rowspan="9">9</td><td>合肥市会议中心</td></tr>
<tr><td>东方花园国际会议中心</td></tr>
<tr><td>安徽省人大常委会会议中心</td></tr>
<tr><td>长丰宾馆会议中心</td></tr>
<tr><td>合肥工业大学学术会议中心</td></tr>
<tr><td>巢湖市人大会议中心</td></tr>
<tr><td>安徽康辉国际旅行社团体会议中心</td></tr>
<tr><td>元一双凤湖国际旅游度假区国际会议中心</td></tr>
<tr><td>香海苑餐饮会议中心</td></tr>
<tr><td>蚌埠</td><td>1</td><td>蚌埠经济开发区大会议室</td></tr>
<tr><td rowspan="3">芜湖</td><td rowspan="3">3</td><td>芜湖市会议中心</td></tr>
<tr><td>芜湖海螺国际会议中心</td></tr>
<tr><td>芜湖弋江国际会议中心</td></tr>
<tr><td rowspan="4">马鞍山</td><td rowspan="4">4</td><td>马鞍山市会议中心</td></tr>
<tr><td>马鞍山盛德轩国际会议中心</td></tr>
<tr><td>天门国际大酒店会议中心</td></tr>
<tr><td>安徽工业大学-学术会议中心</td></tr>
<tr><td>安庆</td><td>1</td><td>亚洲国际会议中心</td></tr>
<tr><td rowspan="8">黄山</td><td rowspan="8">8</td><td>国际会议中心</td></tr>
<tr><td>康乐会议中心</td></tr>
<tr><td>香茗国际会议中心</td></tr>
<tr><td>黄山国际会议中心</td></tr>
<tr><td>花溪饭店-会议中心</td></tr>
<tr><td>黄山市政府会议中心</td></tr>
<tr><td>黄山 · 新徽国际会议中心</td></tr>
<tr><td>黄山学而会议中心</td></tr>
<tr><td>池州</td><td>1</td><td>青阳县会议中心</td></tr>
<tr><td rowspan="2">淮北</td><td rowspan="2">2</td><td>翡翠明珠会议中心</td></tr>
<tr><td>皖北煤电刘桥会议中心</td></tr>
<tr><td>淮南</td><td>1</td><td>淮南煤矿宾馆-会议中心</td></tr>
<tr><td>铜陵</td><td>1</td><td>行政会议中心</td></tr>
<tr><td>滁州</td><td>1</td><td>滁州市会议中心</td></tr>
<tr><td rowspan="2">宿州</td><td rowspan="2">2</td><td>砀山国际会议中心</td></tr>
<tr><td>萧县人民政府会议中心</td></tr>
<tr><td>宣城</td><td>1</td><td>国际会议中心</td></tr>
<tr><td>六安</td><td>1</td><td>迎驾度假山庄会议中心</td></tr>
<tr><td>亳州</td><td>1</td><td>蒙城县会议中心</td></tr>
<tr><td colspan="2" rowspan="4">北京</td><td rowspan="4">134</td><td>奥运专卖(国际会议中心)</td></tr>
<tr><td>八达岭温泉度假村第一会议中心</td></tr>
<tr><td>百诚航空会议中心</td></tr>
<tr><td>百花山会议中心</td></tr>
</table>

北京	134	板凳沟会议中心
		半壁店森林公园会议中心
		北方温泉会议中心
		北工院会议中心
		北航科技园建设发展中心会议中心
		北京白鹭园培训中心会议中心
		北京大学医学部会议中心
		北京德宝温泉会议中心
		北京国都大饭店会议中心
		北京国际饭店会议中心
		北京国际会议中心
		北京航空航天大学如心会议中心
		北京化工大学会议中心
		北京会议中心
		北京交通大学-国际会议中心
		北京金池蟒山会议中心
		北京金海温泉会议中心
		北京凯悦莱温泉会议中心
		北京科技大学会议中心
		北京理工科技大厦会议中心
		北京陇驾阁会议中心
		北京明苑会议中心
		北京石油阳光会议中心
		北京市政协会议中心
		北京顺财会议中心
		北京汤山假日会议中心
		北京天湖会议中心
		北京通盛会议中心
		北京温榆河会议中心
		北京西山应物会议中心
		北京夏都会议中心
		北京乡村乐园会议中心
		北京扬翼文化会议中心
		北京怡生园国际会议中心
		北京应物会议中心(花园路店)
		北京优龙会议中心
		北京邮电会议中心
		北京御景山庄会议中心
		北京张裕爱斐堡国际会议中心
		北汽采育国际会议中心
		北语会议中心
		碧玉园会议中心
		春晖园国际会议中心
		大兴区人大常委会会议中心
		地大国际会议中心
		东城区图书馆会议中心
		鄂尔多斯会议中心

北京	134	翡翠湖会议中心
		格普会议中心
		谷泉会议中心
		广安会议中心
		国际会议中心
		国家广电干线网电视会议中心
		国家会议中心
		国开会议中心
		海北绿园休闲度假村会议中心
		韩村河山庄会议中心
		瀚德会议中心
		虎峪园林山庄-餐饮会议中心
		花园会议中心
		华彬国际俱乐部会议中心
		华膳园温泉饭店-会议中心
		华信大厦会议中心
		华育宾馆会议中心
		环贸会议中心
		会议中心(蓝色港湾东)
		康乐会议中心
		科普会议中心
		空间会议中心
		拉斐特城堡会议中心
		朗豪酒店会议中心
		理工国际会议中心
		理想国际会议中心
		亮马河会议中心
		罗马湖国际会议中心
		马驹桥镇政府会议中心
		梦溪宾馆会议中心
		平成日式度假村会议中心
		乔波冰雪世界会议中心
		乔波国际会议中心
		青竹宾馆会议中心
		清大水城国际消防会议中心
		清华科技园国际会议中心
		权金城温泉会议中心
		全国人大会议中心
		泉水河会议中心
		融科展示高科技会议中心
		三点钟会议中心
		商务会议中心
		北大博雅国际会议中心
		圣世苑温泉大酒店会议中心
		市政府宽沟招待所-会议中心
		首创国际会议中心
		水城会议中心

北京	134	顺义宾馆会议中心
		顺义区财会培训中心会议中心
		天富9号国际会议中心
		通衢会议中心
		通州会议中心
		外研社国际会议中心
		万寿宾馆国际会议中心
		温泉第二国际会议中心
		武青会议中心
		西郊宾馆会议中心
		西直门宾馆会议中心
		香山会议中心
		小汤山会议中心
		蟹岛绿色生态度假村-国际会议中心
		新华保险大厦会议中心
		新华联会议中心
		星河会议中心
		燕山天池会议中心
		阳光丽城温泉度假酒店国际会议中
		逸夫会议中心
		渔阳国际会议中心
		育新苑宾馆会议中心
		云佛会议中心
		云湖会议中心
		云龙之星会议中心
		云蒙山庄会议中心
		云泽会议中心
		中国工商银行北京市分行房山会议中心
		中国国际科技会议中心
		中国农业大学国际会议中心
		中国人民大学逸夫会议中心
		中国人民解放军总医院-国际会议中心
		中国石化会议中心
		中化大厦国际会议中心
		中铁六局会议中心
		总部基地玛雅国际会议中心
重庆	21	会议中心
		重庆科技会议中心
		投资大厦会议中心
		正联会议中心
		陶然居会议中心
		南川会议中心
		黔江会议中心
		县委会议中心
		恒大酒店国际会议中心
		两江丽景酒店会议中心
		重钢会议中心

重庆		21	万友康年国际会议中心
			奥陶纪会议中心
			圣陶记会议中心
			未来国际-会议中心
			綦江影视会议中心
			重庆维景国际大酒店会议中心
			重庆商社中天大酒店会议中心
			华地王朝华美达广场酒店国际会议中心
			重庆金考源会议中心
			北温泉休闲度假会议中心
福建	泉州	1	泉州市人民政府会议中心
	厦门	4	厦门国际会议展览中心
			国际会议中心
			厦门大学会议中心
			王源兴国际会议中心
甘肃	兰州	4	兰州大学会议中心
			甘肃省农牧厅会议中心
			组工大厦-会议中心
			天源温泉大酒店兰州店会议中心
	白银	2	铜城·会议厅
			国际会议中心
	嘉峪关	1	甘肃钢铁职业技术学院-会议厅
广东	广州	29	白云国际会议中心
			红馆白云国际会议中心店
			海关会议中心
			天河科贸园国际会议中心
			中人会议中心
			萝岗会议中心
			南国会国际会议中心
			华商国际会议中心
			芙蓉会议中心
			东山宾馆会议中心
			广州天河软件园国际会议中心
			天鹿湖会议中心
			广东工会大厦会议中心
			巴蜀宴语会议中心
			广州城建职业学院会议中心
			广东省经贸厅会议中心
			珠江会议中心
			南方医院行政管理学术会议中心
			金叶子国际会议中心
			萝岗国际会议中心
			广州海运大厦会议中心
			中天凯旋国际会议中心
			麓湖会议中心
			科尔海悦酒店国际会议中心
			南沙开发区会议展览中心

广东	广州	29	珠江宾馆会议中心
			鼎龙会议中心
			广州海关会议中心
			芙蓉会议中心
	深圳	9	明华国际会议中心
			邮电会议中心
			银湖国际会议中心
			东湖国际会议中心
			鸿波梅沙会议中心
			万科国际会议中心
			小梅沙会议中心
			茵特拉根会议中心
			电信梅沙会议中心
	梅州	1	嘉应大学-国际会议中心
	清远	1	清新会议中心
	汕头	2	林百欣国际会议展览中心
			龙湖宾馆会议中心
	湛江	2	国际会议中心
			湛江海关会议中心
	肇庆	1	奥威斯国际会议中心
	中山	2	富洲侨苑会议中心
			中山火炬国际会议中心
	珠海	2	珠海国际会议中心
			珠海市裕卓国际会议中心
	潮州	1	韩山师范学院-伟南国际会议中心
	东莞	2	悦莱花园酒店-会议中心
			金安华国际酒店会议中心
	佛山	2	金都大酒店国际会议中心
			利雅会议中心
	河源市	2	万绿湖东方国际酒店会议中心
			河源市会议中心
	惠州	3	陈江会议中心
			惠州市体育公园会议中心
			惠州体育馆会议中心
	江门	1	五邑华侨广场会议中心
广西	南宁	4	凤凰大厦会议中心
			圣展·汇豪汇国际会议中心
			广西电网公司会议中心
			广西佳家大酒店会议中心
	桂林	3	榕湖会议中心
			桂林邮电会议中心
			山水会议中心
贵州	贵阳	7	百花湖星苑商务会议中心
			贵阳会议中心
			贵阳国际生态会议中心
			贵州省国际会议中心
			白云区政府会议中心

贵州	贵阳	7	国际会议展览中心
			贵州饭店国际会议中心
	六盘水	3	江苏省会议中心
			明湖宾馆-会议中心
			六盘水会议中心
河北	石家庄	3	石家庄植物园园林会议中心
			美东国际大酒店会议中心
			国际会议中心
	沧州	2	沧州国际会议中心
			金狮国际酒店-会议中心
	保定	1	华北电力大学国际会议中心
	承德	1	文冠饭店会议中心
	廊坊	2	廊坊宾馆-会议中心
			怀远堂国际会议中心
	秦皇岛	1	芝加哥国际会议中心
	唐山	1	开滦会议厅
湖北	武汉	10	湖北大学会议中心
			碧波宾馆-阳光会议中心
			武展会议中心
			亚洲国际会议中心
			武汉电信商务会议中心
			武汉圣淘沙国际会议中心酒店
			口会议中心
			江岸区会议中心
			东西湖会议中心
			武汉市会议中心
	黄冈	1	会议中心
	咸宁	1	咸宁会议中心
	随州	2	会议中心
			曾都区会议中心
黑龙江	哈尔滨	3	国际会议中心
			黑龙江省国际会议中心
			哈尔滨国际会议中心酒店
	大庆	4	大庆帝格尔会议中心
			地球物理会议中心
			中心会议室
			大庆油田会议中心
	牡丹江	1	会议中心
	佳木斯	1	佳木斯大学国际会议中心
	齐齐哈尔	1	齐铁会议中心
海南	海口	5	明月楼大酒店-会议中心
			皇冠滨海温泉酒店-会议中心
			海南国际会议展览中心
			海南印嘉会议中心
			改革发展研究院国际会议中心
	琼海	1	博鳌亚洲论坛国际会议中心

海南	三亚	5	三亚亚太国际会议中心
			兴华商务会议中心
			美高梅度假酒店-会议中心
			海域中央度假酒店海域会议中心多功能厅
			金色珠江会议中心
河南	郑州	3	二七区会议中心
			国家电网河南省电力公司会议中心
			裕达国贸酒店会议中心
	安阳	1	大富会议中心
	焦作	1	中国联通电话会议中心
	开封	1	东京大饭店会议中心
	洛阳	1	航空城会议中心
	漯河	1	漯河市科教文化艺术中心会议中心
	南阳	1	南阳市会议中心
	三门峡	1	三门峡国际会议中心
	信阳	1	信阳国际会议中心
湖南	长沙	3	湖南烟草会议中心
			银华大酒店会议中心
			长沙市会议中心
	常德	1	共和酒店国际会议中心
	湘潭	1	盘龙山庄大酒店国际会议中心
吉林	长春	8	长春国际会议中心
			新发宾馆会议中心
			吉林省会议中心
			南湖宾馆-会议中心
			农安宾馆会议中心
			吉林大学东荣会议中心
			长春经济技术开发区会议中心
			中国联通长春市分公司电视电话会议中心
	吉林	5	吉化会议中心
			江北铁东会议中心旁
			吉林市国际会议中心
			吉林市机关会议中心
			承霖会议中心
	四平	1	吉平宾馆-会议中心
	松原	1	松原市宾馆-会议中心
	白成	1	白城宾馆-会议中心
江苏	南京	25	江苏省会议中心
			世纪缘国际会议中心
			文化大厦会议中心
			凤凰台饭店会议中心
			高淳宾馆会议中心
			颐尚温泉会议中心
			紫金山庄会议中心
			鼓楼区文化艺术中心会议中心
			浦发会议中心
			南京国际博览中心金陵会议中心

江苏	南京	25	南京铁路会议中心
			江苏电力迎湖桃源会议中心
			江苏石城会议中心
			华山饭店-会议中心
			南苑宾馆(南京大学南苑会议中心)
			名人城市酒店会议中心
			海陵会议中心
			南京青奥会议中心
			武家嘴会议中心
			南京金陵会议中心
			南京红山会议中心
			水利厅会议中心
			江苏石城会议中心
			江苏省文化厅会议中心
			南京大学南苑会议中心
	无锡	10	会议中心(江阴)
			无锡国际会议中心
			太湖国际会议中心
			玉祁会议中心
			南闸会议中心
			江苏三得利国际会议中心
			无锡现代农业博览园会议中心
			紫京饭店会议中心
			金陵竹海国际会议中心
			江苏云湖国际会议中心
	镇江	3	丹徒会议中心
			江苏大学会议中心
			镇江新区国际会议中心
	苏州	14	苏州市会议中心
			张家港会议中心
			水上世界会议中心
			苏州太湖国际会议中心
			沙洲宾馆会议中心
			常熟国际饭店会议中心
			鲈乡山庄会议中心
			白金汉爵大酒店-会议中心
			在水一方大酒店-会议中心
			苏州大学-红楼会议中心
			独墅湖世尊酒店会议中心
			金海城大酒店-商务会议中心
			苏州技师学院新校区-会议中心
			西交利物浦国际会议中心
	南通	5	启东市会议中心
			海门国际会议中心
			金蛤岛温泉度假村会议中心
			三厂镇孝威村会议中心
			南通金鼎会议中心大酒店

江苏	扬州	3	京杭会议中心
			瓜洲会议中心
			扬州会议中心
	盐城	2	潘黄会议中心
			半岛国际会议中心
	徐州	5	丰县会议中心
			瑞丰国际酒店会议中心
			中国石化管道会议中心
			徐州国际饭店会议中心
			中汇国际会议中心
	连云港	3	灌南县会议中心
			相王度假村会议中心
			淮海工学院学术会议中心
	常州	5	宝江国际会议中心
			碧春缘生态观光林艺园会议中心
			明都国际会议中心
			常州市人民政府会议中心
			常州西太湖明都国际会议中心
	泰州	5	国际会议中心
			会议中心
			凤凰国际会议中心
			兴达会议中心
			锦泰宾馆会议中心
	宿迁	3	泗洪县会议中心
			星辰国际会议中心
			宿迁市五星会议中心
江西	南昌	2	前湖会议中心
			江报传媒大厦会议中心
	九江	2	餐饮会议中心
			鑫缔宾馆会议中心
	吉安	1	中信梨坪国际会议中心(井冈山)
	宜春	1	会议中心(宜春)
	萍乡	2	萍乡市会议中心
			湘东文化会议中心
	赣州	1	赣南宾馆会议中心
	上饶	3	婺源县会议中心
			上饶国际会议中心
			婺源国际大酒店国际会议中心
辽宁省	沈阳市	2	国际会议中心
			辽宁友谊会议中心
	鞍山市	1	鞍山国际会议中心
	本溪市	1	辽宁国际医药会议中心
	大连市	4	大连国际金融会议中心
			大连国际会议中心
			连金石国际会议中心
			国际商务城会议中心

辽宁	抚顺	2	新抚区会议中心
			抚顺石化会议中心
	阜新	1	国际会议中心
	营口	1	万都粤海国际会议中心
内蒙古自治区	呼和浩特	2	金蓝港会议中心
			内蒙古公安厅机关多媒体会议中心
	包头	4	神华国际会议中心
			怡生园会议中心
			北方宾馆会议中心
			青山宾馆会议中心
	赤峰	2	伊泰会议中心
			亚洲文化部长圆桌会议中心
	乌兰浩特	1	乌兰浩特市会议中心
宁夏回族自治区	银川	5	宁夏人大会议中心
			昊王国际饭店-会议中心
			宁夏国际会议中心
			宁夏人民医院国际会议中心
			银川宾馆会议中心
			悦海会议中心
	固原	1	古雁山庄-会议中心
青海	西宁	1	青海会议中心
	海西蒙古族藏族自治州	1	海西会议中心
山东	济南	2	济南铁路局会议中心
			山东会议中心
			国科高尔夫温泉会议中心
	东营	1	东营市会议中心
	德州	2	太阳谷国际会议中心
			德州富豪康博酒店会议中心
	济宁	1	圣都国际会议中心
	聊城	2	阿尔卡迪亚国际温泉酒店会议中心
	临沂	1	临沂国际会议中心
	青岛	5	株洲会议中心
			中港大厦会议中心
			花园大酒店会议中心
			齐海大酒店-会议中心
			黄海饭店会议中心
	日照	1	岚桥锦江大酒店-国际会议中心
	泰安	1	泰安泉盛大酒店（原泰山会议中心）
	威海	1	威海会议中心
	潍坊	1	富华国际会议中心
	烟台	1	烟台国际会议中心
	枣庄	1	峄州大酒店会议中心
	淄博	1	蓝海国际大饭店会议中心
山西	太原	5	银苑大厦会议中心
			鑫东方商务会议中心
			山西人大会议中心

山西	太原	5	龙泉会议中心
			三晋国际饭店国际会议中心
	大同	1	同煤集团会议中心
	忻州	4	忻州市会议中心
			顿村银苑大厦会议中心
			忻州同煤会议中心
			忻州顿村会议中心
	阳泉	2	阳泉宾馆会议中心
			桃林会议中心
	运城	1	空港会议中心
陕西	西安	9	曲江国际会议中心
			西安国际会议中心
			大秦温泉养生苑阿房宫办公会议中心
			天域凯莱大饭店-国际会议中心
			建国饭店会议中心
			核工业西安疗养体检会议中心
			协同商务会议中心
			贝斯特韦斯特 · 东晋桃源国际园林酒店会议中心
			鱼化会议中心
	商洛	1	商洛国际会议中心
	渭南	1	渭南国际会议中心
天津		8	天津市东丽区会议中心
			四季阳光会议中心
			万源会议中心
			华明会议中心
			西青宾馆-会议中心
			天津万源龙顺度假庄园会议中心
			信达广场会议中心
			东丽湖 · 恒大国际温泉会议中心
上海		9	太宁会议中心
			上海国际会议中心
			星河湾酒店国际会议中心
			环球金融中心会议中心
			话剧大厦会议中心
			新天鹭会议中心
			绿洲中环会议中心
			美兰湖会议中心
			海关嘉定会议中心
四川	成都	11	世纪城国际会议中心
			四川省人大会议中心
			成都国际会议展览中心
			娇子国际会议中心
			天府国际会议中心
			南湖会议中心
			风堂会议中心
			银榕园会议中心
			铁道大酒店会议中心

四川	成都	11	百花园乡村酒店会议中心
			靖水山庄休闲会议中心
	达州	2	达州电业局会议中心
			国家电力达州会议中心
	乐山	1	峨嵋山国际度假会议中心
	西昌	1	邛海宾馆会议中心
	泸州	2	南苑会议中心
			江阳会议中心
	绵阳	3	园艺山会议中心
			西川会议中心
			九龙宾馆会议中心
	雅安	1	雅安楠水阁温泉度假会议中心
	自贡	1	自贡国际会议中心
云南	昆明	4	昆明铁路局会议中心
			官渡国际会议中心
			世纪王朝大酒店–会议中心
			海埂会议中心
	丽江	2	云龙大酒店会议中心
			丽江市行政中心会议中心
	曲靖	1	凤成金温泉度假村会议中心
	昭通	1	渔洞会议中心
	玉溪	1	汇龙国际会议中心
	景洪	1	西双版纳州国际会议展览中心
新疆	乌鲁木齐	1	石油运输会议中心
浙江	杭州	7	百瑞国际大酒店–会议中心
			西溪喜来登度假酒店–国际会议中心
			海外海国际会议中心
			金海宾馆会议中心
			国际会议中心
			杭州伊美大酒店会议中心
			锦华苑 · 会议中心
	湖州	2	太湖山庄会议中心
			长兴县会议中心
	嘉兴	1	平湖市会议中心
	金华	1	蓝天会议中心
	衢州	1	衢江区会议中心
	绍兴	2	绍兴乔波国际会议中心
			鑫洲国际会议中心
	台州	1	台州市国际会展中心会议中心
台湾	台北	1	台北国际会议中心
澳门特别行政区		1	澳门威尼斯人会议中心

（注：以上信息来源于各地会展办、协会以及相关会展网站公开信息，排序以其省（市、区）首字母为序排列，内容仅供参考，详情可咨询会展管理部门。）

附表12：2012年度部分省、市、自治区管理介绍

全国城市工业品贸易中心联合会

联合会的宗旨：沟通、协调、自律、服务

全国城市工业品贸易中心联合会（以下简称全国城贸联）是经国家民政部批准，具有独立社团法人资格的全国性行业组织。根据国家经贸委要求，全国城贸联改组改造为国内展览业的行业组织，目前拥有一大批有影响、有实力的展览企业会员。在商务部的直接指导下，全国城贸联积极推动中国展览业的改革和发展，着手制定了中国展览业第一个行业标准，参与并组织承办业内相关论坛活动，宣传中国展会，树立中国展会品牌，在促进我国展览业的健康发展方面发挥了重要作用。

本联合会面向国内外，热诚为展览企业服务，并愿与国内外展览界的朋友们友好合作，共同推动中国展览业的兴旺发展进而走向世界。

中国工业设计协会

中国工业设计协会（以下简称协会）是1979年经国务院批准，在国家民政部注册的社团法人，属国家一级协会，是中国工业设计领域唯一的国家级行业组织。协会英文译名为China Industrial Design Association，缩写为CIDA。协会接受业务主管单位中国科学技术协会和社团登记机关国家民政部的业务指导和监督管理，办事机构挂靠在中国轻工业联合会，根据国家部委职责划分，工业和信息化部主管工业设计，因而协会协助工信部履行工业设计行业管理职责。

协会是由我国从事工业设计、艺术设计事业的企事业单位、社会团体和工业设计、艺术设计工作者，以及支持和热心工业设计、艺术设计事业的有关部门、企业家和活动家，自愿联合组成的全国性行业性学术性社会团体。

协会以经济建设和社会发展为中心推动我国工业设计的产业化发展、艺术设计事业的发展，提高企业及其产品的市场竞争力，促进我国的经济发展和社会进步。

中国工艺美术学会展示设计专业委员会

中国工艺美术学会展示艺术设计专业委员会成立于2004年，是中国工艺美术学会全国性二级学会，是专业性学术社团组织。新中国展示艺术设计的开山祖、中国著名艺术设计教育家、著名画家－德高望重的张仃先生亲笔为学会题写会名，袁运甫、费钦生、徐乃湘、林福厚、岳祖德诸先生为学会名誉理事长。

本会荟聚了全国众多艺术设计院校、国家级博物馆、展览馆、美术馆从事展示艺术设计的学者、教授、专家，以及从事专业展示设计制作的业内同行、大批展示艺术设计事业的后起之秀。学会宗旨为研究展示艺术理论、探讨展示艺术设计与实施、交流展示艺术经验和信息、提供展示艺术设计咨询和培训……等等，是联络国内外展示艺术设计工作者的纽带和桥梁，是为提升中国展示艺术设计理论、设计、实践水平、实现中国成为设计强国的重要力量。

中国国际贸易促进会展览管理办公室

China International Trade and Investment Promotion Association，英文缩写为 CITIP ，简称“贸投会”，成立于1998年6月，是由中国经济贸易界有代表性的人士、企业和团体组成的具有法人资格的综合性社团组织，接受业务主管部门和社团登记管理机关的指导与监督。

中国国际贸易投资促进会宗旨是：以“公平、公正、公开”原则全面开展服务工作，促进对外贸易、利用外资、引进外国先进技术及各种形式的中外经济技术合作等活动，提高吸收外商投资的质量；推广多元化投资促进产品，为促进外商来中国投资和中国企业到海外投资、参与国际经济技术合作提供有效服务；实现资源共享，协调发展，促进中国同世界各国、各地区之间的贸易和经济关系的发展，增进中国同世界各国人民以及经贸界之间

的了解与友谊。

本会常设机构：办公室、会员工作部、国际联络部、贸易投资部 、网络信息部、法律服务部、展览部、会议培训部等。业务范围为：会议展览、业务培训、国际合作、咨询服务、理论研究、学术交流、书刊编辑等，同时为企业提供包括开拓海外市场、国别市场分析、海外市场调研、融资上市、企业并购、投资咨询、管理咨询等服务。

本会的学术顾问委员会由国务院发展研究中心、商务部、海关总署、国税总局、国家质检总局、国家外汇管理局、中国人民银行、中国社会科学院、商务部研究院、清华大学、北京大学、人民大学、对外经贸大学等政府官员、权威学者及从事国际贸易、对外投资的知名企业家组成，各位专家都与我会保持密切的联系和广泛的交流，并对我会的工作积极热情、鼎力支持。

新的时代，新的召唤；新的使命，新的征程。面对新的机遇与挑战，我们将结合本身的业务特点积极为国家经济社会发展与改革服务，为“引进来”与“走出去”服务。

中国国际贸易学会会展专业委员会

中国国际贸易学会是我国改革开放后成立的第一个具有社团法人地位的全国性国际贸易学术团体，也是在中华人民共和国商务部的直接领导下，由政、学、企各界人士组成的专门从事外经贸研究与交流的权威学术组织。

中国国际贸易学会于1981年7月在北京成立，其宗旨是团结和组织我国从事国际经贸问题研究的专家、学者和企业家以及广大对外经贸理论、政策研究和实际工作者，在党的基本路线指引下，以邓小平同志建设有中国特色的社会主义理论为基础，坚持改革开放政策，贯彻"百花齐放、百家争鸣"和学术民主的方针，发扬理论联系实际和实事求是的学风，对社会主义市场经济体制下我国对外经济贸易发展与改革的理论与实践问题进行研究和探索，为促进我国对外贸易持续、快速、健康地发展和加快社会主义现代化建设服务。

中国会展经济研究会

中国会展经济研究会（英文“China Convention and Exhibition Society”，缩写CEES），是由从事或热心会展经济研究和教学的专家、学者以及会展相关行业工作者和团体自愿组织的学术性、全国性的非营利性社团组织，它将以会展的基础理论、应用理论和政策理论为研究方向，紧密联系中国会展经济的实际，聚集各方面的人才和力量，共同为促进中国会展经济的发展贡献力量。

第一，名称定位不同。中国会展经济研究会是目前国内唯一经国务院批准的，冠以“中国”、“会展经济”字样的，全国性的组织机构。

第二，职能范围不同。中国会展经济研究会作为以中国会展经济为研究和工作范围的组织，其职能定位在理论研究、政策研究和实务（应用）研究等方面，并且首先从政策研究和实务（应用）研究入手开展相关工作；力争通过会展实践，孕育、发展和有中国特色的会展经济理论，并以此促进中国会展经济水平的提升。因此，中国会展经济研究会不是会展行业的协会组织、不是具有协调、管理和领导会展行业的组织机构。但是，随着中国会展经济研究会工作的展开、作用的发挥和影响的扩大，研究会在中国会展经济和会展行业的发展中就必将能够发挥越来越重要的作用。

第三，业务范围不同。研究会所研究的对象和业务的范围是中国的会展经济。这里“会展”的概念是既包括展览，也包括会议，还包括节庆活动和其他相关活动（譬如会展旅游等）。而且研究的重点也定位在会展经济的发展体制、相关政策、运营机制、内在规律等方面。这与以“展览”为主的一些组织是有所区别的。

第四，会员构成不同。行业协会的会员一般来说是本行业内的企业。而研究会的会员范围要更为广泛。其首批会员既包括了会展企业，又包括了研究机构学者、高等院校教师、会展组织单位、会展专业媒体、会议展览中心、相关服务公司等。会员的构成中既有团体会员、单位会员，又有相当数量的个人会员。其中个人会员又占有相当的比重。此外，由于会展经济的范畴要比会展行业的范畴更广，因此中国会展经济研究会的成员构成也必然要比其他一些以展览为主的行业性、专业性组织的成员构成更加丰富和更加广泛。

第五，服务重点不同。研究会不作为行业利益的代表，有利于站在国家的、宏观的、公正的立场和高度来研究问题和提出意见。研究会成立以后拟先着手进行一些公共性的、基础性的和联合性的工作。譬如：关于会展经济活动中的基本术语、概念标准、统计口径的研究；关于研究成果的评审推荐；关于“第三方”的评估认证以及咨询培训；以及在政府部门授权下开展专项调研；与其他相关组织机构联合、共同开展研究活动等。

机械汽车展览联合会

·机械汽车展览联合会（以下简称展联）是经原机械工业部批准，于1996年在京成立的由机械行业有境内外展览业务的单位自愿参加组成的自律性的会展中介服务组织，现有会员单位41个。·机械汽车展览联合会是中国展览界一个极为特殊的平台，展联成员举办的展览集中了我国装备制造业领域的几乎所有专业的品牌展会。·通过20多年的努力，一大批机电类的自主专业品牌展会成长起来，如北京、上海国际汽车展、中国国际机床工具展、北京国际工程机械展览与技术交流会、北京国际印刷技术展、中国国际铸造博览会、中国国际模具技术和设备展、中国国际轴承及专用装备展、多国仪器仪表学术会议暨展览会、北京埃森焊接设备展、北京国际制冷、通风和空调展等。·这些展会着力为企业打造商贸平台，并引领行业技术进步、结构重整，引领服务创新和市场发展，都已成为各自领域具有国际影响力的专业品牌大展。·可以说这些展览代表了中国展览的最高水平，对促进我国装备制造业的发展，对促进我国展览业的发展发挥了不可替代的作用。

全国农业展览馆

全国农业展览馆作为建国十周年首都十大建筑之一，其地理位置、规模、布局和风格均由周恩来总理亲自审定。1959年正式落成后，举办了建国后第一个全国性的大型展览－－建国十周年全国农业成就展览，开创了京城近40年的展览历史。从此，全国农业展览馆名震京华，令世人瞩目。

展馆位于北京市东三环北路农展桥东侧，地理位置优越，有京都“龙眼”宝地之说，可谓“风水好、有灵气”；交通十分便利，四通八达，没有其他展览场馆普遍存在的“交通管制”。从馆区开车到北京国际机场，只需20分钟。展览馆地处首都繁华的国际商贸区，与外交使馆一路之隔。农展馆周围2公里内坐落长城饭店、昆仑饭店和燕莎友谊商城等星级饭店、商务写字楼和健身中心就达200多家，是北京经济增长最快的地带，食宿十分方便。独特的社区环境和良好社会声誉，使在农展馆举办的各种展览经常是中外客商聚集，热闹非凡，效益极为显著。如八十年代全国服装展览，每天接待达观众10万人，其观众流量创历史记录。在中国汽车市场异常冷清九十年代初，农展馆汽车自选市场却空前火爆，轰动京城，闻名全国，现货严重不足，使主办单位始料不及，一度陷入被动。

全馆占地52公顷，拥有10座中国传统建筑风格的展览馆，建筑总面积达25000平方米；农展馆新馆于2004年11月8日奠基，2005年5月正式投入使用。新馆采用大跨度独立柱基张弦式管桁架结构，长152.5米，宽86米，展厅面积13000平方米，最高处达15.6米。新馆的建成，大大提升了我馆承接大型展览的能力，也成为我馆展览租赁的一大亮点。同时，有广场3个，总面积为40000平方米。如此大的展馆面积和广场面积为京城展览场馆之最，特别适宜举办含有大型机械的展览会，一些大型展览非它莫属。馆区树木成荫，繁花似锦，湖波荡漾，与回廊亭台、碧瓦黄檐古典建筑群交相辉映，环境十分优美，是北京唯一具有中国传统风格的园林式大型展览馆。凡来馆办过展览的客商一致认为，全国农业展览馆是举办大型展览不可多得的好地方。

【安徽省】

安徽省会议展览协会

安徽省会展协会自2004年成立以来，积极发挥“服务、代表、协调、自律”的四大职能，紧紧围绕会员单位的需求、管理部门的要求和协会自身的追求，开展了一系列卓有成效地工作，努力构筑政府与企业之间沟通交流的平台，发挥了会展协会不可替代的作用。尤其是协会积极配合省贸促会开展工作，参与了2005年日本爱知世博会、2010年上海世博会、澳门国际投资博览会、活力澳门推广周(合肥站)等重大活动，组织企业参加了德国纽伦堡国际玩具展、南非国际贸易博览会、台湾海峡两岸秋季电子展、美国拉斯维加斯国际体育用品展、印度中国制造展等国际品牌展会；协助完成了省政府交办的四川成都西博会、北京文博会、青海清食展等参展任务，提升了会展协会的影响力，得到了主管部门、会员单位和社会各方面的认同和肯定，为会展业发展作出了积极的贡献。

与会人员提出，我省会展业与发达省市相比，仍然存在着发展会展经济的意识不强、总体水平偏低、品牌优势不足、市场化程度低、管理机制缺失、效应发挥不明显、扶持政策不到位等诸多问题，还需要在今后的发展中逐步加以规范、完善和创新。

合肥市会展业行业协会

在合肥市政府和有关单位的大力支持下，合肥市会展行业协会于7月2日成立，该协会是由会议、展览行业及相关社会团体自愿组成的、非营利性的、地方行业性的具有法人资格的社会团体组织。发起人分别为安徽国际会展中心、合肥佳德会展服务公司、合肥政和企划传播有限公司、安徽好博展览有限公司、安徽源泉展览服务公司，现有理事单位25家、成员单位37位。其宗旨是为加强本地区以及国际、国内会展行业之间的联系与合作，加强学术研究与交流，协调行业内关系，自律行业行为，提高我市的办会、办展水平，积极为海内外经济、科技、文化的交流与合作牵线搭桥，促进经济繁荣。

协会工作内容：制定和建立一系列的行业规则；主持会展企业资格认证、展会等级认证；建立会展服务评估制度、会展业统计体系；培训会展业专业人才；提高行业整体素质，以协会内企业为服务主体，从而逐步形成公平、有序、规范的竞争格局。协会的成立标志着该市的会展业进入了新的发展阶段，对规范会展业的发展，提高市场竞争力将会起到积极的推动作用。

淮南市大型节庆活动办公室

1、负责全市大型节庆活动资源整合，科学统筹规划节庆活动布局，研究节庆活动总体发展战略，发挥节庆活动整体优势，提高节庆活动综合效应。

2、负责贯彻执行国家和省、市有关大型节庆活动方面的方针、政策，加强对节庆活动的宏观管理，规范节庆活动行为，指导、协调节庆活动开展；构建节庆活动信息交流平台，为节庆活动提供咨询服务。

3、负责组织筹备中国豆腐文化节等全市性大型节庆活动，并协调、指导和配合各县区和各有关单位相应开展组织筹备工作。

4、负责起草中国豆腐文化节等大型节庆活动总体方案和组织实施方案；起草节庆活动组委会文件、领导讲话稿等文字材料；编印节庆活动简报；做好节庆活动组委会各种会议的会务工作和会议决定事项的落实、督促与检查。

5、负责中国豆腐文化节等全市性大型节庆活动经费的筹集与管理；负责节庆活动门票销售、市场开发及广告经营；负责设计制作节庆纪念品以及节刊、请柬、活动指南、证件等各种印刷品。

6、负责制定节庆宾客邀请计划并参与做好宾客接待工作；负责节庆活动演职人员的接待工作。

7、负责参与节庆舆论宣传和气氛营造工作。

8、负责参与节庆活动所涉及到的相关文化、旅游及豆腐产业发展政策的制定等工作。

9、负责与中国豆腐文化节等全市性大型节庆活动主承办单位、国内外节庆组织和单位的联系与业务往来。

10、负责承办市委、市政府交办的其它事项。

马鞍山市会展管理工作办公室

马鞍山市贸促会是马鞍山市人民政府的直属工作部门，也是中国国际贸易促进委员会的地方分支机构。设有综合业务部、会务联络部、企业信息服务部和国际展览公司。

主要职责：开展国际联络、接待来访、组织出展、开展经贸洽谈和考察；举办国际经贸洽谈、技术贸易交流会和各种研讨会，负责企业出国展览的管理、协调和申报以及主办或申办在马鞍山举行的国内外展览活动；开展法律咨询和服务，为出口企业签发出口货物原产地证明书、认证对外贸易商业单据、代办ATA单证册、领事认证、人力不可抗拒证明、专利申请和商标注册；接受国内外企业委托，开展资信调查和涉外经贸纠纷调解业务；加强与会员企业的联系，向会员企业提供国内外经贸信息，开展经贸业务培训，沟通政府与企业间的联系，维护企业的合法权益。

【北京市】

北京国际会议展览业协会

北京国际会议展览业协会[1]是由中国国际贸易促进委员会北京市分会及有关机构联合发起成立，经社会团体行政主管机构核准注册登记的社会团体法人。其宗旨是适应市场经济需要，团结一致，相互合作，规范会议展览业市场秩序；改善、优化会展环境，提高会议展览质量和效益；开展市场调研，沟通会展信息，交流举办会议展览经验，促进会员间的友谊和协作。加强与国际会议展览业相关机构的联络与合作，努力把北京建设成为举办国际会议展览业的世界重要都市之一。

北京节庆文化发展中心

北京节庆文化发展中心是国际节庆协会（IFEA）中国的分支机构，长期致力于中国节庆行业的发展和研究，为国际节庆协会发展会员及处理相关事宜。组织出国交流、节庆年度论坛等活动项目。

北京市顺义区商务局会展办公室

区商务委主要职责：

1、贯彻落实中央、北京市关于内外贸易和对外经济合作方面的法律、法规、规章和政策，研究区内外贸易和对外经济合作的发展战略，提出区内外贸易和对外经济合作的中长期发展规划及年度计划，并组织实施。

2、负责推进本区流通产业结构调整，提出流通体制改革意见，促进商贸服务业和社区商业发展，提出促进商贸中小企业发展的政策建议，拟订商业批发、零售及批发市场、物流配送等重点设施的发展与布局规划，推动流通标准化和连锁经营、物流配送、电子商务等现代流通方式的发展。

3、促进城乡市场发展，研究拟订本区商品流通和生活服务业（不含住宿业）重点设施以及各类商品交易市场、区级商业中心、特色商业街的布局规划，并组织实施；推进商业体系和农村市场体系建设，组织实施农村现代流通网络工程。对再生资源回收行业进行监督管理。

4、承担协调本区整顿和规范市场经济秩序工作的责任，提出规范市场运行、流通秩序的政策建议，参与推动商务领域信用建设，建立市场诚信公共服务平台，指导商业信用销售，按有关规定对特殊流通行业进行监督管理。

5、负责建立健全生活必需品市场供应应急管理机制，监测分析市场运行、商品供应状况。按分工负责重要消费品市场储备、调控管理工作。按有关规定对成品油流通进行监管。组织落实本区重大活动的商品供应和相关服务保障工作。

6、负责本区会展产业发展的战略规划、政策的制定；研究、协调会展业发展过程中出现的重点问题，促进本区会展业的健康发展。协调物流园区的规划和建设，收集、整理本区物流相关信息，促进第三方物流、专业物流和连锁企业物流配送的发展。

7、负责本区商品进出口管理工作，拟订促进外贸增长方式转变的政策措施并组织落实；负责进出口企业经营资格备案和进出口商品配额、加工贸易合同的管理工作，协调区各类进出口企业的出口退税，监督进口机电产品的招标活动，指导对外贸易促进工作；负责本区综合保税区等特殊监管区域的相关行业协调工作。

8、负责本区技术贸易工作，执行国家对外技术贸易、进出口管制以及鼓励技术和成套设备进出口的贸易政策，推进进出口贸易标准化，依法监督技术引进、设备进口、国家限制出口技术的工作，落实做好两用物项和技术进出口许可证件的管理。

9、牵头拟订本区服务贸易发展规划并开展相关工作，会同有关部门制定促进服务贸易和服务外包发展的政策措施并组织实施，推动服务外包公共服务平台建设。

10、协助承担本区与对外贸易有关的知识产权保护工作；负责涉及本区的世界贸易组织有关事务的综合协调；协助承担本区进出口公平贸易、产业损害调查及产业安全应对工作，配合做好本区反垄断的相关工作。

11、负责本区外商投资相关管理工作，研究本区利用外资的发展战略，提出中长期发展规划及年度计划并组织实施；依法负责外商投资企业设立、变更以及外国投资者并购境内企业设立外商投资企业的审批工作；依法监督检查外商投资企业执行有关法律法规规章、合同章程的情况并协调解决有关问题。负责本区外商投资企业实际利用外资的数据统计、监测和分析。指导本区投资促进、外商投资企业审批及经济功能区的外商投资工作；加强与香港、澳门特别行政区及台湾地区的经济合作交流。

12、负责本区对外经济合作工作，研究提出对外经济合作发展的政策措施，协助做好国外多双边经济、技术援助的有关工作。依法管理和监督对外投资、对外承包工程、对外劳务合作等，负责牵头外派劳务和境外就业人员的权益保护工作，依法核准本区企业对外投资开办企业（金融企业除外）。

13、依法监督检查本行业重点单位贯彻有关安全法律法规的情况，配合有关部门对违反有关安全法律法规的行为进行查处，并承担相应的管理责任；负责指导、协调本领域（建筑面积在500平方米以上的餐饮企业，建筑面积在1000平方米以上或地下建筑面积在500平方米以上的商业零售经营单位）安全生产监管工作；依法对本区食盐生产、批发和生猪屠宰、典当、棉花收购加工等方面的安全工作承担相应的监管或管理的责任。

14、负责全区商业服务业人才工作的宏观管理，引导、推动并组织协调商业服务业人才队伍建设及中华老字号传承人才培养工作。

15、承办区政府交办的其他事项。

朝阳区会展业协会

朝阳会展业协会，是经北京市有关单位批准成立的社会团体。受北京市朝阳区商务委员会业务指导和委托，旨在搭建企业与政府之间交流的平台，发挥政府与企业的纽带和桥梁作用，整合各界资源，及时反制定朝阳区会展业中长期发展规划，试点会展行业统计和会展评估，促进业务培训和管理；协助北京市和朝阳区会展政策的落实，推动会展品牌的培育搭建会议展览经营、相关服务单位之间及其他各有关部门的桥梁，为国外机构来区举办会展项目提供服务；举办产业研讨会、行业交流会，促进业务、信息、经验及学术交流；开展行业自律，倡导知识产权保护，推动朝阳区会展业健康可持续发展，努力开创朝阳区会展产业发展新局面。

向政府提出发展会展经济的建议，反应会展行业意见和要求；在行业中贯彻政府的规划和政策，引导企业依法经营、诚信经营。建立本地区会展行业系统网络，促进行业协调联动，不断延伸行业链条，扩大行业规模，树立行业形象，提高行业影响力。策划、组织、主办或协办会展活动；组织会员企业参加境内外展会；协调管理出国办展和外国来华办展。

【重庆市】

重庆市人民政府会展办公室

重庆市政府会展业发展领导小组负责全市会展经济发展的组织领导，统筹协调解决全市会展业发展的重大问题，领导小组下设办公室。办公室设在市商委，与市政府会展办公室合署办公。主要职责是负责全市重大会展活动归口统筹和事前备案，负责长江上游地区“会展之都”建设工作，承担会展行业管理工作并拟定会展业发展规划和政策措施，负责市内、本市外出、外地来渝举办的大型展会的统筹和协调，指导会展品牌和企业培育。建立领导小组联席会议制度，将会展工作纳入市级相关部门和区县政府的年度目标考核体系，对会展工作成效显著的单位给予表彰奖励。

重庆市会展行业协会

重庆市会展行业协会（Chongqing Convention & Exhibition Industry Association，缩写：CQCEIA）

成立于2003年9月22日。协会由重庆市内从事会议、展览业务的企事业单位以及与会展业相关的企业、科研单位等自愿组成，涵盖了会展组织策划、会议庆典、展览展示特装工程、展馆、广告、酒店、旅行社、展品运输、会展研究、大专院校等各个方面，初步具备了行业的广泛性和代表性。是经重庆市民政局批准并依法登记注册的地方性社会团体法人，属行业性、非营利性的中介组织、合法的、正式的行业社团组织。

【福建省】

福建省国际会议展览业协会

福建省国际会议展览业协会是中国国际贸易促进委员会福建省委员会领导下的全省性会议展览行业服务组织，并接受社团登记管理机关福建省民政厅的业务指导和监督管理，同时接受福建省经济贸易委员会的业务指导。协会宗旨是遵守宪法、法律、法规和国家政策，遵守社会道德风尚，参照国际惯例，适应社会主义市场经济需要，维护、规范我省会展业市场秩序；开展市场调研，加强与国（境）外会展业相关机构的联络与合作；沟通会展信息，交流举办会展经验，促进会员间的友谊和协作，促进提高会展质量和效益；为全面推进海峡西岸经济区建设，为促进我省会展业的蓬勃发展服务。

福州市会展行业协会

福州市会展行业协会成立于2002年9月，是在福州市人民政府指导下的，由会议、展览、广告、传媒等企业及其他相关社会团体自愿组成的非营利性的、联合性的、地方性的社会团体组织。

近年来福州市会展业蓬勃发展，会展经济在社会经济占有越来越重要位置，在这种新形势下，福州市会展行业协会应运而生。协会宗旨是：遵守宪法、法律、法规和国家政策，遵守社会道德风尚。

协会接受福州市商贸服务业局业务指导，业务范围包括：申办、组织各类会展活动；提供会展咨询服务，展务服务，展务培训；组织会展理论研究、学术交流和考察活动；代理办理会展活动申办手续；协助招商招展；沟通会展企业与政府部门的关系。承担政府赋予的行业管理职能等。

福州市会展行业协会自成立以来，充分发挥“服务、代表、协调、自律”的功能，起到政府和会展企业间的桥梁纽带作用，引导会展企业加强自律，规范行业管理，向会展企业提供信息交流平台和咨询服务，先后承办与协办了一系列有影响的会展，提高会员单位的办会、办展水平，加强与海内外经济、科技、文化的交流合作，带动地区相关产业发展，推动经济繁荣发展。

协会将秉承“开拓、服务、责任、创新”的思路，协助商贸局整合会展业资源，使会展业朝着专业化，品牌化、产业化方向稳步发展。

厦门市商务局

商务局职责概述：

（一）负责组织实施国家的经贸政策、法规；负责研究和制定全市对外经贸和国内商品流通行业的发展战略和相关的政策措施，拟订行业中长期发展规划和年度计划，并检查执行情况；归口指导全市对外经贸企业和内贸企业。

（二）负责组织、协调、研究加入WTO对我市经济社会的影响和对策，为市委、市政府及有关部门的决策提供参考；开展与WTO相关事务的调研，起草或修订地方性法规、政策和措施；承担有关WTO的政策、信息咨询和技术援助；指导、协调我市企业对国外反倾销、反补贴、保障措施案件的应诉调查、预警、分析；协助我市产业申请发起对进口产品的反倾销、反补贴、保障措施的立案调查；调查、收集我市出口产品遭遇的国外不公正待遇和非关税壁垒；负责涉及我市其他国际贸易争端的起诉、应诉和上诉工作；参与WTO知识的教育、培训和宣传工作。

（三）负责全市货物进出口的管理；根据国家有关货物进出口政策编报分配货物出口计划配额，签发货物进出口许可证；负责加工贸易、补偿贸易、技术进出口、特种货物进出口、企业进出口经营权及国际货运代理经营权和经营范围的审批、转报和登记工作；负责规范货物进出口经营秩序；参与“大通关”协调工作；负责“关贸”“税贸”“检贸”“银贸”的协作工作；负责组织制定并实施全市开拓国际市场的中长期规划、年度计划及相关政策；负责贯彻实施外经贸国别（地区）和多边双边经贸政策；配合有关部门负责全市有关促进外贸发展基金的使用及管理；负责外经贸公共信息服务体系建设；归口管理境外企业在举办的各类商品展销会。

（四）负责国家对台经贸政策、法规的实施；归口管理全市对台经贸工作，拟订和实施全市对台经济贸易与劳务合作的发展规划、年度计划；制定促进对台经贸的政策、措施。

（五）负责组织实施“科技兴贸”战略；会同有关部门制定和实施本市“科技兴贸“的中长期规划和年度计

划；负责以扩大高新技术产品出口为重点，优化本市出口商品结构的组织、推动工作。

（六）配合有关部门开展打击走私、打击出口骗退税、打击逃套汇的工作。

（七）负责全市境外投资、对外承包工程、劳务输出、设计咨询、对外经援项目等国际经济技术合作业务的审核、审批、转报和管理；负责审批管理全市境外投资企业；接受外国政府、联合国及国际经济组织提供的多边、双边援助和捐赠；办理全市经贸活动中邀请外国人入境手续及系统因公因私出国出境手续。

（八）负责研究并推进流通体制改革，培育发展和完善商品市场体系，拟定规范流通秩序和市场规则的法规、政策；监测分析市场运行和重量商品的供求状况并组织调控；实施防汛抗灾物质的储备负责商品流通、饮食服务、商办工业企业的发展规划和行业管理；负责酒类的专卖管理；负责实施全市报废汽车回收活动监督管理；负责全市会展业的管理。

（九）负责制定我市副食品行业发展规划及相关的法规建设；负责平衡我市主要副食品供需总量，实施宏观调控，组织实施关系人民生活重要商品（冻肉、活猪、冻水产品、蔬菜种籽、食糖等）的储备，保持市场稳定；组织协调我市副食品基地建设；会同有关部门管理城市副食品政策扶持资金和风险基金，负责全市牲畜定点屠宰行业的规划管理；负责治理“餐桌污染”工作的协调。

（十）会同市有关部门研究制定对外经贸、国　贸易体制改革方案，报市政府批准后组织实施；负责组织制定和实施商贸企业改革方案，协调解决企业改革中出现的问题；会同有关部门做好社会稳定工作。

（十一）贯彻执行国家安全生产方针、政策和法律、法规，综合管理行业安全生产工作，组织安全生产宣传教育，负责对安全隐患的检查和整顿。

（十二）负责系统党的建设、领导班子和干部队伍、后备队伍建设；指导全行业精神文明建设和宣传思想教育工作；负责本行业各类人员的政治、业务培训及专业技术职务评聘工作；负责系统党风廉政建设、反腐败工作和纪检监察工作；归口管理所属事业单位，按属地化原则管理行业内中省属单位；协调指导本系统群团组织及各商会、协会、学会的工作。

（十三）承办市政府交办的其他事项

厦门市人民政府会展协调办公室

厦门市人民政府会展协调办公室负责在我市举办的重大会议、展览活动的协调和保障工作及市领导活动的安排；组织或参与争取重大会展活动的申办工作，并对需由财政补贴的会展活动进行把关审核；参与调研和制定促进会展业发展的有关政策。

龙岩市会展工作领导小组办公室

领导小组的主要职责是：负责我市会展业发展的规划、指导和协调；对以市政府名义主办、承办的各类会展活动进行决策，统筹协调我市各类大型会展活动；就会展工作的有关问题与上级相关部门、行业进行协调。领导小组下设办公室，办公地点设在市会展促进中心，主要职责是：承担领导小组的日常工作，督办落实领导小组的决定；负责全市会展业发展的规划、指导、协调和管理服务等具体工作。

【甘肃省】

甘肃省行业协会

2012年3月23日上午，甘肃省会展业协会正式成立。该协会的成立，标志着我省会展业进入新的发展时期。

会展业作为服务行业的新生事物，已逐步发展成为新的经济增长点。会展业涉及工业、农业、商贸等诸多产业，对结构调整、开拓市场、促进消费、加强合作交流、扩大产品出口等发挥着重要作用。经过多年培育，我省会展业在兰洽会等节会带动下，行业规模逐步扩大。作为经济社会发展的新型助推器，会展业将提振我省经济发展。

【广东省】

广东省会议展览业协会

广东会议展览业协会于2001年9月28日是经广东省民政厅批准成立；由相关企事业单位、社会团体联合发起，自愿结成的行业性、地方性、非盈利性社会团体法人。法定代表人吴晓峰，执行会长潘文波，秘书长刘松萍。

协会内设秘书处、会员部、培训部、展览部等部门。

广东会议展览业协会的成立，旨在为促进市场经济的发展，改善和优化广东会展行业市场环境，提高会展行业质量和效益，更好地协调、管理、规范广东会展行业的市场秩序；培养和推广广东会展品牌，支持公开、平等的竞争，反对不正当竞争及欺诈行为；制定行业自律机制，形成行业自律风气；广泛团结会展企业和业内人士，竭诚为会员提供优质的服务，并通过服务、协调、监管职能，加强会展业界与政府的联系；协助政府有关部门制定会展行业的市场规划，颁布会展业界的相关规定；协调解决举办展会中出现的问题；指导会展行业的服务工作，举办会展行业学术讲座；培训会展专业人员，提高办展人员的政治、业务素质；开展与国外、港澳台地区会展业机构的联系，交流信息，相互合作，促进广东会展行业的健康发展。

广东会议展览业协会实行会员制，会员单位主要来自广东省内的社会团体、会展主办和承办机构(企业)，以及利用会展行业平台展开相关业务的参展商、旅业、酒店、场馆、广告、装修、运输等企业。

广东会议展览业协会现有紧密会员100余家，协作会员700余家；与十几家行业协会资源共享，长期合作；成立有展览装饰分会、专家委员会、场馆委员会等；并承担着广东省会展标准化委员会秘书处的职能。

广东会议展览业协会愿为广东会展行业以及广东的经济发展做出应有的贡献。

广州市经济贸易委员会

拟订并组织实施会展业发展的规划和政策措施；负责会展业的统筹协调、宏观规划、综合管理和引导促进；研究会展业发展和管理等方面的重大问题并提出政策建议；宣传推广会展环境和主要品牌展会；承担市会展业管理领导小组的日常工作。

广州会展行业协会

广州市会展业行业协会（GZCEIA），是由广州地区从事会议、展览及相关的企事业单位发起，自愿组成具有法人资格的行业性、非营利性社会团体。本行业协会在广州市登记，接受广州市经济贸易委员会管理，广州市协作办公室的业务指导和广州市民间组织管理局的监督管理，办公地点设在广州市东风中路350号瑞兴大厦2602室。

本行业协会的宗旨是：遵守中华人民共和国宪法、法律、法规和国家政策，遵守社会道德风尚。在广州市会展业管理领导小组的指导下，协助政府从事行业管理，建立行业自律机制，规范行业市场秩序，优化行业市场环境，培育国际会展品牌，保护会员合法权益，提高行业整体素质，组织行业国际交流和合作，促进广州市会展业行业的健康发展。

深圳市科技工贸和信息化委员会会展业促进办公室

（一）贯彻执行国家、省、市有关科技、工业、商贸和信息化的法律、法规、政策和规划，起草相关的地方性法规、规章草案，组织拟订相关行业的专项规划和政策，经批准后组织实施。

（二）负责统筹协调基础研究、前沿技术研究、重大社会公益性技术研究及关键技术、共性技术研究；牵头组织经济社会发展重要领域的重大关键技术、共性技术攻关；会同有关部门组织科技重大专项的实施工作。

（三）按规定负责科技、工业、商贸和信息化领域内的各项业务资金、专项基金的申报、管理和使用。

（四）促进高新技术企业、软件企业、技术先进型服务企业和创业投资企业发展；指导科技企业孵化器、科技示范推广基地的建设和管理。

（五）指导、协调高新技术产业园区、保税区的管理和服务工作。

（六）负责工业、商贸行业管理；负责行业预测预警和信息引导，协调解决有关问题并提出政策建议。

（七）负责协调电力经济运行，依法实施电力行业管理；负责工业、商业及重点用能单位的能源节约和资源综合利用、清洁生产促进工作。

（八）承担组织实施重要物资的储备和市场供应的责任；负责粮食行政管理。

（九）承担牵头协调整顿和规范市场经济秩序工作的责任；促进生产性服务业和商贸流通业发展。按规定对特殊流通行业进行监督管理；负责会展业管理。

（十）承担工矿商贸行业安全生产监督管理责任。负责危险化学品生产企业安全生产准入管理，负责危险化学品安全监督管理综合工作。负责民用爆破器材行业及生产、流通安全的监督管理。负责易制毒化学品生产、经营、进出口管理。

（十一）负责国内经济协作、对口扶持、同富裕工程和扶持老区建设工作。

（十二）统筹协调、指导招商引资工作；管理驻海外经贸代表机构。

（十三）按权限核准外商投资企业的设立及变更、重大外商投资项目的合同章程及法律特别规定的重大变更事项，依法监督检查外商投资企业执行有关法律法规规章、合同章程的情况并协调解决有关问题。

（十四）指导和管理进出口工作；管理加工贸易业务；按规定办理反倾销、反补贴、保障措施及其他与进出口公平贸易相关的事宜，指导与国际贸易有关的产业损害调查工作。

（十五）负责对外经济合作、对外科技合作与交流工作。依法管理和监督境外企业设立、对外投资、对外承包工程、对外劳务合作、对外援助；负责牵头外派劳务和境外就业人员的权益保护工作。

（十六）统筹推进信息化工作；推广信息化领域新技术、新标准；按规定协调管理信息网络基础设施建设，协调通信管线、机楼（站点）、公共通信网络和信息网络的互联互通工作；指导协调无线电通信业务工作。

（十七）负责信息安全综合管理工作，组织协调信息安全保障体系的建设。协调推进电子政务建设；会同有关部门组织和管理政府投资信息化项目建设。

（十八）促进中小企业发展，协调解决有关重大问题。

（十九）承办市政府与上级部门交办的其他事项。

深圳市会议展览业协会

深圳市会议展览业协会(简称“会展协”)成立于1989年，英文译名：Shenzhen Conference Exhibition Association(缩写“SZCEA”)。由深圳市从事会议、展览业及相关的企事业单位发起自愿组成具有法人资格的行业性、非营利性社会团体。现有会员近238家，遍及海内外，业务范围涵盖整个会展产业链的各个环节。

会展协成立二十三年来，在政府与会展企业中起到了纽带与桥梁的作用。协会在制定行规、进行行业间的协调和管理、对展览企业进行资质评估、加强信息交流和调研、增加展览市场的透明度、进行专业人才培训、提高展会的组织水平和质量等方面发挥着积极作用。

会展协积极参与国内外各种行业会议与活动，推介深圳会展业，已成为国际展览业协会(UFI)和国际展览与项目协会(IAEE)的会员、中国展览馆协会副理长单位、广东省展览协会常务理事单位。

会展协秉承“服务协调、自律规范、资源整合、创新发展”的宗旨，遵循“天下会展一家人”的理念，全心全意为会员服务，推动构建会展业服务体系，致力于整个会展产业链的提升，引领规范会展业的发展。

诚邀海内外会展同仁加盟协会，我们将以海纳百川之胸怀，实现相融共生之目标。

深圳市会议展览业协会秘书处

地址：深圳市福华三路深圳会展中心三号馆一号门201室

电话：+86-0755-82880185、82880186

传真：+86-0755-82880011

网址：www.szcea.cn

东莞市会议展览业协会

东莞市会议展览业协会成立于2005年，围绕“有效管理、有效服务、有效协调、有效指导、有效监督”的职能目标，认真发挥好政府与企业沟通的桥梁纽带作用，引导东莞会展业走向一条稳健的发展之路。

协会于2004年12月23日获东莞市民政局批准成立，2005年3月30日正式成立，2012年12月顺利完成换届，该协会为由从事会议展览专业或相关业务具有法人资格和资质的单位以及从事相关工作的人员自愿结成的行业性和地方性非营利性社会组织。

佛山市会议展览业协会

佛山市会议展览业协会是广东省会议展览业协会理事单位，华南美国商会会员单位，是由在佛山市范围内从事会展业经营或学术研究的单位、有关组织所组成的行业性团体，业务主管部门是佛山市经济贸易局。2009年获国家民政部颁发的AAA级行业协会称号，是佛山首批获此殊荣的行业协会。协会聘请佛山市有关领导担任名誉会长、邀请国内外专家、教授、商会领袖组成顾问团，现已有多家上市公司及知名企业成为协会会员，目前已有企业会员一百多家，会员主要有以下三大类：

一、各类专业展馆和各类专业市场，如中国陶瓷城、华夏陶瓷城、乐从国际家具博览中心、陈村花卉世界、顺联国际机械城等；

二、常要外出参加会议或展览的企业或团体，包括各类工业制造业企业。各类进出口公司、各类协会（如家具协会、家电协会、建材行业协会、金属制品行业商会）等。

三、会展业相关服务机构，包括各类媒体（报纸电台等）、广告公司、策划公司、展览服务公司、旅游公司、酒店、交通运输、通信、保险等单位。

佛山市顺德区会议展览业协会

佛山市顺德区会议展览业协会（简称顺德区会展业协会），顺德区会展业协会Shunde Exhibition & Convention Industry Association（缩写：SDCIA）经顺德区政府同意，于2011年8月18日正式挂牌成立。协会成立大会暨第一届第一次全体会员大会于8月18日下午在顺德大良华桂园隆重举行。

佛山市顺德区会议展览业协会的会员遍及珠江三角各地，除了顺德之外还有来自中山、珠海、广州、江门以及香港、澳门等各地的会展业行家相继加入了协会，协会的会员招收范围是涉及从事会议、展览及相关业务的企事业单位和个人投资者，目标是成为顺德区内会展业事务方面的导航灯。本着将佛山企业带出去，将先进的外来会展项目带进来，把“顺德制造”推向国际舞台，从而带动顺德会展业走向国际化的理念，希望能携手共进，同创顺德会展业新篇章！

【广西壮族自治区】

广西博览事务局

★ 负责中国—东盟博览会的总体策划和重大活动的组织实施；

★ 负责中国—东盟商务与投资峰会等论坛的协调组织工作；

★ 负责统筹和组织实施中国—东盟博览会境内外招商招展，展会的展区规划、现场管理与服务；

★ 负责研究展会发展战略，收集管理展会和客户资源信息；

★ 负责展馆租赁、展位经营、广告赞助以及中国—东盟博览会专有品牌资源的管理经营等，对所属投资参股公司和合作项目实施管理；

★ 负责中国—东盟博览会整体形象设计和宣传推介工作；建设中国—东盟博览会网站；

★ 联络中国—东盟博览会各主办方和协办方，协调落实相关工作，协助邀请重要来宾；

★ 根据中国—东盟博览会和广西领导小组的部署，统筹协调、监督落实各项服务和保障工作；

★ 负责展会人力资源开发，培育会展人才队伍；

★ 负责中国-东盟博览会的经费预算及相关业务的收支核算；
★ 主办和承办其它各种博览会、展览会、高层论坛和国际性会议；
★ 承担中国-东盟博览会组委会和广西领导小组及自治区人民政府交办的其它事项。

广西会展行业协会

广西会展行业协会是以广西展览企业为主体，包括与会展业有关的大专院校、社团和主管部门，自愿结成的区性、行业性组织，是不受部门、地区和所有制限制的非盈利性社会组织，2003年12月经广西壮族自治区民政厅批准成立，是社会团体法人。协会会址设在广西南宁。32家会展公司及会展行业相关企事业单位成为首批会员单位。广西会展行业协会从2003年3月开始筹备。目前会展行业尚未成立全国性的行业协会，北京、上海、广州等发达地区成立了地区性行业协会。中国-东盟博览会在南宁的永久落户迅速助推了广西会展行业的发展。会展行业协会的成立标志着该行业的发展进入行业规范、行业自律、人才有效培养等理智发展轨道，有助于会展企业提高其市场竞争力，也有利于广西打造会展行业的品牌。

南宁会展行业协会

中国·南宁会展行业协会直属南宁市商务局的企业单位，下属有南宁市23家展览公司成员单位 我们长期跟越南和东盟各国展览公司合作会展招商招展特别在代理日益成熟，我们本着立足南宁的区位优势面向大西南服务东南亚把我们的会展业发挥到中国和东盟的轨道上来一起加入到我们（中国东盟会展联盟）日益壮大我们的会展业，真正做到成为中国 东盟博览会的主力机构。

桂林市博览事务局

桂林市博览事务局是桂林市人民政府直属正处级全额拨款事业单位，是培育、发展、规范桂林会展市场，保障桂林会展经济健康有序发展的行业管理机构。

主要职责

（一）综合协调科

1、负责展会活动的总体方案策划；

2、负责局机关内部管理制度建设，综合协调局内的政务、事务工作，负责局机关文电处理、秘书事务和行政后勤等方面工作；

3、负责财务、固定资产管理工作；

4、统筹协调各内部工作部门，督促、检查各项工作的执行情况；

5、完成会展人力资源的开发、培训；

6、研究、制订市场运行的战略规划及政策；

7、起草重要讲话文稿及文件；

8、完成领导交办的其他工作事项。

（二）招商招展科

1、负责统筹展商招展工作，制定会展活动招商工作方案；

2、联络、协调各参展参会客商，负责展位确认和展位设置；

3、邀请、联络重要嘉宾，并协助做好接待、服务工作；

4、安排重要嘉宾的会见、会谈活动，负责外事、礼宾、翻译工作；

5、制定各参展参会客商的服务方案；

6、开发桂林会展网络营销系统，建立桂林会展网，并负责网站的日常信息更新和运行；

7、完成领导交办的其他工作事项。

（三）市场开发科

1、整合桂林会展资源，培育桂林会展市场；

2、加强营销策划，建立会展资料库和客户关系管理信息系统；

3、加强会展业的区域合作和对外交流；

4、展会、活动前期宣传，发布有关信息和新闻，编印展会活动资料；
5、负责广告经营、各类赞助的管理，联系、协助媒体，做好报道工作；
6、负责会展市场的营销方案的制定，并组织实施；
7、完成领导交办的其他工作事项。
（四）展览管理科
1、加强会展市场监管，促进开放、竞争、有序的市场体系；
2、建立会展发展的协调机构，解决发展会展经济过程中的具体问题；
3、负责会展活动的具体实施，统筹管理展务工作，做好展会活动现场的跟踪、协调、服务工作；
4、负责会展、活动的现场布置，并协助相关部门做好展会、活动的安全保卫工作；
5、完成领导交办的其他工作事项。

桂林市人民政府会议接待管理办公室

负责市政府大型会议会务工作；负责承办自治区人民政府有关电视电话会议桂林会场的会务工作；负责国务院、自治区和外省、市政府领导及区内各地市政府领导、市内各县政府领导来桂的接待服务工作，市政府领导到外地考察、有关外事活动的联络服务等工作；参与全市重要会议的服务工作；完成领导交办的其他事项。

玉林市博览事务局

（一）负责中小企业商机博览的总体策划和会务的组织实施。
（二）负责招商招展、展馆设置、邀请重要来宾等事宜。
（三）综合协调和组织中小企业商机博览的各项展务工作。
（四）负责展馆租赁、展位经营、广告赞助以及中小企业商机博览专有品牌资源的管理经营等工作。
（五）负责中小企业商机博览整体形象设计和宣传推介工作；建设中小企业商机博览网站。
（六）联络、协调中小企业商机博览各主办、承办、协办方。
（七）根据中小企业商机博览组委会的要求，统筹衔接、督促落实各项服务和保障任务。
（八）负责中小企业商机博览的经费预算及相关业务的收支核算。
（九）主办和承办其他各种博览会、展览会、论坛和研讨会。
（十）承担中小企业商机博览组委会交办的其它事项。

【贵州省】

贵阳市会展经济促进办公室

2010年8月3日，按照市政府办公厅印发的《贵阳市人民政府办公厅关于成立贵阳市会展业工作领导小组的通知》（筑府办通〔2010〕75号文件），成立贵阳市会展业工作领导小组，负责全市会展经济发展的组织领导和对全市会展经济的发展方向、目标定位、政策环境进行决策，统筹协调解决全市会展业发展的重大问题。

领导小组组长由市委副书记、市政府市长袁周担任，领导小组副组长由市委常委、市政府副市长周道许担任。

领导小组下设贵阳市会展经济促进办公室（简称市会展办），在贵阳市会展业工作领导小组的领导下开展工作，履行对会展业发展的引导和管理职能，并承担全市会展业发展日常工作，市政府副秘书长、市招商引资服务中心主任何晓军兼任领导小组办公室主任。

贵阳市会展经济促进办公室
地址：贵阳市金阳新区市级行政中心市政府大楼B区2层
邮编：550081
联系人：戴祎
联系电话：7989368

【海南省】

海南省会议展览协会

海南省会展协会是由中国国际贸易促进委员会海南省委员会及有关企事业单位、社会团体和个人联合发起，经省民间组织管理局注册，依法成立的行业性的社会组织。协会会员由展览业、会议产业、商务旅游业、演艺业、节庆业的机构、团体、企业和会计、预算、律师事务及各种媒体、会展教育机构、同会展业相关产业的机构、团体、企业组成。

协会的宗旨是：服务政府、服务会员及企业、服务行业和海南国际旅游岛建设。协会充分发挥行业服务、行业协调、行业自律、行业规划、行业代表、行业统计、行业交流与合作的功能。

协会的任务是：为海南会展业的发展搭起政府同企业联系，企业同国际、国内、港澳台行业组织和知名企业之间联系的桥梁，为会员和企业搭起市场平台、信息平台、人才培养平台、业内交流合作平台、对外联络交流合作平台和媒体宣传推介平台，为会展业的法制化、专业化、市场化、国际化发展作出贡献。

协会的工作方式主要是通过组织会展理论研究，形成行业共识，明确会展业发展思路、目标、任务、重点，为行业法规和行业自律规范的建立，以及会展工作的展开提供依据；组织会员、企业、专门机构开展调研，市场调查和信息统计，策划、实施、引进一批会展项目，推动海南展览业、会议产业、商务旅游业、演艺业、节庆赛事业的发展，带动交通、服务、广告、装饰、餐饮、通讯、信息、金融、物流、酒店业等相关产业的繁荣；组织专家跟踪、评估会展项目、场馆、服务等，不断地总结经验，发现问题，改善提高，培育并确认一批品牌项目、场馆、服务产品，培育并确认一批优秀的组展商、场馆运营商、展馆展位搭建商、物料供应和物流服务商，培育并确认一批优秀的会议策划和服务企业，商务旅游服务企业，演艺团体或组织，节庆策划和服务企业；组织会展教育和培训，培养一批工作热情高、专业技能好的会展人才，为海南会展业的发展和提升提供有力的人才支撑；组织各种媒体广泛深入地宣传会展产业的功能、宗旨、目标和任务，宣传海南会展业发展状况，项目活动的实施情况，提高海南会展业的能见度和知名度；组织对外交流和合作，同国际、国内、港澳台一批有能力的机构、团体、企业建立密切的联系，为项目合作、人才培养、资源共享和走出去、引进来建立便捷的通道。

海口市会展局

海口市会展局于2012年6月6日正式揭牌成立，为负责海口市会展业协调服务和管理工作的市政府直属职能部门，与中国国际贸易促进委员会海口市支会“一个机构、两块牌子”。

近年来，尤其是海南建设国际旅游岛上升为国家战略，为海口会展业的快速发展提供了宝贵的契机，呈现出展会数量和规模逐年增多，会展规格和影响力明显增强，市场化专业化国际化渐现的发展趋势，行业地位逐步确立。

组织机构基本建立。设立了国内第一个以会展名义命名的会展职能部门--海口市会展局，全面负责全市会展业协调服务和管理。

会展环境明显改善。相继出台了《海口市人民政府关于加快海口会展业发展的若干意见》、《海口市展览业管理办法》、《海口市鼓励会展业发展专项资金使用管理办法》等一系列促进会展业发展的政策文件，并安排专项会展业扶持资金促进会展业发展。

会展产业体系初步形成。有专业展馆2个，室内展览面积近10万平方米，展馆配套的会议室面积近5万平方米；与会展业相配合的宾馆、交通运输、通讯、物流及餐饮、广告、搭建等行业配套完善，为会展业发展奠定了基础。

会展数量规模不断增长。展会的数量和规模年均增长近30%，每年举办的各种会议达6千多个，大批品牌会展活动相继举办，会展的专业化国际化水平不断提高。

三亚会展行业协会

2011年11月2日下午，三亚市会展行业协会成立大会在三亚召开，三亚市副市长顾景奇、海南省会展协会会长杨学功等省市领导出席了会议。三亚市有38家会展企事业单位领导参加了本次会展行业协会成立大会。

会议以表决的方式审议通过了三亚市会展行业协会章程，选举海南八方会议会展有限公司董事长郑良举为首届会长，三亚骏马广告传媒有限公司总经理仇铁建、三亚携程旅行社总经理张扬、海南韵森文化传播有限公司徐森为首届副会长，三亚学院会展专业主任王水卿为首届秘书长。协会共有法人企业会员38家，其中包括会长单位1家，副会长单位3家，常务理事单位5家，理事单位22家，会员单位7家。

三亚市会展行业协会的成立，标志着三亚的会展业由松散、规模小而弱的“游击队”，开始转变为系统化、规模化、专业化、智能化的“正规军”。

【河北省】

中国国际贸易促进委员会

中国国际贸易促进委员会河北省委员会，成立于1976年4月，是由河北省经济贸易界有代表性的人士、企业和团体组成的全省民间对外经贸组织，是河北省沟通中外、铺路搭桥，同国际联络交往的桥梁和政府与企业间联系的纽带。

其宗旨是遵循中华人民共和国政府的法律、法规和政策，开展促进对外贸易、招商引资、引进国外先进技术和各种形式的经济技术合作与交流，增进河北省同世界各国（地区）人民和经济贸易界的相互了解和友谊。

作为河北省“十二五”会展规划的撰写部门，为河北省的会展业提出了指导性规划。

展览部

展览部是中国国际贸易促进委员会河北省分会（中国国际商会河北商会）的下属部门，主要责任是：

- ◆ 管理和协调、报送全省出国经贸展览会；
- ◆ 制定河北省年度出国展览计划并组织实施；
- ◆ 代表我省在国外主办经贸展览会和参加世界博览会，
- ◆ 组织河北省企业赴国外参加国际博览会和展览会；
- ◆ 主办、承办河北省与国际展览组织的业务活动；
- ◆ 为办展单位和企业提供咨询和业务培训等服务。

河北省会展业发展办公室

负责河北省会展业发展的管理和引导工作。制定会展业中长期发展规划，拟订年度展会平台项目计划；负责维护会展市场秩序，对会展业发展提供政策支持，积极引进国际国内知名品牌展会，扶持和打造地方品牌展会，调查统计发布会展业成果和信息；全省会展业发展引导资金合理配置与管理；承办省会展业发展领导小组的具体日常工作.

河北省会展业协会

河北省会展业协会经河北省民政厅、河北省工经联批准，于2007年3月2日成立。协会是由河北省会展相关企事业单位、社会团体和个人联合发起、具有法人资格的行业性、地方性、非营利性社会团体，是我省目前唯一的全省性会展行业组织，业务主管部门是河北省工业经济联合会（河北省经济团体联合会），行业行政主管部门是中国国际贸易促进委员会河北省分会。

本协会以“管理协调、公平公正、联谊服务、规范发展”为宗旨，以“聚合优势、更新理念、提升品牌、推销河北产品，展示河北风采”为内容，以“拉动河北经济、将河北经济推向全国、推向世界”为目标，围绕“发展河北、建设经济强省”作文章，为企业与政府、企业与省内外、国内外、铺路搭桥，为河北经济快速发展搭建平台。

河北省会展经济学会

河北省会展经济学会是由从事会展经济研究与实践的单位和个人自愿结成的地方性非营利性社团组织。学会于2006年10月成立。

河北省会展经济学会的宗旨是坚持以邓小平理论、“三个代表”重要思想和党的基本路线为指导，实事求是的科学精神与理论联系实际的工作方法，遵守宪法、法律、法规和国家政策，遵守社会道德风尚，立足省情国情，广泛联合社会各界研究力量，深入开展会展经济理论及具体政策的调查研究，及时为各级决策部门和会展企业提供合理化建议和咨询服务，为实现河北省乃至全国会展经济的健康、繁荣发展做出贡献。

河北省会展经济学会的任务是：广泛开展会展经济理论研究和实际调查研究活动，探求制定政策的科学理论与科学方法，为政府决策部门提供科学的决策依据和合理化建议，为企业经营决策提纲咨询服务；广泛开展学术交流，举办会展经济研讨会、报告会、展会等；提供人才培训和人才交流；编辑出版会展经济的书刊及电子音像制品，创办会展网站、发布会展信息广告；开展优秀书刊和论文的评选，表彰优秀团体和会员活动。

河北省会展经济学会现任会长：计卫舸；副会长：陈建新、李 岚、江志君；秘书长：韩景元

石家庄市会展业发展管理办公室

石家庄市人民政府办公厅关于成立石家庄市会展业发展管理机构的通知

各县（市）、区人民政府，市政府有关部门：

为加强会展业管理，培育和规范会展市场，促进全市会展经济快速健康发展，市政府研究决定，成立石家庄市会展业发展管理领导小组。领导小组组成人员如下：

组长：

张殿奎市政府副市长

副组长：

汤化敏市政府副秘书长

罗北中市商务局局长

成员：

李铭市商务局副局长

王铁英市财政局副局长

赵宪忠市城市管理局副局长

刘烨市工商局副局长

郭新年市公安局副局长

赵文锁市公安交通管理局副局长

闫纯锴市卫生局副局长

岳平子市国税局副局长

高会民市地税局副局长

领导小组下设办公室，全称为：石家庄市会展业发展管理办公室。办公室主任由罗北中同志担任，副主任由李铭、刘明亮、杨文波、李志宏同志担任。

石家庄市会展业发展管理办公室主要职责是：负责制订和组织实施促进全市会展业发展的规划、计划和政策措施，统一研究、协调会展业发展和管理工作；负责对我市市区内举办的各类商品交易会、博览会、展销会进行备案登记核准工作；组织、指导全市会展基础设施的规划、建设，协调城管、工商、公安、交通等有关部门搞好会展活动的配套服务工作；负责市政府主办（承办）的大型展会的筹备和组织工作；加强与国内外会展机构的交流合作，组织有关单位积极争取国际和全国性、区域性的各种大型知名展览会、展示会、交易会、博览会和投资贸易洽谈会在我市举办；组织市法制、商务、工商等部门依据国家有关规定制订我市会展业管理办法，规范会展业市场秩序，保障会展业健康有序发展。

各部门、各单位对石家庄市会展业发展管理办公室的工作要大力支持与协作。

唐山市会展行业协会

唐山市会展业协会是由我市从事展览业的企业和团体自愿组成的全市性涉外民间非营利性经济团体，是联系政府与企业、国际与国内的桥梁和纽带，是各会员单位利益的忠实代言人，具有民间性、国际性、商务性特点。其宗旨是，遵守中华人民共和国的法律、法规、政策和国际惯例，遵守社会道德风尚，大力推进我市会展经济发展，通过筹办、主办、协办各类展览活跃唐山经济，丰富唐山文化，推介唐山形象，促进唐山交流，为把唐山尽快建成现代化经济强市作出新的贡献。

唐山市会展办公室

职能

随着政府对会展工作的重视程度不断增加，经唐山市委、市政府批准，于2005年7月成立唐山市会展办公室，与唐山市贸促会合署办公。

主要职能：

一、代表唐山市政府培育、扶植、指导、管理各类展会；

二、负责研究制订全市会展业发展的中长期规划；

三、负责研究制订发展全市会展产业的有关规章制度；、四、负责培育我市的展览市场；

五、对全市展览提供指导、服务及展览市场的规范和管理；

六、按照我市的地位优势，谋划适合我市发展的定期和不定期展会；

七、负责组织实施我市行业和企业参与国家级、省级或其他地区的展会工作；

八、负责组织协调上级或有关展览机构来我市举办各类展洽活动；

九、负责组织、协调我市企业出国（境）出展工作。

唐山市会展办公室下设三个部，分别为综合部、展览部、信息部。

廊坊市展览工作领导小组办公室

1、廊坊市展览工作领导小组办公室是廊坊市展览工作领导小组的常设办事机构。负责我市展览业发展的战略规划的制定；对全市展览业发展中的重大问题进行调研，为领导小组科学决策提供可靠依据。

2、研究、协调解决展览业发展过程中出现的问题，保障展览业的健康发展。

3、监督、检查全市年度展览计划的实施情况，确保年度展览计划的全面落实。

4、负责全市大型展览活动的组织、协调和管理。

5、负责国际间、省际间、省内各市间，特别是环渤海地区城市间展览经济的联系与合作。

6、对国内外展览业的发展趋势、运作模式进行调研，积极探索展览经济品牌化、国际化、市场化的思路和方法，为发展展览经济献计献策。

7、对全市展览资源和举办展会情况进行调研，及时向市领导小组提出有益于展览业发展的意见和建议。

8、承办领导小组交办的有关事宜。

邯郸市商务局会展办

机构简介

邯郸市商务局是2004年元月组建成立的主管全市国内外贸易和国际经济合作的市政府职能部门。肩负着全市招商引资、内外贸发展的重任，在为市场主体服务上与人民群众利益密切相关。

领导班子为1正5副，另有纪委书记1人、调研员1人、副调研员2人。邯郸市商务局设19个职能处室和机关党委、纪检监察室、老干部管理处，人员78人；直属事业单位22个、人员281人。

部门职能

（一）划入的职能

1、原市对外贸易经济合作局的职能。

2、原市商贸金融办公室除金融指导管理职能外的全部职能。

3、原市政府开放办公室（市招商合作局）的对外根据《中共邯郸市委、邯郸市人民政府关于印发〈邯郸市政府机构改革实施意见〉的通知》（邯字[2003]69号）和《邯郸市商务局组建方案》（邯编字[2004]15号）文件精神，组建邯郸市商务局。邯郸市商务局是主管国内外贸易和国际经济合作的市政府工作部门。

一、职能调整

开放、招商引资和对外经济技术合作职能。

4、原市经济贸易委员会的内贸管理、对外经济协调和重要工业品、原材料进出口计划的组织实施职能。

5、原市发展计划委员会的农产品进出口计划的组织实施职能。

6、市物资集团总公司和原市经济贸易委员会能源办公室承担的全市报废汽车管理和报废汽车拆解企业经营资格审核的职能。

7、原市各工业办公室的进出口管理职能。

（二）转变的职能

1、将原对外贸易经济合作局对生产企业进出口经营资格核准职能由核准制改为登记制。

2、将原对外贸易经济合作局核准大型外商投资项目的合同、章程及其变更的职能，调整为审核或核准大型外商投资项目的合同、章程及法律特别规定的重大变更（增资减资、转股、合并）。

3、取消原对外贸易经济合作局出口商品商标注册登记后的有关事务管理职能以及指导出口广告宣传的职能。

4、加强内贸工作和内外贸的综合协调，搞好市场运行和商品供求状况监测，整顿和规范流通秩序，深化流通体制改革，促进统一、开放竞争、有序的现代市场体系的建立和完善。

二、主要职责

（一）贯彻落实国家和省有关内外贸易、国际经济合作和招商引资的发展战略、方针、政策；拟订全市相应的发展规划以及规定、办法和措施。

（二）研究提出流通体制改革意见，培育发展城乡市场，推进流通产业结构调整和连锁经营、物流配送、电子商务等现代流通方式。

（三）负责全市整顿和规范市场经济秩序的具体组织实施工作，研究拟订全市规范流通领域市场体系及流通秩序和打破市场垄断、地区封锁的政策，建立健全统一、开放、竞争、有序的市场体系；监测分析市场运行和商品供求状况，组织实施重要消费品市场调控和重要生产资料流通管理。

（四）起草全市商品流通、物资流通和餐饮服务业的有关地方性法规、规章，制定实施细则和市场准则；调查研究流通行业重大问题，提出政策建议；负责成品油、酒类等主要生活用品的流通和拍卖、典当等行业的监控管理。

（五）执行国家和省制定的进出口商品管理办法、进出口商品目录和进出口商品配额招标政策；负责进出口配额计划的编报、下达和组织实施及配额、许可证管理工作。

（六）拟订和推进全市科技兴贸战略，贯彻执行国家和省对外技术贸易、进出口管制以及鼓励技术和成套设备出口的政策；推进进出口贸易标准化体系建设；依法监督技术引进、设备进口、国家和省限制出口的技术和引进技术的出口与再出口工作；负责颁发与防扩散相关的出口许可证的管理工作。

（七）贯彻执行国家和省机电产品进出口战略和方针、政策；拟订和执行全市机电产品进出口中长期发展规划、年度指导性计划；制定全市进出口机电产品招标规则和管理办法并组织实施；依法监督进口机电设备采购项目招标活动，承办从事与工程建设有关的进口机电设备采购招标代理业务的招标代理机构资格初审；管理设备进口和国际招标。

（八）负责全市商务系统涉及世贸组织相关事务的研究、指导和服务工作；组织协调反倾销、反补贴、保障措施及其他与进出口公平贸易相关的工作；建立进出口公平贸易预警机制；组织全市产业损害调查，指导协调国外对我市出口商品的反倾销、反补贴、保障措施的应诉及相关工作。

（九）贯彻执行国家和省有关对外开放、招商引资等方面的法律法规和方针政策；拟订并实施全市外商投资政策和改革方案，指导全市外商投资工作；参与拟订全市利用外资的中长期规划；负责全市鼓励类外商投资限额以上项目、特殊行业外商投资企业设立及其变更事项；负责国家和省规定的限额以上、限制投资和涉及配额、许可证管理的外商投资企业的设立及其变更事项的审核上报工作；审核或核准全市大型外商投资项目的合同、章程及法律特别规定的重大变更事项；监督外商投资企业执行有关法律法规、规章及合同、章程的情况；指导和管理全市招商引资、投资促进及外商投资企业的审批和进出口工作，综合协调和指导经济技术开发区的有关具体工作；负责全市利用外资直接投资和外资企业生产经营情况的统计；按商品管理权限审批外商投资企业进出口许可证。

（十）负责全市对外经济合作工作；拟订并执行对外经济合作政策，指导和监督对外承包工程、劳务合作、设计咨询等业务的管理；拟订我市境外投资管理办法和具体政策；负责对外经济合作企业的经营资格认定和管理工作；管理联合国及其他国际组织或外国政府对我市经济技术合作方面的无偿援助及赠款工作。

（十一）审核或核准市内企业对外投资开办企业（金融企业除外）和境外带料加工贸易项目并实施监督管

理；负责外国和香港、澳门特别行政区及台湾常驻我市商务代表机构的设立和管理工作。

（十二）指导监督以邯郸市名义在境内举办各种外经贸交易会、展览会、展销会等活动；拟订并实施赴境外举办上述活动的管理办法。

（十三）负责全市内外贸易新闻发布会、宣传工作和提供信息咨询服务；指导全市流通领域信息网络和电子商务建设。

（十四）负责全市驻境外企业（机构）人员选派以及局属驻境外机构的队伍建设和管理工作；指导全市商贸流通行业协会、学会等社团组织工作。

（十五）负责组织指导全市酒类生产经营活动和定点屠宰活动的监督管理工作。

（十六）承办市委、市政府交办的其他事项；承办市人大、市政协建议、提案事宜。

邢台市会展行业协会

邢台市会展行业协会是由邢台区域组织、经营、研究会展活动及会展业相关业务的企业，自愿组成的行业性非营利社会组织，旨在推动会展行业自律、推进行业信息资源共享，加强和国内外同行业组织的交流合作，为我市提升会展行业发展水平和质量发挥积极作用。

【河南省】

河南省会展业商会

河南省会展业商会（HEA）经河南省民政厅批准于2004年3月成立，其业务主管为河南省工商业联合会，根据省委省政府关于加快发展会展经济的要求，由我省从事会议、展览、广告、旅游、物流、工业、农业、商业、投资、科技企业、礼仪、模特、文化传播、咨询、策划、网络、专业市场及相关行业的企事业单位、社会团体、个人联合发起，并自愿组成的具有法人资格的行业性非营利社会团体，现有团体会员单位173个、理事216个、共计389个。

会展业商会的宗旨是：“遵守国家和各级政府的法律、法规和相关规章、积极发挥自律、沟通、协调职能”，商会具体服务功能如下：

协调指导：协助政府有关部门协调、管理、规范河南会展业的市场秩序，优化会展市场环境，大力培育会展品牌，充分利用商会跨行业、跨领域 、跨学科的资源优势地位，制定具有行业自律的行规公约；进行会展服务理论与实践研究，建立、完善会展行业统计和行业准入标准，规范企业行为，促进行业自律，提高行业整体素质；组织开展省内外社会性活动。

行业咨询：定期编辑 、出版刊物，建设好“河南会展网”，发布会展项目 、展览场馆供需等信息；组织国内外培训考察；审核并颁发资格证书。

维护权益：培育品牌会展和保护知识产权，积极创建和不断完善企业良好发展环境，维护企业正当合法权益 。

桥梁纽带：努力整合社会资源，充分发挥商会的桥梁作用，建立起本行业与政府 、国内外会展中介机构及主要会展城市沟通与交流。

为加强信息交流、横向联系与合作、商会秘书处下设机构：

办公室、财务部、会员服务部、展览招商部、会展开发部、智囊团资深专家委员会、营销策划专业委员会、展装工程资质评审委员会、展览搭建商专业委员会、展会等级评估委员会、展览馆专业委员会、交通物流咨询专业委员会、会议旅游专业委员会、节庆礼仪专业委员会、生态产业专业委员会、知识产权保护委员会。

地　　址：郑州市金水区民航路6号金航大厦1003室

联系电话：0371-65927588　　传　真：0371-65927688

网　　址：www.hnceia.cn　　邮　箱：henanhuizhan@163.com

河南省国际展览协会

河南省国际展览协会是1996年8月在河南省民政厅批准登记成立，是由河南省从事会议、展览业及相关的企事业单位自愿组成的行业性、非营利性社会团体法人。

本协会有会员单位组成，分为团体会员、个人会员和企业会员。截止2011年底，本协会共有会员单位近80家，基本涵盖了会展主体业务及与之相关的业务领域，其中副会长单位4家，常务理事单位11家，理事单位23家。

本协会的宗旨是：遵守中华人民共和国宪法、法律、法规和国家政策，遵守社会道德风尚。在政府有关部门的指导下，协助政府从事行业管理，建立行业自律机制，规范行业市场秩序，优化行业市场环境，培育国际会展品牌，保护会员合法权益，提高行业整体素质，组织行业国际交流与合作，促进河南省会展行业的健康发展。本协会的常设机构为秘书处。

郑州市会展工作管理办公室

郑州市会展工作管理办公室于2004年成立，为正县级财政全额供给事业单位，代表市政府对全市会展行业进行管理、协调和指导。会展办的工作职能主要有：

1、研究制定全市会展产业发展的中长期规划；

2、拟定发展会展业的政策和措施，培育和完善会展产业的市场体系；

3、负责全市会展业的行业管理及展会的登记、备案；

4、积极争取国家部委及有关部门的支持，受省市政府委派申办各类国际、国内展会和文化体育活动；

洛阳市政府会展办公室

洛阳市会展办主要职责

（一）管理洛阳市重大节会，负责拟定洛阳牡丹花会、河洛文化旅游节等节会的总体方案，督促、协调有关部门和单位做好总体方案的实施工作。

（二）组织督促节会开幕式、经贸、科技、文化、旅游等庆祝、庆典活动的落实。

（三）协调督促节会的对外宣传和社会宣传工作，组织有关部门统筹规划和管理节会期间市区的公益广告宣传。

（四）督促、协调服务节会的接待、治安、文化、市容市貌整顿与花会工程等方面的工作。

（五）负责节会品牌和节会纪念品的管理、开发工作。

（六）完成市委、市政府交办的相关工作。

【黑龙江省】

黑龙江会展行业协会

“黑龙江省会展业协会”今年年初已成立，应行使协会功能，规范行业市场行为，建立会展项目评估机制，维护会展业合法权益，提高展会服务水平等方面，发挥协调管理的作用。强化行业协会的协调功能，发挥其对会展业的行业自律作用，协助政府引导会展业市场规范发展和对会展主体的资质认证。强化行业协会的业务指导和服务功能，按照会展经济的发展趋势，以国际市场为导向，科学设计业务流程，合理规范业务行为，加强从业人员的业务培训，提高服务手段科技化、现代化水平。联合相关部门开展对会展业的统计调查，并逐步实现调查制度化。开展展览服务工作理论和实践的研究，及时提供国内外展会信息，加强与国际办展机构的联络与沟通。

黑龙江省会展事务局

黑龙江省会展事务局是在哈洽会办公室基础上，经黑龙江省政府批准(黑编〔2012〕77号文件)成立， 与哈洽会办公室一套机构、两块牌子，受省政府委派，承担国内外会展事务工作。哈洽会作为黑龙江省会展业的龙头，23年来已经发展成为国际化、专业化、市场化程度较高的国际知名展会。黑龙江省会展事务局充分发挥哈洽会龙头带动作用，利用其专业的会展人才队伍，按照政府引导、市场运作、企业主体、社会参与的方式繁荣龙江会展，服务发展大局。黑龙江省会展事务局下设展览处、秘书处、综合策划处、信息联络处、财务处，并承办黑龙江省会展网（www.hljhzw.com），面向会展企业，免费发布展会排期、展览公司介绍等信息。

哈尔滨市会展业管理办公室

为发展会展经济，2003年7月份正式“哈尔滨市会展工作领导小组办公室（以下简称哈尔滨会展办）在中国贸促会哈尔滨市分会成立，其任务是有针对性地负责哈尔滨市会展综合协调管理与服务工作。

负责编制和组织实施会展行业发展规划；组织制定和实施行业管理的规章制度和相关办法，规范行业管理；研究制定和实施会展业优惠政策，完善会展业发展环境；统筹协调全市会展项目引进开发工作；负责组织企业参加境内外展览会、洽谈会等。

【湖北省】

湖北省节庆会展研究会

湖北省节庆研究会成立于2003年9月26日。是中国地方最早成立的节庆学术活动的社会团体，行政主管单位为湖北省民政厅，业务主管单位为湖北省社会科学联合会。

为适应发展需要，2007年将服务范围由节庆活动扩大到会展业务，更名为湖北省节庆会展研究会。

研究会成立以来，在湖北省政协原常务副主席、中国著名节庆专家王重农先生领导下，依靠人才优势，策划、指导了诸多节庆及会展活动，在国内外节庆会展行业享有良好声誉。

研究会于2006年与湖北省文化厅、体育局、旅游局共同发起并具体组织“湖北省首届十佳现代节庆”评选；2007年3月在武汉承办“第十七届中国兰花博览会”；2007年5月创办《中华节庆会展网》，同时成立节庆会展工作部，旨在将学术研究和信息传播、项目推广、管理服务结合起来，为中国节庆会展经济发展贡献力量。

武汉市会展业工作领导小组办公室

根据《中共武汉市委武汉市人民政府关于印发<武汉市人民政府机构改革实施意见>的通知》（武发[2009]14号）精神，设立武汉市商务局（武汉市人民政府口岸办公室），为市人民政府工作部门。

一、主要职责

（一）贯彻执行国家、省、市对内对外开放、内外贸易、投资促进、国际国内经济合作和口岸工作的发展战略、法律法规和方针政策；拟订全市对内对外开放、内外贸易、投资促进、国际国内经济合作及口岸工作的相关政策，参与起草相关地方性法规草案、政府规章草案；拟订全市商务发展中长期发展规划、年度计划并组织实施。

（二）负责全市商品流通行业管理工作，拟订全市流通行业的发展政策，指导全市流通体制改革；拟订全市流通体系建设整体规划，指导和推进城乡流通体系建设；推进连锁经营、特许经营、物流配送和电子商务等现代流通方式的发展，促进流通产业结构调整；对特殊流通行业进行监管，按有关规定对拍卖、典当、租赁（不含汽车租赁）、汽车流通、旧货流通、再生资源回收、成品油、酒类流通等行业进行监督管理；负责全市药品流通行业、生活服务行业管理工作。

（三）牵头协调全市整顿和规范市场经济秩序工作，拟订规范市场运行和流通秩序的政策建议，推动全市商务领域信用建设，促进建立健全统一、开放、竞争、有序的市场体系；组织拟订市场体系标准，推进商品流通市场的标准化建设；监测分析市场运行和商品供求状况；负责重要消费品市场调控、重要生产资料流通管理和政府储备的组织实施，制订市场应急预案；组织实施“提倡绿色消费、培育绿色市场、开辟绿色通道”为主要内容的“三绿工程”；负责全市牲畜屠宰的监督管理工作。

（四）负责全市国内经济协作交流工作；拟订全市国内经济协作的政策、规定、办法及经济协作的专项规划并组织实施；组织、协调和推进全市国内经济协作、信息交流等工作；负责我市与国内经济合作组织、友好城市或地区的联络协调工作；负责我市推进“武汉城市圈”建设和参与服务西部大开发的组织协调工作；负责外地驻汉办事机构、外地在汉投资企业和商会的联系、协调、服务工作；负责指导市人民政府驻外办事处开展合作交流和全市在外商会的协调服务工作；负责组织全市对口支援和对口帮扶工作。

（五）统筹管理全市进出口业务工作；执行国家制定的进出口商品管理办法、进出口商品目录和进出口商品配额招标政策，指导进出口配额、许可证、加工贸易合同的管理工作；负责国家、省下达的关系国计民生的重要工业品、原材料及重要农产品进出口计划实施；指导全市对外贸易促进工作及出口加工区、出口基地的建设与发展工作；指导和推广国际贸易新方式。

（六）拟订并组织实施全市机电产品、高新技术产品出口的政策实施；指导机电和高新技术产品出口企业技术改造及科技研发；负责机电产品进出口的审核登记和协调管理；组织协调全市机电产品进口国际招标采购；推进进出口贸易标准化体系建设，依法监督管理技术引进、设备进口、国家限制出口的技术和引进技术的出口工作。

（七）负责全市服务贸易工作。拟订并组织实施全市服务贸易发展规划及政策措施；指导协调服务贸易促进工作；推进“中国服务外包示范城市”建设，组织参与在境内外举办的对内对外贸易促销活动。

（八）负责全市涉及世贸组织相关事务的研究、指导和服务工作；组织协调反倾销、反补贴、保障措施及其他进出口公平贸易相关的工作；建立进出口公平贸易预警机制，组织全市产业损害调查；指导协调国外对我市进出口商品的反倾销、反补贴、保障措施的应诉及相关工作。

（九）负责全市对外经济合作工作；指导和监督全市企业对外工程承包、劳务合作、设计咨询等业务；负责对外经济合作企业的经营资格审核上报和后期管理工作；负责全市境外就业管理；依法做好全市企业境外投资、驻境外机构和企业以及境外驻汉经贸代表机构的管理工作；按规定负责管理多边、双边对我市的无偿援助及赠款；负责全市国际多边、双边经济技术援助的有关工作；管理有关国际组织对全市经济技术合作事务，组织参与对内对外经济技术合作活动。

（十）综合协调和指导全市招商引资和投资促进工作；负责组织、指导、协调以我市名义在境内外举办和参加的各种招商引资活动；依法管理外商投资和外商投资企业；指导管理并依法办理全市外商投资企业合同、章程审批及其变更、终止等工作；负责国家规定的限额以上和涉及配额、许可证管理的外商投资企业的设立及其变更事项的审核上报工作；指导监督外商投资企业执行有关法律、法规、规章及合同、章程；负责外商投资企业联合办公中心的日常管理工作；负责对外商投资企业进行联合咨询和联合年检；协助处理外商投诉；指导协调各区、开发区和市人民政府各驻外办事处的招商引资工作；加强与香港特别行政区、澳门特别行政区和台湾地区的经济合作交流。

（十一）负责对全市水路、陆路、航空、铁路口岸的综合协调管理工作；协调和指导保税物流园区的有关工作。

（十二）负责全市商务统计及其信息发布工作；负责制订全市商务人才培养和职工队伍的培训、教育规划并组织实施；负责商务行业服务质量和信用建设；指导相关商会、协会、学会的工作。

（十三）承办上级交办的其他事项。

二、其他事项

（一）市商务局与市发展和改革委员会的有关职责分工

1、重要商品进出口管理分工。市发展和改革委员会负责编制全市重要工业品、原材料和重要农产品的进出口总量计划，市商务局负责在市发展和改革委员会确定的总量计划内组织实施。粮食、棉花、煤炭由市发展和改革委员会会同市商务局在进出口总量计划内进行分配并协调相关政策。

2、《外商投资产业指导目录》由市发展和改革委员会会同市商务局等部门拟定，市发展和改革委员会与市商务局联合发布。

3、境外投资管理。市发展和改革委员会负责全市在境外投资项目的监管。市内企业在境外开办企业（除金融企业外），由市商务局按照国家有关规定办理。

（二）物流业管理的职责分工　　市商务局负责推进连锁经营、物流配送和电子商务等现代流通方式，促进流通产业结构调整；指导全市对外贸易促进以及出口加工区、出口基地、保税物流园区的建设与发展工作。市发展和改革委员会负责提出全市现代物流发展规划。市交通运输委员会参与拟定物流业发展战略和规划，制定有关政策和标准并监督实施。

（三）药品流通行业管理的职责分工　　市商务局作为药品流通行业管理部门，负责研究制定药品流通行业发展规划和有关政策并组织实施；配合实施国家基本药物制度，执行有关行业标准，提高行业组织化程度和现代化水平，逐步建立药品流通行业统计制度；推进行业信用体系建设，指导行业协会实行行业自律，开展行业培训，加强国际合作与交流。市食品药品监督管理局负责对药品经营企业进行准入管理，制定药品经营质量管理规范并监督实施，监管药品质量安全，组织查处药品经营违法违规行为。市商务局和市食品药品监督管理局要互相支持、配合，建立工作机制，在行业发展规划、企业经营发展和信用状况、企业市场准入基本信息和监督检查执法信息等方面相互交流，实现信息共享，共同做好药品流通行业管理工作。

（四）有关会展业行政管理工作由市商务局委托给中国国际贸易促进委员会武汉市分会（中国国际商会武汉分会）承担。中国国际贸易促进委员会武汉分会（中国国际商会武汉商会）统一负责全市会展业发展的政策、规划和管理等工作，对全市会展业发展进行组织、指导、监督和协调，同时根据市商务局委托，负责指导市会展行业协会工作。

（五）所属事业单位的设置、职责和编制事项另行规定。

联系方式

地址：武汉市江岸区黎黄陂路27-29号

电话：027-82796638　027-82796639

武汉市会展行业协会

武汉市会展行业协会是经武汉市商务局批准，在武汉市民间组织管理局登记注册，由武汉国际会展中心股份有限公司会同武汉尚格展览贸易有限公司、武汉市对外经贸商务展览公司、武汉东方会展策划有限责任公司、武汉瑞吉斯展览有限公司等五家知名会展企业联合发起成立的行业性、非营利性社会组织。

武汉市会展行业协会以服务会员单位为宗旨，以打造品牌会展，制定会展发展规划，规范和完善会展市场管理机制；建立行业与政府、行业与行业、行业内部之间的沟通与交流平台；积极与国际国内相关机构和社团建立广泛的交流与联系，采取走出去，请进来的方式为开展更大范围的交流与合作打下基础；培育会展专业人才队伍，把推动和提高武汉市整体会展水平和质量作为协会工作的终始目标。

武汉市会展行业协会将成为武汉会展人共同的家，促进武汉市会展行业和谐、健康、有序、科学的发展，再造武汉会展业的辉煌！

打造武汉会展公共服务平台

根据市委、市政府关于打造国家重要会展中心城市的战略规划，武汉市会展行业协会在武汉市会展办的领导和支持下将着力打造六大公共服务平台，努力构筑会展产业发展和产业竞争新优势，引导和推动武汉市会展产业更快更好发展。

一、宣传推广平台。以会展业全行业需求和会展经济发展需要为导向，用智慧和长远眼光推动会展业全面、协调、可持续发展。

二、培训服务平台。围绕提高会展业企业经营管理能力、专业技术水平和改革创新力度，积极举办各类人才培训，组织有关院校开展各种层次和主题的专业培训。

三、行业信息平台。推进会展业信息化系统建设，尽可能地掌握国际会展业最前沿的动态、理论研究成果、展会信息或专业设备信息，充分利用各种信息技术提高行业管理和活动组织的效率，建立会展信息发布、政策资料管理、客户信息管理等信息系统，扩大政府会展信息与企业共享范围，促进企业彼此间的关联互动，为更多的会展企业成长创造有利条件。

四、区域联动平台。与关联地区携手共同打造会展业联动发展平台，建立联席会议轮值制度，集聚和发挥各方优势，促进区域内会展业合作与联动发展，形成共同谋划、共同参与、共同推介、共同获益的新型合作体制和机制。

五、资源整合平台。充分利用遍布世界各地的商会资源，建设面向世界的进出口贸易网络平台；利用与中国展览馆协会等全国会展专业协会的合作优势，为会员单位提供进军全国市场的支持和服务；利用协会的呼叫服务中心和客户数据信息，为会员单位提供招商、招展服务，支持会员单位做大做强。

六、咨询服务平台。集合政、产、学、研等多方资源为基础，筹划建立武汉市会展业协会咨询服务平台，以专业的咨询服务为协会各成员单位提供政策法规咨询服务、行业（企业）发展的深入分析和权威预测、展馆设计及展览项目运营咨询服务，不断提高科学决策能力;以推进武汉市会展业研究为目标，以全市经济社会发展和产业结构调整升级为研究方向，结合武汉打造国家中心城市的战略目标和发展实际，积极组织专题调研、学术研究和课题攻关等活动，努力为市委、市政府决策提供智力支撑.

【湖南省】

湖南省会议展览业协会

湖南省会议展览业协会经由省政府、省民政厅批准于2001年10月成立，原隶属于省政府办公厅，先隶属于湖南省贸促会，是由省内从事会议、展览及相关业务得企事业单位自愿组成的跨部门、跨所有制、非赢利性社会团体法人。目前协会已有会员108家，会员成分已呈多元结构，基本涵盖了会展主体业务以及与之相关的业务领域。

协会得常设机构为秘书处，下设办公室、联络部、项目部。协会会长为1名，副会长8名，名誉会长2名，特邀顾问18名，理事23名。

协会成立七年以来，本着遵守国家法律、法规的原则，积极发挥“服务、代表、协调、自律”的四大职能，在省有关职能部门的指导下，协助政府从事行业管理，就保护会员的合法权益、提高行业整体素质、进行行业统计、形成行业自律机制、组织国际交流与合作等方面做了全方位的开创工作，同时一直致力于为会员单位提供全面的优质服务，体现行业协会的广泛性和代表性，从而真正构筑政府与企业，国际与国内之间沟通交流的和谐平台，维护会展市场良好发展。

长沙市人民政府会展工作管理办公室

长沙市会展管理工作办公室是实现整合我市会展资源，努力发挥会展整体优势，打造国家乃至世界级会展品牌这一目标，建立有效的会展业管理体制，实现会展业高效有序运作，促进我市经济和社会持续、快速、健康发展而由市政府专门成立的会展工作管理机构。

主要职责：负责研究制定我市会展产业发展的中长期规划和有关法规政策，规范和管理展览市场秩序；对在长沙市举办的各类展览会、交易会、博览会进行核准或备案，并负责会展活动举办进程中与各参与单位、部门、地区的组织协调、督办指导工作；支持和配合能促进我市经济发展的国家级和全国性的会展项目申办工作

长沙市会展行业协会

长沙会展行业协会是代表长沙展览行业利益的社会中介组织，协会既非政府机构，又非盈利性机构。新成立的会展行业协会以“服务、代表、协调、自律”为基本职能，其主要工作任务包括协助政府有关部门建立健全会展业市场体系，完善行业自我约束机制，制定行业规范，实行行业管理、行业协调，依法维护行业和行业内单位的合法权益，开展会展业(*统计调查、组织评估、信息发布、价格协调、行业准入资格资质审核等多个方面的内容。

其职能：为会员企业和行业企业提供服务，维护会员合法权益，保障行业公平竞争，沟通会员与会员之间，会员与政府之间，会员与社会之间的联系，促进本行业经济发展。协会代表全体会员的利益，向政府呼吁企业的共同要求，协助政府制定和实施行业发展规划、行业管理，并对行业进行各种考评、审核、统计、调研。制定各种行规行约，协调各企业间的经营行为，为企业提供各种信息、培训、考察等系统服务。监督会展企业加强行业自律，树立良好的道德风尚。

会展协会的成立是全市会展业又一个新的里程碑，但肩负经济技术交流，商品展示交易，科技文化交流为一体兼具信息咨询，招商引资等多功能的新兴产业，带动巨大的物流、人流、资金流、信息流重任的协会，先考虑协会的多样性，工作联系的广泛性，工作方式的服务性，工作方法的指导性，工作目的的针对性，不断地创新，勇于开拓，协会以服务代表协调， 自律为基本职能，协助政府有关部门策划组织出国境开展会展活动项目，承接国际会展活动，组团出国开展会展活动项目的代理。

名称：长沙市会展行业协会

地址：长沙市营盘东路19号湖南省展览馆办公楼四楼　邮编：410005

电话：0731-4434962　传真：0731-4434962

http://www.cshzw.com

E-mai:cshzhyxh@126.com

张家界市会展行业协会

张家界市会展行业协会于2013年3月26日正式挂牌成立。市委常委、副市长程丹峰，市政协副主席、市商务局局长张元次担任协会顾问。陈明义当选为会长，王少青、刘爱国等任副会长，饶金玉当选为秘书长。张元次为协会成立授牌。

市会展行业协会经市民政局批准成立，接受市商务局和市政府会展办的业务指导，第一届会员有30家。会展行业协会的成立，是我市会展行业发展中的里程碑，对规范我市会展行业的管理、促进会展经济的发展，拓展旅游经济的内涵、延伸旅游产业的链条，加速全市旅游结构向休闲度假、商务会展转型升级有着重大的现实意义。会展业作为21世纪的朝阳产业，是牵动经济发展的综合产业，近几年来，张家界依托独特的世界级的旅游资源，积极培育有特色、有影响、有规模的会展，吸引国内外各类大中型会议来我市召开，实现会展业的协调发展。2012年，张家界会展行业拉动城市消费18亿元，较上年增长37%。

张家界大湘西会议展览公司、张家界中信广告传媒有限公司、张家界运通会务会展有限公司、张家界环球商务会议会展有限公司、张家界阳光会议接待中心、张家界纳百利双峰石英画院有限公司、张家界大成山水国际大酒店有限公司等15家企业当选为第一届理事单位。

市会展行业协会成立后，将围绕促进行业发展，着力发挥桥梁纽带和参谋助手两大作用切实履行服务、协调、自律、维权四大职能。

【吉林省】

吉林省博览事务局

构建合作平台展示区域形象，促进共同发展。承担中国吉林·东北亚投资贸易博览会的组织策划、宣传推荐、境内外联络、招商招展、展会等日常工作，开展与国际投资促进机构的联络、交流与合作，承担东北亚博览会网的网站建设与日常管理工作等。

吉林省会展业协会

为了进一步规范我省会展行业管理，加强会展企业间的联络协调，统筹规划，有序发展，逐步培育壮大我省会展业和会展企业，把会展业逐步培育成我省新兴支柱性产业。由吉林省博览事务局、吉林省会展业发展中心、吉林省盈和会展公司、长春市百瑞会展集团公司、长春市国际会展中心等单位共同发起，拟成立吉林省会展业协会。2011年5月经吉林省民政厅批复（吉民管〔2011〕33号文），同意成立吉林省会展业协会。

吉林省会展业协会聘名誉会长1人，设会长1人，常务副会长1人，副会长5人，理事21人。秘书处为会展业协会常设机构，现有专兼职工作人员3人。

吉林省会展业协会的主要业务范围：

制订全省会展业行业规范，实行行业自律管理，依法维护会展行业和行业内企事业单位的合法权益和市场秩序；协助政府及有关部门制定会展业中长期发展规划、年度计划，保护会展知识产权和公平竞争，宣传国家及吉林省有关会展业的法律法规和政策；指导全省会展组织、场馆经营以及设计装修、宣传广告、物流报送、旅游接待等相关服务工作，协调各会议展览经营、相关服务单位的关系；加强与国（境）内外会展行业协会进行交流和合作，承接政府委托的各类国际会议、国际来展和出国展览；收集社会各界对会展业发展的意见和建议，为政府提供会展业发展咨询服务；开展会展行业统计调查、分析评估、信息发布，提供与会展业务相关的中介服务；指导和监督会员单位依法经营，积极开展培训工作，帮助会展企业提高员工的政治及业务素质；发展会员并定期举行协会会员会议，开展会员单位和行业间的联谊活动及其它服务性活动，努力为会展企业提供服务。

协会地址：中国·吉林省长春市安达街982号

邮　　编：130061

电　　话：0431—86904230

长春市会展管理办公室

中国国际贸易促进委员会长春市分会(中国国际商会长春商会、长春市会展管理办公室)成立于1990年，由长春市人民政府直接管理，是市政府直属的以中介服务为主的对外经济贸易促进组织。中国国际商会长春商会由长春市经济贸易界有代表性的人士、协会、企业和团体组成。

【江苏省】

江苏省会议展览业协会

江苏省会议展览业协会[1]成立于2003年12月。本会是由从事国际会议、展览公司、展览场馆、展览工程公司等相关单位，经济团体组成的民间性、非营利性的社会团体法人组织。负责研究制定行业规则、协调江苏省会展行业业务，规范展览市场秩序、评估办展资质，维护办展、参展企业的合法权益；开展会展理论与实践的研究，帮助会员提高办展水平，使会展业务在促进地区发展中发挥重要作用；进行展览市场调研，为政府和企业提供信息及咨询服务；组织会展业务宣传，提高会员单位的知名度；培训专业人员，提高会展业队伍的素质；举办学术研讨会，交流会，开发会展市场；开展与国内外会展机构的联络，交流信息，促进合作，加快与国际接轨；举办联谊和其它服务活动，促进会展业间的合作；制定会展行业发展规划，培育品牌，推动江苏省会展业的全面发展；接受政府授权委托完成政府交办的工作。

协会从2004年开始，每年出版一期《江苏省会议展览年鉴》，内容涵盖了各年度江苏省内有关会议展览业的重要事件。从2008年起，出版了季刊《江苏会展》，杂志内容从与会展业相关的国家政策、热点新闻，到全省各地会展动态、各类会展报道、会展企业推介、重点展会介绍、出国参展计划、江苏企业出国参展情况等，每期更有对新入会会员的特别介绍。

2008年协会两次赴苏南、苏中、苏北市县会展企业、会展场馆进行调查研究，听取意见和建议，分别形成调研报告，对江苏不同地区会展业的发展提出了建议。

协会为每年一期的《中国博览会和展览会》一书征集江苏省内的展会信息，并为全体会员免费提供刊载服务。相继为会员提供了赴德国、日本和韩国参加相关会展业的考察和培训机会，并于2008年7月为会员提供了一次会展业务知识培训。

南京市会展行业协会

南京市会展行业协会（英文译名：Nanjing Association of Exhibition & Convention Industry，缩写NAECI）是由在南京地区从事会展业相关的企事业单位和个人自愿结成的地方性、行业性和非营利性的社会团体法人。本会宗旨是：在政府有关部门的指导下，协助政府进行行业管理，为会员提供服务，维护会员合法权益，形成行业自律机制，组织行业国际交流和合作，保障行业公平竞争，提高行业整体素质和水平，促进南京会展行业的健康发展。

本会的业务范围：参与研究制定全市会展行业的发展规划、行业政策、行业标准，推动行业自律，促进我市会展行业健康有序发展；接受政府有关部门的委托，配合政府对全市商品交易会（包括各类展览会、博览会、展销会、洽谈会、订货会、产品推介会等）实施管理和监督；向政府有关部门反映行业的现状与问题、会员的意见和要求，维护会员的合法权益，密切会员与政府的关系；组织开展会展行业统计、调研，定期发布我市会展信息和成果，为会员提供政策、经济和信息服务；加强与国内外相关部门和社会团体的联系，组织对外交流与合作，组织会员参与国内外各类会展活动；与政府有关部门、社团组织和专业展览公司联合，举办或承办国内外大中型会展活动，制定会展活动方案并组织实施；研究国内外会展业发展趋势，促进我市会展业尽快与国际接轨；积极组织会员之间，会展行业与相关行业之间的交流与合作；开展有益于本会发展的其他活动；政府委托的其他事项。

会长：蒋裕德（南京市政协原副主席） 秘书长：张丽娜

下设秘书处、财务处、工作联络处。现有会员85个。

地址：江苏省南京市玄武区龙蟠路88号南京国际展览中心M258室 邮编：210037

邮箱：33689568@qq.com

电话：025－83556895 传真：025－83556797

苏州市会展业发展工作领导小组办公室

牵头负责全市服务贸易综合管理工作，拟定全市服务贸易发展规划、政策措施并开展组织实施工作，编制年度全市服务贸易发展研究报告；负责全市（工业园区除外）技术进出口审核登记备案等管理工作；拟定技术贸易相关政策措施并组织实施，推动技术引进消化吸收再创新工作；促进对外技术合作和交流；负责全市服务贸易促进工作，拟订全局年度贸易促进活动计划，组织、指导重要服务贸易活动。推动服务贸易公共平台建设；加快服务贸易促进体系、服务贸易出口基地和品牌建设的相关工作；负责全市服务贸易的统计工作，收集、管理、分析全市服务贸易统计数据；负责全市软件进出口合同审核登记发证等管理工作；负责国际物流的促进工作，协助省厅做好全市国际货代企业新办和变更的备案汇总工作；负责在苏州举办的来华展的向上转报申请工作，并做好年度业务情况的汇总；负责苏州企业申报国家文化出口重点企业和重点项目的审核转报工作；负责国家、江苏省以及苏州市各项服务贸易扶持政策的落实工作；负责会展业的促进与管理工作；按分工承担涉外知识产权相关工作；承担市服务贸易发展联席会议办公室的日常工作；承担省电子口岸相关工作在苏州的推进；承担商贸服务业（含餐饮业、住宿业、会展业等）的行业管理工作；承担苏州市会展业发展工作领导小组办公室部署的具体工作。

办公地点：西环路1638号国际经贸大厦裙二楼210室　邮编：215004　　电话：68634017

苏州市会展业协会

苏州市会展行业协会是由苏州市从事会议、展览业及相关的企事业单位以及其他经济组织组成的具有法人资格的行业性、非营利性社会团体。2011年6月3日和6月10日分别召开了苏州市会展行业协会筹备组成员会议，6月17日举行了协会成立大会。协会的业务由中国国际商会苏州商会、苏州国际博览中心有限公司、苏州市会议中心、太湖国际会议中心、昆山花桥国际商务城中国国际采购中心、苏州市节庆会展策划有限公司、苏州科技学院旅游研究中心7家单位发起成立。协会遵守国家法律、法规，在政府有关部门的指导下，协助政府从事行业管理，保护会员的合法权益，提高行业整体素质，形成行业自律机制，组织国际交流与合作，促进素质会展行业的健康发展。 协会的常设机构是秘书处，下设办公室和项目部，负责发展和联系会员，编发简报、会刊；制定行规行约，制定中长期发展规划；协调项目计划；评估项目等。

无锡市会展业发展办公室

无锡市会展业发展办公室（以下简称市会展办）是无锡市会展业发展联席会议的常设机构，成立于2011年4月，承担联席会议的日常工作，与贸促会合署办公，配备专业人员。会展办负责根据全市经济社会发展的战略目标，提出会展业的工作思路、目标任务、总体规划；研究会展业的发展状况，拟定会展业发展相关政策及实施办法，规范市场秩序，整合会展资源，加强会展宣传、扩大社会影响，强化对外招商，加强交流合作，积极引进国际、国内的知名品牌展会，扶持和培育地方品牌展会；组织开展会展专业人才的交流和培训；开展会展业统计、评估工作，把会展业统计纳入现代服务业统计范围，建立会展统计监测体系，全面掌握会展业发展动态；会同市财政局等部门加强无锡会展业发展扶持资金的使用管理；发挥协调服务功能，完成联席会议下达的各项工作任务。

连云港市会展业协会

会展业已发展成为新兴的现代服务贸易型产业，成为衡量一个城市国际化程度和经济发展水平的重要标准之一。连云港市会展业也实现了从无到有，逐步发展，会展从业人员也逐渐增加的良好态势。为了进一步更好、更快地发展我市会展业，逐步拓宽会展业发展的渠道，提升会展业办展水平。在连云港市经济贸易委员会和各级领导的关心支持下，经过充分酝酿和精心筹备，并经市民政局核准登记，连云港市会展业协会作为全市性的会展行业社会团体，于2008年8月18日正式成立。

协会成立大会暨第一届会员大会，通过了协会章程，产生了协会领导机构，标志着我市展览行业进入了一个新的发展阶段。会展业协会主要工作有：

第一、协助市有关部门加强行业管理。宣传和贯彻国家政策、法规，做好行业协调和管理工作，帮助企业向政府反映发展中所出现的问题和困难，协调会展企业之间、会展企业与政府部门之间的关系，积极争取政府加大扶持力度，为会展业的发展创造更加宽松的环境。

第二、开展会展调查研究。进行会展横向比较和纵向比较研究，分析趋势，总结经验，发展特色，组织业内外的学术研讨会和经验交流会，探讨会展业发展的最新动态，为政府提供决策依据，同时为企业及时提供会展市场信息和咨询服务。

第三、广泛开展与各会展机构和同行间的交流和业务合作，实现资源互补，信息共享，引进外地成熟展览，开发自办展，增强协会的影响力，促进协会的健康发展。

第四、加强协会自身建设，提高协会凝聚力，多为会员单位办实事，办好事，依照法律和行业有关规定，维护会员单位的合法权益，提倡公平竞争，讲究职业道德，开展利于各会员单位间增强凝聚力的联谊活动等。

第五、加强行业宣传推广，创办协会会刊及协会对外宣传服务网站，向社会公众宣传会展知识，推荐优秀会员企业；组织开展好会展业的宣传工作，提高会员单位的知名度。

第六、发展新会员，不断壮大协会的队伍。会展业协会刚刚成立，会员还不是很多，为此，协会将加强调查研究，尽量把从事会展及配套服务的企业吸收到协会这个大家庭之中来，进一步壮大协会的队伍。

【江西省】

江西省会展协会

江西省会展协会成立于2005年，是由江西省政府办公厅主管，由相关政府机构、企事业单位、社会团体和个人联合发起，自愿结成的，具有法人资格和行业性、地方性、非营利性社会团体。

本会以维护国家利益，适应和促进社会主义市场经济的发展；改善、优化江西省会展业市场环境；协调、管理、规范江西会展业的市场秩序；培育和推介江西展览品牌；鼓励和扶持境外来展；提高江西会展业的质量和效益为宗旨。以“服务、自律、代表、协调”为职能，担当政府和会展企业沟通的桥梁。

本会的职能范围：协助政府制定适合管理全省会展业的政策和法规；制定具有行业自律的行规行约；建立、完善行业统计；为会员单位提供信息、咨询、培训、评估、认证、宣传等服务；组织国内外会展业的交流与合作，促进江西会展业的健康发展。

南昌市会展工作管理办公室

为了进一步推进南昌会展经济的快速发展，在市委、市政府的正确领导和高度重视下，2004年11月成立了由市长亲自担任组长、常务副市长担任副组长、有关分管市长担任副组长的南昌市会展工作领导小组，主要负责对南昌会展经济方向、目标定位、政策环境进行决策。

领导小组下设会展工作管理办公室，代表市政府对全市会展行业进行管理、协调及指导。主要职责有：

一、制定全市会展行业发展的中长期规划，综合协调、组织有关部门和单位实施年度工作计划；

二、研究制定发展全市会展经济的有关政策、法规和规章；

三、对全市会展业实施归口管理和工作指导，规范会展市场秩序、培育会展品牌；

四、对各类会展公司（办会、办展机构）的资质审查和在昌举办的各类展会的审批及备案工作；

五、组织、协调、指导、监督在昌举办的大型会展活动；

六、组织、协调相关部门和单位进行会展资源的开发和利用；

七、负责建立和指导会展行业协会的工作。

南昌市会展工作管理办公室是南昌市会展行业的唯一管理机构。办公室主任由南昌市政府副秘书长辛利杰同志兼任，办公室副主任由南昌市政府办公厅副主任陈武同志兼任。办公地点设在市政府大楼，目前办公室设有两个处室：综合处和业务处。

综合处主要工作职责：负责办理文电收发、打印、传递工作；负责文书归档、保管、保密工作；负责有关会务工作；负责印鉴管理工作；负责财务管理工作；负责会展办的内务工作。

业务处主要工作职责：负责制定全市会展业发展规划及年度计划，综合协调、组织有关部门和单位实施年度计划；负责规范会展市场秩序、培育会展品牌；负责在南昌举办的各类展会的审批工作；负责在昌举办的大型会展活动的组织、协调、指导、监督工作；负责协助大型会展活动的有关申办工作；负责全市会展资源的整合工作；负责参与、协调会展场馆规划及建设的有关工作；负责建立和指导会展业协会的工作；负责建立、筹措、管理会展经济发展基金；负责对各类会展公司（办会、办展机构）资质审查。

【辽宁省】

辽宁省展览行业协会

辽宁省展览行业协会成立于2009年12月，本协会的性质：本协会面向全社会，由展览行业以及与展览行业相关的企事业单位或企业联合组织以及个人自愿组成，是全省展览行业性、非赢利性的社会团体组织。

本协会的宗旨：

按照市场经济规律和客观要求，团结协作，加强行业自律；

规范展览市场秩序；改善、优化展览环境，提高展览质量和效益；

开展市场调研和业务培训；沟通会展信息，交流办展经验，促进会员间的协作和友谊，促进政府与企业的沟通和协调，推进展览业的健康、稳步发展。

本协会接受业务主管单位辽宁省服务业委员会的业务指导和登记管理机关辽宁省民间事务管理局的监督管理。

本协会的主要任务是发挥行业组织的沟通、组织、协调、管理、自律和服务作用

协会成立至今，本着遵守国家法律、法规，积极发挥“服务、代表、协调、自律”的四大职能，在有关职能部门的指导下，协助政府从事行业管理，就保护会员的合法权益、提高行业整体素质、进行行业统计、形成行业自律机制等方面做了全方位的工作，并与政府同时一直致力于为会员单位提供全面的优质服务，体现行业协会的广泛性和代表性，从而真正构筑政府与企业之间沟通交流的和谐平台。

沈阳市服务业委员会会展业发展办公室

2009年，根据中共辽宁省委、辽宁省人民政府批准的《沈阳市人民政府机构改革方案》和《沈阳市人民政府机构改革实施意见》、《沈阳市服务业委员会主要职责、内设机构和人员编制的规定》，原沈阳市会展业管理办公室更名为“沈阳市服务业委员会会展业发展办公室”，为沈阳市服务业委内设机构，编制6人，主要职责如下：

★ 负责拟订全市会展业发展中长期规划和年度计划，研究拟订相关政策、法规和规章制度；

★ 负责全市会展业市场运行情况的综合及统计分析、市场预测，组织信息发布，监控市场运行；

★ 负责培育会展市场，协调国家、省及外地在本市举办的各类大中型会展活动；

★ 负责国家有关部门及省、市政府下达的我市外埠商品展洽活动的组织工作；

★ 综合汇总分析会展、广告、中介等商务服务业发展趋势和动态情况，提出对策建议；

★ 负责会展业的行业管理，指导沈阳展览中心工作。

地 址：沈阳市和平区总站路115号（建筑大厦14楼A1402）邮 编：110002

电 话：024-22722255 传 真：024-22722554

沈阳展览业协会

沈阳展览业协会成立于2004年3月，由从事会展及相关业务的企事业单位组成，为跨部门、跨所有制、非营利性的行业性社会团体法人。

主要职责：一是协助政府从事行业管理，建立行业自律机制，规范会展市场秩序；二是改善和优化会展市场环境，培育会展品牌，促进会展市场主体的健康发育；三是开展市场调研和业务培训，加强信息交流；四是组织行业实施国际国内的联手与合作；五是构筑政府与企业之间的沟通与交流平台，进而推进地区会展业的国际化、专业化、市场化和规模化。

本协会共有会员单位80余家，工作人员4人，顾问1人。

2010年在全市行业组织评比中，沈阳展览业协会被评为“沈阳市先进行业协会”、2012年在全国会展业“金五星奖”评比中，被评为“优秀会展行业协会”。 地址：沈阳市沈河区中街路万宝盖北巷1号

电话：24869648 传真：24848636

邮箱：syzlyxh@126.com 网址：www.syfair.com

【内蒙古自治区】

呼和浩特市会展业管理办公室

2008年1月25日，呼和浩特会展协会正式成立暨第一次代表大会召开，这对于进一步推动首府会展经济快速发展，大力提升呼和浩特市第三产业实力，促进招商引资，构建社会主义和谐首府，有着极为重要的意义。

会展协会成立后，将通过制定会展行业标准和行业守则，进一步规范会展市场秩序，营造会展市场的和谐环境与运行机制；培训和引进专业人才，推广先进科学管理方法和经营方式，推动各种形式的对外合作交流，促进会展业的发展和进步；加强行业自律和协调，促进会展业规范有序地发展。

内蒙古会展经济科学发展研究会

内蒙古会展经济科学发展研究会是由内蒙古文化厅主管，内蒙古民政厅批准的非盈利学术性社团，2008年6月，在内蒙古党政新建会议中心召开成立大会，选举产生常务理事会和理事会、选举会长、副会长、秘书长和副秘书长、聘请名誉会长、顾问和技术顾问，研究会秘书处下设办公室、课题部、项目部、会员部、培训部、统计部、宣传和财务部。

做为内蒙古会展节庆统计制度调查制定单位，研究会在全区开展会展节庆统计工作，

研究会作为内蒙古职业技能鉴定指导中心设立的会展策划师、陈列展览设计师、会展设计师、展览讲解员、礼仪主持人职业鉴定考试培训机构，每年定期组织考试报名培训，并按时参加全国统一鉴定考试。

在成立大会期间，举办了“内蒙古首届会展研讨会” 出版了《会展经济研讨会》论文集。组织社会各界代表召开了“会展经济拉动内需、应对举措”座谈会。 并向政府提出《建立“专项资金”制定鼓励政策，加快我区会展经济发展步伐》建议，成立了内蒙古会展业调研考察小组，赴大连、上海、广州、深圳等地调研，撰写《我区会展经济发展情况的调研报告》，同时提交了《关于制定出台鼓励我区会展业发展政策性文件的请示报告》，撰写《内蒙古自治区促进会展经济发展的意见》建议，在两会期间提交了《内蒙古自治区促进会展节庆产业发展意见》提案。参与编辑《全国会展政策法规白皮书》共计连续四册的内容，编辑《内蒙古会展节庆》会刊，参与编辑《2006-2010年中国会展业发展报告》。

接受《新华网》、《中外会展》、《内蒙古日报》、《北方新报》、《内蒙古晨报》、《内蒙古商报》的采访，从不同角度阐述了会展给当地带来的收益，积极呼吁政府出台优惠政策扶持会展行业更好地发展。

应邀参加《2008年中国国际会议产业论坛大会》、《2008年北京国际文化博览会》；《2008年内蒙古婚庆博览会》、《2008年内蒙古国际农业博览会》；参加近几年的北京国际文化博览会、中国国际文化创意产业论坛、中国国际会议产业论坛大会等其他会展活动；

撰写文化厅交办的《十一五文化产业蓝皮书》中《内蒙古会展业发展报告》内容，完成内蒙古政府调研室交办的《内蒙古会展节庆规划的研究》。

研究会负责草原文化节主题论坛分论坛《内蒙古会展节庆文化发展论坛》和《内蒙古会展节庆文化与现代文明论坛》的承办工作；

联系方式：
地　　址：呼和浩特市新华大街63号内蒙古政府6号楼9楼916房间
电　　话：0471—6611082　　　传　真：0471—6611083
电子邮箱：nmghzyjh@163.com　　　手　机：15848181535
联 系 人：王倩　　　邮　编：010050

【宁夏回族自治区】

宁夏博览事务局

以展览为主业，拥有国内外展览主办和承办、出国展览组团、出国商务考察组团、展览运输等行业专有权。同时还为客户提供国内外广告策划、设计制作、媒体代理、进出口代理、国际货运代理等全方位、一体化、多功能的一站式展览筹办服务。

企业文化：

企业精神——锐意进取、追求卓越、专业专注、诚信服务发展战略——培育国际品牌战略、以人为本的人才战略、卓越超市场营销战略、优质完善的服务战略企业目标——培育国际知名品牌展会、打造亚洲一流会展集团企业形象——精干高效的队伍形象、严谨务实的管理形象、舒适整洁的环境形象、真诚奉献的服务形象世信人精神——团结、诚实、敬业、创新，不断提高自身的业务能力和知识水平，奋发向上，永不满足，以振兴我国展览业为已任，做到对公司对客户对社会的真诚奉献。

银川市会展业协会

银川市会展业协会经过各级政府的关怀和支持于2008年12月16日在银川市行政中心宣布正式成立。协会以服务企业维护会员单位的合法权益；协助政府从事行业管理；广泛团结会展企业和业内人士为会员提供各类优质服务并实现行业自律；改善优化会展业市场环境提高会展质量和效益；以市场为导向着力解决行业突出问题，加强内外交流与合作促进银川市会展业的可持续发展为宗旨。会展业协会的成立在会员企业同政府部门之间的桥梁组带作用，会员企业服务，维护会员，加强会展行业自律，提高会展行业管理和服务水平，促进银川市会展业健康有序发展方面发挥着重要作用。

银川市会展业协会的届时成立填不了西北展览行业的空白。目前，协会各项制度完善，已发展会员300余家，常务理事以上76家。会员增长迅速，触及餐饮酒店、婚庆婚纱、摄影、食品、家居、汽车、广告、旅游、传媒等100多个行业。积聚了宁夏会展行业的权威展馆、企业和人脉，并成功推出《西部会展》双月期刊，并面向全国发行。

【青海省】

西宁市服务业促进发展局

2011年12月6日，西宁市服务业促进发展局正式挂牌成立。省发改委，市委、市人大、市政府、市政协领导，市政府相关部门和省、市服务业企业参加了成立仪式。市委常委、市委秘书长张云海和市政府副市长金九晨为西宁市服务业促进发展局成立揭牌。

根据西宁市机构编制委员会《关于成立西宁市服务业促进发展局的通知》（宁编委发〔2011〕14号）批复，西宁市服务业促进发展局隶属于西宁市发展和改革委员会管理的行政管理类副县级事业单位。其主要职责是负责全市服务业发展的组织协调和宏观指导；调查分析全市服务业发展情况，研究提出解决重大问题的意见和建议；编制和组织实施全市服务业总体规划，研究提出服务业发展目标和政策措施，组织指导服务业专项规划的编制等工作。

西宁市服务业促进发展局的成立，将对加快转变经济发展方式，促进服务业健康有序发展，使服务业成为就业富民的主渠道，促进西宁经济社会又好又快发展将起到积极的作用。

西宁会展业协会

本协会的性质：由西宁地区从事会议、展览行业以及与会展业相关的企事业单位、团体和个人自愿组成的跨部门、跨所有制的非盈利性行业性组织，是经社会团体行政主管机关注册登记而成立的社会团体法人。

本协会的宗旨：遵守中华人民共和国宪法法律、法规和相关政策，遵守社会道德风尚，按照市场经济规律和客观需求，团结协作，加强行业自律；改善、优化我市会议会展业市场环境，提高会展业质量和效益；开展市场调研和业务培训；加强本地区与国内外会议展览行业间的联系，沟通会议展览信息，开展会展业务交流，提升办会、办展水平，促进会员间的协作和友谊；发挥好政府企业间的桥梁和纽带作用，推进西宁会议展览业的健康、稳步发展，为会展经济的发展作出应有的贡献。

本协会的行业主管部门是西宁市商务局，社团登记管理机关是西宁市民政局。

本协会的地址：西宁市城南新区南京路56号（青海国际会展中心）

【山东省】

山东省会展业协会

山东省会展业协会（原山东国际展览业协会）成立于2002年。本会是在省政府的支持下，由中国国际贸易促进委员会山东省分会会同相关企事业单位、社会团体和个人联合发起，自愿结成的，具有法人资格的行业性、地方性、非营利性社会团体。 协会下设组织者专业委员会、场馆专业委员会和服务商专业委员会。

本会以维护国家利益，适应和促进社会主义市场经济的发展；改善、优化山东会展业市场环境；协调、管理、规范山东会展业的市场秩序；培育和推介山东展览品牌；鼓励和扶持境外来展；提高山东会展业的质量和效益为宗旨。以“服务、自律、代表、协调”为职能，担当政府和会展企业沟通的桥梁。

本会的职能范围：协助政府按经济目标化的要求制定适合管理全省会展业的政策和法规；制定具有行业自律的行规行约；协调、审核年度展览计划；建立、完善行业统计；为会员单位提供信息、咨询、培训、评估、认证、宣传等服务；组织国内外会展业的交流与合作，促进山东会展业的健康发展。

青岛市会展业发展办公室

研究编制会展业发展中长期规划，拟订有关政策法规和规章制度，并组织实施；协调解决会展业发展中的问题，培育会展业市场；规范管理会展、节庆活动，组织、管理、指导、协调重大会展、节庆活动；会同有关部门管理会展业专项资金；组织开展有关交流与合作，引进会展项目和机构；负责会展业数据统计、信息发布；指导、协调会展行业协会制定并组织实施行业规划和行业标准；协调会展场馆的规划建设；完成上级交办的其他工作。

烟台市会展节庆领导小组办公室

贯彻执行上级有关会展业发展政策、法规，负责研究制定全市会展业发展的政策、规划，并组织实施和督促考核；负责重大会展节庆活动的指导、协调工作；会同有关部门对全市会展业实施行业管理。承担市会展节庆领导小组办公室的具体工作。

威海市会展办公室

威海市会展办公室于2004年4月经威海市编制委员会威编[2004]11号文批准设立，为市政府直属的正县级事业单位，人员经费实行财政全额预算拨款，编制11人，下设3个科室：综合科、大型活动协调科、行业管理科。综合科：负责文秘、档案管理、《威海会展》、《威海人居》网站运营工作；负责文稿的组织撰写和审修把关；负责会务接待、后勤保障、财务、财产管理等行政事务工作；完成领导交办的其他工作。

大型活动协调科：负责以市委、市政府名义主办或承办的大型会展活动（包括会议、展览、演出等）的调研论证、评估审核、协调管理以及有关数据的统计分析工作；负责“人居节”的整体策划、筹备、协调、组织实施；完成领导交办的其他工作。

行业管理科：负责研究拟定我市会展业发展的行业规划、政策、规章并组织实施；负责全市性会展活动的调研论证、项目审核、资质审验、监督管理及统计分析工作；负责全市性会展业的行业管理工作；组织各市区、市直各部门组团参加国内外有关会展活动；完成领导交办的其他工作。

临沂市会展业服务办公室

会展办全称临沂市会展业服务办公室。2008年5月经临沂市编委办公室批准成立。主要职能：承担全市会展业的行业管理工作，组织拟订全市会展业发展的行业规划、政策措施并组织实施；负责全市会展活动的调研论证、评估审核、协调管理以及相关数据的统计分析工作。

2011年4月，经临沂市编委批复，临沂市会展业服务办公室规格由正科级调整为副县级，经费方式为财政拨款；事业编制8名，设主任1名、副主任1名，内设业务科室2个。

东营市会展工作办公室

一、机构设置

市会展工作办公室于2009年12月经东营市机构编制委员会东编发[2009]2号文批准设立，为市政府办公室所属的监督管理类事业单位，正县级，配备主任、副主任各一名，下设综合科、展会科、行业管理科3个职能科室。

二、主要职责

（一）贯彻执行上级有关会展工作的方针政策和工作部署，拟订促进全市会展业发展的政策措施和管理办法并组织实施。

（二）拟订全市会展行业发展规划和年度会展工作计划并组织实施。

（三）培育规范会展市场。对全市会展业进行行业归口管理和工作指导，对各类会展机构和会展公司进行资质审查，对来我市举办的各类展会进登记备案和审批指导。

（四）促进会展经济发展。负责全市会展经济的宣传、推介和有关活动资料的收集、整理、归档、发布工作；管理、维护会展网站；培训会展工作人员。

（五）组织市委、市政府安排的重大会展、节庆活动。

（六）承办市委、市政府及市政府办公室交办的其他事项。

三、联系方式

综合科：0546—8383988

展会科：0546—8382177

行业管理科：0546—8382506

办公地址：东营市东城府前大街69号（东营经济开发区管委会原办公楼）

邮编：257091

广饶县会展节庆办公室

广饶县会展节庆办公室为广饶县政府直属的准公益类正科级事业单位，成立于2010年9月，编制总额12名，配备内设综合部、展览部、招商联络部等3个职能部室。主要业务范围为：贯彻执行上级有关会展工作的方针政策和工作部署；拟定全县会展行业发展规划和年度计划并组织实施；拟定全县会展行业发展的政策措施和管理办法并组织实施；承担培育规范会展市场责任；承担促进会展经济发展责任；组织县委、县政府安排的会展、节庆活动；协调有关单位做好国际会展中心相关的维护管理工作；承办县委、县政府交办的其他事项。

（一）综合室

组织协调办公室日常工作；拟订全县会展行业发展规划、年度计划并组织实施；拟订促进全县会展业发展的政策措施和管理办法并组织实施；负责在本县举办的各类展会的登记备案、审批指导及统计分析，负责在本县开展工作的各类会展机构、会展公司的资质审查；负责会展节庆的宣传、相关会议筹备与确定事项落实情况的督促检查工作；负责文秘、档案、保密、安全、财务和国有财产管理等行政事务性工作；具体协调县国际会展中心维护管理工作。

（二）展览部

储备、培育、包装和推介会展项目；负责县委、县政府安排会展、节庆活动的策划、协调实施工作；负责对参展商咨询及代理服务的监督管理；负责展商的接待服务及其参展活动的监督管理；负责县委、县政府安排会展、节庆活动现场运行管理及活动期间氛围营造、广告规范和管理；负责展览、节庆安排等相关材料的编辑和发行。

（三）对外联络部

拟定县委、县政府安排会展、节庆活动的对外联络工作方案并组织实施，负责来县客商和专业观众的联络、接待服务及监督管理；指导县外参展活动；培训会展工作人员。

【山西省】

太原市会展工作办公室

会展业作为现代服务业的重要组成部分，对于促进内外贸易、优化经济结构、拉动地区经济、提升城市影响力具有十分重要的作用。为加快我市会展业发展，强化政府对会展业的引导、服务功能，规范我市会展市场，经市政府批准，并编办字［2007］63号文件，中国国际贸易促进委员会太原市支会（太原市贸促会）于2007年6月28日加挂太原市会展工作办公室牌子，实行一套机构、两块牌子。 太原市会展工作办公室的主要职能是：制定全市会展工作发展规划，组织协调相关部门制定实施年度会展计划；对全市会展工作实行行业归口管理服务和指导，规范会展秩序，对在本市举办的各类展会进行核准和备案；开展全市会展业政策研究工作，提出和制定相关的政策法规；负责太原市举办、承办和协办的各类全国性、国际性、区域性会展活动的策划、组织和实施；积极争办、申办能促进本市经济发展的国家级和全国性展会工作；负责有关会展活动资料的收集、整理和归档工作；对全市会展业人才进行统计、评估，发布会展经济信息，组织开展会展专业人才交流培训等。

【陕西省】

西安市会展业发展办公室

西安市会展业发展办公室部门职责

（一）贯彻国家和陕西省会展业发展的有关政策规定，拟定全市会展业中长期发展规划、政策和措施，并组织实施。

（二）负责全市会展业的规范和管理，对在西安区域内举办的各类会展活动进行前置登记和监督检查。

（三）负责培育会展市场，引入市场化运作机制，扶持会展企业，推介、宣传西安会展优势和会展项目，申办、争取国内外大型会展活动。

（四）拟定欧亚经济论坛、欧亚博览会工作总体方案并组织实施。

（五）负责协调有关职能部门和相关单位，做好各类展会的配套服务工作。

（六）负责全市会展数据统计，进行市场预测、信息咨询和发布。

（七）负责大型活动工作人员和志愿者的征集、管理，做好会展人才培训工作。

（八）负责市会展业发展工作领导小组（欧亚经济论坛执委会）日常工作。

（九）负责市政府交办的其他大型活动的组织策划和协调落实。

（十）负责完成市委、市政府交办的其他工作。

西安市会展行业协会

西安市会展行业协会成立于2002年10月，是经西安市民政局批准，代表西安会展行业利益的非赢利性社团组织。2009年初，西安市会展业发展办公室成立后，协会也随原会展办的职能划入新机构，业务主管部门由原来的市商贸局变为市会展业发展办公室。协会目前已有 60多家会员单位，囊括了3个展馆、主要展览公司、搭建公司和广告公司。其主要职能是，为会员企业和行业企业提供服务，沟通会员与会员之间，会员与政府之间，会员与社会之间的联系；为企业提供各种信息咨询、业务培训、资质评定、考察交流等系统服务；反映会员与行业的呼声，维护会员和行业的合法利益；制定各种行规行约。协调企业间的经营行为，规范会展市场，保障行业公平竞争；监督会展企业加强行业自律。树立良好的道德风尚，促进行业发展。

【上海市】

国际会议联盟

国际会议联盟由国际会议联盟（香港）有限公司发起，是全球会议组织者、受众、服务商的利益代表机构。英文名称为INTERNATIONAL MEETING UNION(缩写为：IMU），联盟的常设机构设于上海市平凉路1398号209厅。

国际会议联盟依靠强大的国内、国际组织资源优势，自建和整合各种媒体力量，以各种形式吸纳会议业研究、策划、执行等专业人才，为会议行业提供权威的资讯，发布会议行业研究报告，构筑便捷交流平台，建立互信系统，制定行业管理评估标准，培训和输送行业人才。 附加功能：引进国际影响的会议走进国内，国内有影响的会议走向国际，带动信息、技术、资本、人才等要素跨国合作和交流。

上海市商务委员会

（一）将原上海市经济委员会的内贸管理职责划入上海市商务委员会。

（二）将原上海市对外经济贸易委员会（上海市外国投资工作委员会）的有关职责划入上海市商务委员会。

（三）将原上海市对外经济贸易委员会（上海市外国投资工作委员会）的外资项目审核职责交给上海市发展和改革委员会。

（四）与所属企业脱钩，不再直接管理企业及企业生产经营活动。

（五）取消已由市政府公布取消的行政审批事项。

（六）取消或停止已由市政府公布取消或停止的行政事业性收费项目。

（七）取消直接办理与企业有关的评比及品牌评定活动、编报并执行机电产品配额年度进口方案、对引进技术再出口进行监督的职责。

（八）将贸易投资促进、援外项目招标、主办的相关会展活动等具体组织工作转交有关行业协会、社会中介组织或企事业单位承担。

（九）加强内贸工作，推动内外贸融合，搞好市场运行和商品供求状况监测，大力发展现代流通，促进统一、开放、竞争、有序的现代市场体系的建立和完善。

主要职责

（一）贯彻执行国内外贸易和国际经济合作的法律、法规、规章和方针、政策；会同有关部门研究起草该市经济贸易和吸收商贸投资工作的地方性法规、规章草案和政策，并组织实施有关法规、规章和政策。

（二）根据该市国民经济和社会发展的总体规划，拟订该市内外贸易、国际经济合作发展战略和实施规划，并组织实施。

（三）负责推进流通产业结构调整，指导流通企业改革和社区商业发展；负责商贸服务业行业管理，提出促进商贸中小企业发展的政策建议；推动流通标准化和连锁经营、商业特许经营等现代流通方式的发展；负责拟定商务领域电子商务发展的政策、措施、标准、规则并做好相关推进、管理工作，推动现代物流业的发展。

（四）指导协调该市大宗产品批发市场规划，协调城乡商业网点布局，推进农村市场体系建设，组织实施农村现代流通网络工程。

（五）牵头拟订整顿和规范该市市场经济秩序的政策措施，组织商品市场监控，规范流通秩序，履行商贸领域行政执法的职责；组织协调开展打击商务领域侵犯知识产权、商业欺诈等工作；负责该市商贸运行管理，监测分析该市商贸宏观运行状况，处理协调商贸流通中的突发事件及有关重大问题。

（六）承担组织实施该市重要消费品市场调控和重要生产资料流通管理的责任；负责建立健全生活必需品市场供应应急机制，按分工负责重要商品储备管理和市场调控工作；负责食用农产品、肉类食品等重要商品的流通管理，按有关法律、法规、规章负责生猪屠宰的有关工作，培育和发展水产品市场，负责酒类专卖管理工作。

（七）负责推进该市商贸服务业发展，拟订该市商贸服务业发展战略、规划和政策，组织起草商贸服务业法规、标准和规范性文件并组织实施；组织、指导和推进商贸服务行业经营创新，发布商贸服务行业发展导向，会同市有关部门指导该市商业流通企业国内合作交流。

（八）促进贸易增长方式转变，指导和协调该市贸易促进体系的建立；指导全市进出口商品结构调整，负责推动技术出口、软件出口和自主知识产权的产品出口；负责推动企业开拓多元化国际市场，推动该市优秀品牌进入国内外市场；负责重要工业品进口的计划管理，管理部分进出口商品许可证和除粮食、棉花、煤炭以外的出口商品配额；研究建立对外经济贸易的统计体系并组织实施，负责对外经济贸易统计和运行情况的监测分析，提出政策建议。

（九）协调、指导全市服务贸易工作；会同有关部门制定服务贸易的规划、政策并组织实施，推动服务外包平台建设；指导该市展览和境外出展。

（十）组织拟订我国加入世界贸易组织后地方综合应对方案并会同有关部门组织实施；建立区域性进出口公平贸易预警机制，指导和协调该市出口反倾销、反补贴工作，参与组织产业损害调查，组织实施有关反垄断法律法规，参与重大对外经贸争议案件的调处工作；负责该市有关对外贸易方面的知识产权工作。

（十一）宏观指导该市外商投资工作，组织拟订改善投资环境的措施；指导协调全市外商投资促进和外商投资企业审批工作，指导全市开发区外资引进和国家级经济技术开发区的有关工作；按权限负责该市外商投资企业设立、变更合同章程等事项的核准和申报工作；为外商投资企业提供政策咨询及其他协调性服务。

（十二）负责该市对外经济合作工作，落实该市有关对外经济合作事项，依法核准、推进该市企业在境外开办企业（金融企业除外），指导和推进对外工程承包、外派劳务合作和境外就业等，负责牵头该市外派劳务和境外就业人员权益保护；负责该市对外援助工作；在国家对外经济合作的总体战略规划框架下，承办和参与多双边经贸谈判，参与处理国别地区经贸关系。

（十三）指导该市企事业单位执行经贸外事政策；负责审批本系统、本单位所属人员的因公出国（境）任务，办理邀请外商来沪手续，负责外国非企业经济组织常驻上海代表机构的审批和管理；安排重大经贸外事活动和其他经贸峰会。

（十四）牵头拟订并执行该市对香港、澳门特别行政区和台湾地区经贸政策，负责香港、澳门特别行政区和台湾地区非企业经济组织常驻上海代表机构的审批和管理，负责该市与香港、澳门特别行政区和台湾地区招商引资和经贸合作工作，处理该市经贸领域涉台事务。

（十五）指导该市社会商贸中介机构、外资中介机构以及商贸行业各社会团体工作；指导协调全市商务人才队伍建设工作。

（十六）负责有关行政复议受理和行政诉讼应诉工作。

（十七）承办市政府交办的其他事项。

上海市会展业促进中心

上海市会展业促进中心是经上海市机构编制委员会批准，于2012年5月23日挂牌成立，为上海市商务委员会直属部门。

“中心”的成立旨在为推进本市建设成为国际会展中心城市的目标服务。

“中心”主要职责为受市商务委委托，承担本市会展行业管理、协调及会展促进工作；对外宣传、推介本市会展业发展环境；参与制定本市会展业发展规划及会展促进政策；推进本市会展业标准制定等。

“中心”下设部门：

管理协调部：主要负责本市会展业纠纷协调、新展档期协调、展会现场评估、《上海会展指南》编撰等工作。

政策研究部：受市商务委委托，组织新展可行性评估会、参与会展业政策法规制定等工作。

上海市浦东新区会展办公室

浦东新区会展办公室（以下简称会展办）成立于2003年2月8日，是浦东区府的常设机构，性质为公务类事业单位。其职责主要是管理浦东新区的会展产业，优化浦东新区的会展环境，制定浦东新区的会展产业发展政策，对外宣传浦东新区的会展设施及服务，负责全面推进浦东新区会展产业的发展。

会展办在浦东新区会展工作领导小组指导下开展日常工作，浦东新区会展工作领导小组由新区经委牵头，新区计划局、建设局、环保局、工商局、公安局（治安、交通、消防）、社发局、文广局、海关、商检局、技监局、药监局、陆家嘴公司、花木镇、消协等部门和单位参加。

上海市会展行业协会

上海市会展行业协会Shanghai Convention & Exhibition Industries Association(缩写：SCEIA)于2002年4月成立，由本市从事会议、展览及相关业务的企事业单位自愿组成的跨部门、跨所有制、非营利性的行业性社会团体法人，是具有广泛代表性的新型行业协会。本会由会员单位组成，截止2012年12月底，协会已有会员450家，会员成分已呈多元结构，基本涵盖了会展主体业务以及与之相关的业务领域。目前协会理事会有副会长单位40家、常务理事单位12家，理事单位33家。本会的常设机构为秘书处，下设办公室、联络部、项目部、信息部和服务中心。协会成立多年来，本着遵守国家法律、法规，积极发挥"服务、代表、协调、自律"的四大职能，在市有关职能部门的指导下，协助政府从事行业管理，就保护会员的合法权益、提高行业整体素质、进行行业统计、形成行业自律机制、行业认证、组织国际交流与合作等方面做了全方位的开创性工作，同时一直致力于为会员单位提供全面的优质服务，体现行业协会的广泛性和代表性，从而真正构筑政府与企业之间沟通交流的和谐平台。

长三角城市会展联盟

由上海、南京、杭州、合肥、南昌、宁波等六个城市发起成立的长三角城市会展联盟，得到了常州、盐城、泰州、温州、嘉兴、绍兴、台州、舟山、义乌、衢州、芜湖、马鞍山、亳州19个城市会展业主管部门及行业机构积极响应和大力支持，首届长三角城市会展发展论坛暨长三角城市会展联盟成立大会于2006年12月18日在浦东展览馆隆重举行。

上海市政协副主席、上海现代服务业联合会会长宋仪侨致欢迎辞，并为长三角城市会展联盟成立揭幕。上海市会展行业协会会长吴承　介绍了成立长三角城市会展联盟的初衷与前景。在会上，长三角城市会展联盟首批19个城市成员签署了合作协议，上海市外经贸委副主任马银芳、上海市社会团体管理局副局长姚凯、上海市社会工作党委副巡视员刘庆致贺词。UFI全球副主席、执委、亚太区主席陈先进，商务部国际贸易经济合作研究院副院长沈丹阳，以及香港会议展览业协会会长朱裕伦、中国东北中心城市会展联盟、重庆市会展行业协会、沈阳会展业管理办公室/沈阳展览业协会等发来贺信。

成立后的长三角城市会展联盟将致力于整合长三角各城市成员的项目、产业、场馆、人才、信息、物流等相关资源，通过构建信息交流平台、统计分析平台、人才培养平台、品牌培育平台促进各城市之间的互动与共赢，实现和谐发展的目的。长三角城市会展联盟将通过对接2010年上海世博会，推动各城市在会展规划、设施建设、人才培养、招展招商、品牌建设等方面的全面提升，通过制度和谐、资源和谐、市场和谐最终实现长三角更高层次的区域和谐。

全国政协委员、港澳台侨委员会副主任、中国贸促会特邀顾问、中国市场协会会长俞晓松，上海世博会事务协调局副局长黄耀诚，中国展览馆协会理事长陈若蔚，中国会展经济研究会秘书长陈泽炎，台北市展览暨会议商业同业公会理事长林茂廷等会展界知名权威专家在论坛上进行专题演讲。联盟城市代表也结合各城市特点对联盟的今后的工作提出了很好的建议，同时也对联盟未来寄予了殷切期望。

本次大会共有400多位会展业专家及业内人士出席会议，长三角各城市会展业相关领导莅临指导，30多家国内外主流媒体对本次大会进行了全方位报道。

长三角城市会展联盟的主要功能

在六个城市会展机构联合发出倡议后，现已有上海、南京、杭州、南昌、合肥、宁波、常州、泰州、盐城、温州、绍兴、嘉兴、台州、舟山、义乌、衢州、芜湖、马鞍山、亳州等19个城市会展机构积极响应并加入了联盟。这些城市的积极参与，大大增强了长三角城市会展联盟的代表性，其前景是看好的。在"协调长三角会展业，服务上海世博会"的总体工作目标下，长三角城市会展联盟的主要功能和职责将在三至五年内达到：

（一）促进会展资源的流通

包括会展项目、参展企业、专业观众、经营管理、会展服务和专业人才等各方面的流通。联盟内各城市相互支持培育品牌会展，通过区域合作共同做强做大会展业市场。

（二）促进会展行业的规范

联盟将在各地政府部门及行业机构的大力支持下，推动行业和项目的评估认证、配合政府部门落实相关政策，使整个长三角会展业成为一个共同发展、共同繁荣的有机整体。

（三）促进会展信息的共享

联盟将通过网站、报纸、杂志、电视、广播等各种媒体平台，形成多方位、多角度的信息发布系统促进会展产业相关信息的高度共享。同时，在联盟内部的信息平台上，将进行有针对性的信息发布，策划各类学术研究及商务活动。

（四）促进会展品牌的包装

联盟将依托自身媒体和大众媒体，充分发挥联盟的专家优势对各城市会展项目及会展企业进行与国际接轨的包装，在形成“长三角会展”统一大品牌的基础上，根据各城市的特色及优势有的放矢，展现特点、突出优势、解决问题、提升档次。

（五）促进会展行业链完善

联盟紧密围绕会展业的发展需求，致力于促进长三角整个会展行业链的优化与提升，从而为全面提高长三角会展行业的辐射力、服务力、集聚力和表现力提供更为扎实的平台。

【四川省】

四川博览事务局

（一）负责中国西部国际博览会（以下简称“西博会”）的总体策划和中国西部国际合作论坛等重大活动的组织实施。

（二）负责西博会各主办方、协办方、支持方和顾问单位的联络、服务和协调工作以及西博会参会政要、重要嘉宾的邀请工作；承担省直部门、各主办单位客商邀请的联络协调统计工作。

（三）负责西博会形象设计、宣传推广和品牌建设及维权工作，建设、管理和维护西博会网站。

（四）负责西博会招展组展、展区规划、展场租赁、展位经营、现场管理与服务以及广告经营等工作。

（五）负责西博会的经费预（决）算及日常收支核算等财务管理工作。

（六）受省委、省政府和西博会组委会委托，负责省直有关部门和相关市（州）西博会期间承办或承担的中国（四川）采购商大会、中国西部投资说明会、川商大会等专题活动和项目的统筹安排、协调服务和督促落实工作。

（七）负责以省委、省政府名义主办或参加的泛珠三角论坛、川渝合作等其他各种专业性博览会、展览会、高层论坛、重大商务会议等会展活动的统筹、组织和协调工作；按照专业化、市场化发展方向，举办其他专业会展活动。

（八）负责收集和分析展会和客商资源信息，组织西博会发展和四川会展产业发展战略研究，培育会展人才队伍。

（九）承担省委、省政府和西博会组委会交办的其他事项。

成都市博览局

成都市博览局（中国国际贸易促进委员会成都市分会）职责：

一、负责组织管理和推动全市会展业的发展，组织起草本市会展业发展规划和年度工作计划；促进全市国际经贸合作与交流。

二、举办各种重要会展活动。策划并承办国际会展合作项目；培育本土品牌会展节庆活动；提供展览信息与业务培训服务。

三、申办国际国内会展活动。收集、整理国际国内会议展览信息，协调各种资源申办会展项目来蓉举办。

四、为外地来蓉举办的大中型会展活动提供配套政务服务。

五、开展国际交流与合作。邀请接待国际经贸组织和企业来蓉考察、投资和参加会展活动，举办各类招商引资促进活动、洽谈会、研讨会、技术交流会和相关讲座，促进成都与国内外经贸界、展览界开展合作；组织我市相关单位和企业赴国（境）外参加经贸交流活动。

六、提供国际经贸信息和法律服务。开展国际国内经贸信息的收集、整理、传递和发布工作，提供经贸信息、咨询和资信调查服务，代理国际国内经贸和海事仲裁事务，办理各种贸易的相关证明、证件等。

七、开展宣传推广活动。开展会展和贸促工作调研，提供政策建议和咨询服务，开展全市会展业的宣传推广。

八、指导并协调相关单位和各区（市）县会展、贸促工作。指导和协调成都市会展行业协会、成都国际商会工作；培育区县会展、节庆活动；指导、协调成都市各贸促支会和区县国际商会的工作；管理下属事业单位。

内设机构：

1、综合部（办公室）

组织协调机关日常政务；负责会（局）机关文秘、信息、机要、档案、保密、保卫、目标管理、后勤管理、政务接待、离退休人员管理、党务、纪检监察等行政事务；建立和完善局机关各项行政管理制度，规范行政行为；负责会（局）机关和直属单位机构编制、组织、人事、劳资、离退休人员管理、专业技术职称评定、干部调训及出国人员政审工作；牵头负责会（局）机关规范化服务型政府建设、机关行政效能建设、政务公开、政务信息和党风廉政建设工作；组织办理人大代表建议、政协委员提案；负责重要工作会议的组织保障及重要事项的督查工作；完成会（局）领导交办的其他事项。

服务电话：61887828、61887829

2、财务部（行政和财务处）

负责会（局）机关财务管理工作；负责编报全市会展专项资金计划，并实施监督和管理；负责对直属单位的财务指导和监督工作；负责领导出席重要展会节庆活动的综合协调及服务；完成会（局）领导交办的其他事项。

服务电话：61887826、61887830

3、会展业务部（会展服务处）

负责策划和牵头实施重大会议节庆活动；负责指导我市区（市）县会展节庆活动；负责在蓉举办的大中型展会活动的政务协调服务；开展国内会展业务合作；完成会（局）领导交办的其他事项。

服务电话：61887818、61887850

4、会展调研部（信息宣传处）

负责开展会展和贸促工作调研，提供政策建议和咨询服务，起草会展和贸促工作的综合性文稿；负责开展会展业和会展项目国内外宣传推广；负责各项会展活动的新闻发布等信息交流工作；负责会展行业调查和统计分析工作；负责成都会展网站建设、运营和维护工作；负责会（局）办公自动化建设；完成会（局）领导交办的其他事项。

服务电话：61887838、61887839

5、会展开发部（会展推进处）

负责收集、整理国际国内会议展览信息；负责国际国内会展活动来蓉举办的评估和申办工作；负责邀请和接待展会主办机构来蓉考察；负责成都市会展产业顾问的日常联系；完成会（局）领导交办的其他事项。

服务电话：61887835、61887836

6、国际合作部（对外联络处）、法律会员部（合署办公）

负责联络国际经济贸易组织、商协会和相关机构，开展国际经贸交流与合作；负责邀请和接待国外经贸工商企业界人士和代表团来访；负责组织本市企业出国（境）开展经贸交流、商务考察活动；牵头负责重大会展活动的会期接待工作；牵头负责局机关工作人员出国（境）计划申报、任务审核和相关手续办理工作；负责提供国际经贸信息、咨询服务；代理国际国内经贸和海事仲裁事务；办理各种贸易的相关证明、证件等；完成会（局）领导交办的其他事项。

服务电话：61887858、61887859

7、展览事务处（市博览局内设）

负责策划和牵头实施重大展览项目活动；负责展览活动的展区规划工作；负责展览活动的协调、现场管理与服务；负责牵头西博会成都市相关工作；完成局领导交办的其他事项。

服务电话：61887825

8、下属自收自支事业单位（副处级）：成都市国际商务会展服务中心

主要职责及业务：受机关、企业、事业单位和其他机构委托，为宣传推广、商品推介、洽谈会等商务活动提供咨询和服务；开展各类经贸交流、商务考察，协调和组织企业参加境内外展（博）览会；承办、承接各类会展活动及举办各种形式的招商引资活动。

服务电话：61887840

【天津市】

天津市商务委节庆办公室

市场规划建设处：负责全市各类市场和大中型商业设施、商业网点的规划、布局；掌握、分析全市市场建设发展情况；负责旧货业、租赁业的市场管理；负责拍卖、典当企业的审批和行业监管各类商品批发市场的审批和大中型商业设施项目的核准工作；组织协调系统内土地资源的开发利用；承办市市场协调小组办公室的日常工作。

办公电话；23035504

企业处：负责指导、推动商业企业体制改革和连锁经营等营销方式改革；负责商业企业运营状况分析，指导商业企业加强管理；负责协调市商业企业劳动、工资、保险等工作；承担对市属商业系统企业国有资产监督管理的工作，并负责对其安全保卫工作的监督检查。

办公电话：23035514

对外经济处：负责组织推动全市商业引进外资、对外投资和对外贸易；负责商业重大合资、合作项目和企业进出口权申报的审核和外事工作。

办公电话：23326034

科技发展处：负责商业科技发展规划、政策措施的研究、拟定和组织实施；协调、指导并推动商业重大科技项目开发、质量管理和商办工业工作；负责全市商业经济指标统计和考核管理工作；掌握、分析和定期发布全市商业经济运行情况。

办公电话：23035531

人事教育处：负责委机关和直属单位的人事、机构、编制管理及出国人员政审；负责全市商业专业技术职称评聘工作；指导推动商业人才培训和职工教育工作；指导推动商业教育院校的建设和发展工作；组织中高级经营管理人员的培训。（机关党委）

办公电话；23317487

外事联络处：（1）负责研究起草本市经贸外事工作规章制度并监督执行。（2）负责组织协调本市重大经贸涉外活动，承办市领导会见经贸外宾的组织工作；指导本市经贸外事工作。（3）负责本市经贸团组和人员的因公出国(境)复核报批工作，代市政府下达出国任务批件；保管监用“天津市人民政府出国任务审批专用章”。（4）负责本市重要团组出访情况年度、阶段性汇总工作，负责委业务处室主管范围外出国团组申请初审工作，安排领导干部出国工作。（5）负责审核和管理外商来津邀请工作；指导全市邀请外商来津管理工作。（6）负责与我国驻外使、领馆及经参处和外国驻华使、领馆、办事处的联系；负责联系外交部、外经贸部地区司的工作。（7）负责本市经贸外事干部业务培训工作。（8）完成领导交办的其他工作。

联系电话： 23120801 23307941 23300005

对外贸易发展处：（1）负责参与起草对外贸易中长期规划和外贸发展的政策措施；拟订出口商品的市场多元化战略、以质取胜战略，提出本市进出口商品结构调整措施，指导企业创名牌商品出口。（2）负责协调服务贸易的有关事宜；研究推广各种新的国际贸易方式，定期分析提出对策。（3）掌握全市外贸进出口运行情况，研究解决进出口贸易中的问题，指导企业扩大出口规模；规范进出口经营秩序。（4）负责审核境内国际展览会主办单位资格和本市出境办展；审批在津举办国际展览会、交易会及境外参展；指导和管理本市外经贸企业参加境内外举办的各种展销洽谈活动。（5）负责办理流通领域进出口经营权的申报登记、年审和资格证书，发放企业代码；指导区县对生产企业进出口经营权的登记和审核工作；负责进出口企业更名和经营范围的调整工作。（6）负责本市国际货运代理行业的管理；审批、审核本市国际货运代理企业经营权和经营范围，审批、审核在津设立国际货运代理企业经营权和经营范围及年审工作；联系和指导天津市货代协会的工作。（7）负责本市出口加工区的协调和管理工作。（8）负责对外贸易团组和人员出国（境）的初审工作。（9）负责审批管理外国（含台港澳地区）企业驻津常设机构，并定期进行综合分析和上报工作。（10）负责指导对外贸易广告工作。（11）负责天津市人民政府对外贸易办公室的日常工作；联系并指导市对外经济贸易促进服务中心工作。（12）完成领导交办的其他事项。

联系电话： 23201755 23201757 23304032

天津市人民政府大型会展论坛活动办公室工作职能

一、统一活动审核与方案审定

对全市拟由市人民政府主办或以市人民政府名义举办、承办的大型会展论坛活动（以下简称市大型活动）进行统一收集、沟通、筛选，提出年度计划并报审。对市人民政府确定举办的市大型活动方案逐一进行审核，提出意见并报审。对市领导同志批转审议的市大型活动，组织研究并提出意见。对兄弟省市及有关部门邀请市人民政府协办或组团参加重大活动事宜，协调有关部门研究，并提出意见。

二、统一活动经费的汇总审核

对每年需市财政支持的市大型活动经费，实行统一审核、汇总、申报，并报市政府审定。统筹协调市财政部门每年拨出一定资金用于培育支持新的市大型活动。引导、推动成熟的活动实施市场化运作，不断提升市大型活动的办会水平。

三、统一管理市政府集中购买的活动资源

统一审批、调用由市财政经费购置的用于市大型活动的器材、用品等设备资源。统一管理、使用由市政府集中购置的用于市大型活动的交通、通讯等设备资源。统筹安排全市宾馆、饭店、会议场所、安保等用于市大型活动的保障资源。做好市大型活动其他各种资源的统筹协调，力求精简节约，避免重复投入。

四、统一协调、安排市领导同志出席活动和接待国内外贵宾事宜

统一协调、拟定市大型活动中市领导同志出席活动的总体方案。协调市外事、商务等部门做好外宾及港澳贵宾的接待工作。协调市台办做好台湾政商界重要人士的接待工作。组织市政府办公厅接待联络处、会务处做好国内贵宾的接待和有关会务组织工作。对兄弟省市及有关部门邀请市领导同志出席重大活动事宜，协调有关部门研究，并提出意见。

五、统一研究市大型活动举办事宜

建立市大型活动联席会议制度。负责组织联席会议成员单位，定期召开会议，研究审核每年度的市大型活动；统筹协调市大型活动的筹办工作；负责联席会议的日常工作；指导市大型活动承办部门成立相应的组委会，建立工作协调机构（作为联席会议的成员单位），高标准做好各项组织筹备工作。

六、统一规范市大型活动的组织实施

统一研究制定市大型活动组织实施的一系列制度、规范，包括实施细则、内部规章、会议承办方招投标程序等有关工作规范。明确工作流程和工作标准，确保活动组织规范、有序、节约、安全、有效，办精、办好、办出水平。

七、统一组织对外宣传交流

会同宣传部门，协调各大新闻媒体，统一市大型活动的对外宣传口径、标识，以及相关宣传材料。不定期组织市大型活动有关机构赴外学习考察，交流办会经验。采取各种有效方式，充分调动全市政府系统各部门举办活动的积极性，形成政府系统办会合力。

八、加强市大型活动的组织领导

加强对市人民政府各部门、各区县人民政府举办各类会展论坛活动的指导，统筹会展资源，层层细化责任，规范办会行为，提升办会水平，繁荣全市会展经济。

天津市会展行业协会

天津市会展行业协会的宗旨是：协助政府从事行业管理，建立行业自律机制，规范行业市场秩序，保护会员合法权益，提高行业整体素质，组织行业国际交流和合作。成立以来，已逐步发展成为联系政府与企业之间的桥梁、会员间相互交流的纽带，推动天津会展业的健康持续发展。天津会展行业协会将打造良好的会展环境，提高会展服务水平，并诚挚邀请全国各展览及会议主办机构到天津发展。

【新疆维吾尔族自治区】

新疆国际博览事务局

该局为自治区人民政府直属，相当正厅级事业单位，为中国—亚欧博览会常设工作机构，对外称中国—亚欧博览会秘书处，实行一个机构，两块牌子。与此同时，撤销乌洽会办公室，现有人员整体划入新疆国际博览事务局。

新疆国际博览事务局下设综合协调部、策划宣传部、研究发展部、招商招展部、对外联络部和展览事务部6个内设机构，将负责中国—亚欧博览会的总体策划和重大活动的组织实施；统筹协调和组织实施中国—亚欧博览会境内外招商招展；负责中国—亚欧博览会整体形象设计和宣传推介工作；研究新疆会展产业发展战略；主办和承办其他各种博览会、展览会、高层论坛和国际性会议等工作职责。

中国—亚欧博览会是连续举办了十九届的乌洽会的“华丽转身”，是党中央进一步扩大我国沿边开放和向西开放步伐，加快将新疆建设成为我国向西开放的桥头堡，确保新疆实现跨越式发展和长治久安的一项重大战略举措。

2010年8月31日，国家20多个部委办局、19个援疆省市和重庆市、四川省、陕西省，以及自治区人民政府已经在乌市召开了中国—亚欧博览会组委会第一次工作会议，讨论研究举办首届中国 亚欧博览会的有关工作，审议通过了《首届中国—亚欧博览会活动方案》。

新疆会议和展览业协会

2012年2月27日，新疆维吾尔自治区会议和展览业协会成立大会在乌鲁木齐银都酒店隆重召开。新疆会议和展览业协会的成立，对于落实新疆维吾尔自治区第八届党代会关于大力发展现代服务业的要求，提升我区第三产业实力，加强行业自律，促进新疆会展经济健康、有序发展将会发挥重要作用。

乌鲁木齐市商务局（粮食局）会展管理中心

乌鲁木齐市商务局（ 粮食局 ）是市人民政府主管全市国内外贸易、对外经济技术合作和粮食工作的工作部门，主要职责是：

（一）贯彻执行国家和自治区有关内外贸易、对外经济技术

合作和粮食工作的方针、政策和法律、规章，拟定全市内外贸易、对外经济技术合作和粮食工作发展战略、中长期规划、年度计划及地方性政策、法规、规章，并组织实施。

（二）研究提出商贸流通体制改革意见， 培育和发展城乡市场， 推进流通产业结构调整和连锁经营、物流配送、电子商务等 现代流通方式；监测、分析市场运行和重要商品供求状况，组织实施重要消费品市场调控和重要生产资料流通管理；整顿和规范商贸流通市场经济秩序。

（三）指导、协调全市外经贸工作，组织实施国际市场开拓

工作；建立本市进出口公平贸易预警机制， 组织产业损害调查， 协调反倾销、反补贴、保障措施及其他与进出口公平贸易相关的工作，协调处理对外贸易纠纷。

（四）负责全市外商投资和对外经济技术合作工作；指导外商投资促进工作体系建设；负责境外投资、对外工程承包、对外劳务合作项目和援外项目的管理工作。

（五）研究提出本市流通行业和生活服务业重点设施布局意见， 协调市级商业中心、特色商业街和各类商品交易市场的规划与建设。

（六）负责粮食流通、酒类流通、食盐流通、畜禽屠宰及肉品流通等行业的监督管理工作；指导再生资源流通管理工作。

（七）负责各级储备粮油、仓储设施和安全储藏的管理；监督检查国家粮食收购和销售政策的贯彻执行情况。

（八）研究拟定本市会展经济的规划和计划，拟定各类商品和技术展览展销活动的相关政策。

（九）组织协调商贸流通领域的科技开发、技术引进和科技成果推广，推进商贸流通现代化。

（十）承办市人民政府交办的其他事项。

【云南省】

昆明投资促进局

昆明市投资促进局是主管全市投资促进、招商引资的市政府工作部门。昆明市投资促进局的主要职责是：

（一）贯彻执行国家、省、市关于对外开放的方针政策，认真落实市委、市政府关于扩大开放、利用内外资发展外向型经济的工作部署，拟订全市对外开放、招商引资、经济合作、投资服务的政府规章和政策；负责编制全市招商引资、经济合作的中、长期规划；汇总编报全市年度招商引资、经济合作指导性目标计划并下达全市各县(市)区、各开发(度假)区、有关部门组。

（二）负责策划、组织和承办市政府决定开展的重大国内外招商引资活动，营造、宣传、推介昆明市投资环境；协调和组织市级和各县(市)区、各开发(度假)区以及企业开展国内外招商引资活动、经济社会合作、区域经济合作的活动；承办市领导赴国内外开展招商引资、经济社会合作交往的一系列重要活动相关工作事宜。

（三）会同市级有关部门编制全市鼓励外商投资产业指导目录；负责抓好全市招商引资基础工作和全市对内外重点招商引资项目库的建设工作；负责对外发布市级重点内外资招商引资项目工作；负责跟踪、督办和协调落实全市签约内外资项目的审批注册和开工建设工作；负责已批内外资项目资金到位的督促工作。

（四）负责建立和完善全市招商引资网络，开展网上招商引资工作，提供相关投资政策咨询服务。

（五）承担昆沪合作领导小组办公室的日演常工作；承担昆明市与迪庆州对口合作的日常工作；负责省外、市外来昆投资企业论证工作，协调落实相关优惠政策；协调有关部门依法保护省外、市外来昆投资企业和投资者的合法权益。

（六）负责市外和中央直属部门、企业、事业单位在昆设立办事机构的备案工作和协调服务工作；负责外地政府在昆设立办事处的报批、发证、业务联系、协调服务工作；负责市属企业到国内各地设立办事机构的协调、服务工作。

（七）负责昆明市与国内友好城市、省内友好地州的联络、协调交往工作；组织协调“西南经济区市长联席会”等系列区域性经贸交往活动。会同有关部门推动以科技、教育、卫生、文化等为重点的社会合作。

（八）负责对符合条件的国内外投资经济合作项目进行认定，提出使用省支持联合协作项日资金及滇沪合作专项资金及市相关扶持政策的意见和建议，并对项目的执行情况进行跟踪、检查和监督。

（九）负责指导、督促、检查和统计全市年度招商引资、经济合作工作任务指标的完成情况；负责全市捂商引资工作的考核和奖励事宜。

（十）联系指导市政府驻外办事机构的投资合作业务工作。

（十一）负责外地驻昆机构“党群口”的联络、协调、服务工作。

（十二）承办市委、市政府和上级机关交办的其他事项。昆明市投资促进局投诉电话:3189693 昆明市行政服务中心投资投资促进局窗口电话：3149838

【浙江省】

浙江省国际会议展览业协会

浙江省国际会议展览业协会（Zhejiang International Convention & Exhibition Industry Association），是由浙江省从事涉外国际会议、展览及配套服务行业的企事业单位自愿组成的行业性、非营利性社会组织，是具有广泛代表性的新型行业协会。

本会由会员单位组织，截止到2007年11月，协会有会员单位75家，会员成份呈现多元结构，基本涵盖了会展主体业务以及与之相关的业务领域，其中会长单位1家，副会长单位6家，常务理事单位8家，理事单位14家。

协会成立以来，本着遵守国家法律、法规和国际政策，遵守社会道德风尚，在政府有关部门的指导下协助政府从事行业管理，保护会员的合法利益，提高行业整体素质，形成行业自律机制，组织行业国际交流和合作，促进浙江省国际会议活动的健康发展。

浙江省会展行业协会

本协会名称：浙江省会展行业协会。英文译名：ZHEJIANG CONVENTION AND EXHIBITION INDUSTRIES ASSOCIATION，缩写ZCEIA。

本协会依照国家相关的法律法规和政策组建。由本省从事会议、展览业及相关的企事业单位以及其他经济组织自愿组成。为实行行业服务和自律管理的跨部门、跨所有制的非营利性、行业性的社会团体法人。

本协会宗旨：遵守中华人民共和国宪法、法律、法规和国家政策，遵守社会道德风尚，在政府有关部门的指导下，协助政府从事行业管理，为会员提供服务，维护会员合法权益，提高行业整体素质，形成行业自律机制，组织行业进行国（境）内外交流和合作，保障行业公平竞争，沟通会员与政府、社会的联系，促进浙江会展行业的健康发展。

本协会的主管单位：浙江省商务厅、浙江省经济和信息化委员会。

本协会地址：浙江省杭州市马塍路3号2楼

本协会的任务：

（一）制订行业规范，实行行业自律管理、行业协调，并做好行业服务工作，依法维护行业和行业内企事业单位的合法权益。

（二）承接国内外会议、展览业务和组团出国展览申报的代理。

（三）组织进行行业的反倾销、反垄断、反补贴等调查，或者向政府提出调查申请。

（四）与国（境）内外会展行业协会进行交流和合作。

（五）参与省政府有关会展行业发展、改革以及与会展行业利益相关的政府决策论证；代表本行业企业向政府有关部门提出制定行业技术标准、行业政策的建议，或参与有关技术标准和政策的制定；参加政府举办的有关听证会。

（六）开展会展行业的统计调查、组织评估、信息发布、价格协调以及经授权或委托参与行业准入资格的初审工作。

（七）协助政府对在本省举办的各类展览和会议实行行业管理。

（八）指导和监督会员单位依法经营，遵守行规行约，维护行业的整体利益。

（九）协调会员与会员，会员与行业内非会员，会员与其他行业经营者、消费者及其他社会组织的关系。

（十）发展会员并定期举行协会会员会议。

（十一）组织讲座、研讨会、业务培训，开展咨询、中介服务，编辑出版会讯、会报、会刊和有关业务书籍。

（十二）政府部门委托的其他事项。

本协会的业务范围：

本省会展行业协调，项目申报代理，提供信息、咨询、培训、认证、评估、招商、统计、年审等服务。

浙江省会展学会

一、学会概况

浙江省会展学会（ZHEJIANG CONVENTION & EXHIBITION SOCIETY）是浙江省从事会展教育、科研和会展实践企事业单位和个人自愿组成的学术性非营利性民间社团组织。学会成立于2006年，是全国最早成立的省级会展学术性社会组织。目前，学会办公地址设在浙江大学，秘书处办公地址设在浙江经贸职业技术学院。

（一）学会基本情况

学会在浙江省教育厅、省社科联的正确领导和精心指导下，积极开展会展学术研究。经过会员的共同努力，学会各项工作取得了良好成效，连年获得省社科联授予的全省学术研究先进学会荣誉。

1、历史沿革

2006年10月第一届学会理事会成立，会长邵培仁、秘书长丁萍萍。

2、组织构架

学会会长为学会法定代表人；秘书长主持秘书处的日常工作。学会暂无内设机构。截止2012年11月，登记在册个人会员131人，团体会员单位35个。

3、目的宗旨

本会的宗旨是团结和组织从事会展教育、科研和广大会展从业者，倡导献身、创新、求实、协作的科学精神，在严格遵守国家宪法、法律和社会道德风尚的条件下，开展会展研究，促进我省会展事业的发展和会展人才的成长，为增强我省的会展竞争力、提高办展（会）水平服务。

（二）学会活动平台

学会常规性的活动主要依托三大平台：学会年度课题评审立项平台、会员科研论文年度评优平台、以学术论坛为载体的学术交流平台。自2007年开始，每年均举办《浙江会展经济论坛》、《会展教育与产业论坛》。目前这两个论坛均为浙学论坛分论坛。2010年起，每年均参加省社联组织的浙学论坛学术月活动。

同时，学会积极组织和参与省外全国性论坛（研讨会、交流会），承办或协办一些大型赛事和展会活动。如2011年作为主办单位组织了全国会展信息化技能大赛（西安），作为协办单位组织了首届中国会议教育发展论坛（济南）。

（三）学会学术成果

学会每年都设立学会年度课题。至今已立项学会课题27项。最近两年，已获得浙江省社科联立项课题3项。

在学会的指导下，会员单位荣获会展国家精品教材一部（全国唯一）、浙江省教学成果二等奖2项、教育部教指委教学成果一等奖1项、全国商业科技进步二等奖1项。

会员单位还承担了教育部会展策划与管理专业规范的制定工作，目前该课题已结项，在全国会展教育界起到了引领作用。

（四）学会特色亮点

经过5年的发展，会展学会的工作逐渐形成了一些自身特色和亮点。体现在：

一是学术研讨层次高，走出浙江看浙江。每年的学术论坛，我们都邀请国内会展业界领军人物前来发表演讲，其演讲内容信息新，令人眼界大开。会员积极互动，踊跃参与学会活动。

二是促成产学合一，利用行业力量，促进会展教学，努力培养适用的会展专业人才。通过学会牵线搭桥，会展企业和会展院校积极互动，在学生实习、教师实践、课题研究、教学研讨等方面达到了双赢的效果。

三是以赛促教，打响浙江会展教育品牌。在学会的宣传、组织、鼓励下，我省各会展院校均十分重视参与全国性的会展专业技能大赛，并连年在大赛中拔得头筹，向全国展示了浙江会展教育的领先优势。

二、会展学会秘书处联系方式

秘书长：丁萍萍教授

联系电话：0571-86929878，18057139221

邮箱：we3939@126.com

地址:杭州市下沙高教东区学林街280号

邮编:310018

杭州市会议展览业协会

2004年6月20日，杭州市会议展览业协会正式成立。协会首批单位会员48个，个人会员25名。协会成立后，积极开展行业内部协调，维护会员合法权益，组织行业对外交流与合作，协助政府搞好行业管理，形成行业自律机制，提高行业整体素质，促进杭州会展行业健康发展，为推动会展业专业人才的培养，提高从业人员专业素质，会展协会会同市干部培训中心于12月27日～28日在杭州和平国际会展中心报告厅举行杭州市会展业从业人员岗位业务首期培训班。开展2003年杭州会展情况调查。行业交流、业内协作也得到加强。

宁波市人民政府会展工作办公室

主要职能：

1、负责全市会展业发展规划、政策制定、监督管理工作；

2、指导各县（市）、区和市有关部门做好会展业发展促进工作；

3、协调市有关部门做好大型会展活动的服务保障工作；

4、承办或协助做好全市重要会展活动的策划、组织和实施工作；

5、指导市会展业促进会开展工作和会展场馆做好服务工作；

6、做好会展业宣传推介工作；

7、加强与市政府办公厅相关处室的联系和协调，及时完成办公厅交办的各项日常工作；

8、承办市领导和市会展工作领导小组交办的其它事项。

宁波市会展业促进会

宁波市会展业促进会（英文名称为Ningbo Council For Promotion Of Conference & Expo Industry）成立于2003年2月28日，原名“宁波市会展行业协会”。是由宁波市从事会议、展览业及展览相关业务的企事业单位、社会团体自愿组成的、联合性、非营利性的地方性社会团体，隶属于宁波市政府会展工作办公室。

协会现有单位会员80余家，个人会员7名，涉及场馆、组展、搭展、广告、礼仪、旅游、宾馆、餐饮、院校等会展相关企业以及对会展业有研究的专业人士。协会特聘邬和民副市长为名誉会长，宁波市政府办公厅、会展办公室、经委、公安局、工商局、外经贸局、贸易局、贸促会、质监局、海关、出入境检验检疫局等相关职能部门领导为顾问。

本协会宗旨是遵守中华人民共和国法律、法规，遵守社会道德风尚，协助政府从事行业管理，保护会员的合法权益，提高行业素质，形成行业国际交流和合作，促进宁波会展行业的健康发展。

作为宁波市会展业内的一家以非营利性为目的的民间组织，本协会以“服务、代表、协调、自律”为基本职能，积极发挥中介组织作用，配合政府加强对会展行业的协调。并通过制订和建立行业规则，形成行业自律机制，整合会展资源，提高会展市场的规范化水平，同时培育市场主体，组织交流合作，培养会展人才，增强会展企业的竞争力，促进宁波市会展业的健康快速发展。

会长：金小龙　　秘书长：董峰

电话：0574-87991385　　传真：0574-87991383

地址：宁波会展路181号国际会展中心行政楼B座三楼　　邮编：315040

温州市会展行业协会

温州市会展业协会于2001年5月21日成立。现有协会会员63个，由温州地区从事会议、展览、广告、展示设备、服务等业务的企业、个人以及与会展业相关的社会团体自愿组成，属非营利性、自律性社会团体法人。据协会统计，2002年是温州会展业最活跃的一年，召开了首届中国轻工产品博览会，为温州展览规模和档次的提升起到了积极的作用。2002年温州展览业创造的总产值约7000万元左右，拉动其他产业产值约6.3亿元。共举办各种展览共26个，总计展位数共7095个，其中境外1369个；参展商共3888户，其中境外商649户；参观人数达175.08万人，其中专业观众达21.7万人，平均每个展位贸易商达24.6人；整个成交额达55.53元。温州各展览公司分别在重庆、上海、台州等地承办8个展览会，创产值806.4万元，成交额达16.2228亿元，带动异地其他产业约9676.8万元。全市展会数比上一年增长9.2%，成交额比上年度增长50.33%。

协会秘书长徐日盈向记者介绍，温州曾是人们争议最多最大的地区之一。面对着种种非议，温州人自己不去争长论短，而是抱定“在外部争论中出名，在内部不争论中发展”的宗旨，坚持走自己的路。温州会展业协会的成立是基于温州人“敢为天下先”的精神，以民营自发形成的，是我国成立较早的地方性会展行业协会之一。协会设定的工作有以下几个内容：

1、贯彻执行国家关于发展会议展览业的方针、政策和有关法规，协助政府有关部门实施会议展览的行业标准；

2、规范展览行业，维护企业合法权益，推广先进和科学管理方法和经营方式，促进会议展览业的技术进步；组织各种形式的合作和合作交流；

3、为会员提供各种市场信息，提供经营管理、技术咨询等服务；

4、开展会议展览专业培训，帮助会员培养专业人才，提高展览服务从业人员的专业水平。

义乌市人民政府会展管理办公室

义乌市人民政府会展管理办公室为主管全市会展工作的市人民政府正科级派出机构。

2008年5月，经浙江省编办同意，义乌市专门成立了会展管理办公室，为市政府派出机构，内设综合科和会展科。主要负责管理、指导全市会展工作，研究、协调、解决会展业发展中出现的问题，承担会展工作领导小组办公室的日常工作，协调有关部门和单位做好展会配套服务工作，担负对全市会展服务企业和会展业联合会的指导工作，组织义博会日常筹备工作，综合协调、指导、督查各相关部门的会展筹备工作，参与市委、市政府主办的各项重大会展活动的组织策划和指导协调。（此处为会展办回执表格摘抄）

一、贯彻落实国家、省、市会展业发展战略、方针、政策。

二、牵头组织全市会展业发展规划、产业政策、规章制度的制定和实施，加强会展业的培育与扶持。

三、管理、指导全市会展工作，研究、协调、解决会展业发展中出现的问题。

四、开展会展业的对外交流与合作，引进境内外知名展览机构在义乌设立办事处，申办和引进国内外知名会展活动来义举办。

五、牵头举办义博会境外展，组织企业参加国内重要展会。

六、牵头召开会展联席会议，对各类会展项目进行指导、审核、监督管理。

七、负责会展发展评估、数据统计、研究分析、信息发布工作。

八、承担对全市会展服务企业和会展业联合会的指导工作。

九、负责会展业发展专项资金的使用计划、申请受理和审核管理。

十、承担会展工作领导小组办公室的日常工作，协调有关部门和单位做好展会配套服务工作。

十一、承担义博会日常筹备工作，综合协调、指导、督查各相关部门的筹备工作。

十二、承办义博会执委会办公室、文博会执委会办公室、森博会组委会办公室、旅博会执委会办公室等交办的其它工作。

十三、参与市委、市政府主办的各项重大会展活动的组织策划和指导协调。

十四、按照有关法律法规和职责规定“管行业必须管安全”的要求，在本行业发展规划中编制安全生产方面内容，层层落实安全生产责任制，在人、财、物等方面予以保障；组织实施有利于安全生产的产业政策和技术标准，定期分析行业安全生产形势，提出有针对性的安全防范措施，加强行业安全生产规章制度建设，引导生产经营单位应用先进、成熟、安全的工艺技术和设备，提高行业安全生产水平；加强对本行业生产经营单位安全生产工作的监督检查，定期组织开展行业安全生产考核，表彰先进，总结交流经验。

十五、承担市委、市政府交办的其它事项。

绍兴县会展业发展办公室

绍兴县会展办是绍兴县会展业工作领导小组下设的常设机构，为全额拨款事业单位。

主要工作职能是：

一、研究制订全县会展业发展规划和相关政策；

二、负责全县会展业的行业归口管理指导、考核监督；

三、综合协调、组织相关部门实施年度会展工作计划；

四、协助轻纺城建管委做好春秋两季纺博会的承办工作。

嘉兴市会议展览协会

嘉兴市会议展览协会成立于2008年11月。嘉兴市经贸委为协会的主管部门。协会由嘉兴市本级和隶属八个县（市、区）的32个相关展览场馆、展览公司、搭建公司、广告公司、礼仪公司以及宾馆饭店组成。协会主要承担的任务是：嘉兴市会议展览活动的申报、协调、代理、评估、评比、统计、认证、年审工作，并且提供展览、会议的信息发布、咨询和培训等服务。

协会成立以来，加强了与政府相关部门的沟通，积极为嘉兴会展业发展营造良好的外部环境；制定了会展业行业自律公约，规范嘉兴会展业市场，维护会展企业的合法权益；注重了与周边城市会展业界的联系，汲取兄弟城市会展业的创新经验，为嘉兴会展业发展提供借鉴；开展会展业专业知识的培训活动，为会展业输送专业人才。

协会地址：嘉兴市新气象路618号

嘉兴国际会展中心商务楼二楼

联系电话：0573－83915007　82873666

联系人：丁伟民

网　站：Http://WWW.jxicec.com

邮　箱：jxicec@jxicec.com

湖州国际商会会展专业委员会

湖州国际商会会展专业委员会的建立，将对湖州会展业开展调查和研究，探讨湖州市会展工作发展战略以及有关方针、政策和法规建议；进一步利用国际商会的平台，整合湖州市会展资源，开展与国际会展界的交流与交往，发展与外国有关团体和组织的合作，帮助企业参与国际竞争，开拓市场。

【香港特别行政区】

香港展览会议业协会

香港展览会议业协会前身为香港展览业协会，于1990年5月由当时10家主要展览会主办机构创立作为行业的喉舌，与政府及法定机构协商，促进会员的商业利益。

执委会及事务委员会

从1990年5月开始，每隔2年，一个由15人组成的新执委会便由普通会员於周年大会中选出。由2008年起，执委会增至19席。协会会长、副会长、秘书长及协会司库均由普通会员於周年大会中即时选出的19名新执委会中再推选出来。执委会每两个月举行一次例会，以处理会内一切重要事项。

此外本会还成立了数个事务委员会，专门负责一些特别专案及活动，如中国，传讯，展览营运事务，教育及培训及会员事务；和组织海外访问团及周年晚会。

香港贸易发展局

香港贸易发展局(香港贸发局，或HKTDC)于1966年根据香港贸易发展局条例(香港法例第1114章)成立，是专责推广香港对外贸易的法定机构，服务对象包括以香港为基地的贸易商、制造商及服务供货商。

我们为香港公司缔造商机，促进产品和服务贸易。为有意开拓海外和内地市场的港商提供服务。我们在世界各地设有40多个办事处，其中11个在中国内地，致力推广香港作为全球企业与中国内地及亚洲经商的平台。同时，香港贸发局又通过不同的服务，包括贸易展览会、网上商贸平台及产品杂志，把全球数以百万计的买家及供货商联系起来。

每年在香港举办超过30个世界级国际贸易展览会，当中很多展会的规模，是亚洲同类展会中最大型的，部份更位居全球首位。

香港贸发局旗下六项可靠的全方位服务，相辅相成，助您快捷有效地与数以万计国际买家和供应商联系。这个强劲的全方位服务组合，涵盖了香港贸发局的贸易展览会、网上商贸平台和产品杂志；此外，还有高质素的培训课程和研讨会、最快最准的市场情报，以及最贴身的业务伙伴配对服务。

这六项服务，可因应您的需要而互相配搭，以达致最理想的效果：参加香港贸发局展览会的参展商，可以利用我们的网上商贸平台，在展览会以外时间继续寻找生意伙伴；我们各种产品杂志是香港贸发局展览会的官方刊物，刊登广告的商户亦可同时在我们的网站上进行产品推广，向来港出席各项展览会的世界各地买家招徕。

【澳门特别行政区】

澳门会议展览业协会

澳门会议展览业协会成立于2002年，以“服务、代表、协调、沟通”作为协会的宗旨。协会致力于凝聚澳门会展业的力量，配合政府的施政方向，为改变澳门会展业企起点低、硬件设施不足、人才资源缺乏、行业力量分散的状况发挥出自己的力量，努力推动澳门成为国际性的旅游会展娱乐中心。

澳门会议展览业协会自2002年成立以来，主办及承办了多项活动及展览会，其中包括澳门最大型的年度经贸活动、被全球展览业协会认证的一澳门国际贸易投资展览会(MIF)协会更开展教育及培训课程，提升会展从业人员的素质，引进及培养专业人才。同时，协会开展宣传及学术交流，与澳门及海外有关团体或组织紧密合作。澳门会议展览业协会正在为澳门会展业的快速发展奠定坚实基础。

目前澳门会议展览业协会共有87名会员。其中40%为国际性的会展公司，11家为上市企业。

随着澳门适度多元化经济时代的到来，伴着亚洲的拉斯韦加斯梦想变为现实，澳门会议展览业的春天已经来临。逢盛世，聚合力，组团队，澳门会议展览业协会将与各界实现梦想，共创辉煌 ！

澳门展贸协会

澳门展贸协会（以下简称展贸会）为非牟利的机构组织，成立于2001年初。

展贸会会员经营业务包括：会展、广告、教育、零售、金融、酒店、餐饮、多媒体制作、信息科技等会展相关服务行业。

展贸会成立以来获澳门特别行政区政府相关部门、工商社团、国内外会展相关协会的支持及指导，先后完成了多项会务工作。

主要职能：

一、致力推动澳门会议展览业发展，为业界争取权益。

二、与国内外会议展览业沟通讯息，交流会展经验。组织及协助在澳筹办相关国际会议展览、范展览秩序、优化展览环境、提高会议展览质量和效益。

三、协助办展单位制定会展览各项工作及范畴，服务范围包括：

1.参展商手册

2.展览须知

3.会议展览规则建议

四、举办会议展览相关培训课程、讲座等活动，提高业界服务水平，促进澳门会展的健全发展。

联系方式：

地　址：澳门士多纽拜斯63B−65A地下

电　话：00853−976199

传　真：00853−976197

电　邮：mfta@macau.ctm.net

网　址：http://www.macaufta.com

【台湾省】

台湾亚太会展产业发展协会

本会是依据人民团体法设立之社会团体，非以营利为目的。本会以协调统合国内会议、展览服务相关行业，形成会展产业，落实会展产业联盟，并开发会展资源，进而提升我国于亚太地区会展产业形象及会展组织合作为宗旨。由地方资源整合串连供应链，达到全国进而结合两岸四地，共同迈向国际会展共同开创蓝海。

编后语

2012年，欧债危机再度恶化，全球经济增长明显放缓，国内主动调控房地产市场和化解投融资平台风险，经济增长面临较大下行压力。国际环境充满复杂性和不确定性，国内经济运行处在寻求新平衡的过程中。会展经济是拉动开放型经济发展的强大引擎。现代会展业被誉为“经济发展的风向标”，是第三产业中重要的朝阳产业。我国会展业已成为国民经济的新亮点，东部在展览数量和面积上均领先。2012年全国展览业年收入达3000亿元，带动就业超过2000万人，带来相关产业收入达2.7万亿元。

根据我国政策整体来说，在继续实施积极财政政策和稳健货币政策的同时，注重需求政策与供给政策结合，短期政策与中长期政策结合，增强政策弹性和有效性，着力破解企业生产经营中的困难，加快结构调整步伐，培育新竞争优势，推动增长动力转换和发展方式的实质性转变，促进国民经济平稳运行。会展政策的制定需要多部门的协作进行，从2012年所有政策法规整体来看，我国会展政策涉及部门较少，行业范围较窄，形式单一。会展业作为第三产业（服务业），其服务规范性内容较少，针对于会展行业内的服务要求、服务标准没有过多涉及。对比2011年的政策法规，2012年政策法规发布相对有所减少，内容还是较为集中，与2011年相近。另外，一些会展空白地区开始新增会展指导政策。

《全国会展产业政策法规白皮书》由商务部服务贸易和商贸服务业司、中国会展经济研究会主编，北京新展国际文化传媒有限公司共同编撰。政策法规得到各地方政府、会展办及会展协会等相关单位的大力支持，收集范围广，涉及较为全面。白皮书作为会展行业政策收集、整理、分析的权威综合书目，已出版四期，收录我国各地会展业相关政策法规多达470条。这些政策从一个侧面反映着我国会展产业的现状及差异，以及会展行业的外在政策环境。一个城市的发展，会展行业在其中起到了举足轻重的作用。政策法规的建议及指导，对于会展行业的快速、高效的发展，有着不可替代的效益。

《全国会展产业政策法规白皮书2012》是继前四期出版后，连续关注会展行业动态、会展行业政策的权威信息发布书目。这一套图书持续出版，关注会展行业的相关政策法规，为会展行业相关单位及企业服务，力求在政策的收集、解读及分析上做到精益求精，我们不断和相关专业机构交流沟通，以便于会展行业政策能够更专业、更完善。

《全国会展产业政策法规白皮书2012》共分为三部分，第一部分主要是收集整理了全国各地的政策法规，包括51条政策（中央2条，地方49条）。第二部分针对所有政策法规，进行全面、具体的解读与分析。分为五个章节，分别从整体行业解读了政策，资金的补助及管理办法，大区域间的总结与对比，各地方政策的具体差别，政策法规的权威性，全国会展的适用范围及政策的展望。第三部分附录了国外的政策法规，以便于我国政府参考试行。

2012年的政策法规整体上覆盖了全国各地区，重视程度上了些层次，制定部门都以各中国共产党委员会、各人民政府为主。同时，2012年的会展业政策法规也呈现了一些特征，主要是：一、行业扩展加大。三、四线城市政策法规布局开始呈现多元化，向大地区的借鉴较多。二、涉及内容更具体、更细致。深圳市提出了会展展览设计等级资质认证办法，这将使会展企业更具规范，各地区对于知识保护方面的重视程度体现了会展行业的进一步专业化。三、特色更突出，更明显。各地区政策都会以地区会展现状为主，适合补贴的就补贴，适合调节的就调节，该规范的就规范。例如，辽宁就是以税收促会展，质检总局专注于国际展会质量的检查、检疫，福建关注科技方面的展会发展，北京则将旅游与会展紧密贴合。

对于2012年的政策法规，亦存在着多方面的不足，总体上扶植补贴性政策多于规范促进型的政策法规。从会展主体构成来看，多年来，我国会展活动一直是政府促进贸易、投资、技术、文化交流等事业发展的重要促进手段与载体。就展览主办机构而言，尽管目前参与者众多，多元化特征明显，但大体上有五大办展主体，即政府、商协会、国有企事业单位、民营企业、外资企业。政府主导太多，弱化了民营企业的进一步发展。从法律意义上来看，在我国主办机构是办展的主体和主要民事责任单位，但我国的展览活动大部分另有承办单位，这就缺乏整体完善，整体策划、调配的统筹机会，难以把控各行业企业的参展意愿。从承办单位来看，企业承办比重正呈越来越大的趋势，会展企业之间竞争开始增强，恶性竞争循环，不利于整合资源，会展企业做大、做强阻碍较大，难以独立自主。

《全国会展产业政策法规白皮书》是对我国各地区会展行业政策法规的汇编、解读及分析，反映着会展业的发展路线，标志着我国会展业逐渐走向规范、走向成熟。

《全国会展产业政策法规白皮书2012》在编辑、出版过程中得到了各相关单位的支持，各行业专家为本书提出了宝贵的意见和建议，在此一并向他们表示感谢。尤其要对本书的各家支持单位以及各编委的鼎力支持表示诚挚的谢意。

本书的编写曾参阅诸多有关文献资料，囿于文字和体例的限制，未能一一列举，谨在此一并表示谢忱。

主编：孙永红

2013年5月18日

《全国会展产业政策法规白皮书》征订回执

您好！

近年来，会展业得到了各级政府的高度重视，很多地方政府制定了产业规划、产业激励政策，加强申办创办大型会展的优惠扶持政策。

《全国会展产业政策法规白皮书》为系列刊物，每年一刊，按时间与区域划分的方式，发布我国各地政府推进会展业的扶持政策与法律法规，旨在系统地总结中国会展业发展的法规政策情况，以更好地为我国各地会展行业的规范发展起到良好的借鉴与促进作用。

《全国会展产业政策法规白皮书》编委会

电　　话：010-51654839
传　　真：010-51654839-815
电子邮件：zwhz@vip.163.com

《全国会展产业政策法规白皮书》征订回执

单位名称							
负责人		职务		电话		手机	
联系人		职务		电话		手机	
电了邮件			网址				
单位地址					邮编		
单价	汇编：600元/本	采购数量		合计金额(元)			
	2009年度：300元/本	采购数量		合计金额(元)			
	2010年度：300元/本	采购数量		合计金额(元)			
	2011年度：300元	采购数量		合计金额(元)			
	2012年度：300元	采购数量		合计金额(元)			
户　名：北京新展国际文化传媒有限公司 开户行：中国工商银行北京幸福街支行 账　号：0200251509200010237							
(签字/盖章) 2013年　月　日							

《全国会展产业政策法规白皮书》（2013年度）信息采集回执表

单位名称					
负 责 人		职 务		手 机	
联 系 人		职 务		手 机	
电　　话		传 真			
电子邮件		网 址			
地　　址				邮 编	
出台政策名称1				时 间	
出台政策名称2				时 间	
出台政策名称3				时 间	
2013会展产业政策发展规划　□有　□没有					
城市GDP			城市面积		
城市主要产业					
会议场地数量（标准会议场所，标注名称）			会展场馆数量（会展中心展览馆，标注名称）		
每周国际航班（航线）数量			每周国内航班（航线）数量		
每周火车班次			会展教研机构数量（开设会展专业的学校）		
五星酒店数量		四星酒店数量		三星酒店数量	
（签字/盖章） 2013年　月　日					

请认真填写此表格，并把相关政策法规的具体内容附后发至zwhz@vip.163.com，来信注明“会展白皮书”。

厦门 欢迎您！

Welcome to XIAMEN

厦门市高度重视会展业的发展，把会展业作为重点培育的现代服务业重要产业之一。

致力打造中国会展名城和中国顶级会议目的地城市。

· 交通便捷　· 环境优美　· 气候宜人
· 设施完善　· 政策优惠　· 产业链完整
是众多展览、会议、节庆、赛事青睐的城市

2012 年，各类展览活动 160 场，展览面积 138 万 m^2。

各类外来商务性会议 3000 多场。

厦门会展网 http://www.xmce.org/